Interpretation 2000: Positionen und Kontroversen

Festschrift zum 65. Geburtstag von
HORST STEINMETZ

Herausgegeben von
HENK DE BERG
MATTHIAS PRANGEL

Universitätsverlag C. Winter
Heidelberg

Die Deutsche Bibliothek – CIP-Einheitsaufnahme

Interpretation 2000: Position und Kontroversen; Festschrift zum 65. Geburtstag von Horst Steinmetz / hrsg. von Henk de Berg; Matthias Prangel. – Heidelberg: Winter, 1999
ISBN 3-8253-0807-3

ISBN 3-8253-0807-3

Alle Rechte vorbehalten.
© 1999. Universitätsverlag C. Winter Heidelberg GmbH
Photomechanische Wiedergabe und die Einspeicherung und Verarbeitung in elektronischen Systemen nur mit ausdrücklicher Genehmigung durch den Verlag
Imprimé en Allemagne. Printed in Germany
Druck: Strauss Offsetdruck GmbH, 69509 Mörlenbach

Inhalt

Horst Steinmetz zum fünfundsechzigsten Geburtstag 9

Elrud Ibsch (Amsterdam)
Die Interpretation und kein Ende.
Oder: warum wir auch nach der
Jahrtausendwende noch interpretieren 15

Siegfried J. Schmidt (Münster)
Interpretation - Eine Geschichte mit Ende 31

Gerd Labroisse (Berlin)
Konstruktives Relationieren versus Selbstreferentialität.
Zur Problematik wissenschaftlicher Literaturinterpretation 45

Hendrik van Gorp (Leuven)
Interpretation und Rezeptionsforschung 63

Karl Robert Mandelkow (Hamburg)
Neue Gelehrsamkeit.
Zum Paradigmawechsel in der Goetheforschung
an der Wende von den siebziger zu den achtziger Jahren 71

Dietrich Weber (Wuppertal)
Typenreihen zur Erzählliteratur 83

Hendrik Birus (München)
Das Vergleichen als Grundoperation der Hermeneutik 95

Matthias Prangel (Leiden)
Systemtheoretische Fragen an Manfred Franks
hermeneutische Konzeption des Stilverstehens 119

Henk de Berg (Sheffield)
Systemtheoretische Interpretation?
Kritische Überlegungen zu Gerhard Plumpes Schlegel-Deutung 137

Alois Wierlacher (Bayreuth)
Interkulturalität.
Zur Konzeptualisierung eines Leitbegriffs
interkultureller Literaturwissenschaft 155

Wilhelm Voßkamp (Köln)
Literaturwissenschaft und Kulturwissenschaften 183

Manfred Schmeling (Saarbrücken)
Interpretation und Kulturvergleich.
Überlegungen zu einer komparatistischen Hermeneutik 201

Hinrich C. Seeba (Berkeley)
Deutschtum.
Zur Rhetorik des nationalen Narzißmus
beim sogenannten 'Rembrandt-Deutschen' (Julius Langbehn) 215

Sjaak Onderdelinden (Leiden)
Intention und Rezeption.
Die Tragik der hermeneutischen Differenz
am Beispiel von Wolfgang Hildesheimers *Maria Stuart* 223

Dieter Hensing (Amsterdam)
Rezeption und Interpretation.
Zu Christoph Heins Novelle *Der fremde Freund / Drachenblut* 241

Jaap Goedegebuure (Tilburg)
Das Modell der Psalmen. Moderne Poesie in biblischer Perspektive . . . 265

Klaus Bohnen (Aalborg)
Intertextuelle Konkretisierungen.
Ingeborg Bachmanns "drei Wege" zu Joseph Roth 279

Die Autoren 293

Veröffentlichungen von Horst Steinmetz 297

Tabula gratulatoria 305

Horst Steinmetz zum fünfundsechzigsten Geburtstag

Eine Festschrift zum fünfundsechzigsten Geburtstag von Horst Steinmetz? Wer ihn kennt, mag sich ungläubig die Augen reiben. Hat er sich nicht, so oft er auch selber in Festschriften als Beiträger auftrat, häufig genug über diese Sitte mokiert? Über die Inflation von Festschriften? Über all das Aufheben, das sie davon machen, daß da wieder einer, wie verdienstvoll auch immer, sein kontraktgeregeltes Berufsleben hinter sich gebracht hat? Und überhaupt mochte er die Jubiläen nicht. Weder die Geburts- und Sterbetage der Großen der Literatur noch die eigenen Geburtstage, die einem doch vor allem den mißlichen Umstand vorhielten, wie immer mehr man bereits hinter sich, wie immer weniger noch vor sich habe. Natürlich schoß in solcher Attitüde vielerlei zusammen: kühles, ironisierendes Understatement, wie man es den Hanseaten seiner ersten Hamburger Heimat nachsagt, wie es aber auch in seiner zweiten, den Niederlanden, in Ansehen steht; die Meinung, man solle den akademischen Lehr- und Forschungsbetrieb zwar ernst, aber auch wieder, bitteschön, nicht gar zu toternst nehmen; der selten nur getrübte Spaß am rhetorischen Spiel, das zwar meint, was es sagt, doch es nicht unbedingt genau so meint, wie es es sagt; vielleicht auch ein Trick seines Unbewußten, sich wider besseres Wissen das Verrinnen von Zeit vom Leibe zu halten. Wie auch immer, er stand den Jubiläen wie den Festschriften mit Skepsis gegenüber. Doch nun holt ihn die Geschichte ein und ehren wir ihn selber, ja dürfen ihn ehren - denn es versteht sich, daß wir seine Zustimmung zu der Unternehmung eingeholt haben - mittels jenes Instruments, über das er so gerne mit diebischer Freude seine Ironie ausgoß. Ist alles also nicht mehr wahr? Wohl doch. Nur wäre Horst Steinmetz nicht Horst Steinmetz, wenn ihm der Lauf der Dinge in dieser Welt nicht im langen Vorfeld zu seinem fünfundsechzigsten Geburtstag aufgegangen wäre. Und wir sind sicher, daß er nun nicht nur über sich ergehen läßt, was nun einmal usus ist, sondern am Ende gar sich zu freuen vermag.

Beitragen könnte dazu womöglich auch das Erscheinen dieses Festschriftbandes im Heidelberger Universitätsverlag C. Winter. Denn es trifft sich ja, oder wir haben es sich treffen lassen, daß eben jener Verlag sich in dieser Sache engagiert, der schon ganz am Beginn der Publikationskarriere von Horst Steinmetz seine Dissertation über *Die Trilogie. Entstehung und Struktur einer Großform des deutschen Dramas nach 1800* (1968) druckte. Es schließt sich also ein Kreis. Doch muß und wird das wohl kaum auch das Ende sein. Denken wir die publikatorische Lebensbahn des Jubilars eher als eine Acht, bei der die kreisende Rückkehr zum Ausgangspunkt den Beginn einer neuen Kreisbewegung mit vielleicht neuen Akzenten markiert.

Eine Festschrift für Horst Steinmetz zum Thema Interpretation? Das freilich nimmt sich beinahe selbstverständlich schon aus. Zwar hätte es leicht auch eine andere werden können: zum Thema der europäischen Aufklärungsliteratur etwa oder zu dem der Literaturgeschichte oder noch anderem, denn das Spektrum des Interesses von Horst Steinmetz reicht von Klassizismus und Aufklärung bis in die Postmoderne, vom Genre der Komödie bis zu jenem von Essay und Tagebuch, von Einzelpersönlichkeiten wie Gottsched und Lessing bis zu Friedrich dem Großen, Mörike, Fontane, Kafka und Max Frisch, von hermeneutischen und spätstrukturalistischen bis zu poststrukturalistischen Theoriekonzepten. Die Klammer aber, die das alles zusammenhält, war wohl immer die Frage, wie 'man' las und liest und wie der Literaturwissenschaftler wohl mit größtem Gewinn zu lesen habe. Daß diese Frage immer nur auf der Grundlage theoretischer Annahmen und im Rekurs auf unser Wissen von Geschichte, Literaturgeschichte und Genreentwicklung stattfinden könne, war ihm ebenso sicher wie die Notwendigkeit, alles, was er zu sagen hatte, am exemplarischen Einzeltext sich erweisen zu lassen. So war er niemals ein naiver, sondern immer ein höchst elaborierter literaturwissenschaftlicher Interpret und gleichzeitig einer, der seine Gegenstände mit größter Konkretheit und Anschaulichkeit vortrug. Und dies, man kann es nicht genug hervorheben, auch vom stilistischen Gestus her. Wie wüst pompös sich die Rhetorik der Aufbruchsgeneration der 68er oder die Schreibe des heutigen Junggermanistentums häufig ausnimmt, er verspürte keinerlei Lust, sich solchen Trends anzupassen, und hielt dagegen, daß Wissenschaft sich um ihre Möglichkeiten bringe, wenn sie in die Esoterik der Schwerstverständlichkeit abhöbe. So zeichnet sich nicht etwa nur seine ausdrücklich an den interessierten Laien gerichtete Einführung *Literatur lesen* (1996), sondern überhaupt alles, was von seiner Hand kommt, vor vielem anderen in der Branche Gedrucktem aus durch seine eminente Zugänglichkeit. Es liefert sozusagen den anschaulichen Beweis der fast bereits vergessenen Möglichkeit vom Nebeneinander avanciertester Wissenschaftlichkeit und gleichzeitig höchster sprachlicher Transparenz.

Natürlich blieb Horst Steinmetz nicht unberührt von den dominanten literaturtheoretischen Entwürfen der letzten Jahrzehnte, von denen er sich vielleicht am nachdrücklichsten und andauerndsten mit der Rezeptionsästhetik auseinandersetzte. Aber er ist nie der Gefolgsmann einer theoretischen Schule, weder der der Rezeptionsästhetik noch sonst einer geworden, wie er auch nie nur versucht hat, eine solche Schule, sei es im Großen oder im Kleinen, selber zu begründen. Er hätte solches als geistige Einengung gesehen und hielt in jeder Lage den Grundsatz der Pluriformität als obersten Leitsatz seines vor allem anderen kritisch aufklärerischen Denkens und zur Wahrung der geistigen Unabhängigkeit hoch. So setzt sich in ihm selber fruchtbar fort, was er der Aufklärungsliteratur des 18. Jahrhunderts seit rund 40 Jahren abgeschaut hat. Die unter anderem dort erlernte Toleranz gegenüber dem Andersdenkenden, die niemals mit Indifferenz verwechselt werden darf, trug Früchte, wie könnte es anders sein, auch in der wissenschaftlichen Diskussion mit Kollegen und Schülern. Bei ausgeprägtester Neigung zum wissenschaftlichen Streitgespräch ging es doch niemals darum, den Gesprächspartner etwa auf die eigene Linie zu ziehen. Zwar scheute er sich nicht, Dummheit notfalls auch als Dummheit und Unwissen als Unwissen zu benennen und als solche zu bekämpfen. Doch ganz unverwechselbar für die Denkungsart von Horst Steinmetz sind Fazite wie dieses: Er sei da von grundauf anderer Meinung und wäre das Problem selber völlig anders angegangen, doch sei die intellektuelle Leistung dieser oder jener Arbeit über jeden Zweifel erhaben. So konnte es z.B. geschehen, daß die von ihm am höchsten veranschlagten unter seinen vielen Promovenden oft ausgerechnet jene waren, deren wissenschaftliche Auffassungen mit den seinen am stärksten kollidierten.

Was auf der Ebene der wissenschaftlichen Diskussion gilt, gilt mutatis mutandis auch für die der Erstellung von Studienprogrammen, der Verteilung finanzieller Mittel, der Besetzung von Stellen etc.: Ausgewogenheit, Pluriformität, Brechung des Alleinanspruchsdenkens waren Horst Steinmetz auch hier oberstes Gebot. Und es sind wohl eben diese aus innerer Überzeugung und Charakter sich herleitenden wissenschaftlichen, wissenschaftspolitischen und verwaltungspolitischen Grundsätze, die ihn schließlich in den letzten Jahren zum idealen ersten Direktor einer ganz anderen Art von Schule, nämlich der in den Niederlanden auf nationaler Ebene operierenden *Netherlands Graduate School for Literary Studies* machten. Hier, wo es um die Stimulierung, Förderung und Organisation ganz disparater Richtungen der Literaturwissenschaft und nicht nur einer einzigen ging, war all das ja gefragt. Der der literaturwissenschaftlichen Richtungs- und Schulenbildung und allen Dogmen und Ideologien abhold war, landete so dennoch bei einer Schule.

Interpretation, noch einmal, und die Frage, was dieser Festschriftband Horst Steinmetz zu seinem Generalthema, das gleichzeitig ein ganz offensichtlich nach wie vor unverbrauchtes Zentralthema der Literaturwissenschaft überhaupt ist, zu bieten hat. Nach allem, was gesagt wurde, kann es nicht erstaunen, wenn auch hier nicht nach Geschlossenheit und Homogenität der vorgestellten Ansichten gestrebt wurde. Weit davon entfernt, auch nur annähernd das Gesamtspektrum dessen auszumessen, was heute als Theorie und Praxis literaturwissenschaftlicher Interpretationstätigkeit sich erkennen läßt, setzt er doch auf Vielfalt und will so ein Spiegel der Geräumigkeit und Liberalität von

Horst Steinmetz' geistiger Grunddisposition und der Diskussionskontexte, in denen er sich bewegt, sein. Was Freunde, Kollegen und Schüler mit ganz unterschiedlichen literaturwissenschaftlichen Forschungsschwerpunkten und Interessen aus ebenso unterschiedlichen theoretischen und methodischen Perspektiven beigesteuert haben, gliedert sich grob gesehen in vier Gruppen.

Die erste umfaßt die Beiträge von Elrud Ibsch, Siegfried J. Schmidt, Gerd Labroisse und Hendrik van Gorp. Gemeinsam ist ihnen, daß sie das Phänomen der Interpretation unter einer je sehr weiten theoretischen Perspektive recht grundsätzlich problematisieren und die Frage nach Möglichkeit, Berechtigung und Zukunftsträchtigkeit des literaturwissenschaftlichen Interpretierens stellen. Die Antworten fallen dabei je nach Blickwinkel unterschiedlich aus. Sie sind aber von dem Grundton getragen, daß sich die literaturwissenschaftliche Arbeit am Text nicht als zirzensische Zauberei oder schwarze Magie zu verstehen habe, sondern als ein rationaler Akt, dem es um die Lösung je konkreter Probleme mit je transparenten wissenschaftlichen Verfahren und um die Validierung seiner Ergebnisse zu tun sein sollte. Sie plädieren für ein offenes Konzept von Interpretation, in das neben der Mitteilungsform des Textes auch die Produktions-, Rezeptions- und Verarbeitungsprozesse von Texten einzugehen hätten.

Eine zweite Gruppe von Beiträgen, jene von Karl Robert Mandelkow, Dietrich Weber, Hendrik Birus, Matthias Prangel und Henk de Berg, nähert sich dem Thema der Interpretation aus ganz spezifischen theoretischen Perspektiven und versucht heute gängige Konzeptionen, zum Teil, doch keineswegs nur kontrovers, auf ihre Tragfähigkeit hin abzuklopfen. So deckt Mandelkow etwa die Bedenklichkeit einer um 1980 herum in Deutschland in Schwang geratenen, von ihm polemisch als 'Neue Gelehrsamkeit' apostrophierten Goethephilologie unter wirkungsgeschichtlichem Blickwinkel auf, unterstreicht Birus die Gültigkeit des Vergleichens als einer zentralen Operation der Hermeneutik, bringen Prangel und de Berg heute aktuelle systemtheoretische Gesichtspunkte in die Diskussion um die Hermeneutik ein oder unterbreitet Weber einen Vorschlag zur typologischen Neugliederung erzählender Literatur.

In der dritten Gruppe von Beiträgen - Alois Wierlacher, Wilhelm Voßkamp, Manfred Schmeling, Hinrich C. Seeba - sodann schlägt sich jener *extraordinary cultural turn* in den Geisteswissenschaften nieder, der in den achtziger und neunziger Jahren auch die Literaturwissenschaft weltweit erfaßte und aufs Ganze gesehen heute wohl das Zentrum der Diskussion bildet. Dabei stehen grundsätzliche Fragen wie die nach der theoretischen Grundlegung des Begriffs der Interkulturalität bei Wierlacher, die nach dem keineswegs unproblematischen Verhältnis von Literaturwissenschaft und Kulturwissenschaften bei

Voßkamp wie jene nach den Möglichkeiten einer spezifisch komparatistischen Hermeneutik bei Schmeling im Vordergrund.

Sind alle sonstigen Beiträge mehr oder weniger dominant von der Erörterung theoretischer Fragestellungen geprägt, so wechselt der Akzent schließlich in der letzten Gruppe, der womöglich auch bereits Seebas Aufsatz zur Rhetorik bei Julius Langbehn zuzurechnen wäre. Ohne daß nun etwa gewissermaßen theorielos analysiert und gedeutet würde, verstehen sich die Beiträge von Sjaak Onderdelinden, Dieter Hensing, Jaap Goedegebuure und Klaus Bohnen doch vor allem als Beispiele interpretativer Praxis. Denn wie sehr auch immer Theorie unerläßlich sein mag und wie sehr wir sie sogar notwendigerweise implizit auch dort einsetzen, wo wir versucht sein sollten, ihr explizit aus dem Wege zu gehen, so ist mit Sicherheit der letzte Sinn aller theoretischen Überlegungen doch im applikativen Bereich zu sehen und hat letztendlich jede Theorie sich auf dem Feld der Praxis des Umgangs mit Literatur zu beweisen.

Kein einziger der in diesem Band vertretenen Ansätze ist Horst Steinmetz fremd. Mit allen ohne Ausnahme hat er sich in den vergangenen Jahrzehnten auseinandergesetzt, hat dabei mit manchen eine gute Strecke gemeinsamen Weges zurückgelegt, bevor er wieder ganz seinen eigenen ging, um andere mit ihren Vertretern einen Strauß ausgefochten. Dieses fruchtbare Wechselspiel der Kräfte, dieses Aufgreifen, Durchdenken, Erweitern, Überbieten, Verwerfen steht für Horst Steinmetz. Diese Festschrift möge im einen das andere, im dynamischen Wechselspiel der Kräfte Horst Steinmetz, in Horst Steinmetz eben jenes dynamische Wechselspiel der Kräfte ehren.

Sheffield/Leiden, Frühjahr 1999
Henk de Berg
Matthias Prangel

ELRUD IBSCH

Die Interpretation und kein Ende
Oder: warum wir auch nach der Jahrtausendwende noch interpretieren

Nur jemand, der Zeitrechnungen für etwas anderes als konventionelle Festlegungen hält, wird der Annahme sein, daß die Welt am 1. Januar 2000 eine völlig andere sein wird als am 31. Dezember 1999. Unter dem Vorbehalt dieser Relativierung des Schwellenwechsels möchte ich mir dann doch eine Prognose erlauben. Sie beinhaltet, daß die Debatten über den wissenschaftlichen Status der Interpretation literarischer Texte im Jahre 2000 und danach an ihr Ende gekommen sein werden. Ist es doch jetzt schon auffallend still um ein Thema geworden, das vor 10 bis 15 Jahren noch von erregender Aktualität war. Zwar wird nicht weniger interpretiert und liegen auch nicht weniger interpretations-'würdige' Texte vor, aber es wird kaum noch gestritten, ob und auf welche Weise Interpretationen in prüfbare Hypothesen zu überführen und bestenfalls zu widerlegen seien. In etwas anderer Bewertung als Siegfried J. Schmidt (in diesem Band), der mit nicht ganz verhohlener Resignation eher auf Theoriefeindlichkeit oder bequemes Zurücklehnen theoretischen Ansprüchen gegenüber schließt, möchte ich dieses Phänomen als - positives - Ergebnis stattgehabter Diskussionen sehen. Sie haben zu Emanzipation und wachsendem Selbstbewußtsein sowohl bei der hermeneutischen als bei der empirischen Literaturwissenschaft geführt. Soweit es die niederländische Situation betrifft, sieht es danach aus, daß Erklärungsversuche einerseits und Sinnkonstitutionen andererseits ihre je eigene Berechtigung nicht mehr unter Beweis zu stellen brauchen. Unter anderem dank der Bemühungen ihres Direktors, unseres Kollegen und Freundes Horst Steinmetz, dem dieser Band gewidmet ist, wird in der *Netherlands Graduate School for Literary Studies*, einem nationalen Graduiertenkolleg und Forschungsinstitut, beiden professionellen Arbeitsweisen Bewegungsfreiheit zugestanden und werden klärende Diskussionen gefördert, die auch die gegenseitige Abhängigkeit und Verflochtenheit miteinbeziehen.

Vor einigen Jahren noch gebärdete sich die aufkommende empirische Literaturwissenschaft gegenüber der 'traditionellen' hermeneutischen provokativ. Es gab für sie zwei Möglichkeiten: die eine bestand in dem Postulat der Empirisierung *aller* literaturwissenschaftlichen Fragestellungen (z.B. Groeben 1977)[1], was genau genommen das Ende jeder hermeneutischen Tätigkeit bedeutet hätte. Die andere zielte auf das Ausgrenzen bestimmter Bereiche aus dem Wissenschaftlichkeitsanspruch, wozu sich dann insbesondere die Interpretation eignete. Die Ausgrenzungskonzeption wurde von zwei unterschiedlichen Positionen innerhalb der empirischen Literaturwissenschaft vertreten. Einerseits wurde neben dem Standardmodell empirischer Wissenschaften eine rationale, argumentativ auf Validität gerichtete und als Wissensquelle ernst zu nehmende Weise der Sinnkonstituierung anerkannt, deren Einübung durchaus als Aufgabe der Universität gesehen wurde[2], andererseits aber hatte es den Anschein, daß Sinnkonstituierung in den privaten Raum zurückgedrängt und der akademischen Disziplinierung entzogen werden sollte (Freundlieb 1992, Rusch 1987)[3].

Den Provokationen entsprechend ging die Hermeneutik in die Verteidigung. Dem Anspruch der All-Empirisierung begegnete sie im günstigsten Falle mit gutmütiger Ungläubigkeit und einer skeptisch abwartenden Haltung bezüglich der Einlösung der Zielsetzung, insbesondere im Falle literaturhistorischer Aufgaben. Der Ausgrenzung gegenüber verhielt sie sich nach der Maxime, der Angriff sei die beste Verteidigung: Unter Einbeziehung vorhandener Gegenentwürfe zur wissenschaftstheoretischen Position der Standardwissenschaften - "der Deutung naturwissenschaftlicher Forschung in Anlehnung an traditionelle Hermeneutikauffassungen" (Danneberg 1992: 15) -, die von poststrukturalistischer bzw. ideologiekritischer Seite bereitgestellt worden waren, polemisierte sie gegen das 'normale' Wissenschaftsverständnis und stellte die kritisch-hermeneutische Methode als in allen Wissenschaftsbereichen überlegene Position heraus. Der hermeneutischen Argumentation kam darüber hinaus noch die aus dem Bereich der Naturwissenschaften stammende, von geisteswissenschaftlicher Seite jedoch einigermaßen oberflächlich rezipierte Chaostheorie zu Hilfe.

Obwohl, wie gesagt, die Diskussion an Brisanz eingebüßt hat, nehmen nicht

---

1 Zu diesem Empirisierungsprogramm heißt es bei Groeben, "daß alte Probleme, wie z.B. die Interpretation literarischer Werke zwar geringer gewichtet werden, trotzdem aber auch innerhalb des neuen Forschungsprogramms zufriedenstellend, d.h. nicht schlechter als im alten Paradigma gelöst werden" (Groeben 1977: 14).

2 Fokkema/Ibsch 1992 machten den Versuch, diese Verhältnisse zu verdeutlichen, konnten hiermit jedoch nicht in jeder Hinsicht überzeugen, da ihre Argumentation in erster Linie als ein Plädoyer für die Anerkennung der empirischen Literaturwissenschaft rezipiert wurde und möglicherweise auch als solches intendiert war.

3 Nach Gebhard Rusch leisten Interpretationen keinen Beitrag zur Verständigung, zum *consensual domain*. Dieter Freundlieb, der, da ein Wahrheitskriterium nicht anwendbar ist, die ideologische Ausbeutung von Interpretationen fürchtet, kommt wahrscheinlich unter dem Einfluß des Dekonstruktivismus zu dieser Ansicht.

alle hermeneutisch orientierten Literaturwissenschaftler die Aufforderung zu einer rationalen, argumentativ zu validierenden Interpretationspraxis ernst. Entweder wird die Validierung nicht problematisiert, was dazu führt, daß von verschiedenen Seiten die 'Beliebigkeit' von Interpretationen zum Vorwurf gemacht wird, oder aber man beharrt auf dem Kriterium der Falsifikation. Gerhard Pasternack ist einer der wenigen, die die Validierung thematisieren. Für ihn gilt die methodologische Regel, "die die Zulässigkeit einer Interpretation zu prüfen erlaubt aufgrund von Konsistenzbildungen zwischen Strukturwissen und kontingentem Wissen" (Pasternack 1992: 163). Der Freiheitsraum, den er mit dem Begriff des kontingenten Wissens der Sinnkonstitution zubilligt, fällt aufgrund der Konsistenzregel nicht der Beliebigkeit anheim. Karl Eibl dagegen hält an dem Falsifikationspostulat auf der Basis von "drei Kanones" fest. Einer der wichtigsten dabei ist die "Bedeutungsermittlung aus der historischen Semantik" (Eibl 1992: 178).

Alles in allem haben sich die Arbeitsbereiche der hermeneutisch orientierten und der empirisch arbeitenden Literaturwissenschaftler abgezeichnet, wobei die Einsicht gewonnen wurde, daß nicht *ein* methodologisches Vorgehen alle sinnvollen Aktivitäten, die in bezug auf das literarische System zur Ausführung stehen, abdecken kann.

Weder Gegenstand noch Methode haben das letzte Wort. Üblicherweise wurde die Gegenstandsabhängigkeit des Vorgehens von hermeneutischer Seite, die Methodenabhängigkeit der Disziplin von empirischer Seite eingeklagt. Demgegenüber hat die Auffassung, daß die jeweilige Fragestellung, das 'Was will ich wissen? Welches Problem will ich lösen?' über die Methode entscheidet, Feld gewonnen. Eine solche Einsicht stärkt den Gedanken der Arbeitsteilung. Voraussetzung ist allerdings die Anerkennung der Berechtigung verschiedener Fragestellungen, was für das Gebiet der Literatur auf jeden Fall heißt, daß man sich vier großen Problembereichen nicht verschließen wird: (1) der historischen Forschung im weitesten Sinne; (2) der Interpretation und Bewertung literarischer Texte; (3) der Erforschung der institutionellen Faktoren, die im literarischen System wirksam sind; (4) der Lese(r)forschung mit dem Ziel, die kognitiv-emotionalen Reaktionen auf Literatur zu erfassen.

Der Sonderstatus der unter (2) genannten Vorgehensweise - der Interpretation, die in diesem Beitrag im Mittelpunkt der Überlegungen steht - wird deutlich, wenn man sich den Standort des Forschers im Vergleich zu den anderen drei Varianten vergegenwärtigt. Während im dritten und vierten Typ - und zu einem großen Teil auch im ersten - der Forscher das Handeln von Rollenträgern, die als historische Person, als Vertreter einer Institution oder als Leser(in) mit Literatur umgehen, beobachtet, beschreibt und erklärt, ist der Forscher im zweiten Typ selbst zugleich der Handelnde. Zunächst reagiert er mit Sinngebung und Bewertung auf einen Text, den er in zweiter Linie als Teilnehmer an der Institution 'Expertenleser' anderen Experten vorlegt mit dem Ziel, für den eigenen Sinnentwurf Zustimmung und Anerkennung zu erwerben[4]. Die Beobachter/Teilnehmer-Dichotomie trifft auf den Interpreten also nicht zu. Diese in die Forschung eingegangene Unterscheidung hat zwar den Nachteil aller Dichotomisierungen, nämlich die Überbetonung des Gegensätzlichen, die zur Vernachlässigung möglicher Übereinstimmungen führen kann, kann aber als distinktives Merkmal aufgefaßt zur Klärung der jeweiligen Handlung im Literatursystem beitragen.

Akzeptiert man die vier schematisch vorgegebenen Problembereiche, so sind im einzelnen verschiedene Methoden und methodologische Stringenzen - quantitativer und qualitativer Art - anzusetzen. Als wenig sinnvoll hat sich auf Dauer die Durchsetzung *einer* methodologischen Vorentscheidung für alle vier erwiesen. In den siebziger und achtziger Jahren hatte man sich der Zielvorstellung dieser *einen* Vorentscheidung verschrieben, als man nämlich meinte, das wissenschaftstheoretische Argument für das Prinzip *eines* Wissenschaftstyps für alle Wissenschaften bedeute folgerichtig auch methodologische Uniformität. Siegfried J. Schmidt begründet (in diesem Band) seinen monistischen Wissenschaftsbegriff von konstruktivistischen Überlegungen her, wobei Fragen der Methode zunächst in den Hintergrund treten. Von seinen fundamental-epistemologischen Überlegungen abgesehen sprechen auch die Folgen einer durch methodologische Anforderungen zu stark reduzierten wissenschaftlichen und sozialen Relevanz gegen methodologische Uniformität.

Wie sehr man jedoch auch weniger stringente Methoden zugunsten der Komplexität und Relevanz der Fragestellung für unverzichtbar halten mag, die in einem Interpretationstext vorgelegte Sinnkonstitution und Bewertung literarischer Texte fällt nicht unter die Kategorie einer im Prinzip verallgemeinerbaren Erklärungshypothese, deren Überprüfung im intersubjektiven Verfahren ansteht. Unter der Voraussetzung der Akzeptanz dieser These bedeutet das für die Interpretation, daß sich inzwischen der Schwerpunkt von der *Validierung im Sinne der Falsifikation* interpretativer Aussagen auf *die Pluralität und Begründung von Referenzrahmen* (I) und *die Validierung der Interpretationsentwürfe in der Kommunikation* (II) verlagert hat[5]. So wäre es denn vorstellbar, daß im Jahr 2000 und danach bezüglich der Interpretation literarischer Texte folgende Überlegungen respektiert werden könnten:

---

4 Während Andringa 1994 diese beiden Schritte als "Ermittlung" bzw. "Vermittlung" bezeichnet, kehrt Steinmetz 1977 sich gegen eine vermeinte Kontinuität zwischen Rezeption und Interpretation.

5 "Die Diskussion um Gültigkeitskriterien der wissenschaftlichen Interpretation kreist teilweise um die (Un)zulässigkeit von Bezugssystemen" (Andringa 1994: 40).

I. Pluralität und Begründung von Referenzrahmen

Im Kontext der vor Jahren erstrebten Verwissenschaftlichung interpretativer Aussagen standen Bezugsrahmen als reflexionsbedürftige Faktoren nicht zur Diskussion, hätten sie doch einen Bewertungsstandpunkt ins Spiel gebracht, der dem Wissenschaftsanspruch abträglich erschienen wäre. Die Forderung der 'Objektivität' ließ eine vom interpretierenden Subjekt herangetragene Perspektive nicht zu. Schnell war dann die Rede von der 'Verwendung' ('uso' - 'using') eines Textes für psychoanalytische, religiöse, feministische usw. Zwecke statt seiner 'Bedeutung' ('semantic interpretation') sensu Umberto Eco (1990)[6] oder der subjektiven 'significance' statt der autorintentionalen 'meaning' sensu E.D. Hirsch (1967). Der Gedanke einer veränderlichen Textbedeutung durch jeweils gewählte Bezugsrahmen traf und trifft in Einzelfällen noch immer auf Widerstand[7]. So führt Andringa Klaus Hempfer an, der argumentiert, daß nicht die "Textbedeutung" sich wandle, "sondern die sprachlichen und kulturellen Leservoraussetzungen" (Andringa 1994: 44).

Zur Durchsetzung der Annahme einer Interaktivität (Groeben/Vorderer 1988) von Text und Bezugsrahmen für die Bedeutungskonstituierung haben intensive und langwierige Auseinandersetzungen geführt, an denen die Rezeptionsästhetik Konstanzer Prägung, radikal konventionalistische Vorstellungen von Interpretationsgemeinschaften sensu Stanley Fish, individualpsychologische sowie psychoanalytische Ansätze der amerikanischen *reader response*-Theorie und letztendlich empirische Leserforschung beteiligt waren.

Daß die Wahl eines Referenzrahmens auf normativer Grundlage geschieht, wird kaum jemand bezweifeln wollen, ebensowenig den Umstand, daß über Normen diskutiert werden kann, sie sich jedoch nur schwerlich zur Falsifikation eignen.

Ich lasse im folgenden die verschiedenartigen Verstehensphasen, die einem Interpretationstext vorausgehen und die Lexikon, Grammatik, enzyklopädisches Wissen, Weltwissen, Lebenserfahrung und literarische Vorkenntnisse mit Inbegriff der Kompetenz neuer Referenzzuweisungen bei semantischen Freiräumen, wie die literarische Kommunikation sie kennt, umfassen, außer Betracht und konzentriere mich auf Referenzrahmen und kommunikative Validie-

---

6 Eco, wie manche anderen Theoretiker der Interpretation, nimmt eigene frühere Standpunkte hinsichtlich der Aktivität des Lesers unter Einfluß der dekonstruktivistischen Interpretationstheorie und -praxis einigermaßen zurück.
7 Karl Eibl zum Beispiel ist Bezugssystemen gegenüber äußerst kritisch und geneigt, sie zu karikieren (Eibl 1992). Auch für ihn gilt vermutlich die unter Anm. 6 angeführte Überlegung.

rung. Für die Pluralität interpretativer Bezugssysteme lassen sich, je nach Perspektive, mehrere Erklärungen anführen. An dieser Stelle möchte ich sie in Abhängigkeit der verschiedenen Zielsetzungen, die mit Interpretationen literarischer Texte verfolgt werden, betrachten. Mein Vorschlag geht dahin, als Ziele der *Interpretation 2000* die folgenden in Erwägung zu ziehen:

(a) *Die Interpretation als Empfehlung*
Unter diese Kategorie fallen interpretative Handlungen, die auf einen literarischen Text aufmerksam machen wollen. Man könnte hier auch von der Zielsetzung der Kanonisierung sprechen. Folgerichtig ist die Wahl des literarischen Textes ein wesentliches Handlungsmoment. Sie kann einen neu erschienenen Text betreffen, dem über eine Interpretation - als Lektüreempfehlung - der Zugang zum Kanon ermöglicht wird. (Kanontexte sind immer vielfach interpretierte Texte.) Es kann jedoch auch um kanonisierte Texte gehen, für deren Platz im kulturellen Gedächtnis ein aktualisierender interpretativer Bezugsrahmen die Garantie bieten soll[8]. Denkbar ist auch eine 'Gegenbewegung' zu einer solchen Art der Empfehlung, nämlich die Aufforderung zu einer Neu-Überdenkung der Position eines literarischen Textes im Kanonbestand aufgrund des Versuchs, ihn im Lichte aktueller interpretativer Referenzsysteme für 'überholt' zu erklären. Schließlich kann es sich bei der Interpretation als Empfehlung um die 'Entdeckung' vergessener Texte handeln, deren aktueller Wert in hohem Maße bezugsrahmenabhängig ist.

(b) *Die Interpretation als literarhistorisches Kategorisierungsprinzip*
Bei dieser Zielsetzung interpretatorischer Handlungen spielt der literarische Text die Rolle eines Demonstrationsobjekts. Er steht bei der literarhistorischen Kategorisierung als Beispiel für vergleichbare Texte, deren Merkmale als typisch für eine Periode oder Gattung angesehen werden. Die Auswahl des Textes wird vor allem seiner Prototypikalität wegen erfolgen. Als Teil einer historischen Kommunikationssituation wird ihm ein Stellenwert attribuiert. Es wird ihm beispielsweise sein affirmatives bzw. widerständiges Potential attestiert. Daß die Interpretation dieses Typs auch die Funktion einer Empfehlung erhalten kann, ist nicht auszuschließen, jedoch eher als abgeleitet zu betrachten.

(c) *Die Interpretation als erfolgreicher Umgang mit Komplexität*
Dieses Ziel setzt den Wunsch des Interpreten (der Interpretin) voraus, seine (ihre) Kompetenz und Kreativität unter Beweis zu stellen. Die Auswahl fällt dementsprechend auf hochkomplexe Texte, die Kohärenzprobleme verursachen

---

[8] Jauß' Gegen-den-Strich-Lesen von Goethes *Iphigenie* gehört in diesen Zusammenhang (Jauß 1975a).

und deren sprachliche (Über-)Kodierung von Erfahrungen ihrem Kunstcharakter Nachdruck verleiht.

(d) *Die Interpretation als Gegenargument*
Obgleich auch die im vorhergehenden beschriebenen Zielsetzungen Gegenargumente zu vorhandenen Interpretationen enthalten können, ist hier von einer expliziten und direkten interpretativen Motivation durch eine oder mehrere andere Interpretationen die Rede. Dieser Interpretationstyp tritt nicht selten mit dem Gestus einer intendierten Falsifizierung seiner Konkurrenten auf.

(e) *Die Interpretation als Gesprächsvorgabe*
Diese Zielsetzung stellt sich namentlich in der Literaturdidaktik im weitesten Sinne. Sie bildet den Anstoß zu einem Gespräch über einen literarischen Text, sie sollte das erste und nicht das letzte Wort sein. Sie dient dazu, Leser(innen) auf 'metaphorisches' Lesen vorzubereiten, das heißt die im literarischen Text lexikalisch und enzyklopädisch aufzuschlüsselnde Semantik über Analogieverfahren auf andere semantische Bereiche anzuwenden (siehe auch Steinmetz 1977 über das Ausschöpfen semantischer Freiräume). Dieser Interpretationstyp dient gleichfalls dazu, die sogenannte 'schwache' Polyvalenzkonvention zu entwickeln. Diese beinhaltet die Toleranz gegenüber den Bedeutungskonstitutionen anderer Leser/Interpreten (z.B. Groeben 1993: 253).

Wie an einigen Stellen bereits angedeutet, sind die Zielsetzungen (a)-(e) nicht als einander völlig ausschließend, sondern nur als schwerpunktsetzend und sowohl Referenzrahmen als Textauswahl steuernd anzusehen.

Beispiele für Bezugssysteme und Textauswahl anhand der Zielsetzungen

(a) Mit der als *Empfehlung* bezeichneten Zielsetzung verbinden sich wie gesagt namentlich aktualisierende Bezugssysteme, für die folgende Beispiele repräsentativ sind.

1. Die Interpretationstheorie und -praxis poststrukturalistischer bzw. dekonstruktivistischer Provenienz haben Neuinterpretationen hochkanonisierter Texte angeregt, die von der Perspektive des Verschwiegenen, Nicht-Repräsentierten her (sensu Derrida) gelesen wurden. Die überkommenen sprachlichen und figurativen Hierarchien der Zeichenträger werden 'dekonstruiert', unterwandert zugunsten von Subtexten, die bisher nicht wahrgenommen wurden. Varianten

der Freudschen Psychoanalyse, postkoloniale wie feministische Leseweisen gehören in diesen Bereich.[9]

2. Das heutige Interesse für Judaismus und jüdische Kultur regte Neuinterpretationen zu Texten von Franz Kafka und Paul Celan an und führte zu 'Entdeckungen' in Sammelbänden wie *Theatralia Judaica*.[10]

3. Die Möglichkeiten und Grenzen der Identitätsfindung derer, die zwei verschiedenen Kulturen angehören, führen zu erhöhter Interpretationsaktivität bezüglich der Werke von Schriftstellern wie Vladimir Nabokow, Saul Bellow, Salman Rushdie, Toni Morrison und vielen anderen.

4. Die Arbeit an der Vergangenheit des Nationalsozialismus und die literarische Ergänzung und Korrektur der offiziellen Geschichtsschreibung in Deutschland und Österreich lenken die Aufmerksamkeit von Interpreten auf Nachkriegstexte, denen zu ihrer Entstehungszeit wenig Aufmerksamkeit zuteil geworden war (z.B. Hans Leberts Roman *Die Wolfshaut*).[11] Gleichzeitig werden Heimat- und Bauernromane des trivialen Typs als Kontrafaktur zu den kritischen (Inter)-Texten der Gattung im komplex-literarischen Bereich wiederentdeckt und im Hinblick auf die Dichotomierung von 'Ingroup' und 'Outgroup' interpretiert. Dies gilt nicht allein für die österreichische Literatur, in der der Heimatroman zur *national narrative* gerechnet werden kann, sondern neuerdings auch für den südafrikanischen 'Plaasroman' (van Coller 1995, Kunne 1991).[12]

5. Der Verdacht rassistischer Vorurteile generiert Neuinterpretationen zu Texten wie Shakespeares *Merchant of Venice*, Joseph Conrads *Heart of Darkness* und E.M. Forsters *A Passage to India*, die eine Neuüberdenkung der Position dieser Werke im Kanon erstreben.

6. Im Rahmen feministischer Bezugssysteme zeichnet Wayne C. Booth (1988) eine interessante Interpretationskontroverse zu Rabelais' *Gargantua* auf. Für die Frage, ob Rabelais Frauengestalten auf sexistische Weise beschreibt, führt er positive und negative Argumente an. Entschließt man sich zu einem historisierenden oder gattungsorientierten Bezugsrahmen, so wird man zu der Verteidigung von Rabelais neigen und ihn nicht des Sexismus beschuldigen

---

9   Inwiefern all diese Bereiche kompatibel sind oder miteinander und zu den Auffassungen Derridas im Widerspruch stehen, kann hier nicht erörtert werden.
10 Zum Beispiel Bayerdörfer (Hg.) 1996.
11 Siehe dazu Kunne 1991.
12 Zur interpretativen Thematisierung der Ingroup/Outgroup-Dichotomie und ihrer Kontrastierung in den Bereichen der trivialen bzw. der komplexen Literatur hat auch der Aufsatz von Hans Robert Jauß zur *douceur du foyer*-Lyrik beigetragen (Jauß 1975b).

wollen. Booth beschreibt seine eigene Interpretationsbiographie zu Rabelais - wie unter gleichem Aspekt auch zu Sternes *Tristram Shandy* - als den Weg von einer historisierenden, feministische Probleme nicht berücksichtigenden Lektüre zu seiner heutigen Interpretation, die den sexistischen Charakter nicht mehr zu übersehen vermag. Dies ist zugleich der Weg, der von der reinen Freude an der karnevalesken Schreibweise Rabelais' zum Nachdenken über sie führt.

Die Interpretation als Empfehlung erfüllt eine Funktion, die in interpretationstheoretischen Überlegungen selten zur Sprache kommt. Zusammen mit neu erscheinenden literarischen Texten, mit Programmen von Schriftstellern und mit theoretischen Publikationen von Kritikern und Wissenschaftlern ist sie Teil der Poetologie einer bestimmten Epoche. So spielt sie, sofern sie sich beispielsweise als "postmoderne Lektüre von Flaubert" versteht (Schor-/Majewski (Hg.) 1984), eine Rolle in der Konstruktion der literarischen Postmoderne.

(b) Interpretationen als *literarhistorisches Kategorisierungsprinzip* begünstigen Texte, deren Merkmalhaftigkeit und Merkmalsfülle für eine Gattung oder Strömung charakteristisch sind. Man denke einerseits an James Joyce, Virginia Woolf, Robert Musil und Thomas Mann, die viele Male als Repräsentanten der literarischen Moderne interpretiert wurden, und andererseits an Thomas Pynchon (namentlich sein *Gravity's Rainbow*) als Repräsentant postmoderner Literatur.

Eine andere Form historischer Interpretation ist die bekannte der "historischen Semantik" (Eibl 1992), die allerdings von der Luhmannschen Systemtheorie her einen neuen Impuls erhalten hat. Bei der (Re-)Konstruktion einer historischen Kommunikationssituation geht es beim systemtheoretischen Ansatz um das Spannungsverhältnis zwischen dem Text und seinem kommunikativen Kontext, um die "kommunikative Negativfolie", die Henk de Berg im Falle Heinrich Heines zu erstellen versucht hat (de Berg 1995).

(c) Für die Interpretation als *erfolgreichen Umgang mit Komplexität* stehen Texte zur Wahl, die sich im Hinblick auf die Kohärenzbildung als problematisch erweisen. Neben als 'schwierig lesbar' eingestuften Prosatexten und Dramen (so verschieden wie Goethes *Faust II*, Pynchons *Gravity's Rainbow* und Joyces *Finnegan's Wake*), deren intertextuelle Bezüge allein schon zu stets neuen Interpretationen anregen, sind hier vor allem Werke der Lyrik zu nennen: Hölderlin, Rimbaud, Mallarmé, Eliot, Celan, Cummings und zahlreiche andere, die eine problemlösende Kompetenz in der Behandlung textinterner und textexterner sprachlicher Referenzen erfordern.

(d) Wird eine interpretative Handlung in erster Linie als Antwort auf eine (oder mehrere) Interpretation(en) verrichtet, so ist nicht in erster Linie ein literarischer Text, sondern ein Interpretationstext für die Auswahl entscheidend. Die neue Interpretation versteht sich als *Gegenargument* zur vorliegenden, deren Mängel über eine abweichende Auslegung der gleichen Textbeispiele (oftmals gesteuert durch einen anderen Bezugsrahmen) oder aber über die Selektion anderer, als adäquater betrachteter Textbeispiele beseitigt werden sollen. 'Klassische' Beispiele für Interpretationskontroversen sind die *lucet*-Auseinandersetzung zwischen Staiger und Heidegger (Staiger 1955), die Auslegung und Bewertung der Zeile "Beauty is truth, truth beauty" von Keats durch Cleanth Brooks, der Gegenargumente zu Eliot, Murry und Garrod liefert (Brooks 1947: 151ff.), Michael Riffaterres Reaktion auf Jakobson und Lévi-Strauss' Interpretation von Baudelaires *Les Chats* (Posner 1972: 202ff.).

(e) Die Interpretation als *Gesprächsvorgabe* dürfte nach dem Jahrtausendwechsel an Bedeutung gewinnen. In didaktischen Kontexten, die sich in zunehmendem Maße multikulturell gestalten und den nationalen Kanon (soweit man selbst in nationalen Zusammenhängen von *dem* Kanon sprechen kann) international entgrenzen, wird es nur über das interkulturelle Verstehen möglich sein, zentrale Werke des kulturellen Gedächtnisses aus verschiedenen Traditionen im Gespräch lebendig zu halten. Die Interpretation als Gesprächsvorgabe ist in keiner Weise als Autoritätsbeispiel einer definitiven Sinngebung aufzufassen, die sich in Prüfungssituationen an Schulen und Universitäten reproduzieren ließe. In meiner Konzeption geht es darum, Schülern und Studenten durch die Vorgabe mehrerer Interpretationen zu einem Text zur Reflexion, zum Formulieren eigener Sinngebungsvorschläge, zur Toleranz, zum Widerspruch - kurz: zum Gespräch über Literatur anzuleiten und zugleich auf die Unabgeschlossenheit jeder Sinnkonstitution (die 'suspensive Interpretation' sensu Steinmetz) vorzubereiten.

II. *Argumentative oder kommunikative Validierung von Interpretationen*

Da in meiner Konzeptualisierung von Interpretationen literarischer Texte Widerlegungen nach Maßgabe der Erfahrungswissenschaften nicht zur Diskussion stehen, Entscheidungen über den Wert eines Interpretationstextes dagegen regelmäßig gefällt werden und einen Teil der Entwicklung innerhalb der Hermeneutik mitbestimmen, ist die Wahl auf den Begriff der 'argumentativen' bzw. der 'kommunikativen' Validierung gefallen.

In einem anderen Zusammenhang habe ich die Regeln, denen der Verfasser eines Interpretationstextes zu folgen hat, will er seinem Sinnentwurf einen Platz in der hermeneutischen Diskussion sichern, zu explizitieren und dabei zwei

Prinzipien der Gestaltung einer professionellen Interpretation zu befürworten versucht (Ibsch 1996: 114f.). Da ist zunächst die für alle Interpretationen (unabhängig vom Referenzrahmen) geltende *deskriptive Plausibilität* zu nennen. Hierunter werden (1) die Konsistenz zwischen Bezugsrahmen und interpretativem Argument, (2) die Berücksichtigung des intersubjektiven, lexikalisch kodierten primären linguistischen Niveaus, (3) ein ausgewogenes Verhältnis zwischen Argument und (Text-)Beispiel und (4) die Kenntnisnahme anderer Interpretationen des gleichen Textes verstanden. Das zweite Prinzip ist unter den Begriff der *referentiellen Plausibilität* gebracht. Hierbei steht das Verhältnis von Metatext (= Interpretation) und Text im Mittelpunkt, das heißt, es wird argumentiert, daß aus der Wahl des Referenzrahmens Konsequenzen zu ziehen sind (wobei es sich - global - um autorintentionale, Text- oder aber um Lesertheorien handeln kann).

Günther Grewendorf (1975) und Eike von Savigny (1976) haben seinerzeit im Rahmen wissenschaftstheoretischer Untersuchungen systematische empirische Analysen der Argumentationstypen, deren Literaturwissenschaftler sich bedienen, vorgelegt, wobei sie kollidierenden Typen innerhalb der Interpretationsdiskussionen besondere Aufmerksamkeit gewidmet haben. Ihre Vorgehensweise hat leider kaum Nachfolge gefunden, ist aber auch im Zusammenhang meiner Überlegungen nur von begrenzter Bedeutung, da es sich bei ihnen um eine 'metakommunikative' Validierung handelt, eine Legitimation von Referenzrahmen nicht ins Blickfeld kommt und die Leser von Literatur an dieser Validierung keinen Anteil haben, so daß von 'kommunikativer' Validierung nicht die Rede sein kann.

Die kommunikative Validierung im eigentlichen Sinne kann auf mehr oder weniger systematische Weise erfolgen. Der bekannteste Weg, der allerdings nur professionelle Kommunikationspartner(innen) berücksichtigt, ist die kollegiale Reaktion auf veröffentlichte Interpretationen, die Zustimmung und Ergänzungen hervorrufen, aber auch in ein Gegenargument (s. oben) einmünden kann. Eine andere Variante ist das Unterrichtsgespräch, in dem die Kommunikationsteilnehmer(innen) verschiedene Sinnentwürfe - auf der Basis prinzipieller Toleranz, die allerdings Widerspruch und Verbesserungsvorschläge nicht ausschließt - gegeneinander abwägen. Die bereits erwähnte persönliche Geschichte seiner Interpretationspraxis mit ihrem auffallenden Referenzrahmenwandel im Falle von Wayne C. Booth könnte als intrasubjektive Resultante der kommunikativen Interpretationsvalidierung gelten.

Auf systematische Weise beschreibt Norbert Groeben die kommunikative Validierung von Interpretationen, die Teil eines größeren Projektes der "Argumentationsintegrität" ist. In einer jüngst erschienenen Arbeit führte er sie praktisch am Beispiel von Kleists *Penthesilea* durch. Groeben legte

Versuchspartner(inne)n drei Interpretationen des Dramas vor, und zwar eine psychoanalytische, eine feministische und eine existentiell-humanistische. Die Versuchspartner(innen) (Studentinnen und Studenten) 'lasen' die Interpretationen in einer linguistisch und logisch aufgeschlüsselten Form der Argumentation, in der Relationskonzepte nach dem Beispiel des von Scheele (1992) und anderen entwickelten Heidelberger Struktur-Lege-Verfahrens abgebildet waren. Die 'Abbildung' stellt auf schematische Weise Konzeptexplikationen, Konsekutivverhältnisse, Begründungsreihen, Finalitäten, alternative Möglichkeiten dar. Die Versuchspartner(innen) wurden gebeten, die ihnen am plausibelsten erscheinende Interpretation auszuwählen, sich die dargelegte Struktur anzuschauen und an den Stellen, an denen sie bezüglich der Konzeptrelationen eine andere Entscheidung treffen würden, die Beziehungen entsprechend zu verändern. In einer gemeinschaftlichen Sitzung wurde Übereinstimmung über die Strukturierung zu erzielen versucht, ein Verfahren, das unter den Begriff der 'Dialog-Konsens-Methode zur Rekonstruktion Subjektiver Theorien' gefaßt wird. Damit sind die Phasen der kommunikativen Validierung im Grunde genommen beendet. Groebens Untersuchung fand jedoch noch eine Fortsetzung in einer nomothetischen und empirischen Phase, das heißt, er strebte nach einer Erklärung für die in der kommunikativen Validierung evident zutage tretende Vorliebe für die feministische Interpretation des Kleistschen Dramas. Zu diesem Zweck stützte er sich auf vorhandene Theorien zur Genderorientierung. Dieser Schritt ist im Kontext meiner Ausführungen jedoch nicht wesentlich.

Schließlich wäre an eine analytische Aufbereitung eines Interpretationsansatzes in einem Interviewleitfaden zu denken, wodurch auf indirekte, jedoch kontrollierbare Weise Zustimmung, Ablehnung, Modifizierung provoziert werden. Es ist dies meine eigene Erfahrung im Rahmen eines Projektes, das eine andere Zielsetzung hat, nämlich die kognitive und emotionale Reaktion von Leser(inne)n auf Literatur zur Shoah. Gleichsam als Nebeneffekt kam es über das Kommunikationsverhältnis der Interviewerin und der Interviewpartner(innen) zur Validierung der Interpretationsvorgaben. Überraschend war die relativ hohe Übereinstimmung, wo es um Handlungen und Motivationen der literarischen Gestalten und ihre Charaktereigenschaften ging, wobei zu bemerken ist, daß der interpretativen Übereinstimmung nicht ein gleiches Maß an evaluativer Übereinstimmung zu entsprechen braucht. Ähnlich wie Booth mußte ich die Erfahrung machen, daß eine junge Generation weiblicher Leser aufgrund ihres Referenzrahmens einen der drei Texte (Hilsenraths *Der Nazi und der Friseur*) als ausgesprochen sexistisch interpretierte, männliche Leser und ich selbst ihn dagegen in erster Linie von der Gattungskonvention der Groteske her gelesen hatten. Die kritische Neuinterpretation aufgrund des thematisch relevanten aktuellen Bezugsrahmens eines Teils der Leserschaft bedeutete noch keine Absage an den Text, wohl aber seine Problematisierung.

Mit der Validierung der Interpretationsentwürfe in der Kommunikation ist eine Phase erreicht, in der hermeneutisches Verstehen und empirisches Erklären einander nahe kommen. Das Textverstehen, das sich in der Interpretation als Resultat manifestiert, das Maß an Übereinstimmung bzw. Nicht-Übereinstimmung zwischen verschiedenen Lesern/Interpreten, rufen Fragen auf, die zu ihrer Beantwortung der Unterstützung durch die Textverarbeitungspsychologie und durch die Allgemeine Psychologie bedürfen. Zugleich befreit die Validierung in der Kommunikation die Interpretation aus ihrer selbstgenügsamen Isolation. So unverzichtbar Expertenwissen in diesem Bereich auch ist, die sinnkonstituierende Reaktion von Leser(inne)n vermag auch dem Experten/der Expertin Bedenkenswertes zu vermitteln.

Interpreten, die sich auf dieses Abenteuer bisher noch nicht eingelassen haben, sollten sich dies spätestens für das Jahr 2000 vornehmen.

Literatur

Andringa, Els (1994): *Wandel der Interpretation. Kafkas "Vor dem Gesetz" im Spiegel der Literaturwissenschaft*, Opladen: Westdeutscher Verlag.

Bayerdörfer, Hans-Peter (Hg.) (1996): *Theatralia Judaica II: Nach der Shoah. Israelisch-deutsche Theaterbeziehungen seit 1949*, Tübingen: Niemeyer.

de Berg, Henk (1995): *Kontext und Kontingenz. Kommunikationstheoretische Überlegungen zur Literaturhistoriographie. Mit einer Fallstudie zur Goethe-Rezeption des Jungen Deutschland*, Opladen: Westdeutscher Verlag.

Booth, Wayne C. (1988): *The Company We Keep. An Ethics of Fiction*, Berkeley/Los Angeles/London: University of California Press.

Brooks, Cleanth (1947): *The Well Wrought Urn. Studies in the Structure of Poetry*, New York: Harcourt, Brace & World.

van Coller, H.P. (1995): Die Afrikaanse plaasroman as ideologiese refleksie van die politieke en sosiale werklikheid in Suid-Afrika, in: *Afrikaans in een veranderende context. Taalkundige en letterkundige aspecten*, hg. von Hans Ester und Arjan van Leuvensteijn, Amsterdam: Suid-Afrikaanse Instituut, S. 236-250.

Danneberg, Lutz (1992): Einleitung. Interpretation und Argumentation: Fragestellungen der Interpretationstheorie, in: *Vom Umgang mit Literatur und Literaturgeschichte. Positionen und Perspektiven nach der "Theoriedebatte"*, hg. von L.D. und Friedrich Vollhardt, Stuttgart: Metzler, S. 13-23.

Eco, Umberto (1990): *The Limits of Interpretation*, Bloomington/Indianapolis: Indiana UP.

Eibl, Karl (1992): Sind Interpretationen falsifizierbar?, in: *Vom Umgang mit Literatur und Literaturgeschichte. Positionen und Perspektiven nach der "Theoriedebatte"*, hg. von Lutz Danneberg und Friedrich Vollhardt, Stuttgart: Metzler, S. 169-183.

Fokkema, Douwe/Ibsch, Elrud (1992): *Literatuurwetenschap en cultuuroverdracht*, Muiderberg: Coutinho.

Freundlieb, Dieter (1992): Literarische Interpretation: Angewandte Theorie oder soziale

Praxis?, in: *Vom Umgang mit Literatur und Literaturgeschichte. Positionen und Perspektiven nach der "Theoriedebatte"*, hg. von Lutz Danneberg und Friedrich Vollhardt, Stuttgart: Metzler, S. 25-41.

Grewendorf, Günther (1975): *Argumentation und Interpretation. Wissenschaftstheoretische Untersuchungen am Beispiel germanistischer Lyrikinterpretationen*, Kronberg/Ts.: Scriptor.

Groeben, Norbert (1977): *Rezeptionsforschung als empirische Literaturwissenschaft. Paradigma- durch Methodendiskussion an Untersuchungsbeispielen*, Kronberg/Ts.: Athenäum.

Groeben, Norbert (1993): Nicht-/Wörtliche Bedeutung als Ästhetik von Alltagskommunikation, in: *SPIEL 12 (2)*, S. 252-275.

Groeben, Norbert (1998): Interpretationsansätze zur *Penthesilea* und Gender-Sozialisation - eine dialoghermeneutische Rezeptionsstudie. In: *Freiburger Literaturpsychologische Gespräche*, hg. von C. Pietzcker, Würzburg, S. 101-120.

Groeben, Norbert/Peter Vorderer (1988): *Leserpsychologie: Lesemotivation - Lektürewirkung*, Münster: Aschendorff.

Hirsch, E.D. (1967): *Validity in Interpretation*, New Haven/London: Yale UP.

Ibsch, Elrud (1996): The Conventions of Interpretation, in: *The Search for a New Alphabet. Literary Studies in a Changing World. In Honour of Douwe Fokkema*, hg. von Harald Hendrix et al., Amsterdam/Philadelphia: John Benjamins, S. 111-117.

Jauß, Hans Robert (1975a): Racines und Goethes Iphigenie. Mit einem Nachwort über die Partialität der rezeptionsästhetischen Methode, in: *Rezeptionsästhetik. Theorie und Praxis*, hg. von Rainer Warning, München: Fink, S. 353-400.

Jauß, Hans Robert (1975b): La douceur du foyer - Lyrik des Jahres 1857 als Muster der Vermittlung sozialer Normen, in: *Rezeptionsästhetik. Theorie und Praxis*, hg. von Rainer Warning, München: Fink, S. 401-434.

Kunne, Andrea (1991): *Heimat im Roman: Last oder Lust? Transformationen eines Genres in der österreichischen Nachkriegsliteratur*, Amsterdam/Atlanta: Rodopi.

Pasternack, Gerhard (1992): Zur Rationalität der Interpretation, in: *Vom Umgang mit Literatur und Literaturgeschichte. Positionen und Perspektiven nach der "Theoriedebatte"*, hg. von Lutz Danneberg und Friedrich Vollhardt, Stuttgart: Metzler, S. 149-168.

Posner, Roland (1972): Strukturalismus in der Gedichtinterpretation, in: *Strukturalismus in der Literaturwissenschaft*, hg. von Heinz Blumensath, Köln: Kiepenheuer & Witsch, S. 202-242.

Rusch, Gebhard (1987): Autopoiesis, Literatur, Wissenschaft. Was die Kognitionstheorie für die Literaturwissenschaft besagt, in: *Der Diskurs des Radikalen Konstruktivismus*, hg. von Siegfried J. Schmidt, Frankfurt/M.: Suhrkamp, S. 374-400.

von Savigny, Eike (1976): *Argumentation in der Literaturwissenschaft. Wissenschaftstheoretische Untersuchungen zu Lyrikinterpretationen*, München: Beck.

Scheele, Brigitte (Hg.) (1992): *Struktur-Lege-Verfahren als Dialog-Konsens-Methodik. Ein Zwischenfazit zur Forschungsentwicklung bei der rekonstruktiven Erhebung subjektiver Theorien*, Münster: Aschendorff.

Schor, Naomi/Majewski, Henry F. (Hg.) (1984): *Flaubert and Postmodernism*, Lincoln/London: University of Nebraska Press.

Staiger, Emil (1955): *Die Kunst der Interpretation. Studien zur deutschen Literaturgeschichte*, Zürich: Atlantis.

Steinmetz, Horst (1977): *Suspensive Interpretation. Am Beispiel Franz Kafkas*, Göttingen: Vandenhoeck & Ruprecht.

SIEGFRIED J. SCHMIDT

Interpretation - Eine Geschichte mit Ende

1. Same procedure as last year?

"Das Wort vom Paradigmenwechsel hat in der Literaturwissenschaft seine bedrohliche, zugleich aber auch seine faszinierende Wirkung verloren. Über die Voraussetzungen des *Interpretierens* wird zunehmend noch aus einem heuristischen oder betont pragmatischen Interesse nachgedacht. Zwischen einer Rationalisierung nach dem Vorbild der empirisch-analytischen Wissenschaften, das nicht mehr angestrebt wird, und einer weitgehend subjektiven 'Kunst der Interpretation', die man nicht wollen kann, ist für die alltägliche Interpretationspraxis ein Bereich der mittleren Regelbarkeit von Verfahren ent-standen. [...] Anstatt die Uneinheitlichkeit des Faches als Zerfall zu beklagen oder zur entlastenden Legitimation zu zitieren, ist die Heterogenität der Methoden und Positionen als ein Fortschritt zu nehmen, der die Literaturwissenschaft vor neue Probleme stellt, ihr aber auch Chancen eröffnet."

Diese Standortbestimmung der Literaturwissenschaft ziert als Klappentext den von Lutz Danneberg und Friedrich Vollhardt herausgegebenen Sammelband *Vom Umgang mit Literatur und Literaturgeschichte* - mit dem aufschlußreichen Untertitel *Positionen und Perspektiven nach der 'Theoriedebatte'* (Stuttgart 1992). Unwillkürlich kommt mir Helmut Heißenbüttel in den Kopf: "Dem ist nichts mehr hinzuzufügen!". Das Fach hat (mal wieder?) eine Theoriedebatte wie einen Masernanfall überstanden (vorsichtshalber hatte ohnehin nur eine verschwindende Minderheit der Fachvertreterinnen und -vertreter an dieser gefährlichen Debatte teilgenommen) und denkt jetzt nur noch gelegentlich, am Rande der "alltäglichen Interpretationspraxis" (the show must go on, schließlich), mit Kopfschütteln an theoretische Aufgeregtheiten zurück.

Das Vorwort der beiden Herausgeber liest sich wie eine kaum verhüllte (weil gar nicht als solche begriffene) Bankrotterklärung: Ansprüche an Theorien und Methoden sind "kaum mehr" Gegenstand der Fachdiskussion; die einst erhobene Forderung nach einer Rechtfertigung des Faches gilt es heute "als abgeschlossenen Teil der eigenen Geschichte zu begreifen. Der Wissenschaftsbetrieb hat inzwischen neue Umgangsformen und Kriterien für die Beurteilung von Leistung und Erfolg hervorgebracht. Vor diesem Hintergrund erscheint es heute als störend [sic!], wenn man auf der Frage nach der theoretischen Legitimität derjenigen Konzeptionen besteht, die gegenwärtig das Erscheinungsbild der Disziplin bestimmen. [...] Man hat gelernt, den Pluralismus, ja auch die Beliebigkeit der Untersuchungsmethoden zu akzeptieren" (ebda.). "Exponierte Theoriefeindlichkeit" wird wie eine Selbstverständlichkeit nur noch schlicht konstatiert und statt dessen die Evidenz betont, "mit der eine an traditionell hermeneutischen Vorstellungen orientierte Auslegungspraxis noch immer zu überzeugen vermag" (ebda.).

Was soll man diesem als Fazit formulierten intellektuellen Ausverkauf der Literaturwissenschaft, bilanziert von zwei ihrer prominenten Vertreter, noch hinzufügen? Und was soll besonders ich, der ich die Ruhe dieses Faches - wie stümperhaft auch immer, wie mir einige Autoren des Bandes noch einmal am Rande attestieren - (natürlich erfolglos) zu stören versucht habe, diesem Befund hinzufügen? Noch einmal ein garstiges Theorielied, obwohl das Publikum schon vor dem ersten Ton genervt abwinkt? Eine Rationalisierung der Interpretation nach dem Vorbild der empirisch-analytischen Wissenschaften, so belehren die Editoren in unterkühltem Ton, "wird nicht mehr angestrebt" (Stilebene: *we are not amused*). Welches Schlupfloch bleibt mir also, um Horst Steinmetz, dem Empfänger dieser hier vorgelegten Festschrift, meine Reverenz zu erweisen? - Ich versuche es mit ein paar konstruktivistischen Randbemerkungen zum Thema Interpretation, die mehr zu Steinmetz und zu mir gesprochen sind als 'zum Fach'.

2. Wovon ist eigentlich die Rede?

Der Streit über das Thema Interpretation - wo er denn überhaupt geführt wird - leidet bekanntermaßen daran, daß keine Einigkeit darüber besteht, was die Diskutanten unter 'Interpretation' verstehen. Das führt dann dazu, daß jeder schon die Prämissen des anderen in Frage stellt und sich notorisch mißverstanden fühlt. Und eine zweite Schwierigkeit folgt auf dem Fuße, sobald man sich auf irgendeine Formel verständigt hat, und sei es auf die vage Formel, "daß Interpretationen durchweg als eine Art von Bedeutungszuweisung aufgefaßt werden" (Danneberg 1992: 14); denn nun werden Fragen nach Voraussetzungstheorien unausweichlich. Was versteht man unter 'Bedeutung' im Rahmen welcher präsupponierten Sprach- und Kognitionstheorie? Welche Art von Bedeutungszuweisung praktiziert bzw. akzeptiert man, und aus welchen Gründen? Steht eine explizite Methodologie dahinter oder bloß Berufsroutine? Und schließlich muß wohl auch die Frage erlaubt sein: Wann und warum interpretiert man eigentlich was, und wer (außer dem sozusagen zwangsinteressierten Schulunterricht) ist interessiert an den Ergebnissen interpretatorischer Bemühungen?

Spätestens bei der Auseinandersetzung über diesen Themenkomplex wird deutlich, daß die in den Literaturwissenschaften beliebte Redeweise vom 'Methodenpluralismus' grundlegend falsch ist: Es handelt sich nicht um einen Methodenpluralismus, sondern um einen *Theorienpluralismus*. Aus diesem Grunde, so scheint mir, ist eine genaue Bestimmung des Konzepts 'Interpretation' nur erwartbar im Rahmen einer expliziten Theorie von 'Literatur', 'Literaturwissenschaft', 'Text', 'Bedeutung' und 'Verstehen'. Da diese Theorien nicht vorliegen und auch kaum in Bälde zu erwarten sind, bleibt alles beim alten. Die Karawane zieht durch die akademische Wüste, und jeder reitet auf unnachahmliche Art auf seinem unverwechselbaren Kamel - eine Art Einzige, wie Oswald Wiener zu sagen pflegt.

Und selbst wenn es jemandem gelingen sollte, explizite Theorieangebote für die genannten Problemfelder zu konzipieren, wären sie in der Community (?) der Literaturwissenschaftler und Literaturwissenschaftlerinnen wohl kaum durchzusetzen - man müßte dann ja die liebgewordene eigene Position modifizieren oder gar aufgeben. (Vielleicht muß man hier doch eine unterschwellige Angst vor Hierarchisierung und eigenem Reputationsverlust unterstellen.) Und da nach allen bisherigen Erfahrungen noch nie ein Vergleichsmaßstab zwischen konkurrierenden Theorien und schon gar kein Maßstab der Kritik an sog. Theorien in der Zunft allgemein akzeptiert worden ist, noch nicht einmal aus pragmatischen Gründen (um Stoppsignale für infinite Regresse zur Verfügung zu haben), ist mit einer Veränderung der Lage der Literaturwissenschaft nicht zu rechnen. Bezogen auf unser Thema heißt das: Interpretation ist und bleibt, was Fachvertreter für Interpretation halten, als solche praktizieren (nämlich, nota bene, als Gesamtausübung ihrer 'Wissenschaft') und kommunikativ durchsetzen. Darum ist jeder Versuch einer verbindlichen Klärung dieser Tätigkeit zum Scheitern verurteilt, weil er wegen Normativitätsverdacht abgewiesen wird. Das mag man als wohlbegründete Reaktion auf wissenschaftstheoretischen Imperialismus ansehen oder als "exponierte Theoriefeindlichkeit" in der posttheoretischen Gegenwartsphase der Literaturwissenschaft - in der Sache ändert sich nichts; und Sache ist offenbar die Evidenz, "mit der eine an traditionellen hermeneutischen Vorstellungen orientierte Auslegungspraxis noch immer zu überzeugen vermag" - wen auch immer.

Nun könnte man an dieser Stelle aus guten Gründen wieder die Diskussion abbrechen und mit dem bekannten deutschen Entertainer Jürgen von der Lippe tiefsinnig konstatieren: "So isses!". Man könnte diese Einsicht auch systemtheoretisch reformulieren als die Feststellung, daß soziale Systeme wie das System der Literaturwissenschaft eben selbstorganisierend operieren und sich nicht linear intentional steuern lassen - und deshalb eben immer andere Konzeptionen das jeweils gegenwärtige Erscheinungsbild der Disziplin bestimmen, varietas delectat statt grauer Theoriekampfanzüge, sozusagen. Man kann schließlich auch wie Klaus Blaudzun und Heinz-Jürgen Staszak tiefsinnig vermerken, "daß Interpretation nicht in einer abstrakten Identität existiert, sondern daß sie selbst etwas Flüssiges, sich historisch wie aktuell Änderndes, also eine Mannigfaltigkeit ist" (Blaudzun/Staszak 1992: 44). Aber da man ja auch reklamieren kann, daß gelegentlich (vor allem in postmodernen Zeiten) auch die Wiederbeatmung alter Diskussionen ihren Reiz haben kann - to whom it may concern, wer wollte das verwehren -, möchte ich doch noch mit einigen Überlegungen fortfahren.

3. Was passiert, wenn man Probleme hat?

Immer wieder ist der Vorschlag formuliert worden, wissenschaftliche Tätigkeit als *problemlösende* Tätigkeit zu konzipieren. Diesen Vorschlag greifen auch Blaudzun und Staszak auf und bestimmen Interpretation "als die Denkform und Tätigkeit problemlösender literaturwissenschaftlicher Werkerkenntnis", in der, wie die Autoren plausibel betonen, "die kognitiven und sozialen Determinanten gewissermaßen zusammenschießen" (a.a.O.: 48). Wie an anderer Stelle bereits ausgeführt, möchte ich diesen Vorschlag in einer mir vertrauteren Redeweise (nämlich konstruktivistisch) reformulieren. Meine Eingangsthese lautet: Eine Wissenschaft spricht nicht über Gegenstände, sondern über Phänomene und Probleme. Und diese gibt es nicht 'an sich', sondern nur für WissenschaftlerInnen. Hinter dieser These steht der (von SystemtheoretikerInnen diverser Richtungen wie von verschiedenen KonstruktivistInnen) mit guten Gründen eingebrachte Vorschlag, nicht mit Identitäten, sondern mit Differenzen zu beginnen, da jede Gegenstandskonstitution - ob in der Wahrnehmung oder in der Kommunikation - mittels Unterscheidungen und Benennungen erfolgt, also via Differenzmanagement. Hinter dieser Argumentation wiederum stehen Beobachtertheorien à la G. Spencer Brown, N. Luhmann und H. von Foerster, die auf die schlichte, aber seit Demokrit unwiderlegte Formel gebracht werden können: Wahrnehmung und Wahrgenommenes, System und Umwelt sind untrennbar voneinander und autokonstitutiv.

Beobachten ist eine 'Realoperation' in Umwelten. Aber Beobachter können nur nach ihren (biologischen, psychischen, sozialen, kulturellen und medialen) Bedingungen beobachten; mit anderen Worten, Beobachter, nicht Umwelten, sind die symmetriebrechende Instanz. Alle Beobachtungen sind beobachterdependent. Und alles was gesagt wird, wird von Beobachtern zu Beobachtern gesagt. Ohne hier weiter auf die Erkenntnistheorie eines operativen Konstruktivismus einzugehen, macht die ernsthafte Berücksichtigung des Beobachterproblems zweierlei deutlich:

1. Objekte, Gegenstände, Umwelten gibt es nur für Beobachter, die diese via Differenzmanagement als sinnvolle Entitäten konstituieren.
2. Die so konstituierten Objekte usw. sind daher nicht Gegenstände im klassisch ontologischen Sinne, sondern Phänomene, das heißt Beobachterfunktionen bzw. zeitgebundene Resultate empirisch hochkonditionierter sensumotorischer, kognitiver und kommunikativer Prozesse.

Diese Überlegungen haben m.E. weitreichende Konsequenzen für die Startsituation jeder Wissenschaft. Für die Literaturwissenschaft etwa folgt daraus: LiteraturwissenschaftlerInnen sprechen nicht über Literatur, sondern über sozio-kulturell konditionierte Beobachterprobleme beim Erfahrungmachen mit literarischen Phänomenen in literarisch bestimmten sozialen Situationen. Dabei wird nach den Gepflogenheiten in der akademischen Gemeinschaft erwartet, daß solche Probleme den Rang übersubjektiv plausibilisierbarer Anfragen an literarische Phänomene haben bzw. durch geeignete Kommunikationen erhalten. Wann welche Beobachterprobleme auftauchen und wie sie kommunikativ durchgesetzt werden, das ist nur historisch und empirisch zu beantworten - und es ist auf jeden Fall kontingent, das heißt, es gibt im Umgang mit literarischen Phänomenen weder 'natürliche' noch 'objektive' Probleme.

Wissenschaftlich relevant werden Beobachtungen, Probleme und deren Lösungen erst in Form von Kommunikationen, für die es traditionsbestimmte und meist sehr rigide Erwartungen und Anforderungen in den verschiedenen Wissenschaften gibt. Kurz gesagt: Wer erfolgreich (also anschlußfähig) im Rahmen einer Disziplin kommunizieren will, muß akzeptable Beiträge zu Themen im Rahmen des/eines disziplinspezifischen Diskurses anbieten. Diese Beiträge müssen nicht nur thematisch viabel sein, sondern sie müssen auch den diskursspezifischen Erwartungen an Gattungs-, Stil- und Registererwartungen entsprechen bis hin zur Kompatibilität mit den Leitmetaphern spezifischer Diskurse. Über diskursspezifische Regularien der Kommunikation selegiert eine Disziplin also systemspezifische Beiträge und etabliert die systemspezifische Grenze, die systemintern weitgehende Selbstreferenz und Selbstorganisation, also (relative) Autonomie, konstituiert.

Die hiermit - quasi en passant - skizzierte Konzeption wissenschaftlicher Disziplinen unterscheidet zwei systemische Aspekte: den Aspekt des Sozialsystems und den Aspekt des Diskurssystems. Ohne an dieser Stelle den Streit um die (In-)Kompatibilität von Handlungs- und Systemtheorie aufgreifen zu können[1], sei hier nur so viel angemerkt: Die Berücksichtigung der beiden genannten systemischen Aspekte soll den beobachtenden Blick einerseits auf Theorie- und Kommunikationszusammenhänge lenken, andererseits auf die Aktanten, die durch Diskursteilnahme im System agieren, sowie auf sozialstrukturelle Aspekte wie Institutionen, Organisationen, Medien usw.[2]

Aus historischen Gründen wie aus Gründen der Identitätsbricolage müssen wissenschaftliche Disziplinen ein erfolgreiches doppeltes Differenzmanagement betreiben: Sie müssen sich zum einen hinreichend von nichtwissenschaftlichen Problembeschäftigungen unterscheiden (= Differenz Wissenschaft/Nichtwissenschaft), und sie müssen eine für die Bestandserhaltung hinreichende Differenz zu anderen wissenschaftlichen Disziplinen stabilisieren (zum Beispiel die Differenz Literaturwissenschaft/Sprachwissenschaft). Versucht man, der argumentativ wohl kaum eskamotierbaren Beobachterproblematik gerecht zu werden, dann müssen die meist als Objektaussagen auftretenden literaturwissenschaftlichen Statements als Relationsaussagen respezifiziert werden: Literatur, aber für wen und in Abgrenzung wozu?[3] Problem, aber für wen und warum? Problemlösung, aber wie genau und mit welchen Erwartungen an die Relevanz von Problemlösungen? Ein differenztheoretischer Ansatz bei der Behandlung solcher Fragen scheint mir mehr zu sein als bloß eine systemtheoretische Marotte. Zu viele wahrnehmungs- und kognitionspsychologische Plausibilitäten sprechen vielmehr dafür zu beobachten, mit Hilfe welcher Unterscheidungen man etwas als etwas beobachtet und benennt. Identität ist, salopp gesagt, erst und nur über Differenz zu haben. Darum muß Literaturwissenschaft sagen, was sie für Literatur hält in Differenz zu anderem und warum sie sich für Wissenschaft hält in Differenz zu anderem. Will sie nicht blindem Praktizismus huldigen, braucht Literaturwissenschaft Selbstbeobachtung (Beobachtung zweiter Ordnung), um die Differenz ihrer Problemkonstitution und -bearbeitung zu anderen Möglichkeiten beobachten zu können. Wenn sie aber so beobachtend operiert, wird sie jede ihrer Möglichkeiten als kontingent erkennen und daher sozusagen von sich aus (und nicht getriezt durch lästige Wissenschaftstheoretiker, relevanzerpichte Alt-68er oder sparwütige Haushaltsexperten) an schlagkräftigen Legitimationen interessiert sein. Wie ließe sich solch ein differenzorientiertes Wissenschaftsmodell skizzieren?

---

1 Vgl. dazu Schmidt 1996.
2 Vgl. dazu Schmidt 1994.
3 Da die Zeiten automatischer Konzentration auf Printangebote in der Literaturwissenschaft (trotz zäher Gegenwehr der GutenbergianerInnen) wohl dahin sein dürften, muß jeweils die relevante Materialbasis literarischer Phänomene (vom Text bis zum Hypertext) differenztheoretisch bestimmt werden.

4. Was machen WissenschaftlerInnen beim Problemlösen anders?

Wie schon eingangs erwähnt, gibt es nach allen bisherigen Erfahrungen keine konsensfähige Bestimmung des Wissenschaftsbegriffs der Literaturwissenschaft im Fach selbst. (Vielleicht deshalb, weil es 'die Literaturwissenschaft' nicht gibt?) Aber gerade wenn LiteraturwissenschaftlerInnen nicht wünschen, daß eine Lösung dieses Problems 'von außen', etwa von einer Wissenschaftstheorie kommt, müssen sie um so mehr Augenmerk darauf richten, 'im Inneren' eine Lösung zu finden, soll das Fach noch eine rudimentäre Identität behalten. Eine solche Lösungsvariante möchte ich im folgenden skizzieren. Dieses Angebot folgt nicht der traditionellen Differenzierung zwischen Natur- und Geisteswissenschaften, *hard* und *soft sciences* o.ä., sondern beginnt mit der inhaltlich und wertmäßig neutral angesetzten Unterscheidung wissenschaftlich/nichtwissenschaftlich, um zu einem monistischen Wissenschaftsverständnis zu kommen. Die Ausgangshypothese lautet wie folgt: Im wissenschaftlichen wie im nichtwissenschaftlichen Verhalten und Kommunizieren sind wir schwerpunktmäßig damit beschäftigt, Erfahrungen zu machen und Probleme zu lösen, wobei diese Aktivitäten stets emotional besetzt und normativ evaluiert sind. Die Differenz zwischen den beiden Arten des Erfahrungmachens und Problemlösens besteht primär in der Explizitheit der Operativität und ihrer handlungsleitenden Parameter. Anders ausgedrückt, die Differenz liegt im strategischen Einsatz und Wechsel der Beobachterposition zwischen Beobachtungen erster, zweiter und (eventuell) dritter Ordnung.

Die Spezifik wissenschaftlichen Handelns im weitesten Sinne läßt sich also auf die kurze Formel bringen: *explizites Problemlösen durch Verfahren*. Um diese Spezifik zu realisieren, sind gewisse Voraussetzungen zu erfüllen, die nicht etwa als wissenschaftstheoretische Normen zu betrachten sind, sondern als Bedingungen der Möglichkeit expliziten Problemlösens durch Verfahren, wie sie sich in der bisherigen Praxis bewährt haben. Zu diesen Voraussetzungen zählt zuerst einmal ein systematisch geordneter konzeptioneller Rahmen für die Konstitution von Phänomenen und Problemen, kurz: eine explizite Theorie als konzeptionelle Problemlösungsstrategie. Um die Anforderung der Explizitheit erfüllen zu können, muß zum einen die logische Struktur der Theorie deutlich sein, zum anderen müssen die zentralen Konzepte der Theorie definiert oder exemplarisch eingeführt sein (= Fachsprachenpostulat). Erst dann ist begründet damit zu rechnen, daß die Theorie intersubjektiv vergleichbar angewendet werden kann und daß konkurrierende Theorien miteinander verglichen werden können.

Für die theoretisch explizierten Probleme, deren Lösung in einer Wissenschaftlergruppe (*community of investigators*) als relevant angesehen wird, muß dann eine Operationalisierung gefunden werden, das heißt, es muß festgelegt werden, wie die Problemlösungsschritte aussehen sollen (= Methodenpostulat) und wann ein Problem als gelöst gilt. Methoden haben das Ziel, eine Entscheidung zwischen wahr und falsch (im Bezug auf entsprechende Entscheidungskriterien) durchzuführen. Sie erzwingen eine Verlagerung des Beobachtens auf die Ebene der Beobachtung zweiter Ordnung. Erst bei einer solchen expliziten Relationierung von Problemen, Problemlösungsstrategien und Problemlösungen kann das Problemlösungsverfahren intersubjektiv nachvollzogen und überprüft werden; erst dann kann auch die Anwendungsrelevanz gefundener Lösungen für andere Problemlösungszusammenhänge innerhalb und außerhalb der Wissenschaft beurteilt werden (= Anwendungspostulat).

Die bisher skizzierten rein verfahrenstechnischen Voraussetzungen wissenschaftlichen Problemlösens bilden schließlich die Voraussetzung für die Lehr- und Lernbarkeit von Theorien einerseits, für die Möglichkeit zu interdisziplinären Kooperationen andererseits. Das eine verbürgt eine qualitativ hochwertige Nachwuchsrekrutierung, das andere die Fähigkeit zu ständigem Lernen und zur Transformation des Fundus in Co-Evolution mit anderen wissenschaftlichen Disziplinen, und in bezug auf beide Aspekte handelt es sich, wie man heute wissen kann, keineswegs um Selbstverständlichkeiten oder Trivialitäten.

Die bisherigen Überlegungen sollten verdeutlichen, daß eine Literaturwissenschaft unvermeidlich Latenz- bzw. Evidenzbeobachtung betreiben muß. Sie muß sinnvolle Konzepte von 'Literatur' und 'Literaturwissenschaft' anbieten; die Relevanz von Literatur und Literaturwissenschaft im Kontext anderer wissenschaftlicher Disziplinen wie im gesellschaftlichen Kontext zu bestimmen versuchen; die Gründe für die Relevanz von Problemen erörtern: kurz, die "Kultürlichkeit" (P. Janich) *aller* Aspekte des Geschäftes von LiteraturwissenschaftlerInnen (das heißt ihre Kontingenz) erhellen. Daß sie bei ihrem Geschäft des Beobachtens zweiter Ordnung ihre eigenen blinden Flecken mitträgt, ist unvermeidlich und spricht nicht etwa für die Unmöglichkeit einer so konzipierten Literaturwissenschaft, sondern für die Notwendigkeit fortgesetzter Latenzbeobachtung - meistens eine Aufgabe, die vom wissenschaftlichen Nachwuchs wahrgenommen wird.

5. Sollten LiteraturwissenschaftlerInnen überhaupt von Empirie reden?

Danneberg und Vollhardts Verdikt über empirisch-analytische Bemühungen durchaus noch im Ohr, kann ich es mir doch nicht verkneifen, an vielfach vorgebrachte Argumente für einen nicht-empiristisch/positivistischen Empiriebegriff zu erinnern, der durchaus auch mit neueren hermeneutischen Positionen verträglich ist. Wissenschaftliche Erkenntnisproduktion, so habe ich immer wieder gesagt und geschrieben, vollzieht sich auf der Ebene von Handlungen und Kommunikationen im Rahmen des Sozialsystems Wissenschaft. Kommunikativ gehen Wissenschaftler aber nicht mit stabilen Realitäten um, sondern mit experimentell und kommunikativ stabilisierten Beschreibungen oder Unterscheidungen in der Erfahrungswirklichkeit einer Gesellschaft; mit anderen Worten, sie operieren mit Fakten (= Gemachtem), nicht mit Daten (= Gegebenem). *Empirisch forschen* kann dementsprechend allgemein bestimmt werden als praktisches Herstellen logischer, pragmatischer und sozialer Stabilitäten (sensu P. Kruse), mit denen Wissenschaftler wie mit unabhängigen Gegenständen kommunikativ umgehen (= ein pragmatisches Als-Ob im Sinne Vaihingers). Alles, was zu dieser Stabilitätskonstruktion argumentativ erfolgreich herangezogen werden kann, fungiert - je nach Kriterium und Kontext - als Plausibilisierung oder Beleg. Empirisches Forschen stellt mithin eine spezifische Art und Weise der Wirklichkeitskonstruktion dar.

Die Erzeugung von Fakten nach theoretisch-methodologisch kontrollierten Verfahren entspricht dem, was H. von Foerster als *Trivialisierung* beschrieben hat[4], nämlich eine Form der Konstruktion von stabilen Unterscheidungen unter zum Teil extrem komplexitätsreduzierten Bedingungen (etwa in Laborversuchen). Nimmt man die oben skizzierte Beobachterproblematik ernst, dann muß 'empirisch' in der wissenschaftlichen Forschung von der traditionellen Referenz auf 'die Realität' und den Beobachter erster Ordnung (= Direktbeobachtung) umgestellt werden auf Wissen und theoretisch-methodisch kontrolliertes Erfahrungmachen (= Inszenieren von Beobachtungen). Die aus empirischer Forschung resultierende Intersubjektivität trägt genau so lange, wie sich ihre Auswirkungen auf die wissenschaftliche Kommunikation stabil halten lassen; sie endet, wenn sie einer neuen Beobachtung zweiter Ordnung nicht (mehr) standhält. Wie M. Stadler und P. Kruse mit Nachdruck betonen, können empirische Untersuchungen "im Denken eines Konstruktivisten eher Hinweise als Beweise erzeugen; Hinweise nämlich auf eine in sich stimmige, konsistente Sichtweise von nach bestimmten Regeln erzeugten Daten, die beim Hinzukommen weiterer Daten oder Überlegungen durch jede andere Sichtweise abgelöst werden kann, die einen höheren Grad an Konsistenz aufweist"[5].

Eine Antwort auf die Frage, was nun *wissenschaftliches empirisches Forschen* kennzeichnet, kann nach den bisherigen Rahmenbemerkungen von zwei grundlegenden Überzeugungen ausgehen.

---

4 Siehe von Foerster 1993: 206f.; vgl. dazu Schmidt 1998.
5 Stadler/Kruse 1990: 147. - 'Daten' wird hier wie 'Fakten' gebraucht.

1. Da die systematische Frage nach der Empirie eine Frage des Beobachtens zweiter Ordnung ist, sollte die Frage nach wissenschaftlicher empirischer Forschung entsprechend auf die Ebene des Verhältnisses zwischen Beobachtungen erster Ordnung und zweiter Ordnung plaziert werden.
2. Wenn man die Unterscheidung empirisch vs. nichtempirisch festmacht an sozialen Kriterien für Erfahrungen und deren Ergebnisse, dann tritt auch bezüglich wissenschaftlicher empirischer Forschung der Gesichtspunkt der Sozialität/Kulturalität und damit der Kontingenz von Wissen in den Vordergrund.

Damit zeichnet sich sozusagen ein erstes allgemeines Format der Antwort ab. Wissenschaftliche empirische Forschung ist zunächst einmal dadurch charakterisiert, daß das Erfahrung-Machen in einer Reihenfolge festgelegter Verfahrensschritte, d.h. methodisch, sowie in den meisten Fällen mit Hilfe besonderer Instrumente, d.h. experimentell erfolgt. Die Unterscheidungen bzw. systematisch geordneten Mengen von Unterscheidungen, mit deren Hilfe methodisch geregelte Beobachtungen bzw. experimentelle Handlungen durchgeführt werden, müssen im Rahmen einer expliziten Theorie geklärt und begründet werden, die Rechenschaft darüber ablegt, warum eben diese und nicht andere mögliche Unterscheidungssets gewählt werden, wobei der Grad der Akzeptanz von Klärungen und Begründungen ausschließlich im Wissenschaftssystem selbst bestimmt wird. Die praktische *Durchführung* empirischer Forschungen erfolgt dann als Realisierung der Operationalisierungsschritte auf einer Beobachterebene erster Ordnung.

Zur Wissenschaftlichkeit empirischen Forschens im Sozialsystem der jeweiligen Disziplin gehört schließlich, daß die Ergebnisse des systematisch geregelten Erfahrung-Machens kommunikativ stabilisierbar bzw. stabilisiert sind, insofern im Diskurs einer relevanten epistemischen Gemeinschaft Konsens über die Konzepte, Kriterien und Ergebnisse des Erfahrung-Machens hergestellt werden kann. Als Basis der Konsensherstellung dienen dabei bislang erprobte unstrittige Kriterien und Verfahren der Konsensbildung, also letztlich Evidenzen, die - wie oben bereits erwähnt - sozusagen als Stoppsignale Begründungsregresse abbrechen, wobei diese Evidenzen als kulturelle blinde Flecken der Beobachtung bestimmt werden können. Zu diesen Evidenzen zählen seit langem und noch immer Überzeugungen hinsichtlich der grundlegenden Dimensionen menschlicher Wirklichkeitserfahrung wie zum Beispiel Kontinuität, Kohärenz, Strukturiertheit in Raum und Zeit, Ursache und Wirkung und anderes mehr. 'Konsens(bildung)' wird hier bewußt als Beobachterbegriff benutzt, der einen Zustand wissenschaftlicher Kommunikation kennzeichnet, in dem - temporär - kein Einspruch gegen Beiträge zu Themen in Diskursen erhoben wird. Damit werden Konzepte von 'Konsens' oder 'Intersubjektivität' ausgeschlossen, die eine Übereinstimmung von Mentalzuständen etwa in 'herrschaftsfreier Kommunikation' postulieren. Mit N. Luhmann bin ich dagegen der Auffassung, daß Kommunikation die Bedingung für Intersubjektivität ist und nicht Intersubjektivität die Bedingung für Kommunikation (Luhmann 1990: 19).

Ich fasse zusammen: 'Empirisch forschen' - auch in einer Literaturwissenschaft - wird bestimmt als theoriegeleitete operationalisierte Produktion von Erfahrungswissen (= Fakten, Tat-Sachen), das kommunikativ anschlußfähig ist und dessen Interpretation als Fremdreferenz auf signifikante Zeit nicht widersprochen wird, weil es intersubjektiven Überprüfungen standhält. Wie hat W.J. Ong einmal so treffend gesagt: "Die Natur setzt keine 'Fakten': Fakten entstehen nur durch menschliche Festlegungen, deren Zweck es ist, das nahtlose Gewebe der Wirklichkeit handhabbar zu machen" (Ong 1987: 22).

Im Rahmen des geschilderten Empiriekonzeptes ist - entgegen anders lautenden Gerüchten - 'Arbeit am literarischen Text' durchaus sinnvoll durchführbar im Sinne eines reflexiven Erfahrungmachens mit/an literarischen Phänomenen im weitesten Sinne. Akzeptabel sind hier alle Formen expliziter Diskurse über die Strukturierbarkeit und Referentialisierbarkeit literarischer Phänomene im Rahmen expliziter Methoden und unter Angabe begründeter Zielsetzung für den Einsatz dieser Methoden.

Auf dieser Ebene treffe ich mich offenbar durchaus mit einigen Kollegen. So lese ich bei Karl Eibl: "Wenn man allen Imponierpomp beiseite setzt, dann ist Wissenschaft nichts weiter als eine spezifische methodische Disziplinierung des Alltagsverstands mit dem Zweck, Aussagen von möglichst großer Prüfbarkeit und Reichweite herzustellen. Um die Reichweite muß man sich bei Literaturwissenschaftlern meistens keine Sorgen machen. Nur mit der Prüfbarkeit hapert es etwas" (Eibl 1992: 176/177).

6. Ist damit etwas zum Thema Interpretation gesagt?

Sicher werden die bisherigen Argumente nur die überzeugen, die sich noch überzeugen lassen wollen. Für solche Leser wollte ich gewissermaßen Entkrampfungsangebote für die offenbar festgefahrene Diskussion unterbreiten. Das erste Angebot lautet: Vermeiden wir es, pauschal von bzw. über Interpretation zu reden oder gar den Begriff definieren zu wollen. Sprechen wir statt dessen lieber über Probleme[6], die LiteraturwissenschaftlerInnen unter dieser

---

6 Wenn jemand solche Probleme oder Klassen solcher Probleme dann 'Interpretationen' nennt, wird damit gleichsam kein Unheil mehr angerichtet. Statt dessen erfährt man, wo der Sprecher Literaturwissenschaft gelernt hat.

'Kompaktformel' lösen bzw. zu lösen beabsichtigen. In bezug auf solche Probleme gibt es schon genug zu bereden: Für wen ist was, wann, warum und wie lange ein Problem? Hier ist Latenzbeobachtung gefragt - und die ist bekanntlich schwer. Das zweite Angebot lautet: Reden wir über verallgemeinerbare, intersubjektiv akzeptable Problemlösungsverfahren, also über die Machbarkeit, Verläßlichkeit und Produktivität von Verfahren(sschritten). Darüber muß jeder, der Literaturwissenschaft nicht für Magie hält, reden können. Angebot drei besagt: Reden wir darüber, was man mit gewonnenen Lösungen anfangen kann, nicht nur im Sinne pragmatischer Verwertungen außerhalb der Disziplin, sondern auch im Hinblick darauf, wie sich das Wissen der/einer Forschergemeinschaft durch die gewonnenen Ergebnisse verändern kann bzw. verändert hat.

Bei allem Umgang mit Problemen sollten einige Essentials bewußt gehalten werden, die in der heutigen wissenschaftlichen Diskussionen weithin als plausibel gelten, so vor allem beobachtungstheoretische Essentials etwa der folgenden Art: Nicht der Text bedeutet, wirkt, sagt etc., sondern *wir* ordnen Texten (aus guten soziokulturellen Gründen und keineswegs willkürlich) Lesarten zu, wobei unser ganzer kognitiver Apparat (Verstand, Gedächtnis, Emotion, Wertungen) involviert ist. Nicht Texte sortieren sich in Kanones ein, sondern Beobachter rangieren Texte in wechselnde Hierarchiestellen ein. Nicht das semiotische System der literarischen Texte einer Gesellschaft pflanzt sich fort, sondern Akteure in Sozialsystemen spinnen literarische Diskurse fort.[7]

Zugegeben, solche Bemerkungen liefern dem Praktiker keine raschen Rezepte, wie er in der nächsten Stunde 'interpretieren soll'. Und wenn man nachfragt 'Soll er denn überhaupt?', bekommt man meist die Antwort: 'Wir können nicht warten, bis sich das Schulsystem oder der universitäre Alltag ändern, und bis dahin müssen wir interpretieren!'. Einmal abgesehen von der Frage, ob die, die so antworten, je eine Änderung woll(t)en - wenn die hier vorgetragenen Überlegungen versuchsweise ernst genommen würden, könnte man zumindest auf eine (verfahrensmäßige) Disziplinierung und (beobachterbezogene) Selbstreflexivierung literaturwissenschaftlicher Textarbeit hoffen; aber vielleicht wird auch das heute "nicht mehr angestrebt" - dann: siehe Abschnitt 1.

---

7 In Anlehnung an ein bekanntes Dictum C.F. von Weizsäckers könnte man sagen: Reden wir von Literatur, so reden wir von Literatur. Wenn *wir* nicht von Literatur reden, dann ist von Literatur nicht die Rede.

Literatur

Blaudzun, Klaus/Staszack, Heinz-Jürgen (1992): Dialektik der Interpretation. Zu Voraussetzungen des methodologischen Nachdenkens über literaturwissenschaftliche Interpretation, in: Danneberg/Vollhardt (Hg.) 1992: 43-59.

Danneberg, Lutz (1992): Einleitung. Interpretation und Argumentation: Fragestellungen der Interpretationstheorie, in: Danneberg/Vollhardt (Hg.) 1992: 13-23.

Danneberg, Lutz/Friedrich Vollhardt (Hg.) (1992): *Vom Umgang mit Literatur und Literaturgeschichte. Positionen und Perspektiven nach der 'Theoriedebatte'*, Stuttgart: Metzler.

Eibl, Karl (1992): Sind Interpretationen falsifizierbar?, in: Danneberg/Vollhardt (Hg.) 1992: 169-183.

von Foerster, Heinz (1993): *Wissen und Gewissen. Versuch einer Brücke*. Hg. von Siegfried J. Schmidt, Frankfurt/M.: Suhrkamp.

Luhmann, Niklas (1990): *Die Wissenschaft der Gesellschaft*, Frankfurt/M.: Suhrkamp.

Ong, Walter J. (1987): *Oralität und Literalität: Die Technologisierung des Wortes*, Opladen: Westdeutscher Verlag (amerik. "Orality and Literacy. The Technologizing of the Word", London 1982).

Schmidt, Siegfried J. (1994): *Kognitive Autonomie und soziale Orientierung. Konstruktivistische Bemerkungen zum Zusammenhang von Kognition, Kommunikation, Medien und Kultur*, Frankfurt/M.: Suhrkamp.

Schmidt, Siegfried J. (1996): 'System' und 'Beobachter': Zwei wichtige Konzepte in der (künftigen) literaturwissenschaftlichen Forschung, in: *Systemtheorie der Literatur*, hg. von Jürgen Fohrmann und Harro Müller, München: Fink, S. 106-133.

Schmidt, Siegfried J. (1998): *Die Zähmung des Blicks. Konstruktivismus - Wissenschaft - Empirie*, Frankfurt/M.: Suhrkamp.

Stadler, Michael/Kruse, Peter (1990): Über Wirklichkeitskriterien, in: *Zur Biologie der Kognition*, hg. von Volker Riegas und Christian Vetter, Frankfurt/M.: Suhrkamp, S. 133-158.

GERD LABROISSE

Konstruktives Relationieren versus Selbstreferentialität
Zur Problematik wissenschaftlicher Literaturinterpretation

Odo Marquards mit Nachdruck vorgebrachte Gedanken "Über die Unvermeidlichkeit der Geisteswissenschaften" stellen für mich eine geradezu Dürrenmattsche schlimmstmögliche Wendung in der seit Jahren laufenden Diskussion über die gegenwärtige Position der Geisteswissenschaften dar. Nach Marquard wird in unserer Welt mit ihrer durch die experimentellen Wissenschaften vorangetriebenen Modernisierung "immer schneller immer mehr zur Sache", geraten "die geschichtlichen Herkunftswelten […] zunehmend in die Gefahr der Veraltung", wodurch "ein menschlich unaushaltbarer Verlust [drohe], weil zunehmend der lebensweltliche Bedarf der Menschen nicht mehr gedeckt wäre, in einer farbigen, vertrauten und sinnvollen Welt zu leben" (Marquard 1986: 104). Hier liegt für ihn die Aufgabe der Geisteswissenschaften als "Kompensationshelfer" (ebda.). Um "die Modernisierungen aushalten [zu] können", brauchen die Menschen "die Kunst der Wiedervertrautmachung fremd werdender Herkunftswelten. Das ist die hermeneutische Kunst, die Interpretation". In der Regel suche man für Fremdgewordenes etwas, "in d[as] es paßt". Das sei "fast immer eine Geschichte", und die müsse man "erzählen" (a.a.O.: 105):

> "Das tun die Geisteswissenschaften: sie kompensieren Modernisierungsschäden, indem sie erzählen; und je mehr versachlicht wird, desto mehr - kompensatorisch - muß erzählt werden: sonst sterben die Menschen an narrativer Atrophie. Das unterstreicht und präzisiert meine Grundthese: Je moderner die moderne Welt wird, desto unvermeidlicher werden die Geisteswissenschaften, nämlich als erzählende Wissenschaften" (ebda.).

Für Marquard geht es dabei vor allem um drei Sorten von Geschichten: (1) "Sensibilisierungsgeschichten" in Zusammenhang mit "lebensweltliche[m] Farbigkeitsbedarf" ("kompensatorisch zur farblos werdenden Welt"); (2) "Bewahrungsgeschichten" in Hinblick auf "lebensweltlichen Vertrautheitsbedarf" ("kompensatorisch zur fremd werdenden Welt"); (3) "Orientierungsgeschichten" für "lebensweltlichen Sinnbedarf" ("kompensatorisch zur undurchschaubar und kalt gewordenen Welt") (a.a.O.: 105/106).

Würde eingewandt, wer erzähle, "unterbietet das wissenschaftliche Soll an Eindeutigkeit", sei dem entgegenzuhalten, daß für die Geisteswissenschaften

Eindeutigkeit "kein Ideal [ist], das nicht erreicht wird, sondern eine Gefahr, der es zu entkommen gilt", "und zwar durch ihre Wende zur Vieldeutigkeit" (a.a.O.: 108). Indem sie das rechthaberisch Eindeutige "in das interpretierende und uminterpretierende Verständnis" verwandeln, entdecken sie, daß es nicht nur die eine Deutung gibt, können sie "potentiell tödliche [...] Deutungskontroversen" entschärfen: "Die Wende von der emphatischen Eindeutigkeit zur Kultur der Vieldeutigkeit" ist "keine wissenschaftliche Übeltat, sondern eine lebens- und sterbenswicht Wohltat" (a.a.O.: 109). Für Marquard sind die "Modernisierungen Entgeschichtlichungen", durch sie wächst die Gefahr, daß nur "eine - eine einzige - Geschichte übrigbleibt: die Fortschrittsgeschichte der Ausschaltung aller anderen Geschichten, die dann zur Alleingeschichte wird" (ebda.). Daß die Menschen "dann nur noch diese eine einzige Geschichte haben" dürften, "ist gegenmenschlich", brauchen sie doch viele Geschichten, "um Individuen zu sein" (a.a.O.: 110).

Die von Jürgen Mittelstraß in einem weiträumigen Zusammenhang vorgebrachte Kritik, mit Marquards These erhalte der Dualismus von Natur- und Geisteswissenschaften "ein neues Gesicht und eine neue Beurteilung", weil jetzt "affirmativ akzeptiert" werde, was in Charles Percy Snows Rede von den dadurch gebildeten zwei Kulturen noch bedauernd klinge (Mittelstraß 1991: 32), trifft sicher zu. Mittelstraß zitiert zustimmend Herbert Schnädelbach, daß diese kompensatorische Verteidigung der Geisteswissenschaften "auf den Versuch hinaus[laufe], ein bestimmtes, nämlich das traditionelle Selbstver-ständnis dieser Fächergruppe, [...] mit Hilfe des Kompensationstheorems normativ allgemein verbindlich zu machen" (Schnädelbach 1988: 38), und fügt selbst hinzu, dieser Versuch stelle "ein rückwärtsgewandtes Programm" dar, markiere mit dem kompensierenden "Erzählen" den Abstand zu den Naturwissenschaften noch deutlicher, als das mit dem Dualismus Verstehen/Erklären formuliert werde (Mittelstraß 1991: 32). Damit "diffundiert das, was die Geisteswissenschaften leisten sollen, nunmehr in die Bereiche des allgemeinen Kulturbetriebs", werden sie "zu Konkurrenten oder guten Nachbarn des Theaters, des Feuilletons, der Belletristik, der Museen" (a.a.O.: 33). Für Mittelstraß drohen sie zu "Entspannungswissenschaften" zu werden, die keine wissenschaftlichen Probleme lösen, von diesen geradezu ablenken, abgesehen davon, daß Marquards Kompensationstheorie den Mythos von den zwei Kulturen fortführe, überhaupt nicht mehr versuche, "die Geisteswissenschaften teilhaben zu lassen am Aufbau einer aufgeklärten, zukunftsweisenden Rationalität" (a.a.O.: 34).

Daß die von Mittelstraß hier angesprochenen Konsequenzen mehr als nur naheliegen, zeigte bereits Marquards Reaktion auf erste (u.a. von Mittelstraß an anderer Stelle) geäußerte Befürchtungen, eine Bestimmung der Geisteswissenschaften als Geschichten erzählende Wissenschaften mache diese wahrheitsunfähig. Marquard entgegnete: "Geschichten sind wahrheitsfähig. Man kann mit Geschichten argumentieren, und die Geisteswissenschaften sind dort am interessantesten, wo sie mit Geschichten argumentieren" (Marquard 1988: 15).

Weshalb ich Marquards Programm für die schlimmstmögliche Wendung in diesem Diskussionsstrang halte, führt über die genannte Kritik noch hinaus. Wäre es bloß rückwärts gerichtet im Sinne von traditionell/konservativ oder eine Konservativismusbestätigung, wäre das kein besonderes Problem, höchstens langweilig, weil wiederholend. Marquards These hat aber in der Tat ein neues Gesicht, bringt eine neuartige Beurteilung der Lage.

In meinem Verständnis ist Marquards These radikal ausgerichtet auf Zukünftiges, mit einer Orientierung hin auf bereits jetzt nötiges 'Lebensweltliches'. Für ihn bringen die Geisteswissenschaften mit ihrer Modernität die Rettung des existentiell 'Menschlichen' in Anbetracht der erzeugten und weiterhin sich abspielenden Versachlichung und damit einhergehenden Entleerung und Reduzierung des Menschen in der Moderne. Für die Fundie-rung seines Programms greift Marquard gerade nicht zurück auf deren traditionell herausgestellte Besonderheit im Verstehen und in den Problemen des hermeneutischen Zirkels. Sie erfolgt vielmehr durch die Ausrichtung auf Lebensweltbezüglichkeiten und die Hervorkehrung ihrer - bereits mit der Genese: daß sie zeitlich nach den experimentellen Wissenschaften entstanden, daß sie *response* sind - inhärenten Kompensationsfähigkeit, nämlich durch 'Erzählen' den modernen Menschen mit dem ansonsten fehlenden, doch existentiell Lebensnotwendigen zu versorgen: Farbigkeit, Vertrautheit, Sinnbedarf. Diese Gerichtetheit erfolgt hier insofern radikal, als dabei alle Eingrenzungen, alle Beschränkungen (erst recht alle Hinderlichkeiten) fortfallen bzw. fortgelassen werden: solche in Zusammenhang mit wissenschaftstheoretischen Grundierungen und solche durch methodologischen Wahrheitsbezug. Ihr Lebensretten erfolgt ja schließlich mit der Wende zur Vieldeutigkeit. Mit solcher Art Erzählen ist für mich (sowieso häufig praktizierte bzw. intendierte) Selbstreferentialität nunmehr als Programm installiert (um nicht zu sagen: inthronisiert). Erzählen trägt dann nicht nur Evidenz mit sich, es ist seine Evidenz. Eine Entrationalisierung der Geisteswissenschaften ist der rettende Weg in heutiger Zeit.

Von Marquard wird eine 'Lebensweltlichkeit' des Menschen ausgespielt als Unverzichtbarkeit gegenüber dem, was die experimentellen Naturwissenschaften mit ihrer Betreibungsart, menschengefährdend, tun, wie "methodische[r] Verzicht auf die je eigene Besonderheit", "Neutralisierung [der] lebensweltlichen Traditionen" durch "experimentell geprüfte und technisch erzeugte Sachwelten", die ihrerseits "den austauschbaren Menschen verlangen" (Marquard 1986: 103-104). Die "Wende zur Vieldeutigkeit" durch "Erzählen" von Geschichten ist also "späte Antwort" auf hermeneutische wie politisch-praktische "Tödlichkeitserfahrung" in den letzten Jahrhunderten (a.a.O.: 108).

Marquards These ist eine gewisse Attraktivität nicht abzusprechen, zumal er damit voll im gegenwärtigen Trend einer Verunglimpfung von Rationalität liegt. Bei ihm erhalten die Geisteswissenschaften eine nicht in Frage zu stellende Positivität, denn via vorgetragene Genese - weil *nach* den Naturwissenschaften entstanden, sind sie nicht Opfer, sondern "das Resultat der Modernisierung" und daher selber "unüberbietbar modern" (a.a.O.: 101) - ist ihre Vergangenheit ihre ganz spezifische, noch dazu die rettende Zukunft. Nebenbei liefert die These auch noch die Absicherung für ein normales Weitermachen im Interpretativen, hat man doch schon bisher - nach Marquard - in der hermeneutischen Kunst "für Fremdgewordenes einen vertrauten Kram, in den es paßt", gesucht, und der war "fast immer eine Geschichte" (a.a.O.: 105). Die Geisteswissenschaften sind bei ihm nicht mehr diejenige Hälfte des Wissenschaftskomplexes, die gegenüber den Innovationen der Naturwissenschaften im Rückstand ist und bleibt, sie sind die Wissenschaften, die das eigentlich Menschliche in seiner Vielfältigkeit im Erzählen erhalten und weitertragen, sind somit die letztlich wertvollere Hälfte.

Zwecks Klärung der grundsätzlichen Verhältnisse erscheint es mir sinnvoll, zurückzugreifen auf Ausführungen von Wolfgang Stegmüller. In seinem Beitrag "Walther von der Vogelweides Lied von der Traumliebe und Quasar 3 C 273. Betrachtungen zum sogenannten Zirkel des Verstehens und zur sogenannten Theoriebeladenheit der Beobachtungen" setzt er zwar an bei der traditionellen Gegenüberstellung von Verstehen und Erklären und damit dem traditionellen Dualismus von Natur- und Geisteswissenschaften, doch seine kritische Durchleuchtung der beiden Begriffe führt direkt zu der des Phänomens 'hermeneutischer Zirkel', das für ihn den rationalen Kern einer Sonderstellung der Geisteswissenschaften bildet. Die von Stegmüller ausgewählten, sodann einzeln untersuchten sechs verschiedenen Bedeutungen von 'hermeneutischer Zirkel' sind solche, bei denen es sich "um eine bestimmte Form eines *Dilemmas* [handelt]" (Stegmüller 1986: 35). Fruchtbar im Zusammenhang meiner hier vorgelegten Überlegungen erscheint mir Stegmüllers simultane Erörterung von V (Bestätigungsdilemma) und VI (Dilemma in der Unterscheidung von Hintergrundwissen und Fakten). Letztes sei ein Dilemma, von dem speziell die historische Erkenntnis betroffen wird, zudem sei das zu analysierende Phänomen mit dem Eindruck eines echten Zirkels verbunden: es ist "*tatsächlich unbehebbar*" (a.a.O.: 46). Die Schwierigkeiten werden von Stegmüller differenziert aufgezeigt an einer schon einmal von Heide Göttner vorgelegten Fallstudie aus der Germanistik - der Diskussion zwischen Peter Wapnewski und Gerhard Hahn über Walthers "Nemt, frowe, disen kranz" - und einem von ihm beschriebenen Fall aus der Astronomie - der Deutung des Quasars 3 C 273 - , der "seiner *formalen Struktur* nach eine gewisse Parallele zu dem germanistischen Beispiel aufweist" (a.a.O.: 54). Nach Stegmüller versucht Wapnewski durch Strophenumstellungen zu Beginn und am Ende einen zunächst fehlenden Sinnzusammenhang herzustellen. Subtile Einzeluntersuchungen ließen ihn zu dem Ergebnis kommen, daß es sich bei diesem Lied um eine sogenannte Pastourelle handle, was dann zugleich eine literaturwissenschaftliche Entdeckung ist, denn damit wird Walther zu dem, der diese Liedform nach Deutschland gebracht hat. Hahns Gegeninterpretation bringe eine Reihe von Argumenten gegen die Ausgangsannahmen von Wapnewski, vor allem aber Bedenken gegen die Einordnung des Liedes als Pastourelle: Der dort scharf akzentuierte Standesunterschied könne im Walther-Gedicht höchstens hinzugedacht werden; außerdem enthalte es Motive, die der Pastourelle fremd sind, nämlich das Tanz- und das Traummotiv. Für Stegmüller scheinen wir hier "nach Auswertung aller Befunde" und auch Einbeziehung literatur- wie kunsthistorischen Wissens (von ihm nicht weiter spezifiziert) vor einem Bestätigungsdilemma zu stehen: *"Jedes Argument zugunsten der Hypothese Wapnewskis kann gekontert werden durch ein Gegenargument, das für die Alternativhypothese von Hahn spricht"* (a.a.O.: 53).

Daß ein analoges Dilemma auch in Naturwissenschaften auftreten kann, führt Stegmüller vor an einem Beispiel aus der Astronomie, wo Entscheidungen zwischen konkurrierenden Alternativhypothesen ebenfalls nicht durch Experimente erzwungen werden können. Die Entdeckung von fünf winzigen Sternen 13. Größe, die sich mit bereits bekannten Radioquellen identifizieren ließen und für die man den Namen Quasare (Quasistellare Radioquellen) prägte, brachte Probleme mit sich, da die Quasarspektren nicht auf übliche Weise interpretierbar waren. Erst später identifizierte man Wasserstofflinien, doch ganz weit in den roten Teil verschoben. Das verfügbare physikalische Hintergrundwissen ließ für die Erklärung dieser außerordentlich starken Rotverschiebung nur zwei, und dann alternative, Deutungen zu. Gegen die erste, *"daß ein Quasar ein Neutronenstern sei (lokale Gravitationshypothese)"* (a.a.O.: 55), also ein Stern gewaltiger Dichte, ergaben sich Bedenken, denn als Neutronensterne hätten sie einen Durchmesser von etwa 10 km, könnten als Sterne 13. Größe höchstens 0,3 Lichtjahre entfernt sein, würden sich also noch im Planetensystem befinden; entsprechende Störungen werden jedoch nicht festgestellt. Die zweite Deutung führt die Rotverschiebung auf den Doppler-Effekt zurück. Aus der danach außerordentlich hohen Fluchtgeschwindigkeit, zusammen mit der relativen Ortskonstanz, wäre zu schließen, "daß bereits der uns nächste Quasar mindestens 2 Milliarden Lichtjahre entfernt sein muß (*kosmologische Hypothese*)" (a.a.O.: 56). Die Helligkeit bei so großer Entfernung ließe sich nur mit einer ungeheuren Masse erklären. Da die Analysen überlieferter Sterntafeln zwischen 1896 und 1963 erhebliche Helligkeitsveränderungen des Quasars 3 C 273 angeben, spätere Untersuchungen selbst Schwankungen von wenigen Tagen zeigen, läßt das den Schluß zu, daß es sich hier um "Weltkörper von höchstens einigen Lichttagen Durchmesser" handelt (a.a.O.: 57), nicht aber um riesige Supergalaxien. Auch hier ergibt sich also ein Bestätigungsdilemma. Stegmüller macht jedoch auf einen Unterschied aufmerksam und zieht daraus weitreichende Konsequenzen:

> "*Im naturwissenschaftlichen Fall kann man zwischen Hintergrundwissen und Fakten scharf unterscheiden, im literaturhistorischen Fall kann man dies nicht.* Wir haben im literaturgeschichtlichen Beispiel *kein scharfes Kriterium* dafür, um zwischen den hypothetischen Komponenten in den Beobachtungsdaten einerseits und dem theoretischen Hintergrundwissen andererseits zu unterscheiden. Im Astronomie-Beispiel ist die Grenzziehung möglich, weil das Hintergrundwissen aus *allgemeinen Gesetzeshypothesen* besteht. Im altgermanistischen Beispiel werden dagegen überhaupt *keine nichttrivialen Gesetze* verwendet. Darin und nicht im Gegensatz von 'Geist' und 'Natur' oder im Gegensatz zwischen dem, 'was man verstehen kann', und dem, 'was man nicht verstehen kann' - was immer dies genauer bedeuten mag -, liegt der Unterschied" (a.a.O.: 58/59).

Für Stegmüller aktiviert der Geisteswissenschaftler überhaupt nicht 'nomologisches Wissen'; was 'Beobachtungstatsachen' sind, werde überhaupt erst bestimmt durch erworbenes Hintergrundwissen. Deshalb sei eine Einigung über sog. Fakten hier viel schwerer zu erzielen als im naturwissenschaftlichen Fall: "*Dies, so scheint es mir, steht in Wahrheit sehr häufig hinter der These von der Unauflösbarkeit des sogenannten hermeneutischen Zirkels*" (a.a.O.: 61). Angesichts solcher Probleme müsse nicht kapituliert werden, denn stets könnten, eventuell schon durch Änderungen der Fragestellung, "die Probleme sowohl klar formulier[t] als auch in einem streng wissenschaftlichen Rahmen diskutier[t]" werden. Die erkenntnistheoretische Schwierigkeit liege nicht darin, daß man an "Rationalitätsschranken" stoße, sondern daß sich "*verschiedene Arten* von Problemen in etwas undurchsichtiger Weise überlagern". Glückt eine Unterscheidung zwischen den Problemgruppen, so ist die ursprüngliche Aufgabe in "*Teilaufgaben*" zerlegt und kann "jede für sich einer *Speziallösung* zugeführt werden" (a.a.O.: 63). Stegmüller verweist dies an die zuständigen Fachdiskussionen, fügt dem aber hinzu, daß die möglicherweise schwierigen Probleme, sogar die bei gegebenem Wissensstand nicht lösbaren, "niemals *prinzipiell* unlösbar" seien (a.a.O.: 64).

Seine anschließende detaillierte Fortführung der allgemein-wissenschaftstheoretischen Problematik führt zu einer Ausdifferenzierung der anfänglich aus

Gründen der Zweckmäßigkeit zugespitzten Einfach-Alternativen in den beiden Beispielen. So wird der erste Schluß, daß die Trennbarkeit bzw. Nichttrennbarkeit von Fakten (E) und Hintergrundwissen (O) paradigmatisch für bestimmte Wissenschaftszweige stehen könne, als in dieser absoluten Formulierung nicht haltbar revidiert. So sei in die globale Gravitationshypothese auch Wissen eingegangen, das dem historischen Zufall zu verdanken ist, daß im Jahr 1054 chinesische Astronomen einen Supernova-Ausbruch sorgfältig beobachtet haben - also nicht nur Gesetzmäßiges. Andererseits spielen im Walther-Beispiel auch allgemeine kulturelle Regularitäten eine Rolle, also "Aussagen eines dritten Typs", die weder singulär noch gesetzesartig im engeren Sinne sind. Genauer sei zu formulieren: "von den genannten Schwierigkeiten [sind] potentiell *alle* Wissenschaften bedroht" (a.a.O.: 78). Verfolge man das Thema Theoriebeladenheit von Beobachtungen weiter, so wäre anzumerken, daß zwischen empirischen Befunden/Beobachtungen und hypothetischen Komponenten/Hintergrundwissen eine Variabilität besteht *"nach beiden Seiten"* (a.a.O.: 80):

> "Ebenso wie das jeweilige Erfahrungsdatum E sukzessive dadurch *angereichert* werden kann, daß man mehr und mehr Bestandteile des Hintergrundwissens in dieses Datum Eingang finden läßt [...], so kann auch umgekehrt jede derartige hypothetische Komponente aus E wieder herausgeholt und in das Hintergrundwissen abgeschoben werden, sei es, um es zum Gegenstand kritischer Fragen zu machen, sei es auch nur, um den Befund zwar karger, aber dafür um so zuverlässiger erscheinen zu lassen" (ebda.).

Gemachte Beobachtungen bilden sozusagen "die feste Unterlage dafür, daß ein Prozeß, diesmal allerdings potentiell in beide Richtungen, abrollen kann [...]. Immer geht es allein um mehr oder weniger Deutung der *Beobachtungen*" (ebda.). Dieser Aufweis einer tatsächlichen Unbehebbarkeit von Dilemma VI zeigt die Nichtmöglichkeit einer systematischen Abgrenzung oder gar 'positiven' Auszeichnung der Geistes- gegenüber den Naturwissenschaften, der historischen gegenüber nicht-historischen Wissenschaften.

Um dem zuvorzukommen, daß Stegmüllers bewußtes Ausklammern der Genese des Zirkelproblems (vgl. a.a.O.: 28) als eine konzeptsichernde Reduzierung der Problemlage gesehen werden könnte, sei hier auf Lutz Dannebergs von ganz anderer Seite herkommende Arbeit "Die Historiographie des hermeneutischen Zirkels: *Fake* und *fiction* eines Bedeutungsdiskurses" hingewiesen. Danneberg behandelt ausdrücklich nicht die neuere Inanspruchnahme des Begriffs des hermeneutischen Zirkels als "Schibboleth", dessen Anrufung die Eigenständigkeit der literaturinterpretierenden Disziplinen garantiert, "beliebigen Interpretationspraxen theoretischen Schutz [bietet]", mit Heideggers Erhebung "in den Rang eines Existentials" und Gadamers Einbeziehen der Textwissenschaften "zum Charakteristikum des Verstehens literarischer Texte schlechthin" avanciert ist (Danneberg 1995: 611). Seine detaillierte, sachkundig argumentative Untersuchung des Begriffsverständnisses bei verschiedensten Autoren vom 16. bis zum 19. Jahrhundert führt ihn zu zwei (abschließenden) bemerkenswerten "Vermutungen", die sowohl aufschlußreich sind für den Gesamtkomplex wie auch für die gegenwärtige Diskussion: (1) Die Annahme, "die Entdeckung des hermeneutischen Zirkels verdanke sich ganz entscheidend bestimmten philosophischen Einsichten, die zu einem gleichsam tieferen Verständnis des Verstehens und dadurch auf die Spur eines solchen Zirkels geführt hätten, erscheint [...] eher als Ausdruck von Philosophemen, die in der Gegenwart präferiert werden, und weniger als ein Ergebnis der philosophischen Analyse von Problemen des Interpretierens" (a.a.O.: 620). (2) Die bisherigen Versuche zur Historiographie des hermeneutischen Zirkels "verdienen nicht so sehr wegen ihres historischen oder theoretischen Gehalts Beachtung", sie gehören "zu den mehr oder weniger erfolgreichen Markierungen im Verteilungskampf, der zwischen den Disziplinen ausgetragen wird, und zu den Versuchen, dem durch die *Vergleichbarkeit* (mit naturwissenschaftlichen Disziplinen) drohenden Anerkennungsverlust durch die Erzeugung von Unvergleichbarkeit Eigenrecht und Distinktion entgegenzusetzen" (a.a.O.: 620/621).

Stegmüller bringt eine sehr deutliche, durchaus abwägende Klärung der Grundverhältnisse zwischen Natur- und Geisteswissenschaften. Er löst das Behauptungsbündel bezüglich einer positiven Auszeichnung der Geistes- gegenüber den Naturwissenschaften auf und führt die zentrale Problematik zurück auf ein gleichermaßen nicht hintergehbares Erkenntnisdilemma bei der Fakten/Hintergrund-Bestimmung. Seine ausdrücklich logisch-formale Behandlungsweise trifft, sofern es um die Verhältnisse schlechthin bzw. in ihrer Allgemeinheit geht. Seine Auslassungen zu Speziellerem blenden jedoch trotz grundsätzlicher Klärungen auch einiges aus, von dem ich meine, daß es in diesem Zusammenhang hätte zur Sprache gebracht werden müssen. Sein Herausarbeiten des Prozeßcharakters des Fakten/Hintergrund-Verhältnisses, der Variabilität nach *beiden* Seiten, verbleibt letztlich beim Aufweisen des Problemgefüges. Ein Fluktuieren als solches sichert zum Beispiel noch nicht vor Beobachtungseinschränkungen oder Konzeptmanipulationen, beinhaltet nicht von vornherein auch ein Infragestellen des eigenen Konzepts oder ein Reflektieren über Grundsätzliches, gegebenenfalls ausgelöst von einer aufgedeckten Faktenlage. Auf diese Problematik werde ich später zurückkommen. So richtig Stegmüllers Ausführungen über eine nicht mögliche radikale Trennung von 'Gesetzlichem' und 'Historischem' für eine Antwort auf die Frage nach Einheitlichkeit oder grundsätzlicher Andersheit von Natur- und Geisteswissenschaften im allgemeinen sind (vgl. die oben angeführten Ausführungen), sie treffen so nur zu für diese Form der Trennung. Solch prinzipielles Nicht-Unterschiedensein ist meines Erachtens keineswegs gleichzusetzen mit einer Einheitlichkeit beider Wissenschaftskomplexe in der Bestätigungsproble-matik. Eine Nicht-Deckung konzeptioneller Aussagen mit ihrem Objekt er-scheint in breiter, vom Grad des Realitätenbezugs abhängender Auffächerung. Diese reicht von experimentellem, vielleicht noch stärker: technischem Umsetzungsscheitern bis hin zu einer fehlenden Reaktion des Objektbereichs (ein literarischer Text zum Beispiel reagiert in keinerlei Weise). Diese Gegenpoligkeit zwischen eindeutiger Entscheidung (Scheitern/Nichtscheitern) und Nichtentscheidbarkeit (Nullreaktion) kann als solche nicht wegdiskutiert werden; darin liegt weiterhin ein Unterschied zwischen Natur- und Geisteswissenschaften. Für den anderen Gegenpol bedeutet das aber nicht schon von vornherein, daß dort Beliebigkeit herrscht oder herrschen muß. Es könnten hier Entscheidungshilfen aufgebaut werden, die die Aussagen zumindest im Wissenschaftbereich halten. Zudem kann gefragt werden, ob nicht auch andere Formen von Bestätigung bei weiterhin beabsichtigter Wissenschaftlichkeit des Vorgehens zu entwickeln sind. So wäre zu überdenken, ob 'reales Scheitern vs. Nichtentscheidbarkeit' nicht sinnvoll ersetzt oder aufgefangen werden könnte von einer Gegenpoligkeit 'hartes vs. intellektuelles Treffen' von Realitäten, wobei es bei letzterem um eine näher zu bestimmende Akzeptanz von Aussagegeltung ginge.

Für Überlegungen in solche Richtung nehme ich Bezug auf Imre Lakatos' Beitrag "Falsifikation und die Methodologie wissenschaftlicher Forschungsprogramme". Ich habe ihn erstmals 1979 in die Grundlagendiskussion eingebracht, und zwar als produktive Ausgestaltung meiner Verwendung von Poppers Falsifizieren als literaturwissenschaftlicher Verfahrensweise (bei mir 'Überbieten' genannt, um unzutreffenden Richtig/Falsch-Assoziationen vorzubeugen).[1] Gegenüber Poppers 'naivem' hielt (und halte) ich Lakatos' 'raffinierten' Falsifikationismus für fruchtbarer, weil hier das kritische Aufarbeiten von 'Drittem'/'anderem' die Grundbedingung der Falsifikation ist (unter Beibehalten von Erkenntnisfortschritt und einer damit verbundenen Wahrheitsorientierung als Wissenschaftsaufgabe). Von seiner Konzeption scheint mir darüber hinaus ein neuartiges, anders ansetzendes Angehen der Bestätigungspro-

---

1 An anderer Stelle habe ich Lakatos' Falsifizierungskonzept breiter gegliedert vorgestellt und dabei seine Verwendbarkeit für Literaturinterpretation aufgezeigt, mit den dafür nötigen Umformulierungen und gewissen objektbedingten Abänderungen (Labroisse 1979). Hingewiesen sei auch auf meine Lakatos-gestützte theoretische Auseinandersetzung mit Siegfried J. Schmidts und Norbert Groebens Konzepten einer empirischen Literaturwissenschaft als einzig gangbarer Weise einer Verwissenschaftlichung von Aussagen zu Literatur (Labroisse 1987).

blematik möglich, und das dann auch für den bestätigungsmäßig hochgradig schwierig gelagerten Fall der wissenschaftlichen Interpretation literarischer Texte und Textverhältnisse.

In Lakatos' (von mir hier konzentriert wiedergegebener) Konzeption - von ihm ausdrücklich einem skeptischen Fallibilismus mit seinem *anything goes* entgegengehalten - ist

> "eine wissenschaftliche Theorie *T falsifiziert* dann, und nur dann, wenn eine andere Theorie *T'* mit den folgenden Merkmalen vorgeschlagen wurde: 1) *T'* besitzt einen Gehaltsüberschuß im Vergleich zu *T*, d.h. *T'* sagt *neuartige* Tatsachen voraus, Tatsachen, die im Lichte von *T* nicht wahrscheinlich, ja verboten waren; 2) *T'* erklärt den früheren Erfolg von *T*, d.h. der ganze nicht-widerlegte Gehalt von *T* ist (innerhalb der Grenzen des Beobachtungsirrtums) im Gehalt von *T'* enthalten; und 3) ein Teil des Gehaltsüberschusses von *T'* ist bewährt" (Lakatos 1974: 114).

Diese Sicht von Falsifizieren als Verfahrensweise beinhaltet, daß jede wissenschaftliche Theorie "zusammen mit ihren Vorgängern beurteilt werden muß, damit wir sehen, welche Art von *Veränderung* sie hervorgebracht hat", und das heißt, daß wir "eine *Reihe von Theorien* und nicht isolierte *Theorien*" (genauer: "*Reihen...*") beurteilen (a.a.O.: 115). Das entscheidende Element dieser Form von Falsifikation ist, daß eine neue Theorie in Vergleich zu ihren Vorgängern "neue, überschüssige Information bereitstellt und daß ein Teil dieses Informationsüberschusses bewährt ist" (a.a.O.: 118). War das bisherige Kriterium für eine Theorie die "Übereinstimmung mit den beobachteten Tatsachen", ist das jetzt, für die Reihe von Theorien, "die Produktion neuer Tatsachen" (a.a.O.: 116/117). Solcherart progressive, das heißt sowohl theoretische wie auch empirische Problemverschiebung braucht übrigens "nicht mit 'Widerlegungen' vermengt zu sein" (a.a.O.: 118).

Anders als für Popper gibt es für Lakatos "*keine Falsifikation vor dem Auftauchen einer besseren Theorie*". Damit schwindet "der ausgesprochen negative Charakter des naiven Falsifikationismus; die Kritik wird schwerer und auch positiv und konstruktiv" (a.a.O.: 117). Wenn das Falsifizieren vom Auftauchen besserer Theorien abhängt, ist sie "natürlich *nicht* einfach eine Relation zwischen einer Theorie und der empirischen Basis, sondern eine vielstellige Relation zwischen konkurrierenden Theorien, der ursprünglichen 'empirischen Basis' und dem empirischen Wachstum, zu dem der Wettstreit der Theorien führt. Man kann also sagen, daß die Falsifikation einen '*historischen Charakter*' hat" (ebda.).

Diese Überlegungen von Lakatos scheinen mir in mehrfacher Weise weiterzuführen. Sie bringen zum einen eine generelle Öffnung hin auf 'Drittes/anderes', und zwar als Abgehen von einer einfachen Subjekt/Objekt-Position, überhaupt von Dual- bzw. Alternativauffassungen, ohne dafür eine 'Dialektik' in hegelsch-marxistischer Manier zu bemühen. Sie setzen zum anderen das Falsifizieren nicht ein als ein (bloßes) Kritikverhalten, nicht als Gegensatz zu mit Rektifizierungen arbeitenden Philosophemen, sondern als ein spezielles Produktivum: als Verfahrensweise für systematisches Erzeugen von als fortschreitend zu belegender Erkenntnis. Falsifizieren erfolgt hier als Konfrontieren der Eigenpositionierung mit einem realiter gegebenen 'Dritten/anderen' in Form eines vielstelligen kritischen Relationierens. Die Auseinandersetzung erfolgt nicht nur in Richtung Gegenpart, dieser fungiert zugleich als Falsifikator gegenüber diesem Eigenen in seiner Ausarbeitung (jeweils in Bezug zum gemeinsamen Untersuchungsobjekt). Das erfordert das Aktivieren bzw. Einbringen und damit auch das Offenlegen der interpretatorischen Leistungsmöglichkeiten der Eigenposition, soll deren behauptetes 'T' ein erkennbares bewährungsfähiges 'Mehr' gegenüber (allen) T aufweisen. Im Falsifizierungsvorgang ist das im einzelnen wie im ganzen unter Einbeziehung der jeweiligen empirischen Basis begründend-argumentativ vorzulegen als fortschreitende interpretative Erklärungsleistung, soll die Eigenposition gegenüber künftigen Falsifizierungsversuchen Bestand haben können.

Dieses Verständnis von Falsifikation ermöglicht darüber hinaus die Verlagerung der oben angesprochenen wissenschaftstheoretischen Problematik von Fragen der Grundlegung von Wissenschaft und/oder Systematisierung von Methodologien auf Fragen ihres Vollzugs: auf Fragen der Erzeugung kontrolliert-kontrollierbarer Erkenntnis von Objekten. Daraus resultiert ein anderes Angehen der Bestätigungsproblematik. Beim raffinierten Falsifikationismus geht es nicht mehr um die Aussagedeckung mit dem betreffenden Objekt, vielmehr um ein in Falsifizierungsprozessen mit rational ausgewiesenen Erfassungsgrenzen entfaltetes Bestimmen des Objekts. Solcherart als Diskurs erfolgende, im Zeitablauf ausgestaltete wissenschaftlich-interpretative Bestimmung ist - in Relativgeltung - anzusehen als Treffen des Objekts.

Lakatos' raffinierte Falsifikation ist durchaus einsetzbar im Bereich der Geisteswissenschaften, sofern man nicht von vornherein Geisteswissenschaften als Verstehensspezifikum ausgrenzt aus dem Wissenschaftsbereich im ganzen, sondern diese sieht als einen Wissenschaftsteil mit objektspezifischen Besonderheiten (was auch auf andere Wissenschaftsteile, je spezifisch, zutrifft). Für diese sind dann entsprechende Ausformungen der Treffabschätzung von Aussagen zu entwickeln. In meiner Sicht ist das Lakatos-Verfahren mit dem falsifizierenden Reihenaufbau hier sogar ganz besonders brauchbar, weil Geisteswissenschaften wegen der Nichtexistenz allgemeiner Gesetzlichkeiten für ihre Individualobjekte hochgradig anfällig sind für selbstreferentielle Arbeitsweisen oder für Lösungsversuche in Form von Abänderungen der Grundbedingungen für Wissenschaftlichkeit.

Für den Bereich Literaturwissenschaft, speziell für deren zentrales Problem der Interpretation literarischer Texte, läßt sich mit dieser Verfahrensweise - wie ich darlegen möchte - eine Interpretationssystematik mit erheblicher Tragfähigkeit entwickeln. Dem steht nicht entgegen, unter 'literarischer Text' weiterhin ein individuell geschaffenes autonomes, selbstbezügliches Sprachgebilde zu verstehen, mit persönlicher Instrumentierung der vorliegenden Sprache, freiem Verhalten gegenüber außertextlicher Realität und variierender Anbindung an Literaturtraditionen. Mit dem, was Lakatos mit 'Theorie' bezeichnet, ist eine ausgearbeitete Textinterpretation durchaus parallelisierbar, handelt es sich doch (ganz allgemein) bei solcher Interpretation um einen mehr oder weniger systematisierten, auf jeden Fall systematisierbaren Erklärungskomplex organisiert vorgenommener Textbeobachtungen mit Anspruch auf ein Treffen von spezifischen bzw. individuellen Objektverhältnissen im einzelnen wie im ganzen.

Die Art und Weise der Verzahnung des Konzeptionellen einer Interpretation mit dem literarischen Text, den sprachlich-konstruktiven Verhältnissen des Textgefüges, ist ein zentraler Punkt für die Beurteilung ihrer Tragfähigkeit. Eine Interpretationskonzeption arbeitet, direkt oder indirekt, mit dem Ansetzen von bestimmten 'Elementen' des Textes als zentralen Bezugspunkten für den Aufbau ihres das Textgefüge als Ganzes betreffenden Erklärungssystems. Als Textelement Angesetztes können Wörter/Begriffe sein, sprachliche Figuren/Gruppierungen, Bilder, Gedankenkomplexe etc. Mit solchem interpretativen Zusprechen von Aussagewert, von Funktion mit Auswirkungen für das Textgefüge werden Textelemente zu Bausteinen der Interpretationskonzeption, ergibt sich mit ihnen die besondere Art und Weise der Bezüglichkeit der Interpretation zum Text.

Verschiedene Interpretationen beziehen sich nicht unbedingt auf eine mehr oder weniger gleiche Gruppe von Textelementen. Von jeder Interpretationskonzeption werden sie als von der Konzeption ausgemachte Spezifika interpretativ bestimmt und variieren deshalb in Art wie Anzahl. Da als Elemente ein und desselben Textes anzusehen, sind sie vergleichbar, aufeinander beziehbar (unter Berücksichtigung ihrer Bestimmungsweise und der jeweiligen Funktionszuweisung). Da ihre Bestimmung als tragende Faktoren des Textgefüges interpretativ erfolgt, schließt das aus, Textelemente zugleich als Beleg auszugeben für das Text-Treffende einer Interpretation.

Bereits das Ansetzen oder Bestimmen, auf jeden Fall das weitere Arbeiten mit Textelementen hat falsifizierend unter Einbeziehen von 'Drittem/anderem' zu erfolgen, kritisch herausarbeitend, woraufhin und mit welchen Begründungen die jeweilige Bestimmung (bereits angeführt oder zu erschließen) erfolgt, welche Zusammenhänge bzw. Unterschiede mit der Eigenkonzeption und deren Bestimmungen auszumachen sind, welche Konsequenzen für die Ausarbeitung der Eigeninterpretation aus diesem vielstelligen Relationieren zu ziehen sind, dabei das 'Dritte/andere' auch einsetzend als Falsifikator gegenüber dem Eigenen in Konzeption wie Ausarbeitung. Unter 'Drittem/anderem' soll jede objektgerichtete wissenschaftliche Interpretationsaussage verstanden werden, ohne damit andere Aussageformen (Literaturkritik, Essayistik, Persönliches) oder anderweitige Materialeinsätze (Dokumentarisches, Befragungsergebnisse etc.) generell auszuschließen.[2] Bedingung sollte sein, daß deren Einbeziehung zu einer weiteren Erschließung textueller Verhältnisse bzw. Klärung interpretativer Vorgänge beizutragen vermag. Die professionelle Literaturkritik nimmt eine besondere Stellung ein, da sie von ihrer Anlage her - persönlich begründete Aussage auf Grund der Eigenerfahrung mit Literatur zwecks Informierung einer nach Publikationsorgan variierenden Leserschaft - Auskünfte über Verständnismöglichkeiten wie - hemmnisse zum Zeitpunkt des Erscheinens eines Textes bietet. Speziell für Arbeiten zur jüngsten Gegenwartsliteratur kann sie damit zu einem wichtigen wissenschaftlichen Hilfsmittel werden.

Das diese Art von Falsifizieren Auszeichnende ist die konzeptionelle Forderung, behauptetes 'Mehr'/'Besser' an Erklärungsleistung müsse sich als dieses im einzelnen wie im ganzen über eine systematische, d.h. eine Abhebungsreihe aufbauende kritische Auseinandersetzung mit dem interpretativ bereits Vorliegenden ausweisen. Damit wird Nicht-selbst-Interpretiertes zu einem echten Drittpart im interpretativen Vorgang, ist es nicht nur ein mögliches, freibleibendes Kritikobjekt, nach Eigenentschluß einzusetzen oder auch nicht. Der falsifizierungsinhärent geforderte Reihenaufbau schließt eine Reduktion auf günstige Rechtfertigungsangaben unter Fortlassen von Infragestellendem aus, verunmöglicht zudem bloße Selbstreferentialität. Es ist kritisch-kritisierbar vorzuzeigen, mit welchen Begründungen und Argumentationen die Neuinterpretation arbeitet, welche Mittel sie einsetzt, um ihre behauptete erkenntnismäßige Weiterführung zu realisieren.

Dieses Einbeziehen-Müssen des Dritten/anderen präskribiert in keiner Weise die Eigenkonzeption, schränkt selbst Andersentscheidungen in keiner Weise ein. Gefordert ist schließlich allein, daß Neues, auch ein Ganz-Anderes, sich ausweist als reale erklärungsmäßige Mehr-Leistung. Ein so breit wie mögliches

---

2 Damit rücke ich ab von meiner bisherigen Forderung nach Einbeziehung aller feststellbaren Meinungsäußerungen zum betreffenden Objekt. Es hat sich gezeigt, daß dieses meist arbeitsaufwendige Bemühen nur in sehr begrenztem Maße tatsächlich interpretativ Verwendbares gebracht hat. Obige Offenstellung läßt m.E. genügend Spielraum für eine der Objektlage oder individuellen Wünschen entsprechende Verfahrensweise.

Einbeziehen von Drittem/anderem soll nicht ein Bild der Forschungslage erstellen, vielmehr soll damit gesichert werden, daß nichts dem Textverständnis Förderliches übergangen bzw. ausgelassen wird, wäre das doch etwas die Leistung der Neuinterpretation bereits jetzt Einschränkendes.

Die mit diesem Verfahren beabsichtigte Erzeugung von Erkenntnisfortschritt setzt Rationalität voraus und, im Verständnis Poppers, eine "Wahrheitsähnlichkeit" als regulative Idee (Popper 1974: 73 und 345). Für das einzelwissenschaftliche, wie hier geplante, Tun beinhaltet das auf jeden Fall ein Ausschließen von Falschorientierung zwecks Überraschung, Pointierung, Irritation, aber auch eine 'Literarisierung' als intellektuelles Spielverfahren ohne außerspieltechnische Verantwortlichkeit.

Ob die falsifizierende Arbeit mit Drittem/anderem je einzeln, Werk für Werk erfolgt oder in Gruppierungen oder via Erstellung einer Abhebungsfolie, in der die als entscheidend markierten Anderspositionen zusammengefaßt sind, darüber entscheidet der Ausführende. Grundbedingung für jede Form von Auswahl, Zusammenstellung, von Mengeneingrenzung ist neben einer sorgfältigen Begründung für die getroffene Entscheidung, daß dadurch die Bandbreite des Dritten/anderen nicht auf weniger Widerständiges reduziert wird, daß damit nichts der Eigeninterpretation und deren Textverständnis Hinderliches ausgegliedert oder abgedrängt wird. Es sollten gerade Beiträge mit hoher Widerständigkeit herausgestellt werden; da diese einen starken Falsifizierungseinsatz erfordern, soll sich die behauptete erkenntnismäßige Mehrleistung der Eigeninterpretation als eine tatsächliche erweisen. Da wissenschaftliche Interpretationen mit Normalsprache und Realitätsbezug arbeiten, sind dabei möglicherweise auftauchende Verständnisschwierigkeiten gegenüber Drittem/anderem keine von prinzipiell nicht auflösbarer Art.

Das In-Beziehung-Setzen mit der bzw. das Einbeziehen in die Eigenkonzeption kann variieren zwischen einem Aufheben (die alte Aussagemenge geht ein in das neue Weiterführende), einem Übernehmen mit Eingrenzen/Umschreiben der neu zugewiesenen Teilstückposition oder einem begründeten und in den Konsequenzen abgeschätzten Ausklammern (einem Einstufen als nicht mehr tragend). Das neue Interpretationsgefüge hat neben dem, was von vornherein parallel läuft oder wegen aufgewiesener Deckung eingeht, alles das einzubeziehen, was dem Falsifizieren standgehalten hat und deshalb als (zumindest bis zu diesem jüngsten Versuch) bewährt gelten kann. Für Verhältnisse der Literaturwissenschaft meine ich Lakatos' Forderung: "Produktion neuer Tatsachen", Bereitstellen von im Vergleich "neue[r], überschüssige[r] Information", wovon "ein Teil dieses Informationsüberschusses bewährt ist" (Lakatos 1974: 117/118), so formulieren zu können: Die mit anderen, vergleichsweise fruchtbareren Textelementbestimmungen und Texterklärungen arbeitende neue Interpretation hat mit der Art und Weise ihres Aufbauens als ein 'Mehr'/'Besser' - Sorgfalt, Strenge, Transparenz etc. - zu zeigen, daß sie über begründbare Chancen auf Bewährung bei künftigen Falsifizierungen verfügt. Die Diskurshaftigkeit dieses Interpretierens enthält dafür bereits Ansätze.

In welchen Formen das Kennbarmachen falsifizierender Abhebungen der Neuinterpretation und ihrer Begründungen für behaupteten erkenntnismäßigen Fortschritt auch erfolgt, in allen Fällen sollte das möglichst umfänglich ausformuliert geschehen. Solches Ausformulieren verdeutlicht nicht nur die einzelnen Schritte des Arbeitsgangs und beugt Verständnisschwierigkeiten für Dritte/andere vor, dadurch wird auch wahrnehmbar, was in den Auseinandersetzungen mit Drittem/anderem und dem Eigenen an Vorentscheidungen persönlicher wie arbeitssituativer Art mitläuft. Das steht in arbeitstechnischem Zusammenhang mit dem sich bereits verfahrensinhärent vollziehenden Offenlegen der Erkenntnisvorgänge und -entscheidungen, was auch mögliche Unsorgfältigkeiten und Ignorierungen einschließt. In Anbetracht der hochgradigen Individualisierung interpretatorischer Arbeit sind das nützliche Ausrichtungen, die zudem den grundlegenden Unterschied zu Interpretationsweisen auf tradierter Verstehensbasis dokumentieren.

Gewisse Schwierigkeiten bereiten extrem umfangreiche Mengen von Drittem/anderem (häufig bei klassischen Texten in weitem Sinne) und äußerst geringe oder fehlende, was vor allem der Fall ist bei Erstinterpretationen, insbesondere solchen zur jüngsten Literatur. Ein Mangel an Dritt-Menge erschwert aber auch neuartige und/oder großräumigere Organisations- bzw. Ordnungsversuche, zum Beispiel gattungsmäßige oder literaturgeschichtliche. Für den erstgenannten Fall bieten sich verantwortete Eingrenzungen in Richtung zugeschnittener Abhebungsfolien an (unter sorgfältiger Rechenschaftslegung). Für Erstinterpretationen ist schon einmal ein selbstfalsifizierend arbeitendes Vorgehen möglich, sich ausweisend durch umfängliche Begründungsangaben für getroffene, als solche kennbar gemachte, Entscheidungen sowie durch Für- und-wider-Konstruktionen. Hilfreich können hier die in vielen Fällen vorliegenden literaturkritischen Aussagen sein, zumal deren ganz individuelle Äußerungen im allgemeinen variierende Ansätze bieten. Für neuartige Ordnungsversuche sollten die Entscheidungen dazu (selbst)kritisch expliziert werden, sollten zudem Abhebungen zu Ähnlichem versucht werden. Diese besonderen Fälle sehe ich nicht als Einwand gegen falsifizierend verfahrendes Arbeiten. Sie sind lediglich mit einem höheren Risiko der Falsifizierung durch künftige Versuche belastet. Hier wie im Fall einer Erstinterpretation hängt viel ab (negativ wie positiv) von der jeweiligen Textlage und den konzeptionellen Möglichkeiten, durchaus auch von einer (selbst)kritischen Sorgfalt bei der Ausführung des Interpretationskonzepts.

Für die beiden letztgenannten Gruppen seien zwei eigene Versuche erwähnt. In "Verwortete Zeit-Verflechtungen. Zu Heinz Czechowskis neuen Texten" habe ich eine Erstinterpretation seines damals gerade erschienenen umfangreichen Lyrik-Prosa-Bandes *Nachtspur* (1993) unternommen (Labroisse 1994). Über sehr detaillierte falsifizierende Abhebungen insbesondere von Beiträgen Ursula Heukenkamps und Ausführungen von Wolfgang Emmerich zu Gedichtbänden der 80er Jahre baute ich - dabei auch die undeutliche Publikationslage der letzten Jahre klärend - ein weiträumiges begründetes Erklärungsgefüge auf. Aus ihm heraus habe ich nach verschiedenen Einzelinterpretationen zu Texten zwischenzeitlich erschienener Bände eine größere Anzahl lyrische und erzählerische Texte von *Nachtspur* behandelt. Ich habe sie danach ausgewählt, daß ich sie für das Werk von Czechowski, insbesondere für seinen schriftstellerischen Positionsbezug nach 1989/90, als besonders aussagekräftig meinte erweisen zu können. Das war arbeitsmäßig aufwendig, doch sollte das das Falsifikationsrisiko für meine interpretatorischen Erstaussagen niedrig halten. In "Frauenliteratur-Lyrik in der DDR" habe ich, mich abhebend von bestimmten Auffassungen von 'Frauenlyrik', mit einer begründeten anderen Konzeptionierung (unter dem im Titel angegebenen Begriff) aufzuzeigen versucht, mit welchen lyrischen Realisierungen verschiedene DDR-Autorinnen in den 70er und 80er Jahren ihre individuellen wie gesellschaflichen Erfahrungen als Frau zum Ausdruck gebracht haben (Labroisse 1988). Mit dieser zumindest greifbaren Ordnung meinte ich einen diskussionsfähigeren, fruchtbaren (auch für ähnliche Prosa verwendbaren) Ansatz für die Behandlung von 'Frauenliteratur' vorgeben zu können, hier konzentriert auf eine auffällige Besonderheit der DDR-Lyrik dieser Zeit. In beiden Beiträgen habe ich den mir per Fall am ehesten gangbaren Arbeitsweg gewählt und diesen als interpretativ produktiv auszuweisen versucht.

Überlegungen aus der längeren Hinführung zu Lakatos aufgreifend, ist zu sagen, daß mit dem für Literaturinterpretation vorgestellten Falsifizierungsverfahren sehr entschieden Rationalität eingesetzt wird, ohne jedoch damit Individualität auszuschließen oder gar zu beseitigen. Individualität ist als Ausgangsposition für den Konzeptentwurf (mit allen Möglichkeiten, persönliche Textwahrnehmungen, Erfahrungen, Empfindungen einzubringen) wie als der ständige Bezugspunkt der Falsifizierungen des Arbeitsvorgangs aktiv im Interpretieren vertreten. Wissenschaftlichkeit wird hier in dem Sinne als streng verstanden, daß Freizügigkeiten im Verfügen über Materialien und Probleme, auch (bloße) Weltläufigkeit eines Denkens nicht als Formen wissenschaftlich zu nennenden Tuns angesehen werden.

Bei Stegmüller blieb das angesprochene Verhältnis von Fakten und Hintergrund auch beim Ansetzen einer beiderseitigen Einflußnahme im Prinzip gleich; diese wirkte sich nur aus als Möglichkeit für Gewichtsverlagerungen zwischen Subjekt- und Objektbereich. Beim Lakatosschen Falsifizieren erscheint dieses Verhältnis mit dem verfahrensbedingten Hereinnehmen von Drittem/anderem als eine vielstellige Relation, eine "zwischen konkurrierenden Theorien": also einer Mehrzahl von Erkenntnissubjekten zu ein und demselben Objekt, "der ursprünglichen 'empirischen Basis' und dem empirischen Wachstum, zu dem der Wettstreit der Theorien führt" (Lakatos 1974: 117). Damit wird für alle Subjekte Subjektivität eingeschränkt, werden zugleich auch die Objektverhältnisse gelöst aus Individualbestimmungen wie aus Beliebigkeit (ohne das als eine Art von Objektivierung zu verstehen). Falsifizieren als relationierendes Verfahren schlechthin, eingesetzt für die Interpretation literarischer Texte, erbringt über das Aufbauen einer abhebungsfähigen Interpretationsreihe ein Erklärungskonstrukt für die Textualität des untersuchten Textgefüges. Auf Grund seiner falsifizierenden Erstellung besitzt dieses Konstrukt eine begründete, erkennbar umgrenzte Geltung, die solange besteht, bis ihm etwas textuell-konzeptionell Ausweisbares als Eingrenzung falsifizierend entgegengestellt wird.

Relationieren ist als Falsifizierungsverfahren konstruktiv, nicht bereits mit dem Erarbeiten von Diskutablem überhaupt, vielmehr durch das Erzeugen eines Erklärungskonstrukts in spezieller Ausgestaltung: Falsifizierend erstellte Aussagenkomplexe des Interpretationsgefüges verfügen über Standfestigkeit, ihnen ist Geltung zuzusprechen. Diese Geltung des Erklärungskonstrukts ist das Treffen des Textgefüges - Treffen im Sinne von derzeit bestmöglicher wissenschaftlich-interpretativer Textualitätserfassung.

Sicherlich ist das, um eine Formulierung aus meiner Kritik an Stegmüller aufzunehmen, ein 'intellektuelles' und kein 'hartes' Treffen. Doch der darin zum Ausdruck kommende 'historische Charakter' (Lakatos) des Falsifizierungsverfahrens spiegelt die geisteswissenschaftlichen Arbeitsverhältnisse. Das falsifizierende Erstellen von Erklärungskonstrukten mit abschätzbaren Geltungen halte ich für eine ausgesprochen produktive Weise des Arbeitens in einem Wissenschaftsbereich ohne Gesetzbezüglichkeiten, den die Geisteswissenschaften nun einmal bilden.

Literatur

Danneberg, Lutz (1995): Die Historiographie des hermeneutischen Zirkels: 'Fake' und 'fiction' eines Behauptungsdiskurses, in: *Zeitschrift für Germanistik (N.F.) 5 (3)*, S. 611-624.
Labroisse, Gerd (1979): Interpretation als Entwurf, in: *Grundfragen der Textwissenschaft.*

Linguistische und literaturwissenschaftliche Aspekte, hg. von Wolfgang Frier und G.L., Amsterdam: Rodopi (= Amsterdamer Beiträge zur neueren Germanistik 8), S. 311-323.

Labroisse, Gerd (1987): Interpretation als Diskurs. Überlegungen zur Verwissenschaftlichung literaturinterpretativer Aussagen, in: *Rezeptionsforschung zwischen Hermeneutik und Empirik*, hg. von Elrud Ibsch und Dick H. Schram, Amsterdam: Rodopi (= Amsterdamer Beiträge zur neueren Germanistik 23), S. 155-169.

Labroisse, Gerd (1988): Frauenliteratur-Lyrik in der DDR, in: *DDR-Lyrik im Kontext*, hg. von Christine Cosentino, Wolfgang Ertl und G.L., Amsterdam: Rodopi (= Amsterdamer Beiträge zur neueren Germanistik 26), S. 145-193.

Labroisse, Gerd (1994): Verwortete Zeit-Verflechtungen. Zu Heinz Czechowskis neuen Texten, in: G.L./Anthonya Visser: *Im Blick behalten: Lyrik der DDR. Neue Beiträge des Forschungsprojekts DDR-Literatur an der Vrije Universiteit Amsterdam*, Amsterdam: Rodopi (= German Monitor 32), S. 29-85.

Lakatos, Imre (1974): Falsifikation und die Methodologie wissenschaftlicher Forschungsprogramme, in: *Kritik und Erkenntnisfortschritt*, hg. von I.L. und Alan Musgrave, Braunschweig: Vieweg, S. 89-189.

Marquard, Odo (1986): Über die Unvermeidlichkeit der Geisteswisssenschaften, in: O.M.: *Apologie des Zufälligen. Philosophische Studien*, Stuttgart: Reclam, S. 98-116.

Marquard, Odo (1988): Verspätete Moralistik. Bemerkungen zur Unvermeidlichkeit der Geisteswissenschaften, in: *Kursbuch 91: Wozu Geisteswissenschaften?*, S. 13-18.

Mittelstraß, Jürgen (1991): Die Geisteswissenschaften im System der Wissenschaft, in: Wolfgang Frühwald/Hans Robert Jauß/Reinhart Koselleck/J.M./Burkhart Steinwachs: *Geisteswissenschaften heute. Eine Denkschrift*, Frankfurt/M.: Suhrkamp, S. 15-44.

Popper, Karl R. (1974): *Objektive Erkenntnis. Ein evolutionärer Entwurf*, Hamburg: Hoffmann und Campe.

Schnädelbach, Herbert (1988): Kritik der Kompensation, in: *Kursbuch 91: Wozu Geisteswissenschaften?*, S. 35-47.

Stegmüller, Wolfgang (1986): Walther von der Vogelweides Lied von der Traumliebe und Quasar 3 C 273. Betrachtungen zum sogenannten Zirkel des Verstehens und zur sogenannten Theoriebeladenheit der Beobachtungen, in: W.S.: *Rationale Rekonstruktion von Wissenschaft und ihrem Wandel*, Stuttgart: Reclam, S. 27-86.

HENDRIK VAN GORP

Interpretation und Rezeptionsforschung

Es ist allgemein bekannt, daß mit dem Aufschwung der Rezeptionsforschung in den siebziger Jahren die sogenannte 'Werkinterpretation', das heißt die erklärende Bedeutungsanalyse eines literarischen Werkes als Einheit von Form und Inhalt, problematisch geworden ist. Titel wie *Against Interpretation* (Susan Sontag) und *Beyond Interpretation* (Jonathan Culler) zeugen von dieser Problematik. Die Interpretation wurde aber vor allem von seiten der empirisch orientierten Literaturwissenschaft (u.a. N. Groeben und S.J. Schmidt) in Frage gestellt, weil sie aufgrund der 'Subjekt/Objekt-Konfundierung' ihre wissenschaftlichen Ansprüche nicht geltend machen könne. Vor diesem Hintergrund möchte ich, ausgehend von einer historischen Untersuchung populärer Erzählgattungen, einige Bemerkungen über das Interpretieren machen. Diese Bemerkungen beziehen sich auf die Interpretation sowohl von Texten wie von Textkörpern, Metatexten und Kontexten. Daraus ergibt sich auch die Einteilung dieses Beitrags.

I. Interpretation und Textualität

In der Tradition wird der (literarische) Text als eine distinktive Einheit, ein autonomer verbaler Gegenstand, eine kohärente Reihe von Sätzen, ein vollendetes *Ergon* betrachtet. Diese und andere Umschreibungen verweisen in je eigener Weise auf eine fest umrissene sprachliche Gegebenheit, die sich dem Leser zur Interpretation darbietet. Seit Poststrukturalismus und Dekonstruktionismus ist diese monadische Textauffassung grundsätzlich dezentriert worden in Richtung auf eine dem Text inhärente, auffächernde Intertextualität. Dies zum Beispiel in bezug auf die Gattung, zu der er gerechnet wird. Horst Steinmetz vermerkte schon in seinem Aufsatz "Gattungen: Verknüpfungen zwischen Realität und Literatur": "Zum einen ist die Überzeugung weit verbreitet, daß man für ein angemessenes Verständnis, für die Interpretation eines jeden Textes von der Vorstellung einer bestimmten Gattung ausgehe, zu der der Text gerechnet werde, in deren Rahmen man dann den Text verstehe oder interpretiere" (Steinmetz 1989: 36). Dies hängt zum Teil mit einer Verschiebung in unserer Auffassung von Bedeutung zusammen. In textorientierten Literaturauffassungen wie dem Formalismus, dem Strukturalismus und der Werkinterpretation wird Bedeutung auf deutlich erkennbare sprachliche Elemente auf phonischer, graphischer, syntaktischer, lexikalischer oder modaler Ebene bezogen, die durch sich profilierende wechselseitige Beziehungen (Ähnlichkeit, Kontrast, Nuancierung etc.) 'semantisiert' werden. Eine genaue Analyse würde eine auf objektive Parameter gestützte, mithin von jedem Interpreten überprüfbare Interpretation ergeben. Historische Rezeptionsforschung und Dekonstruktionismus haben diese scheinbar einleuchtende These untergraben, indem sie einerseits die eigenartige Funktionalität der verschiedenen Textsorten betonen, wodurch der Gebrauch von eindeutigen Parametern mißbilligt wird, und andererseits darauf hinweisen, daß auch solche Texte, die prätendieren, als kohärentes Bedeutungsganzes adäquat auf die Wirklichkeit verweisen zu können, dem unbestimmten Spiel veränderlicher Bedeutungen nicht entkommen. Die Bedeutung eines Textes ist demnach nicht festlegbar. Im Gegenteil: In jedem Text haust ein Element der *Aporia*, die uns in Verlegenheit bringt und jeden totalitären Interpretationsversuch zum Scheitern verurteilt.

Damit ist aber keineswegs die Wichtigkeit der Interpretation selber untergraben. Untergraben sind lediglich einige ihrer Ansprüche. Die Tatsache, daß kompetente Leser abweichende Lektüren bzw. Interpretationen derselben 'kohärenten' und 'geschlossenen', also angeblich restlos analysierbaren Texte liefern und diese mit überzeugenden Argumenten untermauern, beeinträchtigt die Wichtigkeit der Interpretation an sich nicht. Ich würde sogar eher fast das Gegenteil behaupten. Doch das Bewußtsein der Wichtigkeit dieser rezeptiven und institutionellen Aspekte sollte den ontologisierenden Zugriff des hermeneutischen Begreifens in seinem Verlangen nach Vollendung immer wieder einschränken und zur Verantwortung ziehen. Horst Steinmetz hat schon 1977 mit seiner Auffassung einer 'suspensiven' Interpretation Schritte in diese Richtung getan (s. Steinmetz 1977).

II. Interpretation und Intertextualität

Wir haben bereits darauf hingewiesen, daß der Textbegriff in den letzten Jahrzehnten zur Intertextualität hin verschoben wurde. Im Intertextualitätsdenken (M. Bachtin, J. Kristeva) bekommt der Text den Status eines Inter-Textes, eines Textes zwischen Texten. Dies setzt der Interpretation einige Hindernisse. Interpretation ist nicht mehr bloße passive Dekodierung, sondern ein aktiver und komplizierter Prozeß, in dem der Kritiker mit anderen Texten innnerhalb des erforschten Textes zu rechnen hat. Welche 'anderen' Texte sind in die

Interpretation einzubeziehen? Hat der Prozeß des unaufhörlichen Verweisens überhaupt einen Endpunkt? Diese Problematik tritt bei der Erforschung von Textganzen wie Textfiliationen, Anthologien, gesammelten Werken, Gattungen und Perioden besonders deutlich zutage. Betrachten wir die Sache in bezug auf die Erforschung von Gattungen, an der Steinmetz besonders interessiert war, aus der Nähe.

Der Umgang mit Literaturgeschichten hat uns daran gewöhnt, die Einteilung der Literatur in Gattungen als selbstverständlich zu betrachten. In jedem Handbuch erweisen die drei Hauptgattungen sich als die wichtigsten Einteilungskriterien innerhalb der verschiedenen Epochen. Der praktische Vorteil dieser Einteilung steht außer Zweifel, und Alternativen liegen nicht auf der Hand. Jedoch ist das literarische 'Faktum' kein so einfach Ding. Selbstverständlich gibt es Textfiliationen innerhalb einer Gattung. Wenn man aber scharfe Grenzen zwischen Gattungen, oft innerhalb eines einzelnen Sprachraums, als Einteilungskriterien verwendet, verschwindet eine Reihe 'faktischer' intertextueller Beziehungen aus dem Blickfeld. Textverarbeitungsprozesse (vgl. Wienold 1972) haben als gemeinsame Eigenschaft, daß dadurch jede isolationistische Textauffassung, also auch eine rein nationale oder genologische, problematisiert wird. Wer zum Beispiel die Entwicklung des Schelmenromans oder der Gothic Novel beschreiben will, entdeckt schnell Formen der Intertextualität, die aufgrund ihrer Eigenart oder ihres hybriden Charakters die Grenzen der Sprache und der Gattung sprengen und spezifische Interpretationsprobleme darstellen. Ich denke dabei an Übersetzungen, Bearbeitungen, Pseudoübersetzungen, Parodien, Dramatisierungen, Kurzfassungen oder *extraits*, Fortsetzungen etc. (vgl. van Gorp 1993). In den traditionellen, an Autoren oder Texten orientierten nationalen Literaturgeschichten oder Gattungsgeschichten werden solche Texte vernachlässigt, obwohl sie häufig ein deutlicheres Bild der Normen und Werte des literarischen Systems ergeben als die 'primären' Texte. Der Erfolg einer Gattung und bestimmter Autoren ist auch solchen 'sekundären' Texten innerhalb und außerhalb der eigentlichen Gattung zuzuschreiben. Was zum Beispiel den Schelmenroman angeht, so sei darauf hingewiesen, daß es kaum Familienähnlichkeiten zwischen dem 'Prototyp' der Gattung, *Lazarillo de Tormes*, und den erfolgreichen repräsentativen *Guzman de Alfarache* von Matteo Aleman und *La Vida del Buscon* von Quevedo gibt. Trotzdem werden sie als zu derselben Gattung gehörende Texte interpretiert, bearbeitet, kommentiert und übersetzt. Und aus der Geschichte dieser Filiation ergibt sich, daß andere Gattungen wie die Robinsonade oder die kriminelle Biographie nicht unabhängig von der *Novela picaresca* zu interpretieren sind. Für die Rezeption und den Erfolg der Gattung im niederländischen Sprachraum ist zudem ein Lustspiel wie Brederos *De Spaanse Brabander* viel wichtiger als die 'typisch pikaresken' Erzählungen.

Hinsichtlich der Gothic Novel denke man nur an die Bekanntheit der Ann Radcliffe in Frankreich, Deutschland und den Niederlanden in der Form zahlloser Übersetzungen, Bearbeitungen, Apokryphen und Nachahmungen, die als Radcliffeiaden einen beträchtlichen Teil der Romanlektüre und insbesondere des Bühnenrepertoires um 1800-1810 bilden. Das sogenannte *théâtre monacal* - wiewohl eine andere, melodramatische Gattung - ist in der Zeit der Französischen Revolution der deutlichste Repräsentant des Schauerromans in Frankreich. Daneben sind auch die zahllosen Parodien der Gattung, und insbesondere der Werke von Matthew Gregory Lewis und Ann Radcliffe, ein Hinweis auf die Beliebtheit der Gattung. Auch hier gibt es Interpretationsprobleme. Eine Parodie ist ein hybrider Text par excellence, eine "double-voiced utterance" (Morson 1989: 65), die erst aus der unterstellten Vertrautheit mit dem Original ihren Sinn erhält. Nun fällt auf, daß in den meisten Parodien der Gattung der Gothic Novel (zum Beispiel *La Nuit Anglaise* (1799) von Bélin-Laliborlière und *Northanger Abbey* (1818) von Jane Austen) der hybride Charakter sich auch in einer auffallenden Kombination von Bewunderung und Ablehnung des parodierten Modells manifestiert. Bei der Erforschung der Gattungsgeschichte ist die Rolle solcher 'sekundären' Texte somit oft wichtiger als die ästhetisch-hermeneutische Interpretation der sogenannten repräsentativen 'primären' Texte. Innerhalb einer traditionellen Geschichtsauffassung ist in diesen Fällen von Nebenprodukten die Rede, die kaum der Interpretation wert seien. Doch vor dem Hintergrund eines erweiterten Textbegriffs impliziert der angeblich sekundäre Charakter jener Texte nicht länger Minderwertigkeit, da *jeder* Text in irgendeiner Weise auf andere Texte bezogen ist. Diese Erscheinung beschränkt sich übrigens nicht auf populäre Gattungen. Bei der Interpretation von Textganzen (Gattungen, Teilgattungen, Strömungen) sollte man das berücksichtigen.

III. Interpretation und Metatextualität

Diese Argumentation trifft auch bei sogenannten Metatexten zu, das heißt bei kurzen oder längeren Texten, die auf andere Texte verweisen oder von ihnen handeln, wie etwa Vorreden, Widmungen, Mottos, Nachworte, Rezensionen, Polemiken oder Formen dessen, was heute *merchandising* heißt. Mottos wurden in der traditionellen Textinterpretation meist ernst genommen, weil sie zu 'dem Text' gerechnet wurden und man in ihnen direkt oder indirekt einen Hinweis auf die Thematik des Werkes sah bzw. fand. Vorreden und Widmungen jedoch blieben oft als Beiwerk außer Betracht. Manchmal dürfte es sich da tatsächlich kaum um mehr gehandelt haben. Sie sollten dennoch nicht voreilig aus der Forschung und der Textinterpretation ausgeschlossen werden. Sie bilden gleichsam den metatextuellen Bezugsrahmen, in dem der 'eigentliche' Text seine Bedeutung erhält. In diesem Zusammenhang ist das sogenannte Beiwerk des Erzählrahmens im pikaresken Roman besonders wichtig. In den meisten spanischen Schelmenromanen wird die Erzählung durch Metatexte (Vorworte u.ä.) eingeleitet, die das Geschehen im Kontext einer Konfession lokalisieren, die den Erwartungen des damaligen Lesers entgegenkommt und die Interpretation des Ganzen mitbestimmt. Das ist zum Beispiel deutlich der Fall im Prototyp der Gattung, *Lazarillo de Tormes*, wo im Prolog auf den rituellen Konfessionsdiskurs angespielt wird. Die subversive Lektüre der Abenteuer des Protagonisten bekommt nur gegen diesen Hintergund ihre 'eigentliche' Bedeutung. Wenn man Lazarillos Erlebnisse ohne diesen Metatext zu lesen beginnt, verfehlt man einen wichtigen Aspekt der Erzählung. Das ist auch der Fall in der Gothic Novel. Das Vorwort, oder besser die jeweiligen Vorworte von Walpoles *The Castle of Otranto* sind im Kontext der Geschichte und Interpretation der Gattung wohl bekannt: "It was an attempt", so heißt es da, "to blend the two kinds of romance, the ancient and the modern. In the former all was imagination and improbability: in the latter, nature is always intended to be [...] copied". Der Leser ist damit darüber informiert, wie er die folgende Geschichte zu interpretieren hat. Und nachher wird deutlich, daß auch andere Autoren (u.a. Clara Reeve) in ähnlichen Metatexten am Anfang ihrer Schauerromane darauf anspielen.

Die Probleme, die sich dabei ergeben, sind nicht unerheblich. Es leuchtet ein, daß Vorworte nicht immer ernst zu nehmen sind. Mehr als bei 'primären' Texten muß man zwischen den Zeilen lesen. Ein polemischer (manchmal auch kommerzieller) Unterton ist oft im Spiel und kann nur vor einem intertextuellen und kontextuellen Hintergrund verstanden werden.

Rezensionen stellen die Interpretation vor andere Probleme. Ihr Einfluß auf die Produktion und Rezeption 'primärer' Texte ist schwer einzuschätzen. Wer waren die Leser der Rezensionen? Wessen Auffassungen wurden in kritischen Besprechungen in maßgeblichen Zeitschriften wiedergegeben? Handelt es sich nicht vielmehr um eine kleine Gruppe privilegierter Leser/Kritiker als um das, was 'man' einst von diesen Werken hielt? Um dies zu erforschen, ist eine institutionelle und sozioökonomische Betrachtungsweise vonnöten. Die Erforschung von Zeitschriften, wie sie in jüngster Zeit in Schwang gekommen ist, ist gleichermaßen vielverheißend wie problematisch. Zeitschriften werden mit Recht als wichtige Parameter des literarischen Lebens betrachtet (sie 'schreiben die Zeit'), doch auch hier sind Verabsolutierung und Verallgemeinerung zu vermeiden und ist Vorsicht bei der Lektüre geboten. Denn die sogenannten Tatsachen, die man liest, sind selber schon Interpretationen, die nun ihrerseits interpretiert werden müssen. Es ist denn auch schwierig, wenn nicht unmöglich, sie außerhalb der intertextuellen und kontextuellen Verbindungen richtig einzuschätzen. Eine institutionelle und sozioökonomische Betrachtungsweise drängt sich auf.

IV. Interpretation und (sozioökonomische) Kontextualität

Mit dem Hinweis auf das Phänomen des *merchandising* und einer institutionellen und sozioökonomischen Betrachtungsweise tut sich ein vierter Problemhorizont auf, den die traditionelle Hermeneutik kaum beachtet hat. Die funktionalistische Rezeptionsforschung hat zu Recht betont, daß die sozioökonomische Situation, in der Produktion, Vermittlung und Rezeption von Texten stattfinden, für die Lösung sogenannter textinterner Fragen wichtig ist. Illustrieren wir diese Tatsache wieder mit einigen Beispielen aus den populären Gattungen des Schelmenromans und der Gothic Novel. Wir erwähnten schon, daß es kaum strukturelle, stilistische oder inhaltliche Parallelen zwischen *Lazarillo de Tormes* und *Guzman de Alfarache* gibt. Daß beide trotzdem von den damaligen Lesern zur selben (gerade entstehenden) Gattung gerechnet wurden, hat größtenteils, wenn nicht gar ausschließlich damit zu tun, daß sie zusammen, das heißt im gleichen Band herausgegeben wurden. Das Beispiel zeigt, daß institutionelle Faktoren in der Geschichte und Interpretation einer Gattung eine entscheidende Rolle spielen können.

Ein weiteres Beispiel aus der Geschichte der Gothic Novel: Wenn die Rezensionen von Romanen und Dramen immer wieder die miserablen Übersetzungen, mit denen der Markt überschwemmt wird, anprangern, so ist dies nicht nur einer 'romantischen' Auffassung vom Vorrang der ursprünglichen Literatur zuzuschreiben, sondern auch und vor allem den materiellen Umständen der Übersetzungsarbeit. Sie entsprechen der wachsenden Nachfrage der neuen Leser (vor allem Leserinnen) und des neuen Publikums. Die *circulating libraries* (Leihbibliotheken) versuchen, zuerst in England (die Minerva Press des Verlegers Lane, der 50 Prozent der Produktion und des Lektüreangebots der Gothic Novel beherrschte), später auch auf dem Kontinent, diese Marktlücke zu füllen. Übersetzungen und Bearbeitungen waren zudem viel billiger (keine Urheberrechte) und kamen schneller auf den Markt als neue Produkte. Buchhändler und Kritiker machten bei diesem Spiel mit. Diese und ähnliche Phänomene sind übrigens nicht auf populäre Gattungen beschränkt, sondern kennzeichnen auch - kaum durchschaubar - die kanonisierte Literatur. Wer das, aufgrund eines 'reinen' Textbegriffs, als lästigen Kontext außer acht läßt, läuft Gefahr, in ein ästhetisches Vakuum zu geraten.

Unser Schluß kann kurz sein: Textinterpretation ist ungeachtet der 'wissenschaftlichen' Einwände von seiten der 'Empiriker' eine wichtige und notwendige Komponente der literaturwissenschaftlichen Tätigkeit. Nur die genaue Analyse und Interpretation von Texten erlaubt es, an den ständig entweichenden 'Bedeutungsrest' der Literatur heranzukommen. Dazu aber hätten die 'Hermeneutiker' sich eine erweiterte und offene Literaturauffassung zunutze zu machen, auf daß intertextuelle, metatextuelle und kontextuelle Aspekte in die Beschreibung und Interpretation literarischer Texte verstärkt Eingang finden können.

Literatur

van Gorp, Hendrik (1993): Het succes van de 'gothic novel'. Enkele vertalingen en bewerkingen van Radcliffes "The Italian", in: *Veertien listen voor de literatuur*, hg. von L. Herman, G. Lernout und P. Pelckmans, Kapellen.

Morson, Gary Saul (1989): Parody, History and Metaparody, in: *Rethinking Bakhtin. Extensions and Challenges*, hg. von G.S.M. und Caryl Emerson, Evanston (Illinois), S. 63-86.

Steinmetz, Horst (1977): *Suspensive Interpretation. Am Beispiel Franz Kafkas*, Göttingen.

Steinmetz, Horst (1989): Gattungen: Verknüpfungen zwischen Realität und Literatur, in: *Vorm of norm: de literaire genres in discussie*, hg. von Joris Vlasselaers und Hendrik van Gorp, Antwerpen 1989 (= ALW-Cahier 8), S. 33-52.

Wienold, Götz (1972): *Semiotik der Literatur*, Frankfurt/M.

KARL ROBERT MANDELKOW

Neue Gelehrsamkeit

Zum Paradigmawechsel in der Goetheforschung an der Wende von den siebziger zu den achtziger Jahren

Den Begriff 'Neue Gelehrsamkeit' habe ich in einem Referat für das Zweite Internationale Kolloquium *Zu Problemen der Literaturinterpretation und Literaturgeschichtsschreibung* (Hamburg im Oktober 1992) mit Bezug auf Arbeiten von Rolf Christian Zimmermann und Albrecht Schöne zuerst geprägt (Mandelkow 1995). Die dort nur skizzenhaft gegebene Erläuterung soll in diesem Beitrag auf einer breiteren Textbasis erörtert werden mit dem Ziel, eine signifikante Tendenzwende innerhalb der Goetheforschung sichtbar zu machen, die die achtziger Jahre in polemischer Abgrenzung vom vorangegangenen Jahrzehnt charakterisiert. 'Neue Gelehrsamkeit' ist jedoch kein Oppositionsbegriff zu einer wie immer gearteten 'Alten Gelehrsamkeit', sondern meint eine radikal neue Funktionsbestimmung von Gelehrsamkeit im Rahmen einer sowohl die Theorie als auch die Praxis bestimmenden Goetheforschung seit 1980. In seinem Vorwort (datiert im August 1982) zu dem 1983 erschienenen ersten Teil seiner *Geschichte der deutschen Literatur zwischen Französischer Revolution und Restauration* formuliert Gerhard Schulz programmatisch: "Gehütet habe ich mich jedoch vor aller raschen Aktualisierung. [...] Wir sollten uns deshalb nicht scheuen, die Literaturgeschichte auch einmal wie ein Museum zu betreten. [...] Aktualität der Literatur erreicht man jedoch nicht dadurch, daß man die Gestalten einer vergangenen Epoche umkostümiert in den Gewändern unserer Tage erscheinen läßt, sondern dadurch, daß man sie leben läßt und leben sieht in ihrer eigenen Welt" (Schulz 1983: XII). Dieses Bekenntnis zu einer neuen Historisierung des Gegenstandes, die eine Absage an ein zentrales Postulat der Rezeptionsästhetik, die Forderung nach Aktualisierung im Paradigma des Verhältnisses von Gegenwart und Vergangenheit einschließt, ist eine zutreffende Diagnose der Tendenzen der Goetheforschung der achtziger und darüber hinaus auch der neunziger Jahre. Sie entspricht dem wahren Boom von Literaturgeschichten des Zeitraums zwischen 1770 und 1830, flankiert von den beiden konkurrierenden Goetheausgaben, der Frankfurter Goetheausgabe des Deutschen Klassikerverlages und der Münchner Goetheausgabe (beide seit

1985), die bestimmt sind durch eine Schwerpunktverlagerung der Edition auf den umfangreichen gelehrten Kommentar. Ich werde mich im folgenden nicht auf das uferlose Geschäft einer Globalanalyse der in diese Unternehmungen investierten neuen Gelehrsamkeit einlassen, sondern bescheidener an einigen herausragenden Beispielen die Gründe und Hintergründe für die Restauration gelehrten Wissens als Basis einer Neuorientierung der Literaturwissenschaft erörtern.

Die vorrangige polemische Folie einer Rehabilitierung von 'Gelehrsamkeit' als Basis einer Wissenschaft, die diesen Namen verdient, ist die kritische Auseinandersetzung mit den unterschiedlichen Formen der Rezeptionsästhetik und Rezeptionstheorie, die neben der literatursoziologischen Interpretation Theorie und Praxis der Literaturwissenschaft der siebziger Jahre bestimmten. Diese Auseinandersetzung hat in der Einleitung zum 1979 erschienenen zweiten Band von Rolf Christian Zimmermanns Werk *Das Weltbild des jungen Goethe* manifestartigen Charakter erhalten. In Reaktion auf Kritiker des ersten, 1969 erschienenen Bandes fragt Zimmermann: "Aber wozu überhaupt die 'elitäre' Gelehrsamkeit der Kenner?" (Zimmermann 1979: 18). "'Elitär'" ist hier polemische Reminiszenz an den von der linken Reformgermanistik gebrauchten Begriff eines 'elitären Herrschaftswissens', dem im Zuge eines rigiden und überzogenen Demokratieverständnisses der Kampf angesagt worden war. Scharf wendet sich Zimmermann gegen jedwede auf die "eigene Gegenwart bezogene Bedeutungserörterung" (a.a.O.: 19). Er will, streng produktionsästhetisch[1], "die Werke dorthin zurückverfolgen, wo sie konzipiert wurden: in den geistigen Horizont dessen, der sie mit Absichten und Überzeugungen geschaffen hat" (ebda.). Sein eigener Interpretationsansatz der im zweiten Band analysierten Werke des jungen Goethe vom *Götz* bis zum *Urfaust* bedient sich der im ersten Band ausführlich dargestellten Rezeption der hermetischen Tradition und ihrer Quellen durch den jungen Goethe, die der Dichter am Ende des 8. Buchs von *Dichtung und Wahrheit* in der Darstellung des Luzifer-Mythos zu seiner 'Privatreligion' verallgemeinert hat. Voraussetzung dieses Verfahrens ist die These, daß bereits der junge Goethe ein planender Autor gewesen sei, der mit "bewundernswürdiger Konzentrationskraft" seine Werke "im Kopf" vorausentworfen habe, so daß "der Irrschein des Inspiratorischen und Improvisatorischen im Schaffen des jungen Goethe endlich verfliegen" sollte (a.a.O.: 28). Diese richtige Korrektur des noch weithin verbreiteten Bildes des Sturm-

---

1 "Ich schließe mich hier Eric Donald Hirsch jr. an. Vgl. 'Validity in Interpretation'. Yale University Press 1967. Deutsche Übersetzung: 'Prinzipien der Interpretation', München (W. Fink) 1972 (UTB 104)" (a.a.O.: 288).

und-Drang-Dichters Goethe ist allerdings so neu nicht, wie uns Zimmermann glauben machen will.[2] Nicht der These vom planenden Kalkül des Goetheschen Schaffensprozesses muß entschieden widersprochen werden, sondern dem reduktionistischen Ansatz, daß Goethe durchweg dem Modell seiner 'Privatreligion', dem rhythmischen Wechsel von Konzentration und Expansion, von Systole und Diastole, als Lebensgesetz folge und daß dieser Wechsel das Bauprinzip des gesamten Frühwerks des Autors sei. Diese "Privatreligion" sei, so Zimmermann im Abschnitt über die Prometheus-Dichtungen, der "Schlüssel" zur Interpretation der Dichtung. Einige Interpreten hätten dies bereits geahnt. "Wenn der Schlüssel bisher trotzdem nicht recht passen wollte, so wohl deshalb, weil Goethes Autobiographie ihn nicht im originalen Maßstab überliefert hat. Er nimmt sich in der dortigen Rückschau gleichsam wie der Schlüssel zu einer Privatschatulle aus. In der Wirklichkeit des deutschen 18. Jahrhunderts hat der Luzifer-Mythos aber zu den geistigen Hauptschlüsseln gehört, mit welchem eine ganze Epoche sich ihre Welt erschloß" (a.a.O.: 127). Mit der Behauptung, nicht nur den "Schlüssel" zur Interpretation der einzelnen Werke, sondern einen der "geistigen Hauptschlüssel" der gesamten Epoche zu besitzen, reiht Zimmermann sich in die unendliche Kette derer ein, die im Bereich der Goetheforschung den Schlüssel zur Deutung der Werke und der Person des Dichters in der Hand zu haben glaubten. Es wäre eine lohnende Aufgabe, die Geschichte dieser Schlüsselbesitzer zu schreiben mit dem Ziel, den mit dieser biblischen Metapher verbundenen Anspruch ad absurdum zu führen und ihren Gebrauch endgültig aus dem Vokabular der Literaturwissenschaft zu streichen. Im Besitz des Schlüssels zu sein bedeutet Herrschaftsanspruch gegenüber Konkurrenten und bietet Sicherheit gegenüber der Willkür sich widersprechender Interpretationen, die Zimmermann nicht müde wird einer eskalierenden Rezeptionsästhetik und einer mit ihr verbundenen Literaturkritik anzulasten. So wird die Auffindung des Schlüssels zur Lösung des Pluralismusproblems, da nur der richtige Schlüssel das Geheimnis oder das Rätsel eines Textes aufzuspüren erlaubt und damit sich widersprechende Interpretationen als Mißverständnisse entlarvt. Den Schlüssel zu finden ist jedoch nach Zimmermann harte Arbeit. Der Weg dorthin führt über die dornigen Pfade der Gelehrsamkeit. Daß der

---

2 So heißt es bereits 1962 im Kommentar der Briefe Goethes an Auguste Gräfin zu Stolberg im ersten Band der von mir und Bodo Morawe herausgegebenen Briefe Goethes im Rahmen der *Hamburger Ausgabe*: "Man hat die Auguste-Briefe zumeist als Dokumente eines unmittelbaren, ursprünglichen Gefühlsausdrucks, als ungefiltertes Psychogramm eines erregten Seelenzustandes interpretiert. Eine solche, im Bann der starken Suggestivkraft dieser Briefe stehende Deutung läuft Gefahr, die überaus wache Bewußtheit, mit der Goethe hier schreibt, ja geradezu auf den Effekt hin komponiert, zu übersehen" (S. 614/615).

Lohn dieser Mühen eine Totgeburt sein kann, demonstrieren nicht nur die weithin unhaltbaren Analysen Zimmermanns[3]. Das Zeichen des Todes ist bereits der aus dem biblischen Zusammenhang gelösten säkularen Schlüsselmetapher eingeschrieben. Während der biblische Schlüsselbegriff gerade das Geheimnis der biblischen Botschaft vor falscher Schlüsselanmaßung schützen will und es daher unangetastet läßt, will der säkulare Gebrauch des Schlüssels in der ästhetischen Interpretation gerade das Geheimnis oder Rätsel des Textes entschlüsseln. Entschlüsselte Texte sind jedoch tote Texte. Dies wußte bereits Hegel, der in seinen Vorlesungen über die Ästhetik die durch "Gedanke und die Reflexion" dekodierten Dokumente der Kunst als Anschauungsobjekte der philosophischen Analyse versammelte und sie des Anspruchs, geborgen im "schönen Schein" Vermittler von Gedanke und Reflexion unabhängiger "Wahrheit" zu sein, beraubte (Hegel 1976: 21).

Zwei Jahre nach der großen Abrechnung Zimmermanns mit der Rezeptionsästhetik und Rezeptionstheorie erschien in der Festschrift für Richard Brinkmann Albrecht Schönes Aufsatz "Goethes 'Alexis und Dora'-Rätsel oder das Mißverständnis als rezeptionsgeschichtliche Kategorie", der in erweiterter Form in Schönes bekanntem Aufsatzband *Götterzeichen, Liebeszauber, Satanskult. Neue Einblicke in alte Goethetexte* wieder abgedruckt wurde und erst jetzt ein breites Echo fand (Schöne 1982b). Das vielbewunderte Meisterstück philologisch-gelehrter Rätsellösung soll hier nicht noch einmal referiert werden. Es geht in unserem Zusammenhang um die Funktionalisierung einer mit Pathos und Witz praktizierten neuen Gelehrsamkeit im Kampf gegen die Rezeptionsästhetik von Hans Robert Jauß und einigen seiner damaligen Mitstreiter. Schöne zitiert Goethes Distichon "Das gewöhnliche Schicksal" aus den *Tabulae votivae* von 1797:

"Hast du an liebender Brust das Kind der Empfindung gepfleget,
  Einen Wechselbalg nur gibt dir der Leser zurück"

und fügt dem folgenden Kommentar bei: "Was an Leserbemerkungen über 'Alexis und Dora', Kommentaren und Interpretationen seither mitgeteilt worden ist, schränkt die Gültigkeit dieser Goetheschen Rezeptionskritik nicht im mindesten ein. Ein lehrreicher Fall. Denn er erweist den Aberwitz einer Rezeptionsästhetik, die im Blick auf die 'sukzessive Entfaltung eines im Werk angelegten, in seinen historischen Rezeptionsstufen aktualisierten Sinnpotentials' den Anspruch erhebt, 'Sinn und Form des literarischen Werks in der geschichtlichen Entfaltung seines Verständnisses zu begreifen' (Jauß). Worüber

---

3 Vgl. meine Auseinandersetzung mit Zimmermanns *Werther*-Analyse in Mandelkow 1989: 243-248.

Rezeptionsgeschichte uns belehrt, scheint eher doch der 'Herren eigner Geist, in dem die Werke sich bespiegeln'" (a.a.O.: 67). Die Auseinandersetzung mit der Rezeptionsästhetik wird an späterer Stelle des Aufsatzes noch einmal ausführlich fortgesetzt, nachdem der Autor das "Rätsel" von "Alexis und Dora" gelöst hat (a.a.O.: 88ff.). Das zentrale Argument gegen den "Kernsatz" des Jaußschen Entwurfs einer Rezeptionsästhetik ist die Feststellung, daß in der bisherigen rezeptiven Auseinandersetzung mit dem Gedicht noch keiner eine Lösung dieses Rätsels gefunden habe, daß in ihr vielmehr nur "Unverständnis" und "Mißverständnis" geherrscht hätten. Erst ihm sei es gelungen, und zwar ohne die "Potentiale" der bisherigen Rezeptionsgeschichte. Das höchst Problematische und Anfechtbare dieser mit Verve vorgetragenen Argumentation allerdings ist die Tatsache, daß im Fall von "Alexis und Dora" von einer Rezeptionsgeschichte dieses Werkes im Jaußschen Sinne nicht die Rede sein kann. Mühsam muß Schöne einzelne Äußerungen von Zeitgenossen über das Werk zusammensuchen, denen nur Mißverständnisse attestiert werden. Die Kritik an der Rezeptionstheorie und der Rezeptionsgeschichte läuft damit ins Leere, denn wo der für sie relevante Gegenstandsbereich fehlt, nämlich umfangreiche und vielstimmige Rezeptionsgeschichten wie für den *Faust* und die *Wilhelm Meister*-Romane oder *Die Wahlverwandtschaften*, bleibt die Auseinandersetzung ohne Textbasis. Die Freude über seine Lösung des "Alexis und Dora"-Rätsels läßt jedoch methodische Zweifel dieser Art nicht aufkommen. Apodiktisch heißt es denn auch: "Setze ich für die hier vorgetragene Lösung des 'Alexis und Dora'-Rätsels Zustimmungszwang voraus, erscheint es nahezu unbegreiflich, daß über fast zwei Jahrhunderte hin in keinem der zahlreichen, durch Gesprächsaufzeichnungen und Briefe, Untersuchungen und Kommentare überlieferten Rezeptionszeugnissen die Elegie auf diese Weise verstanden worden ist" (a.a.O.: 91). Fast naiv spricht Schöne hier aus, was sich jeder Interpret wünscht, nämlich der erste zu sein, der ein Werk 'richtig' verstanden hat! Was auffällt, ist der Begriff "Zustimmungszwang", ein Kommandoton mit Gewaltandrohung, der jeglichen Einspruch, jegliche Diskussion oder Kritik ausschließt. Eine fatale Analogie zur Schlüsselmetapher bei Zimmermann.

Auf die Suche nach "Rätseln" und deren Lösung hatte sich Schöne bereits in seinem 1979 veröffentlichten Aufsatz "Auguralsymbolik: Goethe, auf dem Harz im Dezember 1777" begeben, der gleichfalls in dem Aufsatzband von 1982 abgedruckt ist (Schöne 1982a). Diese methodisch eher konventionelle, stark biographisch orientierte Abhandlung hat der erneuten Beschäftigung mit der schwierigen 'Harzreise' Auftrieb verliehen, ohne allerdings auf die vorbehaltlose "Zustimmung" der folgenden Interpreten zu stoßen.[4] Auch Schönes

---

4 Vgl. von Engelhardt 1987, Schmidt 1983 und Wellbery/Weimar 1984.

Deutung gehört heute bereits zu den "Ablagerungen der Rezeptionsgeschichte", die er, wie er in der Vorbemerkung zu seinem Aufsatzband von 1982 schreibt, "abzuräumen" gedachte (Schöne 1982: 8). Diese Feststellung ist nicht zynisch gemeint, sondern beschreibt nur sachlich die grundsätzliche Überholbarkeit jeder Interpretation. Überholbarkeit bedeutet jedoch keineswegs ihr Verschwinden im Müll der Mißverständnisse der Rezeptionsgeschichte, wie Schöne das Schatzhaus dieser an überliefertem Wissen und Erfahrungen reichen Geschichte glaubt denunzieren zu müssen, sondern ihre jederzeitige Abrufbarkeit zu neuer Aktualität und Verwertung.

Ein anderes, weniger polemisch orientiertes Dokument der Neuen Gelehrsamkeit ist die 1984 erschienene Abhandlung "Gelehrte Genialität: 'Wandrers Sturmlied'" von Jochen Schmidt, die durch den Wiederabdruck im ersten Band seiner *Geschichte des Genie-Gedankens in der deutschen Literatur, Philosophie und Politik* (Darmstadt 1985) weite Verbreitung erfahren hat.[5] Schmidts Ausgangsthese lautet: "'Wandrers Sturmlied' bewegt sich, wie im folgenden zu sehen sein wird, konsequent in den von der Tradition der pindarischen und der pindarisierenden Ode sowie der Odentheorie des 18. Jahrhunderts festgelegten Bahnen" (Schmidt 1984: 148). In der Odentheorie des 18. Jahrhunderts, so Schmidt, "handelt [es] sich also immer wieder um die feste Verbindung von Ode-Genie-Pindar, wie dann auch in Goethes 'Sturmlied', das auf solchem Hintergrund nicht wie ein stürmischer, jugendlicher Neubeginn, sondern eher als eine spätzeitliche Summe anmutet" (a.a.O.: 158). Goethe folgt in "Wandrers Sturmlied", so das Fazit seiner Interpretation des Textes, bis in Einzelheiten genau dieser vorgegebenen Tradition. Die berühmteste der Sturm- und-Drang-Hymnen Goethes sei daher keineswegs das Dokument eines durch Pindar inspirierten subjektivistischen Neuanfangs, sondern habe vielmehr den Charakter einer "Gelehrtendichtung" (a.a.O.: 182). Ziel der Interpretation ist, die Deutung des Textes aus der Beliebigkeit rezeptionsgesteuerter Sinnzuweisungen auf das feste Fundament eindeutiger Traditionsvorgaben zu stellen. Ähnliches hatte kurz zuvor auch Zimmermann versucht: "Aber nach ihrem strengsten Anspruch will die interpretierende Philologie am Gedicht nicht irgendeinen plausiblen Sinn demonstrieren, sondern den einen, von dem der Dichter selbst geleitet wurde und den er mit dichterischen Mitteln zu realisieren suchte" (Zimmermann 1979: 77). Obschon in der Abwehr möglicher Interpretationsspielräume einig, ist der Weg zu diesem Ziel bei beiden Autoren diametral entgegengesetzt. Diktiert bei Schmidt die Odentradition des 18. Jahrhunderts die Interpretation des Goetheschen Textes bis in bisher strittige Ein-

---

5 Hier wird nach dem Erstdruck im Jahrbuch der deutschen Schiller-Gesellschaft zitiert (Schmidt 1984).

zelfragen hinein, so ist die Autorintention bei Zimmermann die ausschließliche Meßlatte der von ihm immer wieder geforderten 'strengen Philologie'. Diese Autorintention allerdings ist, wie bereits ausgeführt, ein spekulatives Konstrukt, nämlich die hermetische 'Privatreligion' des jungen Goethe. Notwendigerweise widerspricht diese hermetische Tradition der von Schmidt in Anspruch genommenen Odentheorie, die bei Zimmermann als Auslegungshorizont von "Wandrers Sturmlied" einer strengen Kritik anheimfällt. Damit droht der Goethesche Text unter der Beweislast konkurrierender Textbezüge zu verschwinden und fungiert nur noch als Beleg für die jeweilige Schlüsselfunktion einer eindeutigen Dekodierung des Textes. Immerhin versucht Zimmermann die Wahl seines Traditionsbezuges forschungsmethodisch als Produktionsästhetik zu deklarieren, während Schmidt sein Verfahren ohne theoretische Begründung läßt und der vermeintlichen Überzeugungskraft von Zitatkollagen vertraut. Die von Schmidt mit imponierender Gelehrsamkeit aufgezeigte Übereinstimmung des Textes von "Wandrers Sturmlied" und der Odentheorie des 18. Jahrhunderts erweist sich als eine geschickte Konstruktion, die jene Elemente und Bezüge aus der Theorietradition extrapoliert, die zum Gedichttext 'passen'. Es entsteht der Schein einer in sich stimmigen, keine Widersprüche aufweisenden und damit restlos aufzuschlüsselnden Struktur der Goetheschen Hymne. Zimmermann wie Schmidt blenden in ihren Analysen den Gegenwartshorizont des Interpreten völlig aus, da eine derartige Situierung und Datierung immer der Gefahr eines standortgebundenen Relativismus ausgesetzt ist. Damit wird auch die kommunikative Vermittlung der alten Texte an den gegenwärtigen Leser suspendiert, dessen Lektüre autoritär an die Kandare eines gelehrten Wissens gelegt und jede nicht gelehrte Rezeption in den Bereich der vagen Vermutungen und von durch Willkür gesteuerten Fehldeutungen abgeschoben.

Daß es die vorrangige Aufgabe des Literaturwissenschaftlers sei, Rätsel zu lösen, hat Heinz Schlaffer bereits 1972 in seinem vielzitierten Aufsatz "Namen und Buchstaben in Goethes 'Wahlverwandtschaften'" behauptet (Schlaffer 1972). "Während sich der naive Leser an den Roman als täuschende Mimesis des Lebens hält", so Schlaffer, "gibt der Autor dem Philologen auf, sein Rätsel zu erraten" (a.a.O.: 84). Daß die *Wahlverwandtschaften* ein solches Rätsel enthalten, hat ihr Verfasser selbst in seinem Brief an Zelter vom 1. Juni 1809 angedeutet: "Ich habe viel hineingelegt, manches hinein versteckt. Möge auch Ihnen dies offenbare Geheimnis zur Freude gereichen". Die Lösung des offenbar-geheimen Rätsels des Werkes fand Schlaffer bekanntlich in dem Namen 'Otto', der, so die These, die geheime Namensverwandtschaft der handelnden Figuren aufdeckt und als Gesetz bezeichnet werden kann, das ihre Konstellation im Roman bestimmt. Daß sich hinter dem Palindrom "Otto" das "Gesetz" der

Konstruktion des Romans verbirgt, ist für Schlaffer erwiesen durch den Bezug zur kabbalistischen, alchimistischen und mythischen Tradition, die den esoterischen Subtext zum exoterischen mimetischen Vordergrundtext des Romans bildet. Indem der hermetischen Tradition das Deutungsprivileg zur Entschlüsselung des Romans zuerkannt wird, verkommt das "soziale Material" des Werkes zur "Bedeutungslosigkeit", und die "unterschiedlichsten Auslegungen", die sich an diesem Material orientieren, wie "Liebe und Ehe, Leidenschaft und Sittlichkeit, Adel und Bürgertum", werden als "Mißverständnis" bezeichnet (a.a.O.: 99). Diese Themen waren Gegenstand der bisherigen Rezeptions- und Auslegungsgeschichte der *Wahlverwandtschaften*, nach Schlaffer eine Geschichte von Mißverständnissen, da sie ohne Kenntnis des von ihm gefundenen "Schlüssels" des Werkes hat argumentieren müssen. Es galt, so Schlaffer in seinem 1978 veröffentlichten Aufsatz "Exoterik und Esoterik in Goethes Romanen", "den Versuch zu wagen, ein Werk aus seiner bisherigen Wirkungsgeschichte zu befreien. [...] Geschichtliche Selbstaufklärung ist daher der mögliche Gewinn einer philologischen Interpretation, die nicht in Fortsetzung, sondern in Absetzung von der Wirkungsgeschichte den versäumten Sinn vergangener Werke zu verstehen sucht. In solch spätem Verständnis löst die Philologie zugleich den geschichtlichen Anspruch der Werke auf ihre versäumte Wirkung ein" (Schlaffer 1978: 226). Diese hochtönende Verabschiedung der bisherigen Rezeptionsgeschichte, deren Interesse auf das "soziale Material" des Textes gerichtet war, ist erkauft durch die absurde These, daß das den *Wahlverwandtschaften* zugrundeliegende "Gesetz" ein Naturgesetz sei. In verdeckter Opposition zu Walter Benjamins *Wahlverwandtschaften*-Aufsatz heißt es bei Schlaffer: "Was uns als substantiell verschieden gilt: linguistische Systeme, chemische Gesetze, mythologische Ordnungen, psychische Konflikte, soziale Verhältnisse, deutet Goethe als analoge Phänomene e i n e s Wesens" (Schlaffer 1972: 99). Diese Behauptung stützt Schlaffer mit einem Hinweis auf Goethes Selbstanzeige des Romans, in der die Anwendung der chemischen Gleichnisrede auf einen "sittlichen Fall" damit gerechtfertigt wird, daß doch "überall nur Eine Natur" ist (ebda.). Die gleichzeitige Abwertung des "sozialen Materials" des Romans und die ausdrückliche Betonung, daß auch "psychische Konflikte" und "soziale Verhältnisse" zu der "einen Natur" gehören, wird von Schlaffer als Widerspruch nicht wahrgenommen, da er Goethes Naturbegriff in die Nähe der hermetischen Tradition rückt, die die für Goethes Roman konstitutive Dialektik von Natur und Geschichte nicht kennt. Nicht zufällig beruft sich Schlaffer auf den ersten Band von Zimmermann zur Unterstützung seiner These, daß Goethes "Widerstand gegen die neuzeitliche Naturwissenschaft, ja gegen neuzeitliches Denken überhaupt" darin begründet sei, daß er sich von dieser hermetischen Tradition "nie zu befreien vermochte" (a.a.O.: 100).

"Goethes Versuch, die Neuzeit zu hintergehen", so lautet der Titel eines Vortrags, den Schlaffer 1987 veröffentlicht hat. Schlaffer argumentiert hier gegen die weitverbreitete Vorstellung, Goethe als Repräsentanten einer neuzeitlichen Dichtung zu sehen, als einen modernen Autor, dessen Rezeption umstandslos Korrespondenzerfahrungen zwischen seiner und unserer Gegenwart ermöglicht. Dem widerspricht Schlaffer mit der These, daß Neuzeit "überwiegend als Verkehrung des Ursprungs, als Negation des Natürlichen" (Schlaffer 1987: 19) erscheint, das heißt als Negation der Basis von Goethes "Weltanschauung", wie sie sich vornehmlich in seinen naturwissenschaftlichen Arbeiten dokumentiert. Diese "Weltanschauung" jedoch sei überholt, gleichwohl lebten "in der neuzeitlichen Poesie die Weltbilder und Kulturen fort, die von der Neuzeit zum Verschwinden gebracht worden sind" (a.a.O.: 20). Ihr Fortleben in der Neuzeit entbehre jedoch als bloße Fiktion jeglichen Anspruchs auf "Wahrheit". "Der Zauber vergangenen Sinns, die Schönheit ungültig gewordener Weltbilder macht also das eigentlich Neuzeitliche in Goethes Werk aus" (a.a.O.: 21). Diese radikale Ästhetisierung einer gegenwärtigen Rezeption der Goetheschen Dichtungen enthebt, so Schlaffer, den heutigen Philologen der Aufgabe, sich den unverbindlich gewordenen Sachgehalten der Werke zuzuwenden. Sein Ziel liege vielmehr darin, die archaischen Ursprünge ihrer vorneuzeitlichen Matrix aufzuschlüsseln, die in der bisherigen Wirkungsgeschichte unentdeckt geblieben seien. In großem Maßstab hat dies der Schlaffer-Schüler Bernhard Buschendorf in seiner Untersuchung *Goethes mythische Denkform. Zur Ikonographie der "Wahlverwandtschaften"* unternommen (Buschendorf 1986). Hier werden mit imponierendem Detailwissen die vorneuzeitlichen Anschauungs- und Denkformen, die dem Roman zugrundeliegen, ausgebreitet, von der arkadischen Landschaftsmalerei über die Tradition der Saturn- und Melancholievorstellungen bis zu ihrem Ursprung, dem Neuplatonismus. Programmatisch grenzt Buschendorf sein Verfahren ab gegen die bisherige Auslegungstradition des Romans: "Beides jedoch, das bloße Registrieren textimmanenter Evidenzen und der Versuch ihrer realistischen Deutung, sind methodisch defizitäre Ansätze. Sie resultieren aus der Ignoranz gegenüber der Tatsache, daß der Roman Bildcharakter hat und seine Immanenz durch Appelle an präformiertes, überliefertes Wissen transzendiert" (a.a.O.: 141). Der Rückgriff auf "präformiertes, überliefertes Wissen" kann als Credo der Neuen Gelehrsamkeit gelten. Buschendorf zitiert Hans Blumenberg, der in seinem Buch *Arbeit am Mythos* den Mythos "ein System des Willkürentzugs" nennt, und fügt folgenden Kommentar an: "Im Gegensatz zum fiktionalen Denken muß sich die mythische Denkform die Einsicht in die Subjektivität ihres Ursprungs verwehren" (a.a.O.: 33/34). Das heißt in Anwendung auf die Interpretation der *Wahlverwandtschaften*: Der entsubjektivierten mythischen Denkform Goethes entspricht eine entsubjektivierte, das heißt willkürfreie Rezeption im Medium gelehrten Wissens.

Mit Buschendorfs Untersuchung zu den *Wahlverwandtschaften* möchte ich den kritischen Überblick über die Wendung zur Neuen Gelehrsamkeit in der Literaturwissenschaft der achtziger Jahre abschließen. Dies ist ein willkürlicher und durch Umfangsbeschränkung bedingter Schnitt, dem zentrale Beispiele wie Albrecht Schönes Buch *Goethes Farbentheologie* (1987) und sein großer *Faust*-Kommentar im Rahmen der Frankfurter Goethe-Ausgabe[6] geopfert werden müssen.

Neue Trends in der Forschungsgeschichte definieren sich in der Regel durch Feindbilder, die bekämpft oder als überwunden deklariert werden. Ein solches Feindbild ist für die Gruppe der hier besprochenen Arbeiten die Rezeptionstheorie, die als Irrweg denunziert und als Gegenspieler wissenschaftlich fundierter Philologie dingfest gemacht wird. Wirkungsgeschichte ist für sie eine Ansammlung von Mißverständnissen, die bisher den klaren Blick auf das Werk in seiner unverwechselbaren Historizität und seiner Einbindung in Traditionen entstellt und behindert hat. Die Kenntnis der Wirkungsgeschichte ist für eine dem Werk adäquate Deutung nicht nur überflüssig, sondern hat auch eine gefährliche, weil die wahre Erkenntnis verhindernde, Funktion. So zitiert Buschendorf den bekannten Brief Achim von Arnims an Bettina aus dem Jahre 1809, in dem der Dichter seine Leseerfahrungen mit den *Wahlverwandtschaften* mitteilt: "Diese Langeweile des unbeschäftigten, unbetätigten Glückes, die Goethe in der ersten Hälfte des ersten Bandes so trefflich dargestellt, hat er mit vieler Beobachtung in das Haus eines gebildeten Landedelmannes unserer Zeit einquartiert. Ich habe Menschen der Art kennen gelernt, und Alle leiden an einer ganz eigentümlichen Hypochondrie" (Buschendorf 1986: 125). Man mag dieses Dokument als sozialgeschichtliches Zeugnis schätzen; für die Neue Gelehrsamkeit verstellt es jedoch die Einsicht in die erst heute entdeckte "melancholische Grundstruktur" des Werkes. Dazu Buschendorf: "Vielleicht wurde eine Nachwelt, die von den 'Realien im Werke' (Benjamin) nicht mehr so fasziniert war und ein zunehmendes Interesse am Kunstcharakter des Romans nahm, durch den realistischen Akzent dieser Interpretation, durch Arnims Verständnis des Romans als Dokument, daran gehindert, das sachlich Triftige seiner Deutung, nämlich die Einsicht in die melancholische Grundstruktur der 'Wahlverwandtschaften', zu übernehmen und zu vertiefen" (ebda.). Es scheint

---

6 Auch in diesen beiden Werken geht es Schöne um die Tilgung der Übermalungen des Werkes durch die Rezeptionsgeschichte. Vgl. dazu die ausführliche Besprechung der *Faust*-Ausgabe durch Hans Rudolf Vaget in: *Goethe Yearbook. Publications of the Goethe Society of North America 8*, 1996, S. 273-287.

daher dringend geboten, Sammlungen solcher Mißverständnisse, wie zum Beispiel die umfangreiche Dokumentation zur frühen Wirkungsgeschichte der *Wahlverwandtschaften* von Heinz Härtl (Härtl (Hg.) 1983), zu meiden. Sie sind überflüssig, da sie nicht "Wissen", sondern "Erfahrungen" vermitteln. Das Wissen aber ist allein das Privileg des heutigen Philologen, der das Entschlüsseln der Werke gelernt und die Lösung von bisher ungelösten "Rätseln" zu seiner vornehmlichen Aufgabe gemacht hat.

Einen Nachtrag erlaube ich mir zum Begriff "Schlüssel", der in der Einzahl und der Mehrzahl zu benutzen ist. Was den Unterschied zwischen beiden Verwendungsformen ausmacht, überlasse ich als kleines "Rätsel" den Vertretern der Neuen Gelehrsamkeit. Der folgende Text stammt aus dem ersten Abschnitt von Max Kommerells 1937 erschienener Abhandlung "Faust. Zweiter Teil. Zum Verständnis der Form", leider auch ein Stück überholter Wirkungsgeschichte und daher wahrscheinlich ein Mißverständnis: "Ist ein Werk symbolisch, als Urkunde aufregend, so ergänzt sich seine Wirkung Jahr um Jahr und Mensch um Mensch. Wer selbst Vergleichbares erfuhr, überliefert anderen einen Schlüssel. Das Werk ist unerschöpflich. Es verwandelt sich mit den Zeiten, unabhängig von dem, was es im Bewußtsein des Dichters war. Und da sein Sinn es selber ist, wird es nie zu Ende begriffen sein" (Kommerell 1940: 9).

Literatur

Buschendorf, Bernhard (1986): *Goethes mythische Denkform. Zur Ikonographie der "Wahlverwandtschaften"*, Frankfurt/M. 1986.
von Engelhardt, Wolf (1987): Goethes "Harzreise im Winter" 1777, in: *Goethe-Jahrbuch 104*, S. 192-211.
Härtl, Heinz (Hg.) (1983): *"Die Wahlverwandtschaften". Eine Dokumentation der Wirkung von Goethes Roman 1808-1832*, Berlin (Ost).
Hegel, Georg Wilhelm Friedrich (1976): *Ästhetik Bd. I.* Hg. von Friedrich Bassenge, 3. Aufl. Berlin/Weimar.
Kommerell, Max (1940): *Geist und Buchstabe der Dichtung. Goethe, Kleist, Hölderlin*, Frankfurt/M.
Mandelkow, Karl Robert (1989): *Goethe in Deutschland. Rezeptionsgeschichte eines Klassikers. Band II: 1919-1982*, München.
Mandelkow, Karl Robert (1995): Goethe-Forschung als Paradigma literaturwissenschaftlicher Methodendiskussion im 20. Jahrhundert, in: *Wie international ist die Literaturwissenschaft? Methoden- und Theoriediskussionen in der Literaturwissenschaft: kulturelle Besonderheiten und interkultureller Austausch am Beispiel des Interpretationsproblems (1950-1990)*, hg. von Lutz Danneberg und Friedrich Vollhardt in Zusammenarbeit mit Hartmut Böhme und Jörg Schönert, Stuttgart/Weimar, S. 168-180.

Schlaffer, Heinz (1972): Namen und Buchstaben in Goethes "Wahlverwandtschaften", in: *Jahrbuch der Jean-Paul-Gesellschaft 7*, S. 84-102.

Schlaffer, Heinz (1978): Exoterik und Esoterik in Goethes Romanen, in: *Jahrbuch der Goethe-Gesellschaft 95*, S. 212-226.

Schlaffer, Heinz (1987): Goethes Versuch, die Neuzeit zu hintergehen, in: *Bausteine zu einem neuen Goethe*, hg. von Paolo Chiarini, Frankfurt/M., S. 9-21.

Schmidt, Jochen (1983): Goethes Bestimmung der dichterischen Existenz im Übergang zur Klassik: "Harzreise im Winter", in: *Deutsche Vierteljahrsschrift 57*, S. 613-635.

Schmidt, Jochen (1984): Gelehrte Genialität: "Wandrers Sturmlied", in: *Jahrbuch der deutschen Schiller-Gesellschaft 28*, S. 144-190.

Schöne, Albrecht (1982a): Auguralsymbolik: Goethe, auf dem Harz im Dezember 1777, in: A.S.: *Götterzeichen, Liebeszauber, Satanskult. Neue Einblicke in alte Goethetexte*, München, S. 13-52.

Schöne, Albrecht (1982b): Goethes "Alexis und Dora"-Rätsel oder das Mißverständnis als rezeptionsgeschichtliche Kategorie, in: A.S.: *Götterzeichen, Liebeszauber, Satanskult. Neue Einblicke in alte Goethetexte*, München, S. 53-106.

Schulz, Gerhard (1983): *Die deutsche Literatur zwischen Französischer Revolution und Restauration. Erster Teil: Das Zeitalter der Französischen Revolution 1789-1806*, München.

Wellbery, David/Weimar, Klaus: *Goethe: "Harzreise im Winter". Eine Deutungskontroverse*, Paderborn 1984.

Zimmermann, Rolf Christian (1979): *Das Weltbild des jungen Goethe. Studien zur hermetischen Tradition des deutschen 18. Jahrhunderts. Zweiter Band: Interpretation und Dokumentation*, München.

DIETRICH WEBER

Typenreihen zur Erzählliteratur

I

Auf die Frage, was eigentlich der Gegenstand der literaturwissenschaftlichen Erzähltheorie ist, gerät man heutzutage leicht in Verlegenheit. Wenn man sagt, wie man früher – noch in den fünfziger Jahren – getrost sagen konnte: Epik oder erzählende Dichtung oder Erzählkunst, greift man sicherlich zu kurz. Wenn man sagt, wie viele heute sagen: Erzähltext oder narrativer Text, ist man umgekehrt in Gefahr, schon zu weit zu greifen. Wenn man spezifizierend sagt, wie gleichfalls viele heute sagen: Erzählliteratur oder literarischer Erzähltext, ist man genötigt, die Spezifizierung zu erläutern, und zwar in doppelter Hinsicht, in bezug auf den Begriffsbestandteil Erzählen oder Erzählung sowohl wie in bezug auf den Begriffsbestandteil Literatur oder literarisch.

Mein Vorschlag, den ich hier zur Diskussion stelle, geht in die letztere Richtung. Ich bevorzuge den Begriff 'Erzählliteratur' als Sammelbegriff und den Begriff 'literarischer Erzähltext' (bzw. 'literarische Erzählung') als Texttypusbegriff zur Bezeichnung des Gegenstands literaturwissenschaftlicher Erzähltheorie, und ich halte mich dabei an folgende Spezifizierungen.

Den Begriff 'Literatur' verstehe ich in diesem Zusammenhang in zweierlei Bedeutung. Zum einen elementar im Sinn der Grundbedeutung von Literatur: als Schriftwerk (vgl. Ong 1987). Zum andern im Sinn der wichtigsten Zusatzbedeutung des Worts Literatur: als Kunstwerk. Kunst meine ich dabei nicht als Wertbegriff, sondern als Beschreibungsbegriff[1] – wie es sich für die literaturwissenschaftliche Erzähltheorie als eine dezidiert systematisch beschreibende Disziplin innerhalb der Allgemeinen Literaturwissenschaft gehört.

Unter einem künstlerischen Text verstehe ich, um es im Definitionsmodus von Harald Fricke (Fricke 1981) zu sagen, einen Text, der mindestens eines der folgenden Merkmale aufweist:
- Fiktionalität (Fiktion im elementaren Sinn verstanden als Erfindung);

---

1 Vgl. insbes. Helmut Kreuzers Unterscheidung von 'normativem', 'deskriptivem' und 'empirischem' Literaturbegriff (Kreuzer 1975: 64).

- besondere ästhetische Stilisierung;
- Repräsentativität (Beispielhaftigkeit, Modellhaftigkeit, Symbolik) des dargestellten Falls.[2]

Die Spezifizierung des Begriffsbestandteils 'Erzählen' oder 'Erzählung' im Begriff Erzählliteratur fällt schwerer, als es aussieht. Es wäre schön klar und unproblematisch, wenn man einfach sagen könnte, Erzählliteratur sei Literatur in Form der Erzählung, wobei Erzählung entsprechend klar und einfach als dominant aus erzählend strukturierter Rede bestehender Text aufzufassen wäre.

Unter erzählend strukturierter Rede verstehe ich hauptsächlich:
- adressierte
- entfaltete berichtende Rede
- über nichtaktuelle (meist: vergangene)
- zeitlich bestimmte Sachverhalte (besonders: Ereignisse in zeitlicher Folge)
- von seiten eines Außenstehenden (vgl. Weber 1998, insbes. Kap. 6, Abschnitt 8).

Es ist nun aber praktisch nicht so, daß Literatur, die wir Erzählliteratur nennen, ausschließlich aus erzählend strukturierter Literatur besteht. Erzählliteratur umfaßt vielmehr nach allgemeiner Konvention in Literaturwissenschaft und Literaturkritik und erst recht im Buchhandel eine ganze Reihe von Texten, die gleichsam nur in Anlehnung an die Struktur der Erzählung verfaßt sind, und weiterhin solche, die der Erzählung gleichsam nur benachbart sind – wie etwa fiktionale Texte in Brief- oder in Tagebuchform, die nun ja nicht unbedingt erzählend sein müssen in dem Maß, wie Brief- und Tagebuchschreiber nicht ohne weiteres Erzähler sind.

Für eine pauschale Übersicht über Erzählliteratur muß man deshalb wohl oder übel einige Vagheit in Kauf nehmen. Angemessen erscheint mir am ehesten, pragmatisch zwischen Erzählliteratur im engeren Sinn (spezifisch erzählend strukturierter Literatur), Erzählliteratur im weiteren Sinn (an die Struktur der Erzählung angelehnter Literatur) und Erzählliteratur im weitesten Sinn (der Erzählung benachbarter Literatur) zu unterscheiden.

---

2 Vgl. dazu den Definitionsvorschlag unseres Jubilars, wenn er "literarische Texte" als solche Texte begreift, "die nicht nur als literarische rezipiert werden, sondern darüber hinaus als umzudeutende intendiert sind, die jedenfalls ihr Ziel nicht in einer pragmatischen Rezeption finden sollen" (Steinmetz 1977: 39/40).

II

Um einer detaillierteren Übersicht willen halte ich es für zweckmäßig, auf ein methodisches Instrument zurückzugreifen, das Eberhard Lämmert in seinen *Bauformen des Erzählens* verwendet hat: das Instrument der Typenreihen (s. Lämmert 1955). Zur Erinnerung: Lämmert hat nach den Kriterien
- Umriß der Gesamtgeschichte;
- Gruppierung der Geschichte im Erzählverlauf;
- Gewicht der Geschichte im Vergleich mit anderen Elementen des Erzählens

drei Typenreihen zur Erzählung unterschieden. Die erste erstreckt sich zwischen "der knappen *Krisengeschichte* und der ausgedehnten *Lebensgeschichte*". Die zweite umfaßt "die *einsinnig* erzählte und die *aufgesplitterte* Geschichte". Die dritte "beginnt beim *dominierenden* äußeren Geschehen und endet bei der völlig *verdeckten* und überwucherten Geschichte" (a.a.O.: 36 und 42).

Analog zu diesem Verfahren möchte ich, unter Berücksichtigung von Bewährtem in der literaturwissenschaftlichen Erzähltheorie, im wesentlichen acht plus zwei Typenreihen zu bedenken geben: acht, die sich auf die spezifisch erzählend strukturierte Erzählliteratur beziehen, und zwei, die der Erzählliteratur im weiteren und weitesten Sinn gelten.

1. Für die erste Typenreihe greife ich ein Kriterium auf, das in den meisten literaturwissenschaftlichen Erzähltheorien geltend gemacht wird: das Kriterium der grammatischen Person, in der die Erzählung verfaßt ist. Anders als in vielen literaturwissenschaftlichen Erzähltheorien meine ich damit vorerst nur ganz Äußerliches: *Erzählung in erster Person*, *Erzählung in zweiter Person* (Du-Erzählung oder Höflichkeits-Sie-Erzählung), *Erzählung in dritter Person*, *Erzählung in grammatisch unbestimmter Personenform* (etwa Man-Erzählung oder Infinitiv-Erzählung).

Im Rahmen der ersten Typenreihe ist noch kein Platz für nähere Spezifizierungen. Wenn man hier schon spezifiziert, beginnt gleich die Verwirrung. Man denke etwa an Friedrich Spielhagen, wenn er zunächst formal feststellt: "Wir nennen in der Zunftsprache einen Roman, dessen Held als Selbsterzähler seiner Fata auftritt, einen Ich-Roman", dann aber gleich psychologisierend hinzufügt, "daß jenes Ich – trotz gewisser äußerer und innerer Veränderungen, die er mit sich vorgenommen – der Dichter selber ist" (Spielhagen 1883: 131/132).

Fiktionale (genauer: in säkularisierten Zeiten als fiktional angesehene) literarische (genauer: literarisch überlieferte) Erzählung in Ich-Form ist offenbar erstmals die Erzählung des Odysseus vor den Phäaken (*Odyssee*, IX. bis XII. Gesang). Fiktionale literarische Erzählung in Ich-Form ist aber ebensowohl die Erzählung Dantes in seiner *Divina Commedia*. Es ist nicht abwegig, in diesen beiden Beispielen Grundtypen der Ich-Erzählung zu sehen: Odysseus-Typ (als Rollenerzählung), Dante-Typ (als Autorerzählung).

Musterhaft (fiktionale literarische) Erzählung in zweiter Person ist Max Frischs "Burleske" vom Biedermann: "Eines Morgens kommt ein Mann, ein Unbekannter, und du kannst nicht umhin, du gibst ihm eine Suppe [...] und am anderen Morgen, siehe da, bist du verkohlt und kannst dich nicht einmal über deine Geschichte verwundern [...]" (Frisch 1950: 243-249). Klassisches Beispiel für Erzählen in der Höflichkeits-Sie-Form ist Michel Butors Roman *Paris-Rom oder Die Modifikation*. (Zur Du-Erzählung allgemein vgl. Korte 1987).

Erzählung in dritter Person ist erzähliterarischer Standard, genauer: Erzählung in dritter Person über dritte Personen; Muster: *Buddenbrooks*. Es gibt aber natürlich auch Erzählung in dritter Person über sich selbst; Muster: Caesars *Commentarii de bello Gallico*, neueres Fallbeispiel: Peter Handkes *Nachmittag eines Schriftstellers*.

Erzählung in Man-Form ist beispielsweise E.Y. Meyers Roman *In Trubschachen*. Erzählung (fast durchgängig) im Infinitiv ist Franz Hohlers Text "Aufräumen" aus seiner *Blauen Amsel* ("Den schafwollenen kleinen Teppich im Badezimmer [...] zusammenrollen [...]. Nach dem Frühstück die Brosamen an den Tischrand wischen [...]").

2. Ähnlich einfach ist die zweite Typenreihe, die ich vorschlage. Ihr Kriterium ist die Frage, ob die erzählende Person von sich selbst oder von anderen erzählt, Terminologievorschlag: *egozentrische* und *aliozentrische Erzählung*.[3] Die Unterscheidung versteht sich prinzipiell unabhängig von der Frage der grammatischen Person. Mögen auch die meisten egozentrischen Erzählungen in der ersten Person und die meisten aliozentrischen Erzählungen in der dritten Person verfaßt sein - es gibt Fälle, in denen beide Aspekte sich trennen: etwa, wenn einer wie Cäsar von sich selbst (egozentrisch) in dritter Person erzählt.

Ein schönes Beispiel, in dem eine anfangs scheinbar aliozentrische Erzählung sich nach und nach als egozentrische Erzählung enthüllt, ist Heinrich Bölls Kurzgeschichte "Der Mann mit den Messern". Überhaupt ist anzumerken, daß egozentrische Erzählungen kaum jemals ohne aliozentrische Passagen auskommen.

3. Anschließen läßt sich drittens eine Typenreihe nach dem Kriterium des Traditionsverhältnisses des Erzählers zum Erzählten, Stichworte: *Erleb-*

---

[3] Zu den Begriffen vgl. Doderer 1970: 162 ("aliozentrisches Sehen") und Haller 1986: 74 (in Übersetzung der Stanzelschen Typen: "Standpunkt eines auktorial, personal oder egozentrisch Erzählenden").

niserzählung (bzw. Erinnerungserzählung) und *Überlieferungserzählung*, in der Terminologie der Volkskunde: "Memorat" und "Chronikat" (vgl. von Sydow 1969). Die Kategorien decken sich nicht völlig mit den Kategorien egozentrische und aliozentrische Erzählung. Egozentrische Erzählung ist immer Erlebniserzählung; Erlebniserzählung kann aber auch aliozentrisch sein. Überlieferungserzählung ist immer aliozentrisch; aliozentrische Erzählung kann aber auch Erlebniserzählung sein.

4. Seit langem bewährt ist, was als vierte Typenreihe geltend gemacht werden kann: Otto Ludwigs Unterscheidung von *eigentlicher Erzählung* ("wie man im gewöhnlichen Leben zu erzählen pflegt") und *szenischer Erzählung* als erzählerischer Präsentation von Vorgängen, als ob sie dem Erzählenden – wie auf einer Bühne – vor Augen wären (vgl. Ludwig 1977). In der literaturwissenschaftlichen Perspektivenlehre ist Otto Ludwigs Grobunterscheidung inzwischen beträchtlich verfeinert worden.[4]

5. Eigens hervorzuheben ist – angesichts der Tatsache, daß Erzählungen immer wieder nicht ausschließlich aus erzählender Rede bestehen, sondern oft ganz zwanglos auch andere Arten der Rede enthalten – eine fünfte Typenreihe unter dem Stichwort *Erzählung mit / Erzählung ohne Einschluß nichterzählerischer Rede*. Was die Formen nichterzählerischer Rede innerhalb der Erzählung betrifft, so wäre vielfach zu differenzieren. Ich kann das hier nur andeuten.[5] Haupttypen sind sicherlich die beschreibende und die reflektierende Rede. Besonders akzentuieren möchte ich daneben einen Redetypus, den man mittlerweile als "narratoriale" Rede bezeichnet.[6] Gemeint sind zumal sozusagen metaerzählerische Redeelemente, mit denen die Erzähler ihr Erzählen konturieren. Narratoriale Erzähler in der Literatur par excellence sind Johann Peter Hebel, Nikolai Gogol, Karel Čapek. Unvergeßlich einprägsam ist Čapeks narratoriale Einleitungsformel: "Damit ich nicht vergeß, Ihnen zu erzählen [...]". Wunderschön narratorial auf doppelte Weise ist Hans Erich Nossacks Erzählung *Dem unbekannten Sieger*.[7]

6. Für eine sechste Typenreihe möchte ich – besonders im Hinblick auf fiktionale literarische Erzähltexte – das Kriterium ansetzen, ob die Erzählung, unbe-

---

4 Vgl. besonders die Arbeiten aus der Stanzel-Schule.
5 Ausführlicher Weber 1998, Kap. 7.
6 Der Ausdruck "narrratorial" stammt von Roy Pascal; vgl. Genette 1994, S.272.
7 Hier erzählt einer im Gespräch mit einem stumm bleibenden Zuhörer seinen Fall, den er im wesentlichen in Form der Wiedergabe der ihrerseits kolloquialen Erzählung seines Vaters präsentiert – beidemal ausgiebig mit narratorialer Rede durchsetzt.

schadet ihres Status als schriftlich vorliegender Text, ihrem Charakter oder ihrem Stil nach als schriftlich oder als mündlich vorzustellen ist oder ob dies unbestimmt bleibt. Als Spezialtypen zeichnen sich in dieser Reihe insbesondere die *rhetorisch mündliche* und die *mimetisch mündliche Erzählung* ab.

Rhetorisch mündlich, wenn die schreibend erzählende Person bei ihrem Schreiben so tut, als ob sie mit ihren Lesern im Gespräch wäre. Siehe etwa Thomas Manns kleine Erzählung "Das Eisenbahnunglück" mit ihrem charakteristischen Anfang: "Etwas erzählen? Aber ich weiß nichts. Gut, also ich werde etwas erzählen. Einmal, es ist schon zwei Jahre her, habe ich ein Eisenbahnunglück mitgemacht – alle Einzelheiten stehen mir klar vor Augen".

Mimetisch mündlich besonders, wenn der Autor eine fiktionale Erzählung so anlegt, daß sie als mündliche Rede eines fiktiven Erzählers im Kreis von fiktiven Zuhörern erscheint. Siehe das angedeutete Beispiel von Nossack.

So oder so ist daran zu erinnern, daß Erzählen in all seiner Sinnlichkeit erst richtig Erzählen ist, wenn es Erzählen im Mündlichkeitsgestus ist. Siehe Hebel, Gogol, Čapek.

7. Mit der siebenten Typenreihe greife ich ein Kriterium auf, das bei vielen Mitstreitern in der literaturwissenschaftlichen Erzähltheorie verpönt ist: das Kriterium, ob der Autor einer Erzählung selbst erzählt oder ob er eine andere Person erzählen läßt, Stichworte: *Autorerzählung* und *Rollenerzählung*.

Verpönt ist dieses Kriterium, genauer gesagt, nur in bezug auf fiktionale Erzähltexte. Geradezu als Dogma gilt für viele, daß fiktionale Erzählungen "ausnahmslos" nicht auf den Autor, sondern auf einen vom Autor geschaffenen "fiktiven Erzähler [...] zurückverweisen".[8] Das einfachste Argument gegen diese Auffassung ist die Überlegung, daß es danach unmöglich wäre, etwa eine kleine fiktive Geschichte von Tünnes und Schäl zu erzählen, ohne zugleich einen fiktiven Erzähler zu schaffen, der dabei war oder der davon gehört hat, als Tünnes und Schäl zusammenkamen, was sicherlich abwegig oder zumindest überaufwendig ist.

Rollenerzählungen (wie immer man sie benennt) sind in der literaturwissenschaftlichen Erzähltheorie unbestritten: Moll Flanders, Tristram Shandy, Heinrich Drendorf, Felix Krull, Ludwig Anatol Stiller, Oskar Matzerath, Gesine Cresspahl und alle ihre Brüder und Schwestern.

---

8 So die Formulierung bei Rudolf Freudenberg, einem der Vertreter der "Marburger Arbeitsgruppe Narrativik" (Freudenberg 1992: 106). Ähnlich formuliert Ansgar Nünning: "[D]ie klare Unterscheidung zwischen realem Autor und fiktivem Erzähler" finde sich "inzwischen in allen neueren deutschen und angelsächsischen Arbeiten" - und weist in den Fußnoten auf sechzehn Gewährsleute hin.

Unbestreitbar Autorerzählungen sind wenigstens alle diejenigen literarischen Erzählungen, in denen sich die Autoren als Erzähler im Text geradewegs bei ihrem eigenen Namen nennen: Rolf Hochhuth in seiner "Phantasie" *Alan Turing*, Adelbert von Chamisso im Rahmen seines *Peter Schlemihl*, Marie Luise Kaschnitz in ihrer Kurzgeschichte "Eines Mittags, Mitte Juni", Jacques Roubaud in seinem Erzählspiel von der *Schönen Hortense*. (Statt umständlich zu sagen, in solchen Fällen spräche ein 'fiktiver Erzähler', der den gleichen Namen trägt wie der Autor des Texts, ist es einfacher zu sagen, hier spreche der Autor im Spiel.)[9] Überhaupt ist in bezug auf Erzählliteratur die Autorerzählung die lectio facilior. Wo immer in der Erzählliteratur der Erzähler nicht konkretisiert ist, ist es leichter, in dem Sprecher des Texts den Autor selbst zu sehen – sei es, daß er im Ernst, sei es, daß er im Spiel spricht. Für die These, daß der Autor eine andere Person sprechen läßt, bedarf es erst des Nachweises im Text. Es ist die lectio difficilior.[10]

8. Die achte Typenreihe, die ich vorschlage, ist an der Art des Künstlerischen im literarischen Erzähltext orientiert. Ich unterscheide hier im wesentlichen drei Typen:
- die *fiktionale* und damit per se künstlerische *Erzählung*;
- die *zwischen Fiktion und Nichtfiktion schillernde* und damit ihrerseits nur als künstlerisch aufzufassende *Erzählung*;
- die *nichtfiktionale*, dabei aber aufgrund anderer Kriterien *als künstlerisch aufzufassende Erzählung*.

Der erste Typ ist unproblematisch. Wo immer einer fingiert, nimmt er in Anspruch, sich eines künstlerischen Verfahrens zu bedienen. Der zweite Typ ist heikel: literarische Erzählung, in der einer sich nicht darauf festlegt, ob er fingiert oder ob er dokumentiert. Eben in dem Maß, wie er sich nicht festlegt, ist aber immerhin zu sagen, daß er sich damit eines Verfahrens bedient, das nur in der Kunst lizenziert ist. Ein instruktives Beispiel ist Thomas Bernhards Kurztext "Exempel" aus seinem *Stimmenimitator*. Es ist ein Text, der zum Teil unmißverständlich autobiographisch, zu einem anderen Teil aber nachgewiesenermaßen fiktional ist. Bernhard berichtet von seiner ehemaligen Tätigkeit als Gerichtsreporter in Salzburg, schildert dabei eine erfundene Begebenheit, stellt in deren Mittelpunkt aber eine reale Person und benennt diese mit ihrem realen Namen. Der Fall hat einen Skandal ergeben (vgl. Schmidt-Dengler 1986: 47-

---

9 Zu dem von mir favorisierten Ausdruck Rede des Autors im Spiel (der Fiktion) - im Unterschied zur Rede des Autors im Ernst (der Alltagskommunikation) - vgl. John R. Searles Bestimmung fiktionaler Rede als unernster ("non-serious") Rede (Searle 1982).
10 Einer der wenigen, die angesichts des herrschenden Meinungsdrucks den Mut haben, dies zu bedenken, ist Matthias Meyer; s. Meyer 1993, inbes. S. 186.

49). Mit dem dritten Typ meine ich zumal veritable Anekdotik. Nichtfiktionale Klein-Erzählung, die wir, falls schriftlich fixiert, zur Erzählliteratur zählen, wenn dem Fall, den sie darstellt, repräsentative Bedeutung zuzusprechen ist.[11]

III

Die vorstehenden acht Typenreihen gelten, wie gesagt, ausschließlich spezifisch erzählend strukturierter Erzählliteratur. Man kann die Liste verlängern – je nach Bedarf. Erinnert sei nochmals an die von Lämmert selbst vorgeschlagenen Typenreihen. Hinzuzufügen wäre mancherlei etwa unter kompositorischen Aspekten – wie zum Beispiel synthetische und analytische Erzählung (vgl. Weber 1975) oder auch die diversen Arten der Rahmenerzählung.

Wichtiger ist in unserem Zusammenhang, daß ein Überblick über Erzählliteratur nicht vollständig wäre, wenn man nicht auch die nicht spezifisch erzählend strukturierte Erzählliteratur berücksichtigte: literarische Texte zumal, die eine Story zum Gegenstand haben und die oft im Verbund mit spezifisch erzählend strukturierten Texten publiziert werden, dabei aber nicht als Erzählungen im engeren Sinn zu bezeichnen sind. Zu denken ist – im Rahmen gleichsam einer neunten Typenreihe – in erster Linie an solche fiktionalen literarischen Texte, in denen sich die Autoren zur Vermittlung ihrer Geschichten an speziellen, mehr oder weniger der Erzählung benachbarten Medien orientieren – wie etwa fiktionale Storytexte in Tagebuchform, in Form des Briefs oder Briefwechsels, in Form des Gesprächs oder Selbstgesprächs oder in Form der öffentlichen Rede. Um nur einige Beispiele anzudeuten: Wolfdietrich Schnurres alles andere als erzählender, vielmehr agitierend anklagender "Brief eines Taxichauffeurs an einen Superintendenten", Gabriele Wohmanns nur partiell erzählende, szenisch angelegte Kurzgeschichte "Antrittsrede", Heinrich Bölls nicht erzählend, sondern dramatisch als innerer Monolog (Selbstgespräch) strukturierte Kurzgeschichte "An der Angel".

IV

Wir haben angemerkt, daß es nicht sachgemäß ist, wenn man sagen würde, Erzählliteratur sei einfach Literatur in Form der Erzählung. Wir haben dann zu bedenken gegeben, daß zur Erzählliteratur auch Literatur in anderen Formen gehört. Das bedeutet so oder so, daß wir bei dem Versuch einer Begriffsbe-

---

11 Zum "Repräsentativen" als Wesensmerkmal der Anekdote vgl. Neureuter 1973.

stimmung von Erzählliteratur nicht primär vom Erzählen oder von der Erzählung ausgegangen sind, sondern von Literatur oder vom literarischen Text. Es ist wichtig, sich dies zu vergegenwärtigen. Es steckt darin der spezifische Unterschied zwischen der literaturwissenschaftlichen Erzähltheorie und der allgemeinen Erzählwissenschaft: der neuerdings sogenannten Narratologie als einer generellen *science du récit* (Todorov).[12]

Die literaturwissenschaftliche Erzähltheorie geht vom literarischen Text aus und fragt dann nach seiner Struktur als Erzählung oder als einer der Erzählung benachbarten Form. Die allgemeine Erzählwissenschaft geht vom Erzählen aus und fragt dann nach seinen Realisierungen in welchen Bereichen auch immer, ob in der mündlichen Alltagserzählung oder im pragmatischen Schrifttum, ob in Kunst oder Nichtkunst, ob innerhalb oder außerhalb der Literatur, ja sogar ob innerhalb oder außerhalb der Sprache. Fluchtpunkt ist im ersteren Fall der lapidare Sachverhalt: Einer, der (künstlerisch) schreibt (mit allen Freiheiten des Schreibens), im letzteren Fall: Einer, der erzählt (unter allen Bedingungen des Erzählens).

So klar dies theoretisch ist, so wird es doch praktisch nicht immer reflektiert, geschweige expliziert. Es ist gängig, daß Beiträge speziell zur literaturwissenschaftlichen Erzähltheorie sich in ihren Titeln so geben, als seien sie Beiträge zur allgemeinen Erzählwissenschaft: *Bauformen des Erzählens* (Lämmert), *Theorie des Erzählens* (Stanzel), *Kategorien des Erzählens* (Jürgen H. Petersen).

V

Wenn man daran festhält, daß literaturwissenschaftliche Erzähltheorie ihren Gegenstand primär im literarischen Text hat, muß es schließlich – um noch einmal auf Einzelnes zurückzukommen – nicht verwundern, daß Erzählliteratur vielfach aus literarischen Texten besteht, in denen das Erzählen nur rudimentär entwickelt oder bis aufs äußerste reduziert ist. Typologisch wären dieser Art Texte etwa zwischen der spezifisch und der nichtspezifisch erzählend strukturierten Erzählliteratur einzuordnen. Im Rahmen der hier gewählten Methode gleichsam Typenreihe zehn.

Als Musterfälle gehören hierher zumal solche in der neueren Kurzgeschichtenliteratur weitverbreiteten storyvermittelnden Texte, denen bei aller erzählerischen Anlage das Extrovertierte, das wesentlich zum Erzählen gehört,

---

12 Vgl. dazu das *Reallexikon der deutschen Literaturwissenschaft*, hg. von Klaus Weimar et al., Berlin 1997, Bd. 1, S. 513/514.

fehlt: Heinrich Bölls kunstvoller Text "Wanderer, kommst du nach Spa..." etwa, für den die prototypische Erzählsituation, daß einer einem anderen etwas erzählt, angesichts des auf den Tod zugehenden Sprechers des Texts außer Kurs gesetzt ist, oder Marie Luise Kaschnitz' Kurzgeschichte "Popp und Mingel", die bei aller Verwendung von Erzählelementen weniger Erzählung als vielmehr Selbstgespräch ist. Es sind dies (wie viele andere neuere literarische Texte) sozusagen allenfalls 'innere Erzählungen'.

Warum, Horst Steinmetz, diese Skizze? Um, mit Verlaub, etwas dazu zu tun, damit man sich auf einem weiten, vielbeackerten, insgesamt kaum mehr überschaubaren Feld ein wenig besser orientieren kann.

Literatur

Doderer, Heimito von (1970): Grundlagen und Funktion des Romans, in: H.v.D.: *Die Wiederkehr der Drachen*, München, S. 149-175 (urspr. 1959).
Freudenberg, Rudolf (1992): "Indem ich die Feder ergreife...". Erwägungen zum Redemoment beim literarisch-fiktionalen Erzählen, in: *Schreibprozesse - Schreibprodukte*, hg. von Manfred Kohrt und Arne Wrobel, Hildesheim.
Fricke, Harald (1981): *Norm und Abweichung. Eine Philosophie der Literatur*, München.
Frisch, Max (1950): *Tagebuch 1946-49*, Frankfurt/M.
Genette, Gérard (1994): *Die Erzählung*, München.
Haller, Rudolf (1986): *Facta und Ficta*, Stuttgart.
Kreuzer, Helmut (1975): *Veränderungen des Literaturbegriffs*, Göttingen.
Korte, Barbara (1987): Das Du im Erzähltext. Kommunikationsorientierte Betrachtungen zu einer vielgebrauchten Form, in: *Poetica 19*, S. 169-189.
Lämmert, Eberhard (1955): *Bauformen des Erzählens*, Stuttgart.
Ludwig, Otto (1977): Formen der Erzählung, in: O.L.: *Romane und Romanstudien*, München, S. 654-657.
Meyer, Matthias (1993): "Sô dunke ich mich ein werltgot". Überlegungen zum Verhältnis Autor-Erzähler-Fiktion im späten Artusroman, in: *Fiktionalität im Artusroman*, hg. von Volker Mertens et al., Tübingen, S. 185-202.
Neureuter, Hans Peter (1973): Zur Theorie der Anekdote, in: *Jahrbuch des Freien deutschen Hochstifts 1973*, S. 458-480.
Nünning, Ansgar (1989): *Grundzüge eines kommunikationstheoretischen Modells der erzählerischen Vermittlung. Die Funktion der Erzählinstanz in den Romanen George Eliots*, Trier.
Ong, Walter J. (1987): *Oralität und Literalität*, Opladen.
Schmidt-Dengler, Wendelin (1986): *Der Übertreibungskünstler. Studien zu Thomas Bernhard*, Wien.
Searle, John R. (1982): Der logische Status fiktionalen Diskurses, in: J.R.S.: *Ausdruck und Bedeutung*, Frankfurt/M., S. 80-97.
Spielhagen, Friedrich (1883): *Beiträge zur Theorie und Technik des Romans*, Leipzig.

Steinmetz, Horst (1977): *Suspensive Interpretation. Am Beispiel Franz Kafkas*, Göttingen.
von Sydow, Carl W. (1969): Kategorien der Prosa-Volksdichtung, in: *Vergleichende Sagenforschung*, hg. von L. Petzold, Darmstadt, S. 66-89 (urspr. 1934).
Weber, Dietrich (1975): *Theorie der analytischen Erzählung*, München.
Weber, Dietrich (1998): *Erzählliteratur. Schriftwerk, Kunstwerk, Erzählwerk*, Göttingen.

HENDRIK BIRUS

Das Vergleichen als Grundoperation der Hermeneutik[1]

I

"Nicht die Kinder bloß, speist man / Mit Märchen ab" (Lessing 1971: 275), das war der rettende Einfall Nathans des Weisen; und er hat seinen Zuhörer, Sultan Saladin, mit der folgenden Ringparabel alles andere als abgespeist. So ist auch das Titelzitat dieser Ringvorlesung "Durch Vergleichung auf die Dinge kommen?" keineswegs bloß ein eleganter Aufhänger. Sondern die Stelle, der es entnommen ist - das Schlußkapitel der Fabel-Abhandlungen *Von einem besondern Nutzen der Fabeln in den Schulen* (Lessing 1973: 415-419) des kaum 30jährigen Lessing -, sie hat es in sich.

Ich schlage daher vor, daß wir uns - auch um einen geeigneten Einstieg in die Vorlesungsreihe als ganze zu finden - zunächst den ursprünglichen Kontext des Zitats genauer anschauen und uns dabei, angeregt durch Michel Foucaults wahrhaft komparatistische Untersuchungen zur Wissenschafts- und Geistesgeschichte des 17. bis 19. Jahrhunderts, wenigstens in groben Zügen den historisch-systematischen Kontext der scheinbar ganz improvisiert plaudernden Überlegungen Lessings vergegenwärtigen. Soll doch die Hermeneutik in dieser Ringvorlesung pars pro toto auch für die Literatur- und Geistesgeschichte als ganze stehen. Im zweiten Teil wollen wir uns dann ganz auf Probleme der Hermeneutik im engeren Sinne konzentrieren, und zwar besonders auf die lebenslangen Reflexionen ihres neuzeitlichen Gründervaters, Friedrich Schleiermacher, die sich dem systematischen Ort und der Funktion - aber auch den Grenzen - des Vergleichens in dieser Grundlagendisziplin aller historisch-philologischen Wissenschaften widmen.

---

1 Anläßlich der Gründung des Instituts für Allgemeine und Vergleichende Literaturwissenschaft (Komparatistik) veranstaltete die Ludwig-Maximilians-Universität München im Sommersemester 1988 eine Ringvorlesung *Durch Vergleichung auf die Dinge kommen? Der Vergleich als Erkenntnismethode in den Wissenschaften*, die ich mit einer Hermeneutik-Vorlesung eröffnen durfte. Ich widme dieses Zeugnis eines institutionellen wie persönlichen Neubeginns meinem ersten akademischen Lehrer nach der Flucht aus der DDR.

II

Um also auf unser Motto zurückzukommen, so will Lessing hier weder nach dem moralischen noch nach dem rhetorischen, sondern speziell nach dem "*heuristischen* Nutzen der Fabeln" fragen. Auf die verbreitete Frage nämlich, warum es in allen Wissenschaften und Künsten so sehr an "Erfindern" und "selbstdenkenden Köpfen" fehle - oder aber: warum wir nicht besser erzogen würden -, antwortet Lessing mit dem provozierenden, Kants späterer Bestimmung des Genies als "Talent (Naturgabe)" und "angeborne Gemüthsanlage (*ingenium*)" strikt zuwiderlaufenden Satz: "Gott gibt uns die Seele; aber das *Genie* müssen wir durch die Erziehung bekommen". Und Lessing fährt fort:

> "Ein Knabe, dessen gesamte Seelenkräfte man, so viel als möglich, beständig in einerlei Verhältnissen ausbildet und erweitert; den man angewöhnt, alles, was er täglich zu seinem kleinen Wissen hinzulernt, mit dem, was er gestern bereits wußte, in der Geschwindigkeit zu vergleichen, und Acht zu haben, ob er durch diese Vergleichung nicht von selbst auf Dinge kömmt, die ihm noch nicht gesagt worden; den man beständig aus einer Scienz in die andere hinüber sehen läßt; den man lehrt sich eben so leicht von dem Besondern zu dem Allgemeinen zu erheben, als von dem Allgemeinen zu dem Besondern sich wieder herab zu lassen: Der Knabe wird ein Genie *werden*, oder man kann nichts in der Welt *werden*" (Lessing 1973: 416).

Wenn Lessing dann den besonderen Nutzen gerade der *Äsopischen Fabeln* für eine solche Erziehung von "Erfindern und selbstdenkenden Köpfen" herausstellt, so kann er sich zugleich auf "den Philosophen" (ebda.), auf einen "neuern Schriftsteller" (a.a.O.: 417) und auf einen "gewisse[n] Kunstrichter" (a.a.O.: 418) berufen: nämlich (um die hier ungenannt bleibenden Eigennamen einzusetzen) auf Christian Wolff, der in seiner *Philosophia practica universalis* (II, § 310) der Erfindung solcher Fabeln einen geradezu philosophischen Rang zugesprochen hatte, da hier ganz besonders das für die gesamte Kunst der Erfindung grundlegende "Principium der Reduktion", nämlich eines Allgemeinen auf einen exemplarischen Einzelfall, zur Ausübung komme; auf Moses Mendelssohn, der gefordert hatte, die "Geschichte der Natur" zum Fundament jedes Unterrichts zu machen, da sie den "Samen aller übrigen Wissenschaften, sogar die moralischen nicht ausgenommen", enthalte; schließlich auf Johann Jakob Bodmer, der zur Aufmerksamkeit auf "alles Betragen der zahmen und der wilden Tiere" aufgefordert hatte, "ob es nicht eine Ähnlichkeit mit einem gewissen Charakter der menschlichen Sitten habe, und in diesem Falle in eine symbolische Fabel ausgebildet werden könne" (Lessing 1973: 416-418).

Auf alle drei ganz verschiedenartige Überlegungen und ihre Verknüpfung durch Lessing werden wir noch zurückzukommen haben. Doch wie Lessing einmal bekennt: "daß es leider meine eigensinnige Art ist, von der unerheblichsten Kleinigkeit am liebsten auszugehen, wenn ich durch sie mich am geschwindesten mitten in die Materie versetzen kann" (Lessing 1976: 657), so könnte dies auch in unserem Fall ein erfolgversprechender Weg mitten in die Materie sein - ausgehend nämlich von der scheinbar unerheblichsten Differenz zwischen Lessings eigenem Wortlaut und unserem Vorlesungsmotto "Durch Vergleichung auf die Dinge kommen?". Ich meine damit weniger den Unterschied, daß Lessing diese Frage dahingehend spezifiziert, ob sein Knabe dadurch "nicht von selbst auf Dinge kommt, *die ihm noch nicht gesagt worden*". Denn diese pädagogische Einschränkung wird von ihm selbst im nächsten Absatz - unter Berufung auf Christian Wolff - im Hinblick auf eine allgemeine *ars inveniendi* aufgehoben. Wohl aber, daß Lessing den Knaben nicht einfach "durch Vergleichung" auf die Dinge kommen läßt, sondern "durch *diese* Vergleichung" - welche also? Lessings Formulierung, daß der Knabe um der Ausbildung und Erweiterung seiner gesamten Seelenkräfte willen dazu erzogen werden solle, "alles, was er täglich zu seinem kleinen Wissen hinzulernt, mit dem, was er gestern bereits wußte, in der Geschwindigkeit zu vergleichen", gibt darüber doppelten Aufschluß. Es handelt sich nicht um die Vergleichung von Dingen und ihren Eigenschaften oder anderen innerweltlichen Sachverhalten, auch nicht von Wörtern und Begriffen als solchen, sondern von Bewußtseinsinhalten. Und zweitens geht es nicht einfach um die koordinierende Vergleichung solcher Repräsentationen, sondern um die ständige Vergleichung des neu Gelernten mit einem bereits existierenden Fundus von Wissen als dessen Maßstab.

Lessings Überlegungen erweisen damit eindeutig ihre Zugehörigkeit zur Philosophie der Aufklärung, an deren Anfängen John Locke die "Erweiterung unseres Wissens" allein auf das "Vergleichen klarer und deutlicher Ideen" zurückgeführt hatte (Locke 1894: 2, 341/342; 1968: 2, 322/323 - IV, xii).[2] So hat noch Kant das *"Reflectiren* (Überlegen)" als die Grundoperation definiert, "gegebene Vorstellungen entweder mit andern, oder mit seinem Erkenntnißvermögen, in Beziehung auf einen dadurch möglichen Begriff, zu vergleichen und zusammen zu halten" (Kant 1942: 211). Ja, bereits Descartes hatte behauptet, daß "überhaupt jede Erkenntnis, die nicht gemäß der einfachen und reinen Intuition eines Einzeldings zustandekommt, durch die Vergleichung zweier oder mehrerer Dinge mit einander erworben wird" und wir derzufolge "bei jeder Vernunfterwägung im Grunde nur durch eine Vergleichung die Wahrheit erkennen" (Descartes 1986: 439/440; 1920: 81 - Regula XIV). Eine Voraussetzung dieser - von Hegel später als bloß "äußere Reflexion" (Hegel 1969: 2, 36)

---

2 Vgl. auch Locke 1894: 1, 204/205; 1968: 177/178 - II, xi, 4.

kritisierten - philosophischen Universalisierung des methodischen Vergleichens war aber eine vehemente Abwehr alles wilden Vergleichens, "so oft die Menschen irgend eine Ähnlichkeit zwischen zwei Dingen bemerken" (Descartes 1986: 359; 1920: 3 - Regula I):

> "Vorzüglich aber muß man sich davor hüten, daß man seine Zeit nicht damit vergeudet, Übereinstimmungen auf zufälligem und unmethodischem Wege zu erraten; denn wenngleich man sie häufig ohne Kunst entdecken könnte und, wenn man Glück hat, vielleicht bisweilen schneller, als auf methodischem Wege, so würde auf diese Weise dennoch das Licht des Geistes abgeschwächt, und man würde sich so sehr an kindlich törichte Untersuchungen gewöhnen, daß man für die Folgezeit stets an der Oberfläche haften bliebe und nicht weiter ins Innere eindringen könnte" (Descartes 1986: 405; 1920: 48/49 - Regula X).

Wie gründlich seither das im Mittelalter, ja noch bis ins Barock herrschende Analogiedenken obsolet geworden war, läßt der Spott der (etwa ein halbes Jahrhundert späteren) *Logique de Port-Royal* unmißverständlich erkennen:

> "Es gibt eine Konstellation am Himmel, die einige Leute Waage zu nennen belieben und die einer Waage so ähnlich ist wie einer Windmühle; die Waage ist das Symbol der Gerechtigkeit: also werden die, die unter dieser Konstellation geboren werden, gerecht und billig sein. Es gibt drei andere Tierkreiszeichen, von denen man das eine Widder, das andere Stier, das andere Steinbock nennt, und die man ebensogut auch Elefant, Krokodil und Rhinozeros hätte nennen können: der Widder, der Stier und der Steinbock sind Wiederkäuer: also sind diejenigen, die eine Medizin einnehmen[,] wenn der Mond unter diesen Konstellationen steht, in Gefahr, sie wieder zu erbrechen. Wie ungereimt auch diese Schlüsse sein mögen, gibt es Leute, die sie herleiern[,] und andere, die sich davon überzeugen lassen" (Arnauld/Nicole 1970: 8; 1972: 4).

Um solchen Verwirrungen vorzubeugen, hat Descartes unter "alle[n] Tätigkeiten unseres Intellekts" nur zwei für "zulässig" erklären wollen: einerseits die "klare und evidente Intuition" der ersten Prinzipien und der Einzeldinge und andererseits die auf der Vergleichung von Maß und Ordnung beruhende "sichere Deduktion" alles dessen, "was sich aus bestimmten anderen, sicher erkannten Dingen, mit Notwendigkeit ableiten läßt" (Descartes 1986: 366-369; 1920: 10-13 - Regula III). Hier nun freilich läßt sich Lessings Abstand zur Frühaufklärung deutlich erkennen. Denn wenn er auch alles Vergleichen an einem Wahrheitsmaßstab orientiert sein läßt, so doch nicht an dem der mathematischen Demonstration. Wo daher Descartes gleich eingangs kritisiert, daß die Menschen oft "ungerechtfertigterweise die Wissenschaften, die gänzlich in der Erkenntnis des Geistes bestehen, mit den Künsten, die einer gewissen körperlichen Gewöhnung und Anlage bedürfen, [...] vergleichen (Descartes 1986: 359; 1920: 3 - Regula I), da fordert Lessing geradezu, "beständig aus einer Scienz in die andere hinüber [zu] sehen". Und wo Descartes einzig die einlinige und kontinuierliche Bewegung des Denkens vom Einfachsten zum Komplexen gelten lassen will,³ da soll der Lessingsche Knabe gerade die Versatilität des Denkens lernen, "sich eben so leicht von dem Besondern zu dem Allgemeinen zu erheben, als von dem Allgemeinen zu dem Besondern sich wieder herab zu lassen". Und andererseits wird auch der bei Descartes komplementär zur 'Vergleichung' fungierende Begriff der 'Intuition' bei Lessing keineswegs nurmehr auf so allgemeine Sachverhalte bezogen, daß "jeder [...] mit dem Geiste erfassen [kann], daß er existiert, daß er Bewußtsein hat, daß das Dreieck bloß durch drei Seiten begrenzt wird, die Kugel durch eine einzige Oberfläche und dergl." (Descartes 1986: 368; 1920: 12 - Regula III), sondern - grundlegend für seine Fabeltheorie - auf jede "anschauende Erkenntnis" eines Allgemeinen (zum Beispiel eines moralischen Satzes) in einem Besondern.⁴

Indem Lessing so - ganz anders als Descartes - "von jungen Leuten" vor allem "eine weitläufige Kenntnis des Besondern und aller individuellen Dingen" fordert, kann es nicht verwundern, daß er sich den "Rat eines neuern Schriftstellers" (nämlich Moses Mendelssohns) zu eigen macht, "den ersten Anfang ihres Unterrichts mit der Geschichte der Natur zu machen", da diese "den Samen aller Wissenschaften, sogar die moralischen nicht ausgenommen" enthalte (Lessing 1973: 417). Was aber auf den ersten Blick eindeutig als progressiver Orientierungswandel von der Mathematik und rationalen Metaphysik zur Naturgeschichte - von Descartes und Leibniz zu Linné und Buffon - erscheint, das zeigt bei näherem Hinsehen eine historische Janusköpfigkeit von revolutionären und antiquarischen Zügen, wie sie ja auch für Lessings Verhältnis zur Theologie und zur klassischen Philologie charakteristisch ist (vgl. Birus 1978: 72). Seit Mitte des 17. Jahrhunderts hatte sich bekanntlich die Historia naturalis zunehmend auf eine vergleichende Beschreibung und Klassifikation der Lebewesen beschränkt. So verwendete Jan Jonston in seinen *Historiae naturalis de quadripedibus libri* (Amsterdam 1657) noch die 12 Rubriken: Name, anatomische Teile, Wohnsitz, Lebensdauer, Vermehrung, Stimme, Bewegungen, Sympathie und Antipathie, Nutzen und medizinische Anwendungen (vgl. Foucault 1966: 141; 1974: 170), Linné im *Systema naturae* (Leiden 1756) gar nur: Name, Theorie, Gattung, Art, Eigenschaften, Gebrauch sowie "Litteraria" (Foucault 1966: 142; 1974: 171). Dagegen rühmte Lessing ausdrücklich an Mendelssohn, daß er "mit diesem Samen der Moral, den er in der Geschichte der Natur gefunden zu haben glaubet, nicht auf die bloßen Eigenschaften der Tiere, und anderer geringern Geschöpfe, sondern auf die Äsopischen Fabeln, welche auf diese Eigenschaften gebauet werden, gesehen

---

3 Detailliert ausgeführt in den Regulae V-XIV (Descartes 1986: 379-452; 1920: 23-79).
4 Vgl. Lessing 1973: 371, 379, 381ff., 385, 394, 404ff. und 411.

habe" (Lessing 1973: 417). Dieses Verständnis von Naturgeschichte hatte aber nicht bloß die Renaissance- und Barockemblematik bestimmt, deren "Gemähide" (einem ihrer späten Theoretiker gemäß) sämtlich "ex historia naturali vel artificiali genommen" sein sollten,[5] sondern auch das Selbstverständnis der Naturforscher bis ins 17. Jahrhundert hinein - so daß beispielsweise Ulisse Aldovrandis *Historia serpentum et draconum* (Bologna 1648) folgende Rubriken aufweist: Mehrdeutigkeit, Synonyme und Etymologien, Unterschiede, Form und Beschreibung, Natur und Lebensgewohnheiten, Temperament, Zeugung und Fortpflanzung, Stimme, Bewegungen, Aufenthaltsorte, Ernährung, Physiognomie, Antipathie, Sympathie, Arten, sie zu fangen, Tod und Verwundungen durch die Schlange, Arten und Zeichen der Vergiftung, Heilmittel, Beiwörter, Benennungen, Wunder und Vorzeichen, Ungeheuer, Mythologie, Götter, denen sie heilig ist, Fabeln, Allegorien und Mysterien, Hieroglyphen, Embleme und Symbole, Sprichwörter, Münzen, Wunder, Rätsel, Devisen, heraldische Zeichen, historische Ereignisse, Träume, Abbilder und Statuen, Verwendung bei der Ernährung, Verwendung in der Medizin, verschiedene Verwendungen (vgl. Foucault 1966: 54/55; 1974: 71/72). Kein Wunder, daß Buffon ein Jahrhundert später konsterniert fragt, welchen Anteil von Naturgeschichte man überhaupt in diesem ganzen "Wust von Geschriebenem" finden könne; denn: "All das ist keine Beschreibung, sondern Legende". Und tatsächlich (so Michel Foucault) "ist all das für Aldovrandi und seine Zeitgenossen *legenda* - zu lesende Dinge. Aber der Grund dafür ist nicht, daß man die Autorität der Menschen der Exaktheit eines unvoreingenommenen Blicks vorgezogen hätte, sondern daß die Natur an sich selbst ein ununterbrochenes Gewebe aus Wörtern und Kennzeichen, aus Berichten und Merkmalen, aus Diskursen und Formen ist" (a.a.O.: 55 bzw. 72).

III

Und wann kommen wir endlich zur Hermeneutik und speziell zur Rolle des Vergleichens in dieser Disziplin? - so mögen sich inzwischen auch die Wohlmeinendsten unter Ihnen fragen. Doch wir sind unvermerkt bei ihr angelangt (allerdings werden wir noch einmal auf die Vergleichende Naturforschung des 18. Jahrhunderts zurückzukommen haben). Denn nicht bloß sind Lessings Fabel-Abhandlungen, deren Schlußabschnitt wir die ganze Zeit hin- und herwenden, ein wichtiges Zeugnis sowohl der Poetik wie der Hermeneutik des 18.

---

5 Jacob Friedrich Reimmann: *Poesis Germanorum Canonica & Apocrypha. Bekandte und Unbekandte Poesie der Teutschen*, Leipzig 1703, S. 85ff.; zit. nach Schöne 1968: 31.

Jahrhunderts. Sondern der zuletzt skizzierte Wesenswandel der Historia naturalis hat unverkennbare Parallelen auch in der Theorie und Praxis der Textauslegung der Aufklärung. Zwar ließ sich auf diese noch weniger als auf die Naturforschung Descartes' Modell der mathematischen Gewißheit unmittelbar übertragen - ganz zu schweigen von seiner Ablehnung der literarischen Studien und der Gelehrsamkeit[6] - , doch läßt sich gleichwohl im 18. Jahrhundert eine tiefgreifende Transformation der mittelalterlichen, bis weit ins Barock geltenden Hermeneutik beobachten.

Hatte diese nämlich mit ihrer Lehre vom mehrfachen Schriftsinn - wie die ältere Historia naturalis - eine vielfältige 'Lesbarkeit der Welt'[7] auf Grund eines Netzes von Ähnlichkeiten zwischen den Dingen und den Worten unterstellt, die es gleichsam nur 'aufzulesen' galt, da markiert die Aufklärungshermeneutik einen radikalen Bruch mit diesen semiologischen Voraussetzungen der mittelalterlichen Exegese, wie sie ja noch die Allegorik und Emblematik des Barock bestimmt hatte.[8] Für diese war es nämlich im wesentlichen die Ähnlichkeit (*similitudo*), durch die der Zeichenwert der sprachlichen wie der nichtsprachlichen Zeichen konstituiert wurde, während dabei die faktische Verknüpfung zwischen Zeichen und Bezeichnetem nur eine ganz untergeordnete Rolle spielte. Dagegen wird nun in Georg Friedrich Meiers *Versuch einer allgemeinen Auslegungskunst* (Halle 1757) - ganz im Sinne von Descartes und der *Logique de Port-Royal* - betont: "Doch hüte man sich, daß man nicht, um einer jedweden Aehnlichkeit und Gleichheit willen, die sich zwischen zweyen Dingen befindet, einen bezeichnenden Zusammenhang zwischen ihnen annehme" (Meier 1965: 41 - Par. 80).

Die Ähnlichkeit, einst Grundzug der gesamten Seinsordnung (*analogia entis*), wird so in der Aufklärungshermeneutik an die äußersten Ränder des Erkennens gedrängt, indem sie nur noch als Begleitphänomen der faktischen Verkettungen von Ursache und Wirkung, Mittel und Zweck etc. erscheint, da diese stets auch eine - und sei sie noch so minimale - Schnittmenge von gemeinsamen Merkmalen implizieren. Zwar verliert die Ähnlichkeit damit ihren Status als ontologisches Prinzip, doch wird sie andererseits um der Sicherung der Homogenität der Erfahrung willen zum organisierenden Faktor des Erkenntnisprozesses. G.F. Meier faßt dies in die "hermeneutische Regel": "die natürlichen Zeichen müssen ausgelegt werden nach Maaßgebung ähnlicher natürlicher

---

6 Vgl. Descartes 1986: 366-370; 1920: 10/11 - Regula III sowie kontrastierend dazu den Bericht über seine jugendliche Beschäftigung mit diesen Dingen in Descartes 1982: 4-13; 1922: 4-8.
7 Vgl. Blumenberg 1986 (besonders hinsichtlich der Wirksamkeit dieses Topos über das von Foucault analysierte Zeitalter des Ähnlichen hinaus).
8 Vgl. zum folgenden Birus 1987.

Zeichen von eben der Art und Gattung, welche Aehnlichkeit *der Parallelismus der natürlichen Zeichen* genannt werden kan (a.a.O.: 34 - Par. 64). Damit weist Meier bereits auf Kants "Princip der Reflexion über gegebene Gegenstände der Natur" voraus, auf Grund dessen es "unserer Urtheilskraft möglich [ist], in der Vergleichung der Naturformen Einhelligkeit anzutreffen" und "alle vorkommenden Naturformen durch Vergleichung auf Begriffe [...] zu bringen" (Kant 1942: 211/212). Doch andererseits zeigt Meier eine - Lessings Stellung zur Naturgeschichte analoge - historische Janusköpfigkeit. Denn er fügt seiner in vielen Punkten ganz modern erscheinenden "Theoretischen Auslegungskunst" als zweiten Teil eine "Practische Auslegungskunst" hinzu, die gleichermaßen die "heilige oder theologische", die "juristische" und die "sittliche Auslegungskunst", die "Auslegung der hieroglyphischen Zeichen", "Wapen" und "Münzen" sowie die "emblematische Auslegungskunst" umfaßt. Und hier nimmt die "mantische Auslegungskunst" (zum Bei-spiel "Astrologie", "Traumdeuterey", "Augurium", "Wahrsagung aus den Na-men [und] Zahlen") - ohne auch nur eine Andeutung von Kritik - den weitaus breitesten Raum ein (Meier 1965: 129-136 - Par. 249-271).

Die Aufklärungshermeneutik hat in ihrem weiteren Verlauf solche kruden Anachronismen alsbald getilgt und vor allem die schon durch Luther theologisch begründete Beschränkung der Auslegung auf den *sensus litteralis* als den einzig legitimen Schriftsinn endgültig ratifiziert. Diese Vereinheitlichung war aber zugleich begleitet durch eine wachsende Differenzierung der Auslegungsmethoden, die sowohl die spezifische Sprachlichkeit des auszule-genden Texts als auch die Intentionen seines Verfassers, ja selbst die "gesamte Beschaffenheit des Urhebers einer Rede" (Baumgarten 1769: 158) zu thematisieren erlaubte[9] und die schließlich in die Schleiermachersche Entgegensetzung von grammatischer und psychologischer Seite der Interpretation mündete.

IV

Analysiert man die Entwicklung der Schleiermacherschen Hermeneutik, der wir uns nun als der noch immer paradigmatischen Gestalt der neuzeitlichen Hermeneutik im Detail zuwenden wollen, so lassen sich in ihr - ungeachtet vielfältiger Wandlungen im Detail - von Anbeginn einige unwandelbare Grundideen als ihre Organisationsprinzipien ausmachen: die Hermeneutik als eine "Kunstlehre" des Verstehens;[10] das Verstehen selbst als ein "Nachcon-struiren"

---

9 Zur Radikalisierung dieses Ansatzes bei Herder vgl. Birus 1987: 158.
10 Schleiermacher 1838: 3 [künftig zit. als: HL].

(Schleiermacher 1913a: 60);[11] dieses schließlich in der doppelten Richtung "auf die objective Totalität der Sprache" bzw. "auf die Productivität des Autors" hin (HK 139) - begrifflich fixiert im Antagonismus von grammatischer und psychologischer Seite der Interpretation. War diese Entgegensetzung - trotz terminologischer Verschiebungen[12] - geradezu *die* Konstante der Schleiermacherschen Hermeneutik, so bedurfte es andererseits (gemäß dem in Schleiermachers *Dialektik* entfalteten Wissenschaftsverständnis[13]) außer dem Gegensatz von Sprache vs. Denken bzw. Leben des Autors noch eines weiteren, diesen kreuzenden Gegensatzes, damit die Hermeneutik nicht etwa in zwei disparate Hälften auseinanderfiele. Welches Gegensatzpaar konnte dafür in Frage kommen?

In seiner berühmten "positiven Formel" hatte Schleiermacher die Hermeneutik als Ganzes - wenn sie sich denn nicht mit dem bloß negativen Geschäft des Vermeidens von Mißverständnissen zufriedengeben wolle - auf eine Kombination des "objective[n] und subjective[n]" (das heißt des grammatischen und psychologischen) mit dem "geschichtliche[n] und profetische[n] Nachconstruiren der gegebenen Rede" gegründet (HK 83). Doch so zukunftsträchtig dieses zweite Begriffspaar mit seiner Koppelung genetischer und wirkungsgeschichtlicher Gesichtspunkte aus heutiger Sicht erscheinen mag,[14] für die Systematik der Schleiermacherschen Hermeneutik war es ein totes Gleis, über das faktisch nichts transportiert worden ist. Wenn Schleiermacher alsbald den zweiten Term "profetisch" tilgte und durch "divinatorisch" ersetzte (HK 83), so konnte er damit einerseits an die mantische Bedeutung von *divinatio* im Sinne von 'Weissagung' anknüpfen, andererseits an die terminologische Verwendung von *Divination* in der neuzeitlichen Philologie als Synonym für die textkritische 'Konjektur', das freilich mit allen Konnotationen des 'Göttlich-Inspirierten' aufladbar war (vgl. Schaefer 1977: 195). In diesem Sinne hatte F.A. Wolf, der Begründer der neueren Klassischen Philologie in Deutschland, eine 'niedere' "beurkundende" von einer höheren "divinatorische[n]" Kritik unterschieden (Wolf 1869: 832), und Schleiermacher hat diese Unterscheidung im zweiten Teil seiner Vorlesungen über Hermeneutik und Kritik (HL 272/273 und 277) weitgehend übernommen. Ja, wie Wolf die ganze Philologie zwischen den Polen des "kühnsten Fluge[s] wissenschaftlicher Divination" und des "Fleisse[s] des mühseligen Sammlers" beschlossen sah (HL 816/817), so formulierte Schleiermacher schließlich im vorletzten Paragraphen seiner Her-meneutik als deren zweite - mit der "positiven Formel" allenfalls *per aequivocationem* in

---

11 Entsprechend bereits im Notizheft *Zur Hermeneutik 1805*, in: Schleiermacher 1974: 31 [künftig zit. als: HK].
12 Vgl. hierzu Birus 1984.
13 Vgl. Schleiermacher 1942: 397ff. sowie 325f.
14 Vgl. insbes. Frank 1977: 289ff. sowie 1980: 81ff.

Einklang zu bringende[15] - Fundamentalopposition: "Für das ganze Geschäft giebt es vom ersten Anfang an zwei M e t h o d e n , die divinatorische und die comparative, welche aber wie sie aufeinander zurückweisen auch nicht dürfen von einander getrennt werden" (HK 105).

Doch ehe noch der Verdacht einer bloßen ad-hoc-Anleihe bei F.A. Wolf oder einem anderen zeitgenössischen Philologen aufkommen mag (wobei nur der "Fleiss des mühseligen Sammlers" durch den Terminus der comparativen Methode ersetzt worden wäre), fügt Schleiermacher diesem dürren Paragraphen die - ihrerseits höchst erläuterungsbedürftige - Erläuterung hinzu:

> "Die divinatorische [Methode] ist die welche indem man sich selbst gleichsam in den andern verwandelt, das individuelle unmittelbar aufzufassen sucht. Die comparative sezt erst den zu verstehenden als ein allgemeines, und findet dann das Eigenthümliche indem mit andern unter demselben allgemeinen befaßten verglichen wird. Jenes ist die weibliche Stärke in der Menschenkenntniß, dieses die männliche.
> Beide weisen auf einander zurück. Denn die erste [divinatorische] beruht zunächst darauf daß jeder Mensch außer dem daß er selbst ein eigenthümlicher ist eine Empfänglichkeit für alle andern hat. Allein dieses selbst scheint nur darauf zu beruhen daß jeder von jedem ein minimum in sich trägt, und die Divination wird sonach aufgeregt durch Vergleichung mit sich selbst. Wie aber kommt die comparative dazu den Gegenstand unter ein allgemeines zu sezen? Offenbar entweder wieder durch Comparation und dann ginge es ins unendliche zurück, oder durch Divination.
> Beide dürfen nicht von einander getrennt werden. Denn die Divination erhält ihre Sicherheit erst durch die bestätigende Vergleichung, weil sie ohne diese immer fanatisch sein kann. Die comparative aber gewährt keine Einsicht; das allgemeine und besondere müssen einander durchdringen und dies geschieht immer nur durch die Divination" (HK 105).

Glücklicherweise lassen sich diese so verschlungenen wie komprimierten Überlegungen bis zu den ersten Anfängen der Schleiermacherschen Hermeneutik zurückverfolgen und so in ihrer Komplexität genetisch rekonstruieren, wie sie andererseits in seinen späten Akademie-Abhandlungen *Ueber den Begriff der Hermeneutik* (HK 123-156) eine weitere Explikation und Differenzierung erhalten haben. Deren unvoreingenommene Analyse erscheint um so mehr an der Zeit, als sie zum Ausgangspunkt weitreichender Entwicklungen in der neueren Hermeneutik geworden sind, die aber allesamt die von Schleiermacher geforderte Untrennbarkeit und Balance von divinatorischer und komparativer Methode über Bord geworfen haben.

So hatte Schleiermachers wirkungsmächtigster Verfechter an der Schwelle unseres Jahrhunderts, Wilhelm Dilthey, einerseits das "Verfahren der Vergleichung" zu einer Grundoperation der Wissenschaften überhaupt erhoben:

---

15 Vgl. hierzu schon Dilthey 1966: 718ff.

"Denn Vergleichen, Unterscheiden, Ähnlichfinden, Gleichförmigkeit erkennen, ist das Denkmittel, das ebensosehr in dem Verfahren des Mathematikers oder dem des Physikers als in dem des vergleichenden Anatomen oder Sprachforschers herrscht. Ist doch jede Generalisation das Ergebnis von Vergleichung" (Dilthey 1974a: 303).

Und er hatte in einem spezifischeren Sinne die Benutzung von Begriffen und Methoden der vergleichenden Naturwissenschaften in den Geisteswissenschaften als einen "methodische[n] Fortschritt von der höchsten Bedeutung gefeiert" (Dilthey 1979b: 99).[16] Freilich ist es wohl kein Zufall, daß das Kapitel über den "Gang der vergleichenden Geisteswissenschaften bis zur methodischen Bearbeitung des Problems der Individuation" (Dilthey 1974a: 303-316) ausgerechnet an der Stelle abbricht, wo die Anwendung der vergleichenden Methode auf die neuzeitlichen Geisteswissenschaften hätte zur Darstellung kommen sollen.

Andererseits hatte Dilthey gleichzeitig die vergleichende Methode nahezu völlig aus seiner hermeneutischen Theorie (nicht aus seiner hermeneutischen Praxis!) eliminiert,[17] obwohl - oder vielmehr: gerade weil - er das Vergleichen als "elementare logische Operation" bestimmt hatte (Dilthey 1974c: 334). Indem er das Verstehen nun nicht mehr (wie Schleiermacher) als "Nachkonstruieren", sondern als "Nacherleben" (Dilthey 1979d: 213ff.) - oder mittels der Trias "Hineinversetzen, Nachbilden, Nacherleben" - expliziert und es als Aufgabe des so gefaßten 'höheren Verstehens' bezeichnet, "einen Lebenszusammenhang im Gegebenen aufzufinden" (Dilthey 1979c: 213), muß in der Auslegung die methodische Vergleichung ganz hinter der "enthusiastischen Vertiefung" (Dilthey 1974c: 335) zurücktreten:

"Die Auslegung ist ein Werk der persönlichen Kunst, und ihre vollkommenste Handhabung ist durch die Genialität des Auslegers bedingt; und zwar beruht sie auf V e r - w a n d t s c h a f t , gesteigert durch eingehendes Leben mit dem Autor, best < ändiges > Studium. [...] H[i]erauf beruht das D i v i n a t o r i s c h e in der Auslegung" (Dilthey 1974c: 332).

Gadamer schließt sich geradezu nahtlos dieser Diltheyschen Sicht an, wenn er in *Wahrheit und Methode* schreibt: "Schleiermachers Eigenstes ist [...] die psychologische Interpretation. Sie ist letzten Endes ein divinatorisches Verhalten, ein Sichversetzen in die ganze Verfassung des Schriftstellers, eine Auffassung des 'inneren Herganges' der Abfassung eines Werkes, ein Nachbilden des

---

16 Vgl. ferner Dilthey 1974a, insbes. 309 und 316.
17 Die beiden Ausnahmen sind, daß er die "Erfahrung des Individuellen in mir" auf die "Vergleichung meiner selbst mit anderen" zurückführt (Dilthey 1974b: 318) und daß er die "Aporie" von Einzelnem und Ganzem durch das "vergleichende Verfahren" auflösen will (Dilthey 1974c: 334).

schöpferischen Aktes" (Gadamer 1986: 191). Dagegen erklärt er Diltheys Verwendung der vergleichenden Methoden rundheraus für "eine[n] der fragwürdigsten Punkte seiner Theorie", und zwar mit der Begründung:

> "Das Wesen des Vergleichens setzt die Ungebundenheit der erkennenden Subjektivität, die über das eine wie über das andere verfügt, bereits voraus. Es macht auf eine erklärte Weise gleichzeitig. Man muß deshalb bezweifeln, ob die Methode des Vergleichens der Idee der historischen Erkenntnis wirklich genügt. Wird hier nicht ein Verfahren, das in bestimmten Bereichen der Naturwissenschaft zu Hause ist und auf manchen Gebieten der Geisteswissenschaften, z.B. [der] Sprachforschung, der Rechtswissenschaft, der Kunstwissenschaft usw., Triumphe feiert, aus einem untergeordneten Hilfsmittel zu zentraler Bedeutung für das Wesen historischer Erkenntnis emporgesteigert, die oft nur oberflächlicher und unverbindlicher Reflexion eine falsche Legitimierung verschafft?" (Gadamer 1986: 237/238)[18]

Wie immer es um die Triftigkeit dieser Argumentation gegenüber Dilthey bestellt sein mag - kann man etwa die vergleichende Methode, wenn sie denn nicht nur in den Naturwissenschaften, sondern auch in der Sprachforschung, Rechtswissenschaft, der Kunstwissenschaft usw. "Triumphe feiert", wirklich als "untergeordnetes Hilfsmittel" für das geisteswissenschaftliche Verstehen abtun? -: Schleiermachers Konzeption der comparativen Methode (in ihrem Wechselspiel mit der divinatorischen) scheint mir dadurch so wenig getroffen zu sein, daß es noch immer lohnen dürfte, sie in ihren Grundzügen wie in ihrer Durchführung zu vergegenwärtigen.

Der Keimpunkt dieser Konzeption findet sich ganz unscheinbar in einem Aphorismus, den Schleiermacher in den ersten Wochen seiner Bekanntschaft mit Friedrich Schlegel im September 1797 notiert hat: "Ohne Lexicon muß man oft die Bedeutung aus Vergleichung verschiedener Fälle errathen, so auch im Lesen ohne Definitionen" (Schleiermacher 1984b: 8).[19] Dieser Gedanke schien Schleiermacher wichtig genug, daß er ihn ca. ein Jahr später in ein weiteres Gedanken-Heft übertrug - mit der klareren, freilich auch weniger prägnanten Formulierung: "Man muß oft die Bedeutung eines Worts aus einer fremden Sprache nur durch die Vergleichung verschiedener Fälle errathen, troz der Wörterbücher. So auch die Bedeutung eines Begrifs in einer fremden Philosophie troz der Definition" (a.a.O.: 119). Konzentrieren wir uns im Zusammenhang unserer Fragestellung nur auf die Wendung "die Bedeutung aus Vergleichung verschiedener Fälle errathen", so finden wir in ihr noch ungeschieden die Vergleichung und das Erraten, also die Komparation und die Divi-

---

18 Hierzu Reiner Wiehl: Gadamer habe "gegen Diltheys Versuch, dem vergleichenden Verfahren in den Geisteswissenschaften konstitutiv methodisch Bedeutung zu sichern, Schleiermachers Begriff des divinatorischen Verstehens ausgespielt" (Wiehl 1979: 44).
19 Zur Datierung vgl. a.a.O.: XIX/XX.

nation, beieinander, die alsbald die gegensätzlichen und zugleich wechselweise auf einander bezogenen Pole der hermeneutischen Methodik werden sollten.

Fast ein Jahrzehnt später heißt es dann in den rasch hingeworfenen Notizen für seine erste Hallenser Hermeneutik-Vorlesung so verblüffend wie lapidar: "Jedes Kind kommt nur durch Hermeneutik zur Wortbedeutung" (HK 40).[20] Doch erst der eigentliche (wenig später verfaßte) Vorlesungsentwurf läßt erkennen, daß es sich hier genau um unsere methodologische Fragestellung handelt:

> "Wie bemächtigt man sich der Bedeutung? [...] Wie lernt man ursprünglich verstehen? Es ist die schwierigste Operation und die Grundlage aller anderen und wir vollbringen sie in der Kindheit.
> Unbestimmt muß dem Kinde allemal erscheinen worauf im Gegenstand der Name geht. Auch hiezu kommt es erst durch viele Vergleichung, und dieses ist doch nur ein Besonderes. Nur durch Zusammenhang und Vergleichung des Besonderen gelangt man zur inneren Einheit. Sie ist dasjenige was in allem Besonderen der Anschauung darstellbar ist. Vollständigkeit des Besonderen ist aber nie zu erlangen, also ist die Aufgabe eine unendliche. Wie kann die Vollständigkeit ersetzt werden? und wenn man sie auch hätte welches wäre die Bürgschaft für die Richtigkeit der Auffassung der inneren Einheit? Die Bürgschaft könnte nicht wiederum eine methodische Regel sein, sondern nur das Gefühl; und eben dies Gefühl muß auch die Vollständigkeit ersezen" (HK 61).

Wenn das Kind also durch Hermeneutik zur Wortbedeutung kommt, so bedarf es dazu des Wechselspiels zweier Momente: einerseits einer vielfältigen Vergleichung, um überhaupt ein unbekanntes Wort in einem bestimmten Kontext zu verstehen, und dann nochmaliger Vergleichung, um von solchen spezifischen Bedeutungen zur Einheit einer Wortbedeutung zu gelangen; andererseits einer intuitiven Gewißheit, eines Gefühls, um solchen unabschließbaren Induktionsprozessen jeweils ein Ende setzen zu können.

Was hier Gefühl genannt wird, hat Schleiermacher alsbald auch als "Betrachtung an und für sich" (HK 117) oder als "unmittelb[are] Anschauung" (HK 119), als "Ahnden" und "Errathen" (HK 108) und schließlich als "Diviniren" (ebda.) umschrieben; wie er ja schon Jahre zuvor in den *Vertrauten Briefen über Friedrich Schlegels Lucinde* (1800) der "Nothwendigkeit der Untersuchung [...] auf dem sicheren Wege" die "Divination im ersten Augenblick" (Schleiermacher 1988: 171) gegenübergestellt hatte. - Solche Divination steht also nicht bloß als 'Bürgschaft für die Richtigkeit' von Vergleichungsoperationen an deren Ende, sondern sie kann auch in einem "kürzeren Sprung" (ebda.) an deren Stelle treten, vor allem aber "ist der Anfang großer Reihen

---

20 Zur Reihenfolge und Datierung von Schleiermachers verschiedenen Hermeneutik-Aufzeichnungen vgl. Virmond 1984.

immer nur auf dieselbe Weise zu machen" (Schleiermacher 1839: 298).²¹ Schleiermacher hat dies später, am Schluß seiner 1. Akademie-Abhandlung *Ueber den Begriff der Hermeneutik, mit Bezug auf F.A. Wolfs Andeutungen und Asts Lehrbuch* (1829), aufs eindrucksvollste dargestellt, mit welcher "divinatorischen Kühnheit" und "ungeheuren fast unendlichen Kraftäußerung" "die Kinder anfangen Gesprochenes zu verstehen" - und wie wir "beim Lichte betrachtet [...] uns in jedem Augenblikk des Nichtverstehens noch in demselben Falle wie sie" befinden (HK 139/140). Er hat aber auch eingeräumt, daß "das divinatorische in der menschlichen Seele [...] mit fortschreitend zunehmendem Bewußtsein immer im Abnehmen" sei (Schleiermacher 1839: 298), ohne daß doch das "divinatorische Verfahren" je ganz durch das "comparative" ersetzt werden könnte (HK 136).

Hatte Schleiermacher noch kurz vor seinen ersten Hermeneutik-Aufzeichnungen, in der *Tugendlehre 1804/05*, das "unmittelbare, ursprüngliche Bewußtsein des charakteristisch Besonderen" als eine höhere Stufe über die "niedere, wo das Bewußtsein der Individualität nur comparativ ist", gestellt (Schleiermacher 1913a: 49), so hat er dann in seiner Hermeneutik - ungeachtet einer immer wieder aufblitzenden Sympathie für das "keinem strengen Gesez Unterworfen[e]" des Divinatorischen (Schleiermacher 1839: 298) - stets an der systematischen Gleichrangigkeit beider hermeneutischen Grundoperationen und an der Notwendigkeit ihrer Vermittlung (und nicht etwa der Ersetzung der einen durch die andere) festgehalten. So heißt es bereits in den frühen Notizen *Von der technischen Interpretation*:

> "Es giebt zwei Wege, den der unmittelb[aren] Anschauung und den der Vergleichung mit anderem. Keiner von beiden hält sich allein. Die unmittel[bare] Anschauung kommt nicht zur Mittheilbarkeit; die Vergleichung kommt nie zur wahren Individualität. Man muß beide miteinander vereinigen durch die Beziehung auf die Totalität des möglichen. [...] Diese Totalität findet man a) durch Vergleichung des Gleichzeit[igen] und Gleichart[ige]n b) Zu Hülfe nehmen der Analogie aus Fremdartigem und Fremdzeit[ige]m nach den allgem[eine]n Combinat[ions]Gesezen" (HK 119).²²

Diese Idee des Totalitätsbezugs als Vermittlungsinstanz befindet sich in prinzipieller Übereinstimmung mit Schleiermachers methodologischem Credo, daß "das wahre Erkennen [...] das Auffassen des Einzelnen in seiner Beziehung auf die Totalität, also in der Identität des Allgemeinen und Besonderen" ist (Schleiermacher 1913b: 264 - I, §11). Aber was kann ein solcher Totalitätsbezug konkret für die hermeneutische Praxis austragen?

---

21 So notierte Schleiermacher schon 1805: "Nb. Es hätte der Anfang gemacht werden sollen mit der an und für sich betrachtenden Methode" (HK 117).
22 Vgl. hierzu schon HK 117 sowie HK 71.

V

Zum besseren Verständnis von Schleiermachers Überlegungen mag ein nochmaliger Blick in eine andere "Scienz", nämlich in Goethes Studien zur Vergleichenden Anatomie und Morphologie, von Nutzen sein (für die sich Schleiermacher offenkundig interessierte,[23] ohne daß damit ein direkter Einfluß auf seine Hermeneutik behauptet werden soll). Während nämlich Goethe der Vergleichung geistiger Produktionen stets mit äußerster Skepsis gegenüberstand - sie freilich immer wieder virtuos praktizierte -,[24] eröffnet er seinen *Ersten Entwurf einer allgemeinen Einleitung in die vergleichende Anatomie, ausgehend von der Osteologie* (1795) mit dem kühnen Satz: "Naturgeschichte beruht überhaupt auf Vergleichung" (Goethe 1954: 119). Doch kennt auch Goethe im Wechselspiel von "Anschauen und Vergleichen"[25] - sei es Vergleichungen begründend, sei es sie abschließend - "ein dergleichen Aperçu, ein solches Gewahrwerden, Auffassen, Vorstellen, Begriff, Idee, wie man es nennen mag", das (ganz ähnlich wie die Schleiermachersche Divination) "immerfort, man gebärde sich wie man will, eine esoterische Eigenschaft [behält]; im ganzen läßt sich aussprechen, aber nicht beweisen, im einzelnen läßt sich wohl vorzeigen, doch bringt man es nicht rund und fertig" (Goethe 1954: 181 und 184).

Was aber die Methode der Vergleichung angeht, so kritisiert Goethe vor allem die Verwirrung, die durch ihren unreflektierten Gebrauch - selbst bei Buffon - angerichtet werde:

"Man verglich z.B. einzelne Tiere unter einander, wobei für das Ganze wenig oder nichts gewonnen war. Denn gesetzt auch, man hätte den Wolf mit dem Löwen recht gut verglichen, so wären beide deshalb noch nicht mit dem Elefanten in Parallele gebracht. Und wem fällt nicht auf, daß man, nach dieser Weise, alle Tiere mit jedem, jedes Tier mit allen hätte vergleichen müssen. Eine Arbeit, die unendlich, unmöglich und, würde sie durch ein Wunder geleistet, unübersehbar und fruchtlos wäre".[26]

Da überdies "durch falsche Vergleichung zu Irrtümern Gelegenheit" gegeben werde[27] und nur scheinbare Vergleichungen gewisser Eigenschaften und Teile "um desto gefährlicher [seien] als man dadurch abgehalten wird genauer die

---

23 Vgl. Goethe 1986: 238.
24 Vgl. Birus 1986, insbes. S. 2ff.
25 *Dem Menschen wie den Tieren ist ein Zwischenknochen der obern Kinnlade zuzuschreiben* (1786) in Goethe 1986: 154-186, hier 154.
26 *Vorträge über die drei ersten Kapitel des Entwurfs einer allgemeinen Einleitung in die vergleichende Anatomie, ausgehend von der Osteologie* (1796), a.a.O.: 193-209, hier S. 199.
27 *Versuch über die Gestalt der Tiere* [ca. 1790], in: Goethe 1964: 74-87, hier S. 75.

Natur und Eigenschaft solcher Teile kennen zu lernen"[28] fordert Goethe als "allgemeine[n] Leitfaden durch das Labyrinth der Gestalten" und als "allgemeines Fachwerk, worin jede einzelne Beobachtung zum allgemeinen Gebrauch niedergelegt werden könne", die Aufstellung eines "allgemeine[n] Typus" oder "allgemeine[n] Schema[s]", "mit dem die Klassen, die Geschlechter die Gattungen verglichen, wornach sie beurteilt würden" (Goethe 1964: 76):

> "Nach aufgebautem Typus verfährt man bei Vergleichung auf doppelte Weise. Erstlich daß man einzelne Tierarten nach demselben beschreibt. Ist dieses geschehen, so braucht man Tier mit Tier nicht mehr zu vergleichen, sondern man hält die Beschreibungen nur gegen einander und die Vergleichung macht sich von sich selbst. Sodann kann man aber auch einen besondern Teil durch alle Hauptgattungen durchbeschreiben, wodurch eine belehrende Vergleichung vollkommen bewirkt wird" (Goethe 1954: 122).[29]

Kehren wir mit geschärftem Blick von Goethes Morphologie zur Hermeneutik zurück, so bemerken wir, daß Schleiermacher schon sehr früh auf ähnliche Probleme beim Gebrauch der vergleichenden Methode gestoßen war. Und das Stichwort 'Physiognomik' (immerhin der historische Ausgangspunkt von Goethes Untersuchungen zur Vergleichenden Anatomie!) zeigt uns überdies, daß der Bezug zur Naturforschung von uns nicht willkürlich in die Schleiermacherschen Überlegungen hineinprojiziert ist. Es heißt da in den (oft fast stenographischen) Aufzeichnungen *Von der technischen Interpretation*:

> "M e t h o d e . Zwiefache. Durch Vergleichung mit Andern, und durch Betrachtung an und für sich. Die erste hält man für die bessere aber man braucht sie doch nicht bei der Physiognomie und dergleichen. Sie muß das Ganze wieder zerstückeln um die entsprechenden Theile im Andern aufzusuchen und ist also nichtig. [...] Man kann sie nur als Hülfsmittel für die Aufmerksamkeit gebrauchen, um das zu finden woraus man am besten die Eigenthümlichkeit erkennen kann. Auch dazu aber ist bei weitem besser als Vergleichung mit einem andern Einzelnen Vergleichung mit dem Ganzen, woraus eben die Eigenthümlichkeit vermöge ihres Prinzips dies und dies so und so ausgesondert hat" (HK 117).

Dieses "Ganze" bzw. die "Totalität des möglichen" (HK 119), womit das Einzelne zu vergleichen ist, wird - wie Schleiermacher dann in den Vorarbeiten für die (erst jüngst in einer Abschrift wiederaufgefundene) *Allgemeine Hermeneutik* von 1809/1810[30] notiert - "ursprünglich verstanden als Gattung" (HK 47). Oder wie es dann ausformuliert heißt:

---

28 *Metamorphose der Pflanzen. Zweiter Versuch* (ca. 1790), in: Goethe 1964: 64-67, hier 65.
29 Vgl. auch das gesamte Kapitel II "Über einen aufzustellenden Typus zu Erleichterung der vergleichenden Anatomie" der *Vorträge über die drei ersten Kapitel des Entwurfs*, a.a.O.: 197-202.
30 Schleiermacher 1984 [künftig zit. als: HV].

"Das Ganze ist vorläufig zu verstehn als Individuum einer Gattung, und die Anschauung der Gattung, d.h. das formelle Verständniß des Ganzen muß dem materialen Verständniß des Einzelnen vorangehn".[31]

Wenn Schleiermacher also in dieser systematisch elegantesten (und zu seinem Kummer alsbald verlorengegangenen) Hermeneutik-Version lediglich den bereits im ersten Anlauf etablierten Antagonismus von unmittelbarer und comparativer Methode festschreibt, so nutzt er dies zugleich - in auffälliger Übereinstimmung etwa mit Goethes Überlegungen zur Vergleichenden Naturforschung - zu einer grundlegenden Kritik des Monopolanspruchs der vergleichenden Methode:

"Man will gewöhnlich mit der letztern allein ausreichen; allein es ist eigentlich nie etwas unmittelbar zu vergleichendes da, sondern alles in zwey Werken Einer Art ist heterogen, denn der Organismus wird in jedem durch das subjective Princip bestimmt. [...]
Die unmittelbare ist die, daß man durch Gegeneinanderhaltung des Werks und der reinen Idee seiner Gattung physiognomisch das subjective Princip zu erkennen suche. [...] Die letztere verschafft ein Gefühl welches sicher genug seyn kann, für sich aber nicht zur Klarheit der Mittheilung erhoben werden kann. Daher beide zu combiniren sind, nämlich physiognomisch angeschaute Werke im Einzelnen also unter der gemeinschaftlichen Idee der Gattung mit einander zu vergleichen" (HV 1303/1304 - § II 29).

Obwohl in dieser Form nie wiederaufgenommen, sind in dieser Passage bereits wesentliche Entwicklungsmomente der späteren Schleiermacherschen Hermeneutik zu erkennen. So wurde die Einsicht in die Unverzichtbarkeit einer "gemeinschaftlichen Idee der Gattung" als "Vergleichungskanon"[32] einzelner Werke und ihrer Strukturmomente zum Ausgangspunkt für die Ausbildung einer eigenständigen "technischen Interpretation" in Abhebung von der "rein psychologischen Interpretation".[33] So bildet die prinzipielle Notwendigkeit der Kombination von divinatorischer und komparativer Methode samt ihren vielfältigen Modifikationen je nach grammatischer und psychologischer Seite der Interpretation, ja nach Gattung, Epoche oder Individualität des Autors, ein Hauptthema der künftigen hermeneutischen Überlegungen Schleiermachers.[34]

---

31 HV 1275 (§ E[inleitung] 28); entsprechend heißt es dann im "Grammatischen Teil": "Die allgemeine Vorstellung des Ganzen beschränkt schon die Mannigfaltigkeit des Einzelnen, indem sie es einer bestimmten Gattung einverleibt" (HV 1279 § I 21).
32 So Goethes Terminus im *Ersten Entwurf einer allgemeinen Einleitung in die vergleichende Anatomie, ausgehend von der Osteologie* (Goethe 1954: 121).
33 Vgl. HK 163/164 und HL 148/149 sowie 152-155; hier ferner das Kapitel über "Die technische Aufgabe insbesondere" (HL 200-260).
34 Vgl. besonders die beiden Akademie-Abhandlungen *Ueber den Begriff der Hermeneutik, mit Bezug auf F. A. Wolfs Andeutungen und Asts Lehrbuch* (insbes. HK 137/138 sowie 149-152) und HL 216/217.

Ja, selbst die offenkundige begriffliche Sackgasse, nicht allein die Kombination beider Methoden, sondern schon die "unmittelbare" (divinatorische) Methode per se als eine "Gegeneinanderhaltung des Werks und der reinen Idee seiner Gattung" zu fassen, weist bereits auf Schleiermachers spätere Versuche voraus, die Vermittlung beider Auslegungsmethoden nicht nur der hermeneutischen Praxis zuzuschieben, sondern sie schon vorgängig in ihrer Begriffsstruktur zu verankern, indem hier das Divinatorische als eine "Gegeneinanderhaltung" von vornherein ein komparatives Moment impliziert.

All diese Momente finden sich nun in jenem vorletzten Paragraphen der *Hermeneutik* von 1819 vereinigt, mit dem wir uns bereits beschäftigt hatten und der nun nach dem Durchlaufen seiner diversen gedanklichen Vorstufen zwar nicht minder komplex und in mancher Hinsicht auch fragwürdig erscheinen mag, der aber unserem Verständnis keine gravierenden Hindernisse mehr entgegensetzen dürfte. Er lautet:

> "Für das ganze Geschäft giebt es vom ersten Anfang an zwei M e t h o d e n , die divinatorische und die comparative, welche aber wie sie auf einander zurückweisen auch nicht dürfen von einander getrennt werden.
> Die divinatorische ist die welche indem man sich selbst gleichsam in den andern verwandelt,[35] das individuelle unmittelbar aufzufassen sucht. Die comparative sezt erst den zu verstehenden als ein allgemeines, und findet dann das Eigenthümliche indem mit andern unter demselben allgemeinen befaßten verglichen wird. Jenes ist die weibliche Stärke in der Menschenkenntniß, dieses die männliche.
> Beide weisen auf einander zurück. Denn die erste [divinatorische] beruht zunächst darauf daß jeder Mensch außer dem daß er selbst ein eigenthümlicher ist eine Empfänglichkeit für alle andern hat. Allein dieses selbst scheint nur darauf zu beruhen daß jeder von jedem ein minimum in sich trägt, und die Divination wird sonach aufgeregt durch Vergleichung mit sich selbst. Wie aber kommt die comparative dazu den Gegenstand unter ein allgemeines zu sezen? Offenbar entweder wieder durch Comparation und dann ginge es ins unendliche zurück, oder durch Divination.
> Beide dürfen nicht von einander getrennt werden. Denn die Divination erhält ihre Sicherheit erst durch die bestätigende Vergleichung, weil sie ohne diese immer fanatisch sein kann. Die comparative aber gewährt keine Einheit; das allgemeine und besondere müssen einander durchdringen und dies geschieht immer nur durch die Divination" (HK 105).

Gadamers Vorwurf gegen die vergleichende Methode, sie setze die ungebundene Verfügung der erkennenden Subjektivität über das Verglichene voraus, wenn sie nicht überhaupt nur "oberflächlicher und unverbindlicher Reflexion eine falsche Legitimation verschaffe" (s. oben) - ein solcher Vorwurf trifft

---

35 Gemäß der 1. Akademie-Abhandlung *Ueber den Begriff der Hermeneutik* entsteht die divinatorische Gewißheit daraus, "daß der Ausleger sich in die ganze Verfassung des Schriftstellers möglichst hineinversezt" - etwa wie der Rhapsode in Platons *Ion* (HK 132).

gegenüber diesem Schleiermacherschen Paragraphen sicher ins Leere. Andererseits, wie weit sind wir mit ihm nun auch von dem Lessingschen Knaben entfernt, der beständig aus einer Scienz in die andere hinübersehen und durch Vergleichung auf Dinge kommen sollte - zumal wir Schleiermacher so parallel zu Goethe behandelten, der im Gegenzug zu jener Vergleichungslust gerade das "Verdienst Lessings den Künstler von der Vergleichung mit dem Poeten zu retten" (Goethe 1896: 284) gerühmt hatte. Wenn Lessing gar an den Äsopischen Fabeln lobt, daß sie die Ähnlichkeit zwischen dem Betragen der Tiere und den menschlichen Sitten demonstrierten, und er dementsprechend in der Naturgeschichte den Samen auch der moralischen Wissenschaften zu finden hofft, so braucht man dagegen nur an Goethes Ablehnung all solcher "Gleichnisse" erinnern:

> "da man nicht sowohl die Naturreiche unter sich sondern mit Gegenständen, der übrigen Welt vergleicht, wodurch man durch eine witzige Ausweichung der Physiologia der drei Reiche großen Schaden tut. Wie z.E. Linné die Blumenblätter Vorhänge des hochzeitlichen Bettes nennt, welches artige Gleichnis einem Poeten Ehre machen würde. Allein! Die Entdeckung des wahren physiologischen Verhältnisses eines solchen Teiles wird dadurch wie durch die so bequeme als falsche Beherzigung der Zwecke nach außen, gänzlich verhindert".[36]

Freilich hat selbst Goethe in bezug auf den Anatomen Camper eingeräumt, daß dieser durch seine "geistreichen, sprungweise gewagten Vergleichungen die Absicht, den innern Sinn des Beobachters aufzuschließen, der nur allzuoft von Äußerlichkeiten gefangen gehalten wird", erreicht habe.[37] Und was ist es anderes als eine geistreiche, sprungweise gewagte Vergleichung, wenn Goethe gelegentlich notiert:

> "Der Affe hat etwas ähnliches dem Krebse darinnen daß bey der möglichsten Verwandlungsfähigkeit aller Theile kein regulirendes und constituirendes Princip irgend wo obwaltet. Deswegen jeder Theil sich ungestraft erweitern, verengern, verlängern oder verkürzen mag und das Ganze darum, es mag sich geberden wie es will, immer absurd bleibt".[38]

Andererseits liegt der Lessingsche Knabe gerade für Schleiermacher gar nicht so fern. Fundiert dieser doch seine Hermeneutik - jenseits ihrer professionellen Grenzen - nicht bloß im "gemeinen Leben" (HK 108), im "vertraulichen Gespräch", "schriftlichen Aufsäzen von gar nicht sehr großem geistigen Gehalt" oder "Briefen vom vertraulichsten und nachlässigsten Styl" (HK 129/130),

---

36 *Metamorphose der Pflanzen. Zweiter Versuch*, in: Goethe 1964: 65/66.
37 *Vorträge über die drei ersten Kapitel des Entwurfs einer allgemeinen Einleitung in die vergleichende Anatomie*, in: Goethe 1954: 198.
38 *Zur Morphologie. Paralipomenon 264*, in: Goethe 1904: 253.

sondern auch und gerade in der Ursprungssituation der Kindheit - und dies von seinen ersten Vorlesungsnotizen bis zu den späten Akademie-Abhandlungen. Schließlich: Aus Kindern werden Leute - wie in Lessings *Erziehung des Menschengeschlechts* so auch in Schleiermachers Hermeneutik-Vorlesung, deren "Schlußbetrachtung" (im WS 1826/27) sich nun nicht mehr mit einer Vergleichung oder einem Hinübersehen aus einer Scienz in die andere zufriedengibt, sondern auf nicht weniger als ihre "Verbindung" abzielt:

> "Wenn die hermeneutische Aufgabe überhaupt vollkommen nur gelöst werden kann durch Verbindung der Grammatik mit der Dialektik, der Kunstlehre und der speziellen Anthropologie, so ist klar, daß in der Hermeneutik ein mächtiges Motiv liegt für die Verbindung des Spekulativen mit dem Empirischen und Geschichtlichen" (HL 260).

Ein schönes hermeneutisches 'Ende aller Dinge'. Doch wenn dies allzu überschwenglich spekulativ erscheint, so bleibt als Ausweg noch immer jene selbstironisch-skeptische captatio benevolentiae, mit der sich Goethe in seiner Schrift über die *Entoptischen Farben* nach einem "paradoxen Seitenblick auf die Astrologie" aus der Affäre gezogen hatte:

> "Sollten wir nun vielleicht den Vorwurf hören, daß wir mit Verwandtschaften, Verhältnissen, mit Bezügen, Analogien, Deutungen und Gleichnissen zu weit umher gegriffen, so erwidern wir daß der Geist sich nicht beweglich genug erhalten könne, weil er immer fürchten muß an diesem oder jenem Phänomen zu erstarren [...]" (Goethe 1962: 127).

Literatur

Anz, Heinrich (1982): Hermeneutik der Individualität. Wilhelm Diltheys hermeneutische Position und ihre Aporien, in: *Hermeneutische Positionen: Schleiermacher - Dilthey - Heidegger - Gadamer*, hg. von Hendrik Birus, Göttingen, S. 59-88.

Arnauld, Antoine/Nicole, Pierre (1970): *La Logique ou L'art de penser*, Hildesheim/New York. [Deutsch (1972): *Die Logik oder die Kunst des Denkens*, Darmstadt.]

Baumgarten, Siegmund Jacob (1769): *Ausführlicher Vortrag der Biblischen Hermeneutic*, Halle.

Birus, Hendrik (1978): *Poetische Namengebung. Zur Bedeutung der Namen in Lessings "Nathan der Weise"*, Göttingen (= Palaestra 270).

Birus, Hendrik (1984): Schleiermachers Begriff der "Technischen Interpretation", in: *Internationaler Schleiermacher-Kongreß 1984*, hg. von Kurt-Victor Selge, Berlin/New York (= Schleiermacher-Archiv 1), S. 591-599.

Birus, Hendrik (1986): *Vergleichung. Goethes Einführung in die Schreibweise Jean Pauls*, Stuttgart (= Germanistische Abhandlungen 59).

Birus, Hendrik (1987): Zum Verhältnis von Hermeneutik und Sprachtheorie im 18. Jahrhundert, in: *Sprachtheorie. Der Sprachbegriff in Wissenschaft und Alltag. Jahrbuch 1986 des Instituts für deutsche Sprache*, hg. von Rainer Wimmer, Bielefeld (= Sprache der Gegenwart 71), S. 143-174.

Blumenberg, Hans (1986): *Die Lesbarkeit der Welt*, Frankfurt/M.
Descartes, René (1982): Discours de la méthode, in: R.D.: *Oeuvres Bd. 6*, Paris, S. 1-78. [Deutsch (1922): *Abhandlung über die Methode*, 4. Aufl. Leipzig (Reprint Hamburg 1957) (= Philosophische Bibliothek 26a).]
Descartes, René (1986): Regulae ad directionem ingenii, in: R.D.: *Oeuvres Bd. 10*, Paris, S. 349-488. [Deutsch (1920): Regeln zur Leitung des Geistes, in: R.D.: *Regeln zur Leitung des Geistes / Die Erforschung der Wahrheit durch das natürliche Licht*, 2., durchges. Aufl. Leipzig: Meiner (Reprint Hamburg 1959) (= Philosophische Bibliothek 26b), S. 1-109.]
Dilthey, Wilhelm (1966): Das hermeneutische System Schleiermachers in der Auseinandersetzung mit der älteren protestantischen Hermeneutik, in: W.D.: *Gesammelte Schriften Bd. 14/2*, Göttingen, S. 595-787.
Dilthey, Wilhelm (1974a): Beiträge zum Studium der Individualität, in: W.D.: *Gesammelte Schriften Bd. 5/6*, Stuttgart/Göttingen, S. 241-316.
Dilthey, Wilhelm (1974b): Die Entstehung der Hermeneutik, in: W.D.: *Gesammelte Schriften Bd. 5/6*, Stuttgart/Göttingen, S. 317-331.
Dilthey, Wilhelm (1974c): Zusätze aus den Handschriften, in: W.D.: *Gesammelte Schriften Bd. 5/6*, Stuttgart/Göttingen, S. 332-338.
Dilthey, Wilhelm (1979a): Der Strukturzusammenhang des Wissens, in: W.D.: *Gesammelte Schriften Bd. 7/7*, Stuttgart/Göttingen, S. 24-69.
Dilthey, Wilhelm (1979b): Der Aufbau der geschichtlichen Welt in den Geisteswissenschaften, in: W.D.: *Gesammelte Schriften Bd. 7/7*, Stuttgart/Göttingen, S. 77-188.
Dilthey, Wilhelm (1979c): Entwürfe zur Kritik der historischen Vernunft, in: W.D.: *Gesammelte Schriften Bd. 7/7*, Stuttgart/Göttingen, S. 191-291.
Foucault, Michel (1966): *Les Mots et les choses. Une archéologie des sciences humaines*, Paris. [Deutsch (1974): *Die Ordnung der Dinge. Eine Archäologie der Humanwissenschaften*, Frankfurt/M. [Übers. falls nötig stillschweigend korrigiert].
Frank, Manfred (1977): *Das individuelle Allgemeine. Textstrukturierung und -interpretation nach Schleiermacher*, Frankfurt/M.
Frank, Manfred (1980) : Archäologie des Individuums. Zur Hermeneutik von Sartres "Flaubert", in: M.F.: *Das Sagbare und das Unsagbare. Studien zur neuesten französischen Hermeneutik und Texttheorie*, Frankfurt/M., S. 36-113.
Gadamer, Hans-Georg (1986): *Hermeneutik 1: Wahrheit und Methode. Grundzüge einer philosophischen Hermeneutik*, Tübingen.
Goethe, Johann Wolfgang (1896): Schema zu einer Anzeige der Propyläen, in: J.W.G.: *Werke* [Weimarer Ausgabe; Reprint München 1987], I. Abth., Bd. 47, S. 284-287.
Goethe, Johann Wolfgang (1904): *Werke* [Weimarer Ausgabe; Reprint München 1987] II. Abth., Bd. 13
Goethe, Johann Wolfgang (1954): *Morphologische Hefte*, Weimar (= Schriften zur Naturwissenschaft 1. Abt., Bd. 9).
Goethe, Johann Wolfgang (1962): Entoptische Farben, in: J.W.G.: *Naturwissenschaftliche Hefte*, Weimar (= Schriften zur Naturwissenschaft 1. Abt., Bd. 8), S. 94-138.
Goethe, Johann Wolfgang (1964): *Aufsätze, Fragmente, Studien zur Morphologie*, Weimar (= Schriften zur Naturwissenschaft 1. Abt., Bd. 10).
Goethe, Johann Wolfgang (1986): *Zur Morphologie, von 1796 bis 1815. Ergänzungen und Erläuterungen*, Weimar (= Schriften zur Naturwissenschaft 2. Abt., Bd. 9B).

Hegel, Georg Wilhelm Friedrich (1969): *Wissenschaft der Logik*, Hamburg (= Philosophische Bibliothek 57).

Kant, Immanuel (1913): Kritik der Urtheilskraft, in: I.K.: *Gesammelte Schriften Bd. 5*, Berlin, S. 165-485.

Kant, Immanuel (1942): Erste Einleitung in die Kritik der Urteilskraft, in: I.K.: *Gesammelte Schriften Bd. 20*, Berlin, S. 193-251.

Lessing, Gotthold Ephraim (1971): Nathan der Weise, in: G.E.L.: *Werke Bd. 2: Trauerspiele, Nathan, Fragmente*, München, S. 205-347.

Lessing, Gotthold Ephraim (1973): Fabeln. Drei Bücher. Nebst Abhandlungen mit dieser Dichtart verwandten Inhalts, in: G.E.L.: *Werke Bd. 5: Literaturkritik, Poetik und Philologie*, München, S. 352-419.

Lessing, Gotthold Ephraim (1976): Über den Beweis des Geistes und der Kraft. Ein zweiter Schreiben an den Herrn Direktor Schumann in Hannover, in: G.E.L.: *Werke Bd. 7: Theologiekritische Schriften I und II*, München, S. 656-660.

Locke, John (1894): *An Essay Concerning Human Understanding*, Oxford (Reprint New York 1959). [Deutsch (1968): *Über den menschlichen Verstand*, Berlin.]

Meier, Georg Friedrich (1965): *Versuch einer allgemeinen Auslegungskunst* (Reprint der Ausgabe 1757), Düsseldorf (= Instrumenta Philosophica. Ser. Hermeneutica 1).

Schaefer, Heinz (1977): Divinatio. Die antike Bedeutung des Begriffs und sein Gebrauch in der neuzeitlichen Philologie, in: *Archiv für Begriffsgeschichte 21*, S. 188-225.

Schleiermacher, Friedrich Daniel Ernst (1838): *Hermeneutik und Kritik, mit besonderer Beziehung auf das Neue Testament*, Berlin (= Sämmtliche Werke, 1. Abth., Bd. 7).

Schleiermacher, Friedrich Daniel Ernst (1839): *Dialektik*, Berlin (= Sämmtliche Werke, 3. Abth., Bd. 4/2).

Schleiermacher, Friedrich Daniel Ernst (1913a): Tugendlehre 1804/05, in: F.D.E.S.: *Werke Bd. 2*, Leipzig (= Philosophische Bibliothek 137), S. 33-74.

Schleiermacher, Friedrich Daniel Ernst (1913b): Ethik 1812/13 (Einleitung und Güterlehre), in: F.D.E.S.: *Werke Bd. 2*, Leipzig (= Philosophische Bibliothek 137), S. 241-371.

Schleiermacher, Friedrich Daniel Ernst (1942): *Dialektik*, Leipzig (Reprint Darmstadt 1976).

Schleiermacher, Friedrich Daniel Ernst (1974): *Hermeneutik*, 2., verb. und erw. Aufl. Heidelberg (= Abhandlungen der Heidelberger Akademie der Wissenschaften, Phil.-hist. Kl., Jg. 1959, 2. Abh.).

Schleiermacher, Friedrich Daniel Ernst (1984a): "Allgemeine Hermeneutik" von 1809/10 [Abschrift v. August Twesten], in: *Internationaler Schleiermacher-Kongreß 1984*, hg. von Kurt-Victor Selge, Berlin/New York (= Schleiermacher-Archiv 1), S. 1269-1310.

Schleiermacher, Friedrich Daniel Ernst (1984b): *Schriften aus der Berliner Zeit 1796-1799*, Berlin/New York (= Kritische Gesamtausgabe 1. Abt., Bd. 2).

Schleiermacher, Friedrich Daniel Ernst (1988): Vertraute Briefe über Friedrich Schlegels Lucinde, in: F.D.E.S.: *Schriften aus der Berliner Zeit 1800-1802*, Berlin/New York (= Kritische Gesamtausgabe 1. Abt., Bd. 3), S. 139-216.

Schöne, Albrecht (1968): *Emblematik und Drama im Zeitalter des Barock*, 2., überarb. und erg. Aufl. München.

Virmond, Wolfgang (1984): Neue Textgrundlagen zu Schleiermachers früher Hermeneutik. Prolegomena zur kritischen Edition, in: *Internationaler Schleiermacher-Kongreß 1984*, hg. von Kurt-Victor Selge, Berlin/New York (= Schleiermacher-Archiv 1), S. 575-590.

Wiehl, Reiner (1979): Schleiermachers Hermeneutik. Ihre Bedeutung für die Philologie in Theorie und Praxis, in: *Philologie und Hermeneutik im 19. Jahrhundert. Zur Geschichte und Methodologie der Geisteswissenschaften*, hg. von Hellmuth Flashar, Karlfried Gründer und Axel Horstmann, Göttingen, S. 32-67.

Wolf, Friedrich August (1869): Darstellung der Alterthums-Wissenschaft (1807), in: F.A.W.: *Kleine Schriften in lateinischer und deutscher Sprache Bd. 2: Deutsche Aufsätze*, Halle, S. 808-895.

MATTHIAS PRANGEL

Systemtheoretische Fragen an Manfred Franks hermeneutische Konzeption des Stilverstehens

I

Hermeneutische Theoriekonzeptionen und deren Anwendungspraktiken stehen in der Literaturwissenschaft längst schon im Zwielicht. Einerseits sind sie nach wie vor fester Bestandteil des 'normal'-literaturwissenschaftlichen Betriebs. Andererseits formiert sich gegen sie seit den endsechziger/siebziger Jahren eine breite Front der Antihermeneutiker, denen oft schon der bloße Hermeneutikverdacht als Signum erwiesener fachlicher Rückständigkeit und also Disqualifikation gilt. Dabei haben die Zurückweisungsargumente der Antihermeneutiker ebenso unterschiedliche Zielrichtungen wie unterschiedliche Denkvoraussetzungen. Während die Hermeneutik zunächst von einer im Zeichen von kritischem Rationalismus und kritischer Sozialwissenschaft stehenden Literaturwissenschaft als Inbegriff spekulativ unwissenschaftlichen und zudem gesellschaftsabgewandten Umgangs mit literarischen Texten abgelehnt wurde und bald darauf die empirische Literaturwissenschaft den Komplex des Textverstehens insgesamt aus ihrem Aufgabenpaket strich, sagt das Lager von Dekonstruktion und Postmoderne der Hermeneutik den Kampf umgekehrt gerade deshalb an, weil sie sich unhaltbaren logozentrischen, verwissenschaftlichten Verstehensmodellen verschriebe, die den Blick auf das endlose intertextuelle Vergleiten der Zeichenbedeutungen verstellten (s. genau diese Einschätzung bei Scholtz 1995: 93).

In diese Polemik nun werden seit einiger Zeit auch literaturwissenschaftliche Versuche einbezogen, die Luhmannsche Systemtheorie als Beobachtungstheorie zum Zweck des Verstehens literarischer Texte einzusetzen. Im Hinblick auf beides, die pauschale Hermeneutikschelte genauso wie die Gleichschaltung von Hermeneutik und systemtheoretischen Verstehensansätzen, scheint mir allerdings jene Polemik gar zu grobschlächtig zu sein. Sie ist weder geeignet, avancierten strukturalistischen und poststrukturalistisch/existenzialen Hermeneutikkonzeptionen gerecht zu werden, noch erfaßt sie das, was Hermeneutik und Systemtheorie tatsächlich verbindet und trennt. Zudem ignoriert sie, daß bislang noch keine einzige literaturwissenschaftliche Richtung der Hermeneutik völlig entsagen konnte. Dies gilt nicht nur für die Dekonstruktion, sondern auch für die empirische Literaturwissenschaft, die mit dem Verweis auf die Polyvalenz/Monovalenz-Differenz zwischen literarischen und nichtliterarischen Texten den Akt des hermeneutischen Verstehens de facto nur geschickt von den literarischen Texten auf die Ebene der Rezeptionsdokumente verlagert, um ihn dort als Expertentätigkeit zu deklarieren.

Dominante Angriffspunkte, um nur einige anzureißen, sind der Polemik der Antihermeneutiker hermeneutische Optionen wie die vom ontologischen Status des Textes und seines Autors; von der grundsätzlichen Möglichkeit des objektiven Verstehens oder Verstehens von Texten überhaupt; von der entsprechenden Suche nach der ein für allemal gültigen, durch die Rekonstruktion einer authentischen Autorintention abgesegneten eigentlichen, richtigen Textbedeutung; vom Streben des Interpreten nach einem noch über das Selbstverständnis des Autors hinausreichenden Besserverstehen des Textes/Autors; vom mysteriösen Akt des divinatorischen Sprunges beim Verstehen der Einzigartigkeit von Stil; vom hermeneutischen Zirkelschluß des Besonderen, das das Allgemeine und des Allgemeinen, das das Besondere erhellt; vom Entwurf schließlich eines allanwendbaren, universalen wissenschaftlichen Regelsystems, mittels dessen Texte dem Verständnis zugeführt werden könnten. Zweifellos werden solche Optionen in dieser oder ähnlicher Form von einer Reihe von Hermeneutikkonzeptionen abgedeckt. Doch repräsentieren sie eben nur die eine Seite des Unternehmens Hermeneutik. Von der auf diese Seite eingeschossenen Kritik geflissentlich übergangen wird dabei anderes, zum Teil Gegenläufiges, durch das etliche der aufgelisteten Optionen geradezu die Funktion einer Korrektur ihres viel basaleren Gegenteils erlangen. Auf jene andere Seite nämlich gehören, und das weitgehend durchaus schon im ersten Drittel des vorigen Jahrhunderts, als Friedrich Schleiermacher seine grundlegenden hermeneutischen Überlegungen anstellte: die Entwicklung der Hermeneutik über die Kantsche Subjekt/Transzendentalhermeneutik hinaus zu einer strikten Individualitätshermeneutik; die Erschließung sowohl des strukturell Besonderen des Textes wie seiner individuellen Stilqualität über differentielle Verfahrensweisen; die Einsicht in die unausweichliche Bindung der Textbedeutungen an konkrete Kommunikationshandlungen, womit der Faktor der Zeit bzw. Geschichte im Text etabliert ist; die Akzentuierung der Rolle des individuellen Rezipienten und seines potentiell endlosen Dialogs mit dem Text; als Folge wiederum der doppelten Individualität von Text/Autor und Interpret wie ihrer Verankerung in der Zeit die Maxime vom immer nur annäherungsweisen, nie aber endgültigen Erfassen des Textsinns; schließlich, das alles zusammengenommen, die Auffassung von Textverstehen als einem infiniten Prozeß, der weniger in die Festschreibung von Sinn in einer Positivform zu münden als vielmehr dem Ziel der Verhinderung von Mißverstehen zu dienen habe.

Diese skizzenhafte Gegenüberstellung unterschiedlicher Akzentsetzungen der Hermeneutik läßt erkennen, daß das Unternehmen der modernen Hermeneutik seit Schleiermacher von Beginn an weitaus geräumigeren und differenzierteren Zuschnitt hatte als die landläufige Hermeneutikkritik glauben machen will. Und sie läßt ebenso erkennen, wo etwa Manfred Frank die Anschlußmöglichkeiten erkannte, die ihn in den letzten beiden Jahrzehnten zur Formulierung seiner monumentalen Konzeption einer miteinander ausgesöhnten strukturalistisch/-poststrukturalistisch/existentialen Hermeneutik brachten. Diese Konzeption basiert sich nachdrücklich auf Schleiermachers Gedanken über das Verstehen und Auslegen von Texten und erweitert, modernisiert und legitimiert sie durch Elemente aus u.a. Ricoeur, Barthes, Derrida, Sartre (bzw. versucht umgekehrt durch die Zitation jener Autoren die Modernität Schleiermachers zu demonstrieren). Auf diesen Entwurf Franks, wie er sich u.a. in dem Band *Das Sagbare und das Unsagbare* (Frank 1990) und in diesem wieder besonders in dem groß angelegten, erst in die zweite Auflage des Bandes aufgenommenen Aufsatz "Was ist ein literarischer Text, und was heißt es, ihn zu verstehen?" darstellt, soll hier zunächst ein Blick geworfen werden. Dabei geht es nicht darum, die sicher berechtigte Kritik an Franks etwas unhistorischer Rhetorik des déja vu bei Schleiermacher oder jene an der symbiotischen Verschmelzung von Gedanken Schleiermachers mit solchen von Barthes, Sartre, Derrida etc. zu wiederholen (vgl. dazu etwa Willim 1983: 47). Es soll diese Skizze vielmehr als Grundlage dienen, die Hermeneutik in einem nächsten Schritt an einer ihrer avanciertesten Stellen einer Befragung unter systemtheoretischer Perspektive auszusetzen. Es könnte das zu einer differenzierteren Bestimmung des Verhältnisses von Hermeneutik und Systemtheorie führen, als polemisches Hinlangen sie gemeinhin zustandebringt. Und das sowohl im Hinblick auf die Gleichschaltung beider als auch im Hinblick auf ihre von anderer Seite deklarierte Unvereinbarkeit. Solche systemtheoretische Befragung von Franks Hermeneutik wurde von Georg Kneer/Armin Nassehi (1991) unter primär soziologisch/-philosophischer Perspektive bereits vor etlichen Jahren vorgenommen, wobei das Hauptaugenmerk auf dem zweifellos grundlegendsten Unterschied zwischen den beiden Theoriekonzeptionen, dem nämlich in der Behandlung von Individualität/Bewußtsein und Kommunikation lag. Der Globalbefund lautete damals, daß die Systemtheorie eine Revision der Hermeneutik in der Form ihrer Überbietung darstelle. Es sei ihr gelungen zu zeigen, daß die hermeneutische Maxime von der 'Unhintergehbarkeit von Individualität' mittels der systemtheoretischen Differenz von Bewußtsein und Kommunikation sehr wohl hintergehbar sei. Diesem Befund soll hier nicht widersprochen werden. Er hat im

Gegenteil als das Fundament auch der folgenden Ausführungen zu gelten. Doch soll die systemtheoretische Befragung unter Verstärkung der literaturwissenschaftlichen Perspektive auf einige bisher noch weniger berücksichtigte konzeptuelle Elemente von Franks Programm des Verstehens und Auslegens von Texten ausgeweitet werden.

II

Franks Einsatzpunkt bilden seine weitgehend mit Ricoeurs, doch auch Derridas Auffassungen übereinstimmenden Überlegungen zur Mündlichkeit/Schriftlichkeit von Rede und Text. Texte, und das heißt auch literarische Texte, werden da zunächst kompakt als "geschriebene Reden" (Frank 1990: 127) definiert, als Reden wohlverstanden, die nicht geredet und auch zum Reden nicht konzipiert werden, sondern sich gewissermaßen als Redeersatz des Mittels der Schriftlichkeit bedienen. Dieser Übergang der mündlichen Rede in den schriftlichen Text hat nun nicht einfach als die Überführung ein und derselben Sache vom einen in das andere Medium zu gelten. Es geht mit solcher Überführung vielmehr eine gravierende Veränderung des gesamten kommunikativen Charakters der Rede einher, wodurch mit dem an die Schrift gebundenen Text eine grundsätzlich von der mündlichen Rede unterschiedene neue Qualität entsteht. Ist die Rede nämlich nach Frank als konkreter, aktueller, immer historischer, damit aber eben auch flüchtiger und unwiederholbarer Sprechakt, das heißt als kommunikatives Ereignis zu sehen, so begibt sich der schriftliche Text jener Ereignishaftigkeit zunächst, bevor er dann allerdings wieder, doch nun anders, in sie einzutreten vermag. Nicht nur löst die Schrift die Mitteilung von der für die mündliche Rede spezifischen situationellen Gebundenheit an einen konkreten Adressaten ab. Das gleiche gilt vielmehr auch für die faktische Welt der Mitteilung und den konkreten Mitteilungsproduzenten samt seiner persönlichen Produzentenintention. Der schriftliche Text erscheint somit gegenüber der mündlichen Rede als situationsabstrakt, ereignislos, kommunikationsenthoben und dadurch letztlich auch bedeutungsenthoben: Als in der Schrift "*ge*-äußerte und *ent*-äußerte tritt die Rede aus ihrer Aktualität [...] *heraus:* sie des-aktualisiert, ja sie ir-realisiert sich" (a.a.O.: 139). Diese Freisetzung des Textes in den situationsabstrakten, zeitlos-neutralen Raum, diese Dekontextualisierung allerdings bedeutet nicht, daß der Text damit auch freigegeben ist für eine ebenso situationsabstrakte, zeitlos-neutrale Interpretation, die imstande wäre, den Text mit Erfolg auf einen unwandelbaren objektiven Sinn hin zu hinterfragen. Denn die Dekontextualisierung und Freisetzung des Textes durch die Schriftlichkeit ist nur eine scheinbare. Sie bezieht sich allenfalls auf den aller kommunikativen Einbindung entkleideten situationsabstrakten Materialcharakter der Schriftzeichen, ist aber beendet, sobald der Text zum erstenmal und sodann wieder und wieder rezipiert wird. Es erweist sich die Dekontextualisierung des Textes durch die Schrift dann nämlich als eine nur chimärenhafte Zwischenstufe, die freilich die Voraussetzung dafür schafft, daß sich der Text der Einbindung in neue und immer wieder andere kommunikative Kontexte öffnet, die an ihn herangetragen werden. Es wird der schriftliche Text - gemessen an der mündlichen Rede - durch den Akt seiner Rezeption gewissermaßen rekontextualisiert, und er gewinnt in dieser endlos wiederholbaren Rekontextualisierung einen an die rezipierenden Bewußtseine gekoppelten sich verändernden und fluktuierenden Sinn, der mit den Mitteln der linguistischen Textanalyse nie völlig erfaßbar ist. Diese im historischen Prozeß der Rezeption sich vollziehende Sinnveränderung versteht Frank mit Sartre nicht als Risiko, sondern gerade als Chance für das Werk und Bedingung der Möglichkeit von dessen Überleben durch potentiell infinite Sinnkonstitution.

Solche Gedanken bringen Frank von Ricoeur auf die Linie der Rezeptionstheorie Isers und Jauß'. Mit dieser wie mit ihren frühromantischen Vorläufern scheint er übereinzustimmen, insoweit ihr der schriftstellerische Produktionsakt als nur die eine, um den Aspekt des Lesens notwendigerweise zu ergänzende Seite der Hervorbringung des Werkes als sinnhaften Textes gilt, insoweit Sinn also als immer nur im kommunikativen Zusammenspiel von Autor/Text und Leser realisiert verstanden wird. Vorbehalte hingegen meldet Frank gegen die Rezeptionstheorie dort an, wo sie versucht, "die ästhetische Erfahrung in der hermeneutischen Erfahrung aufzuheben" (a.a.O: 144) und, ähnlich wie Ricoeur, trotz aller Aufmerksamkeit für die Polyfunktionalität und Polysemie literarischer Texte dennoch die Hoffnung nicht aufgibt, es lasse sich solche Polyfunktionalität und Polysemie als Entfaltung nur eines einzigen Gesichtspunkts erfassen und somit letztlich doch eine Art von Wiederaneignung ursprünglichen Sinns dadurch bewerkstelligen, daß der Wandel des Textsinns im historischen Prozeß seiner Rezeption unter "eine globale 'Perspektive'" (a.a.O.: 147) gestellt wird. Solche globale Perspektive, die ihre Wurzeln in der bis auf Platon und Aristoteles zurückgehenden Vorstellung von der Wiedergewinnung der in die Erscheinungen zersplitterten Textwahrheit durch die reflektorische Bündelung eben jener vielfältigen Erscheinungen im Bewußtsein des Interpreten hat, weist Frank von der Hand. Und es geschieht das unter ausdrücklichem (doch wohl Zustimmung demonstrierenden?) Verweis auf Derrida. Dieser will die Interpretation vom "hermeneutischen Narzismus" (ebd.) des Reflexionsmodells befreien. Denn der schriftliche Ausdruck sei fehlverstanden, wenn man ihn als Symptom oder Abspaltung einer vorgängigen Sinneinheit des Textes und als Aufforderung zu deren Wiedergewinnung nehme. Vielmehr gelte es zu erkennen, daß sich der schriftliche Ausdruck und zumal der ästhetische Charakter des schriftlichen Ausdrucks durch seinen nie einfach gegebenen, sondern immer auch vom Leser zu realisierenden differentiellen Verweis auf andere Texte konstituiere, was den Text letztlich zu einem Gewebe mache, das nur als Verkettung mit und Umformung von anderen Texten überhaupt ist (vgl. a.a.O.: 159). Der diesem Sachverhalt gemäße Leseakt könne denn auch niemals ein auf den Begriffen der Polyfunktionalität und Polysemie gründender sein. Er habe im Gegenteil der disseminalen Qualität des Zeichens entsprechend disseminaler Natur zu sein.

Jener auch die Aufgabe der Kohärenzerzeugung einschließende disseminale, dem "Fließen des Sinns in der Geschichte" (a.a.O.: 176) und dem "Gleiten des Sinns unter der Schrift" (a.a.O.: 185) nachgehende Leseakt aber, und damit kommt Frank seinem Hauptanliegen und mit ihm der Einführung von Schleiermachers doppelter Konzeption von Interpretation in seinen Argumentationszusammenhang näher, könne von statischen, taxonomischen Modellen der Textgrammatik und der Strukturanalyse nicht erfaßt werden, denn "nur das im allgemeinen Erwartbare, nur das konventionell Gebundene [...], nur das in wiederkehrenden Situationen bedeutungsgleich Verstehbare läßt sich kodifizieren, die individuellen, d.h. die innovativen Intentionen des Text- oder des Konkretisations-Subjekts fallen durch die Maschen des Modells" (a.a.O.: 158).

Mit Schleiermacher unterscheidet Frank am "Text-als-Werk", das heißt am Text als einer von einem sinnstiftenden Individuum hervorgebrachten "Tatsache" die drei Aspekte der Strukturiertheit, der Gattung und des Stils. Nur gegenüber den ersten beiden, die außerhalb der Bindung des Textes an den Diskurs, sozusagen in Ricoeurs Zwischenreich des Textes auf der Stufe seiner Dekontextualisierung angesiedelt sind, ist er bereit, der von Schleiermacher so benannten *grammatischen Interpretation* bzw. ihrer avancierten Variante der strukturalistischen Textanalyse eine gewisse Bedeutung einzuräumen. Hier ist es möglich, gegen den Hintergrund der allgemeinen Sprachkonventionen eine Erklärung des Textes zu leisten, zu dekodieren, was im Text nach allgemein geltender Sprachregel kodiert vorliegt. Frank verwendet relativ breiten Raum darauf, die Möglichkeiten solcher strukturanalytischen Texterklärung am Beispiel von Roland Barthes zu demonstrieren. Noch mehr freilich geht es ihm dabei um die Demonstration gerade der eng gezogenen Grenzen dieser Möglichkeiten. Denn ein Wissen vermag solche sich auf den diskursenthobenen Text kaprizierende Textanalyse immer nur vom Allgemeinen zu haben. Das Individuelle in der Wortauswahl und -kombination eines Textes hingegen tritt lediglich im negativen Sinne, als Regelabweichung ins Bewußtsein des Analysierenden, bleibt jedoch ansonsten unerfaßt, ist mit grammatischen Mitteln nicht zu verstehen. Dieses Individuelle als "das unzurückführbar Nicht-Konventionelle" (a.a.O.: 177) aber macht nach den Aspekten von Strukturiertheit und Gattung Schleiermacher/Franks dritten Aspekt des Texts, jenen nämlich des Stils aus, der sich offenbart, sobald der Text von der Stufe seiner durch die Schrift bedingten Dekontextualisierung in einen kommunikativen Zusammenhang eintritt. Um den Stil eines Textes und damit die entscheidende Dimension ästhetischer Kommunikation zu verstehen, hat man die zu diesem Zweck untaugliche Ebene der *grammatischen Interpretation* zu verlassen und auf die als 'eigentliche Interpretation' apostrophierte Ebene der von Schleiermacher so benannten *psychologischen* oder *technischen Interpretation* überzuwechseln. Da Stil nun als das irreduzible Nicht-Konventionelle und damit als "unteilbar und mithin unmittelbar" (a.a.O.: 179) und wohl auch unmitteilbar (im Sinne der Nichtwiederholbarkeit mit den Mitteln der konventionellen Sprache) aufgefaßt wird, läßt sich auf dieser Ebene der stilverstehenden Interpretation letzte Gewißheit über den Sinn des Textes nicht erreichen. Indem die psychologische Interpretation sich vom Objektivismus der taxonomischen Strukturanalyse verabschiedet und sich auf die Individualität und Innovationskraft des Textes in der lebendigen Kommunikation einläßt, erlangt sie einen völlig anderen als szientistisch definitorischen Charakter. Psychologisches Interpretieren/Stilverstehen, wie Frank es im Anschluß an Schleiermacher sieht, ist und kann nur sein ein Akt des divinatorischen, erfinderischen, erratenden, vermutenden, hypothetischen Überspringens der Grenzen des codegeleiteten konventionellen Sprachsystems auf die Individualität des kommunizierten Textes hin. Es kennt keinen archimedischen Punkt, von dem her sich ein Gesamtsinn oder eigentlicher Sinn ermitteln ließe. Es bleibt per definitionem fragmentarisch und vorläufig, da der historische Prozeß der Kommunikation immer neuen Sinn ansetzt und die Identität des Zeichens nicht ursprünglich gegeben ist, sondern erst im Durchgang durch die unendliche Differenz zu sämtlichen anderen Zeichen, also nie, erlangt wird. Der Text ist demnach als unendlicher Text zu sehen und auch das Verstehen als unendlich zu begreifen, weil es in der Unendlichkeit des Textes nirgendwo fest zu verankern ist. Während die Vertreter der taxonomischen, textgrammatischen Strukturanalyse sich am liebsten den Text ohne Stil wünschten, gilt für Frank denn auch umgekehrt, daß es "keine Grammatik des Stils - und mithin keine Grammatik des Textes geben" könne (a.a.O.: 189).

Der bis zu diesem Punkt fortgeschrittenen Verschmelzung der älteren hermeneutischen Vorstellungen Schleiermachers mit denen vornehmlich Ricoeurs und den differenztheoretischen Maximen Derridas nun läßt Frank schließlich unter der Überschrift "Grundzüge eines Modells der 'technischen Interpretation'" (ebd.) eine Präzisierung des Weges folgen, der zum annäherungsweisen Verstehen der Individualität von Stil zu führen habe. Diese Präzisierung erfolgt in enger Anlehnung an Sartre und dessen *L'Idiot de la famille* und bezieht die bisher eher in Opposition zueinander behandelten Ebenen der grammatischen und der psychologisch/technischen Interpretation eng aufeinander. Denn der Text, heißt es da, ist eben nicht nur allgemein *oder* individuell. Als in diskurshafte Kontexte eingebundener Text ist er vielmehr beides: allgemein durch die immer irgendwie gegebene Bindung an "das Regel-Gesamt seiner Epoche", wie es sich "in allen sprachlichen Schichten manifestiert" (a.a.O.: 190) und strukturanalytisch beschreibbar ist, *und* individuell durch die nur ihm eigene Anwendung und Überschreitung dieses Regel-Gesamt. Erst im Wechselspiel zwischen dem "Sagbaren" der regelgeleiteten Struktur und dem von der konventionellen Sprache unwiederholbaren "Unsagbaren" des individuellen Sinns bildet sich der Stil des Textes. "Die Arbeit des Interpreten", so Frank, "wird unter dieser Voraussetzung darin bestehen, in jedem Strukturmoment des Textes den 'individuellen Beisatz' zu entdecken und umgekehrt im individuellen Stil des Autors die Spuren der aufgehobenen symbolischen Ordnung nachzuweisen" (a.a.O. 191). Es habe der Interpret damit den Weg einer "differentiellen Interpretation" zu beschreiben, die die individuelle Einzigartigkeit des Stils aus der Differenz zwischen Norm und Normüberschreitung, zwischen Allgemeinem und Individuellem also zu 'erraten' habe. Und mit Sartre ist Frank denn auch der Meinung, daß der Textinterpret die individuelle Stilschicht des einzelnen Textes nur durch die Bestimmung der Differenz erstens zwischen der Lebensgeschichte des Autors und den sozialen (über Sprache vermittelten) Strukturen seiner Epoche und zweitens zwischen dem "Keimentschluß" des Autors und der Summe seiner sonstigen Lebensbekundungen (Werke, Dokumente etc.) wird sichtbar machen können. In solcher Handhabung eines übergreifenden Epochencodes, im Bruch mit dem Individualität sich differentiell zu erweisen hat und der umgekehrt in jeder Individualität die Bindung an die allgemeine Epochenstruktur aufscheinen läßt, liegt ganz offensichtlich Sartre/Franks Schlüssel zum Verstehen des einzigartig Unsagbaren von Stil, das über die Untersuchung der Allgemeinheit von Textstrukturen unerreichbar bleibt. Erst über die Konzeption des Textes als gleichermaßen individuell wie auch allgemein, als das Individuell-Allgemeine also, und über das Erraten der Differenz zwischen beiden ist Stil, immer nur vorläufig und nie abschließend, als das unhintergehbar Individuelle eines Textes erfaßbar.

III

Dieser etwas ausführlichere und dennoch sicher simplifizierende Umschweif vornehmlich referierender Art war unumgänglich, um jene systemtheoretische

Befragung der Frankschen Hermeneutik vorzunehmen, die nun wenigstens für einige Punkte folgen soll. Zunächst wäre festzuhalten, daß Franks Konzept und die Systemtheorie Niklas Luhmanns eine Reihe von Gemeinsamkeiten auszeichnet: Beide sind - wenn auch im Falle Franks mit traditionellen Versatzstücken untermischt - als postmoderne Differenztheorien mit universellem Anspruch aufzufassen; in beiden besetzt das Phänomen des Verstehens einen zentralen Platz; beide machen deutlich, daß das Verstehen nicht einfach in der Allgemeinheit von Sprach- bzw. Sozialstrukturen aufgeht, sondern seinen Fixpunkt gerade in einem nur mittels eines Sprunges faßbaren Nicht-Allgemeinen hat; beide heben sich damit kritisch von der älteren transzendentalen Subjektphilosophie ab; beide sind der Meinung, daß sich das Verstehen in kommunikativen Prozessen vollzieht und dementsprechend als offener, potentiell endloser Vorgang anzusehen ist. Und wenn man bedenkt, welche divergierenden und dennoch unter den Begriff der Hermeneutik subsumierten Vorstellungen von Verstehen, von Schleiermacher über Ricoeur und Derrida zu Sartre, in Franks Konzept zusammentreten, so ist es vielleicht nicht einmal ganz abwegig, auch den systemtheoretischen Beitrag zur Verstehensproblematik, so unüblich solcher Sprachgebrauch sein mag, letztlich als Variante der Hermeneutik, eben als systemtheoretische Hermeneutik anzusprechen. Andererseits darf das nicht den Blick darauf verstellen, daß die Systemtheorie gegenüber der Hermeneutik, und zwar auch gegenüber der umfassenden Frankschen Version der Hermeneutik, so radikale und folgenreiche theoretische Umpolungen vorgenommen hat, daß jegliches Über-einen-Kamm-scheren sich verbietet.

Der grundsätzlichste Unterschied ist zweifellos jener oben bereits erwähnte und von Kneer/Nassehi 1991 zurecht in den Mittelpunkt ihres Beitrags gerückte zwischen Franks Maxime von der Unhintergehbarkeit von Individualität und Luhmanns Umschalten auf soziale Systeme, der Unterschied zwischen Kommunikation hier und Bewußtsein dort als dem Zusammenhang, in dem die Verarbeitung von Komplexität und mit ihr der Verstehensprozeß zu verorten ist. Da alle anderen zu diskutierenden Punkte diesem einen untergeordnet sind, sei er, gleichwohl von Kneer/Nassehi ausführlich dargestellt, hier mit wenigen Strichen nochmals angerissen.

Während Frank mit Schleiermacher gegen Kants Auffassung vom transzendentalen Subjekt als Letztbegründungsinstanz von Wissen die unbegrenzte Vielzahl der von individuellen Sprechern vorgetragenen individuellen Weltinterpretationen setzt, die sich im Diskurs der lebendigen Kommunikation bewähren müssen, ohne indessen gesichertes Wissen jemals erreichen zu können, geht die Luhmannsche Theorie sozialer Systeme über beide hinaus. Sie leugnet nicht Individualität und Bewußtsein, nimmt jedoch auf der Basis des Konzepts autopoietischer Systeme eine radikale Trennung von Individualität und Bewußtsein einerseits und Kommunikation andererseits vor. Psychische und soziale Systeme sind danach keine festen Entitäten, sondern dynamische Größen, die sich ausschließlich auf dem Wege der Selbstreferenz organisieren und am Leben erhalten. Sie sind füreinander (ebenso wie übrigens auch psychische Systeme und soziale Systeme jeweils untereinander) intransparent, nämlich hinsichtlich ihrer Operationsweise geschlossen und autonom und verarbeiten die Komplexität von Welt/Umwelt in kategorial verschiedenen Zusammenhängen: als Bewußtsein die psychischen, als Kommunikation die sozialen. Dies bedeutet nicht, daß psychische und soziale Systeme ohne irgendeine Beziehung zueinander sind. Sie vermögen einander durchaus zu irritieren und sind strukturell insofern gekoppelt, als Bewußtsein als unveräußerliche Voraussetzung für Kommunikation gelten muß. Doch können beide weder miteinander zusammenschmelzen oder kommunizieren noch deduktiv auseinander abgeleitet werden oder sich gegenseitig steuern, sondern verarbeiten einander als Umwelt nach den jeweils im System selber und nicht nach den in der Umwelt, also im beobachteten System geltenden Bedingungen. Die prinzipielle Unzugänglichkeit des individuellen Bewußtseins für Kommunikation (die sich ja darin kundtut, daß alles, was wir von Bewußtsein zu wissen meinen, immer schon kommunikativ vermittelt ist, womit der Wechsel in die andere Systemart und unter andere Systembedingungen bereits vollzogen ist) hat Luhmann denn auch zu der Bemerkung veranlaßt, daß nicht der Mensch, sondern nur die Kommunikation kommunizieren könne (s. Luhmann 1990: 30f.). Die Hintergehung von Individualität durch Kommunikation ist danach unvermeidliches Erfordernis und bereits fortwährend geübte gesellschaftliche Praxis. Da Sinnverarbeitung und Sinngenerierung auf der Ebene der individuellen Psyche nun, wenn auch unbestritten, so doch intransparent sowohl für andere psychische als auch für soziale Systeme bleiben muß, ist zu fragen, wie der Prozeß von Sinnverarbeitung und Sinngenerierung dort sich darstellt, wo einzig er als konkrete Kommunikation greifbar ist, nämlich auf der Ebene sozialer Systeme. Der Luhmannschen Theoriekonzeption zufolge findet Sinnverarbeitung in sozialen Systemen nicht auf dem Wege der Deduktion statt und hat man entsprechend auch mit keinem in-put und out-put irgendwelcher stabiler Sinneinheiten zu rechnen. Es erzeugt der kommunikative Akt hingegen auf dem Wege der Selektion durch Negation erst selbst seinen eigenen Selektionshorizont. Und es emergiert Sinn/Verstehen als das Paradox der Einheit der Differenz zwischen dem, was aktuell selegiert wird, und dem, was in der Selektion negiert wird. Diese kurzen Bemerkungen sollen hier zunächst ausreichen, um die Grundlinien des systemtheoretischen Ansatzes Luhmannscher Version zu umreißen und die Kontraposition zum Individualitätsprinzip der Frankschen Hermeneutik zu demonstrieren: dort der divinatorische Sprung, der, von der Differenz zwischen der Allgemeinheit der Sprach- und Sozialstrukturen und deren Abweichung ausgehend, zur Hypothese individuellen Stilverstehens führt; und hier das Individualität hintergehende, ebenfalls sprunghafte Paradox der in der Kommunikation Sinn produzierenden Einheit der Differenz von systemischer Selektion und Negation.

Unter dieser Perspektive der Trennung von Bewußtsein und Kommunikation und dem nur in der Kommunikation, also auf der Ebene sozialer Systeme als Sinn greifbaren Verstehen nun muß bereits Franks (Ricoeurs, Derridas) Ausgangsthese vom kommunikativen Ereignischarakter mündlichen Sprachgebrauchs und der Stillegung eben dieses Ereignischarakters durch die Schrift problematisch erscheinen. Ereignis sei Sprache, so heißt es bei Frank, nur als mündlicher Sprachgebrauch in der aktuellen Beziehung auf individuelle Sprecher, individuelle Hörer und mitgeteilte Welt. Und Sinn/Bedeutung erlange solcher Sprachgebrauch nur durch das Kommunizieren von Individuen und deren Relationierung von geäußerter Mitteilung und welthaftem Aussagekontext. Der gesamte Komplex von Ereignishaftigkeit des mündlichen Sprachgebrauchs, Kommunikation und Sinn/Bedeutung wird demnach strikt auf Individualität zugerechnet. Sobald die Sprache sich im Aggregationszustand der Schriftlichkeit hingegen von aller gebrauchsbedingten, individuellen Zurechnungsmöglichkeit distanziert habe, habe man in Entsprechung dazu mit Texten als, zunächst jedenfalls, ereignislosen, kommunikationslosen und sinn/bedeutungslosen abstrakten Gebilden zu tun, die einzig vom Sprachsystem her definierbar sind. Das eine wie das andere aber muß unter den gerade skizzierten systemtheoretischen Gesichtspunkten in Frage gestellt werden. Einerseits nämlich läßt sich - gleichwohl unzweifelhaft ist, daß mündliche Mitteilungen von Individuen, also Bewußtseinen geäußert werden und von ebensolchen auch aufgenommen und verarbeitet werden - angesichts des überschneidungsfreien Operierens von Bewußtsein und Kommunikation auch mündlicher Sprachgebrauch nicht einfach auf das Bewußtsein von Sprechern und Hörern verbuchen. Denn noch bevor der mitteilende Sprecher einen Hörer findet und mit diesem Individualkommunikation inszeniert, ist das Gesprochene Teil von Kommunikation in einem anderen Sinn bereits durch seine Differenz, durch seine einmalige negative selektive Beziehung zu anderen Positionen im aktuellen innersystemischen oder intersystemischen Redekontext (seien sie nun mündlicher oder schriftlicher Art), deren wiederum eigene Selektivität das Gesprochene irgendwie schon immer verstanden hat. Gegenüber ihnen und nicht erst gegenüber oder im Verein mit einem verstehen wollenden Hörer gewinnt das Gesprochene semantisches Profil und Sinn. Es hat Sinn, so könnte man auch sagen, indem es selber bereits ein Verstehen von Vorgängigem impliziert. Wenn man den Ereignis-, Kommunikations- und Sinnbegriff solchermaßen zwar in struktureller Kopplung zur Individualität beläßt, ihn jedoch hinsichtlich der Operationsweise radikal von dieser löst, so stellt sich andererseits aber auch der Charakter des schriftlichen Textes anders dar als Frank mit Ricoeur glauben machen will. Wenn Ereignis, Kommunikation und Sinn nicht an die Individualität von Sprechern und Hörern gebunden sind, sondern mündliche Mitteilungen dies alles schon sind bzw. haben aufgrund ihrer je eigenen kommunikativen Differenzqualität, so gibt es keinen Grund mehr, dem schriftlichen Text kommunikativen Ereignischarakter abzusprechen. Auch der schriftliche Text ist Ereignis. Denn wie der mündliche Sprachgebrauch, so konstituiert auch er sich aus der unverwechselbaren, einmaligen Differenz zu seinem Selektionskontext, nicht aus der Abhängigkeit vom hier in der Tat nicht gegebenen diskurshaften Kontext der Rede (vgl. zur Frage der Ereignishaftigkeit des Textes auch de Berg 1996).

Unmittelbar mit der Frage der Ereignishaftigkeit des Textes hängt ein anderes problematisches Versatzstück von Franks Hermeneutikoption zusammen, das uns Gelegenheit gibt, das Prozessieren systemtheoretisch verstandener Kommunikation zu beleuchten: die wohl aus der Rezeptionsästhetik übernommene Vorstellung, als sei der Sinn namentlich literarischer Texte ein Fließendes und müsse es demzufolge für den Interpreten solcher Texte darum gehen, "dem Fließen des Sinns in der Geschichte nach- und damit über das hinauszugehen, was die Strukturalisten in der Nachfolge der Informationstheorie 'Dekodierung' nennen" (Frank 1990: 176). Die Metaphorik vom Fließen des Sinns, die ergänzt wird durch jene der 'Anlagerung' neuen Sinns, der 'Verschiebung' von Sinn (vgl. a.a.O. 1990: 182) und des 'Gleitens' des Sinns (vgl. a.a.O.: 185), war wohl schon immer ungenau und mißverständlich. Es liegt ihr die Auffassung von einem, sei es unstabilen, Kernsinn zugrunde, der im Verlauf der Rezeptions/Überlieferungsgeschichte des Textes modelliert und erweitert wird und die platonische Perspektive auf einen aus dem Schmelztigel 'des letzten Kapitels von der Geschichte der Welt' aufsteigenden Gesamtsinn offen hält. Unter den kommunikationstheoretischen Voraussetzungen der Systemtheorie muß eine derartige Sicht der Dinge als verfehlt erscheinen. Denn weder fließt im historischen Prozeß der Sinnproduktion etwas, noch wird da angelagert oder verschoben oder überhaupt an dem Gebäude eines wie unendlich weit entfernten Gesamtsinns auch immer gemauert. Die Orientierung des Verstehens an Kommunikation statt an Individualität und Bewußtsein und die Definition von Text als kommunikativem Ereignis zwingt dazu, das, was Frank mit der

Rezeptionsästhetik als zwar im Fluß befindliches, doch letztlich einheitliches Überlieferungsgeschehen mit infinitem, offenem Ausgang betrachtet, konzeptuell neu zu fassen: Es löst sich der kommunikationstheoretischen Perspektive zunächst in strikt zeitpunktgebundene Einzelkommunikationen auf, die jeweils durch die dreistellige Selektion von Information (= Selektion der Kommunikationsinhalte aus einem Fundus von Möglichkeiten), Mitteilung (= Selektion eines Wie der Informationsvermittlung) und Verstehen (= Erfassen des Paradoxes der Einheit der Differenz zwischen Information und Mitteilung) konstituiert sind. Der Text, meint das, drückt - noch vor aller Aufnahme durch mögliche Rezipienten - aufgrund seiner nur ihm eigenen Selektivität gegenüber anderen möglichen Positionen im kommunikativen Kontext und aufgrund seines Erfassens wiederum von deren Information/Mitteilung-Differenz ein Verstehen aus, das Kommunikation als Kommunikation begründet.

Freilich kann es bei der Auflösung des Überlieferungsgeschehens in solche ja nur flüchtigen, kommunikativen Einzelakte nicht bleiben, da andernfalls unklar bliebe, woher Kommunikation eigentlich kommt und der prompte Abriß von Kommunikation mit dem Verstehen impliziert würde. Daß genau dieses Abreißen nicht der Fall ist, hat seinen Grund darin, daß die Kommunikation prozessiert, und zwar dadurch prozessiert, daß jede im Verstehen gipfelnde Kommunikation zum Ausgangspunkt einer neuen, anschließenden Kommunikation werden kann (nicht werden muß), die wiederum nach dem gleichen dreistelligen Modell organisiert ist etc. In jeder neuen, strukturell an eine vorgängige locker gekoppelten Kommunikation geht es also abermals darum, daß unter Zuhilfenahme einer spezifischen Differenz eine andere Differenz verstanden und ein eigener Sinn aufgebaut wird. Es ist dieses Phänomen der Anschlußkommunikationen oder, wie Luhmann es auch nennt, der "rekursiven Wiederverwendbarkeit" von Kommunikationen erst (Luhmann 1995b: 84), das für die autopoietische Systembildung und Systemerhaltung verantwortlich ist. Es garantiert den Zusammenhang und die Fortdauer von Kommunikation als einem gewissermaßen flächendeckenden, gesamtgesellschaftlichen Vernetzungsprozeß, ja definiert Gesellschaft schlechthin als Kommunikation. In diesem nach dem Konzept der kommunikativen Anschlußfähigkeit strukturierten Prozeß ist der Gedanke von der hierarchischen Abhängigkeit der rezipierenden Texte von den rezipierten, an deren Sinn immer nur wieder die Literaturwissenschaft endlos tüftele, und damit der Gedanke vom Überlieferungsgeschehen als einem monolithischen Geschehen aufgegeben. An seine Stelle tritt die Emanzipation des kommunikativen Einzelereignisses (das heißt auch jeden primären oder sekundären Einzeltextes), das durch eine Unzahl von innersystemischen wie intersystemischen Irritationen, doch immer nach Maßgabe seiner eigenen Differenz zur selektiven Verarbeitung von Umwelt und zur Produktion eigenen

Sinns, nicht zur Produktion des Sinns anderer Kommunikationen veranlaßt wird. Gegenüber Franks Option vom Fließen, Anlagern und Verschieben des Sinns scheint dieses Konzept der Anschlußkommunikationen geeignet, die Beschreibung der außerordentlich komplizierten und häufig genug disparaten, brüchigen und heterogenen Verhältnisse tatsächlicher gesellschaftlicher Kommunikation, auch auf dem Feld von Literatur und Literaturwissenschaft, ein gutes Stück vorwärts zu bringen. Es trägt dem Umstand Rechnung, daß der kommunikative Prozeß weder einen sich selbst gewissen Sinn kennt, auf den man sich jederzeit zurückbeziehen könnte, noch einen, wenn auch utopischen, Gesamtsinn, sondern daß funktional äquivalenter Sinn in Kommunikation vielmehr unablässig produziert wird und produziert werden muß. (Ausführlicher zu dieser Problematik de Berg/Prangel 1997.)

Dies nun führt noch einmal zu der en passant bereits berührten Frage, wie denn die Konstituierung von Sinn genau zu denken sei. Beide, die Franksche Hermeneutik wie die Systemtheorie, verstehen sich und sind wohl auch zu verstehen als prononcierte postmoderne Differenztheorien, denen zufolge Sinn sich der Differenz zum anderen verdankt. Dennoch sind die Unterschiede beider Konzeptionen gravierend. Für Frank, der sich hier eng an Derrida anlehnt, gilt, daß das sprachliche Zeichen nicht fraglos auf sich selbst verweist: "Es hat keine originäre Identität, sondern erwirbt sie erst dadurch, daß es, bevor es auf sich zurückkommt, zuvor den Umweg über alle anderen Zeichen nimmt [...]. Man kann also sagen, daß es von *sich* durch nicht weniger als durch das Universum aller anderen Zeichen - und wenn man auf der Textebene argumentiert - durch das Universum aller anderen Texte getrennt ist" (Frank 1990: 183 f.). Für Frank ist dieser Gedanke so verlockend, weil er den Abschied von der "szientistischen Vorstellung" bedeutet, "es gebe eine ursprüngliche und zeitlose Gegenwärtigkeit zumindest *einen* Sinns bei und mit sich selbst" (a.a.O.: 184), und den Weg zur endlosen Anreicherung von Sinn über immer neue divinatorische Verstehenshypothesen eröffnet. Aus systemtheoretischer Sicht vermag man jedoch dem Gedanken von der Differenz der Zeichen zu *allen* anderen Zeichen unmöglich zu folgen oder muß ihn zumindest als leer betrachten. Denn wenn Kommunikation und Text als konkretes, zeitpunktgebundenes Ereignis gesehen werden, wie es die Systemtheorie ja tut, dann ist es ganz unerheblich zu wissen, daß Alfred Döblins *Berlin Alexanderplatz* sich neben endlos vielem anderen auch von altbabylonischen Gesetzestexten, der Minnelyrik des Mittelalters, der englischen Gothic Novel, den Essays Hans Magnus Enzensbergers und sämtlichen wo immer und wann immer in der Zukunft erst noch zu schreibenden Texten unterscheidet. Es mag das getrost so sein. Doch die kommunikative Einmaligkeit von Döblins Roman und damit sein Sinn kommt dadurch noch nicht zustande. Kein Text kann spezifischen Sinn konstituieren, indem er sich dem Universum entgegensetzt. Sinn emergiert vielmehr aus der Differentsetzung des Textes zu den ganz konkreten anderen Möglichkeiten, die der aktuelle Selektionskontext zum Entstehungszeitpunkt bietet, Möglichkeiten, die nicht gewählt, wohl aber als Negativfolie des Gewählten mitgesehen werden. Völlig falsch wäre dabei die Vermutung (so formuliert z.B. von Lutz Kramaschki 1995), als käme eben das einem Einschwenken der Systemtheorie auf jene szientistische Linie von der Annahme eines zeitlos gegenwärtigen und bei sich selber befindlichen Sinns gleich, die Frank gerade hinter sich lassen wollte. Denn erstens hat man den aktuellen Selektionskontext nicht als gegeben zu verstehen, sondern als etwas, was immer erst im Akt der Selektion selber durch das Treffen einer Unterscheidung als Negativseite des Selegierten überhaupt geschaffen wird. Und zweitens mögen sich nach dem Modell der Anschlußkommunikationen an die eine Kommunikation andere und an diese wieder andere mit je eigener Sinnkonstitution anschließen. So ist jeder Text beides: konkretes, entstehungsbedingtes, historisch punktuelles Ereignis mit spezifischem, differenzproduziertem Sinn; doch als selbständiger Kommunikationsakt dennoch eingebunden in das umfassende Kommunikationsnetz der Gesellschaft. Äußerste ereignishafte Spezifizität bei gleichzeitiger äußerster Dynamik, das scheint der Gewinn des systemtheoretischen Differenz- und Sinnkonzepts gegenüber dem von Frank gehandhabten zu sein.

Wo nun, und damit seien einige Bemerkungen zu einem letzten fragwürdigen Punkt in Franks Hermeneutikkonzeption gemacht, die Differentialität der Zeichen nicht als Unterscheidung von aktuellen kontingenten Selektionsmöglichkeiten, sondern als Unterscheidung schlechthin vom Universum der Zeichen angenommen wird, dort wird Kommunikation im hier zugrundegelegten systemtheoretischen Verständnis als über Differenzhandhabung und -erkennung laufendes Ereignis unmöglich. Texte, die ihren selektiven Widerpart überall und nirgends hätten, wären eben nicht Bestandteil konkreter Kommunikation und blieben ohne bedeutungsmäßiges Profil. So etwas muß auch Frank irgendwie bewußt geworden sein. Und es ist zweifellos das Bedürfnis, daß auch er ja den Text nicht profillos belassen, sondern ihn wenigstens hypothesenhaft auf Sinn fixieren will, der Grund dafür, daß er die eigene Differenzdefinition am Ende unterläuft und sich Sartres Programm von der Freilegung der epochalen sprachlichen und sozialen Situation anschließt, "in welcher das Universelle mit dem Individuellen sich auseinandersetzt" (a.a.O.: 194) und gegen deren Hintergrund das Individuelle schließlich annäherungsweise erfaßt werden könne. Zum Abhebungskontext konkreter Texte avanciert damit, einem Kompromiß zwischen dem Universum aller Zeichen und der ereignishaften Einzelkommunikation vergleichbar, ein zweifelhafter allgemein akzeptierter kultureller Epochenkode. Indem die Möglichkeit angenommen wird, diesen, aller Brüchigkeit und Heterogenizität von Gesellschaft und Geschichte zum Trotz, konstruieren zu können, ist aber, wie es scheint, der von Frank explizit formulierte Anspruch einer wirklich kommunikativen Hermeneutik bereits aufgegeben. Statt die vom Einzeltext durch seine Mitteilungsform einmal getroffene Trennungslinie zwischen dem, was er ist, und dem, was er aktuell negiert, auf dem Wege der Kommunikationsanalyse sichtbar zu machen, geht es solchem Verfahren darum, Individualität als Bruch, Änderung, Unterminierung etc. gegenüber dem Epochenkode herauszustellen und womöglich Lob und Kritik an Texte danach zu verteilen, inwiefern sie sich einem als konventionell und beengend, autoritär, misogyn, rassistisch etc. erfahrenen Epochenkontext unterordnen oder diesen untergraben. Was Texte in ihrer spezifischen Situation tun, über welche Differenzen sie im Detail Kontur gewinnen, bleibt dagegen außerhalb des Blickfelds.

Nach dem Vorangehenden sollte zweierlei klar geworden sein: einmal, daß die Hermeneutik bereits bei Schleiermacher und um wieviel mehr durch die Integration der Gedanken des französischen Strukturalismus und Poststrukturalismus, wie sie von Frank vorgenommen wurde, einen Grad von Elaboriertheit erreicht hat, der es sowohl verbietet, sie der pauschalen Kritik auszusetzen, sie verschließe sich dem dynamischen Wandel von Sinn im historischen Prozeß, als auch jener des unwissenschaftlich-spekulativen und gesellschaftsabgewandten Umgangs mit Texten; sodann, daß trotz eines zentralen gemeinsamen Interesses von Frankscher Hermeneutik und Luhmannscher Systemtheorie an Sinnkonstitution und Verstehen die Divergenzen zwischen beiden doch grundsätzlicher Art sind. Wenn man, was die Systemtheorie tut, als systemtheoretische Hermeneutik bezeichnen will, so mag man das gut und gerne tun, und es muß solche Rede auch keineswegs als Diskriminierung aufgefaßt werden. Wenn nur deutlich ist, daß die Begrifflichkeit von Kommunikation, Differenz, Sinnkonstitution, Sinnverstehen im einen und im anderen Fall ganz unterschiedlichen Denkvoraussetzungen entspringt und auch ganz Unterschiedliches meint. Zwischen Kommunikation und Bewußtsein, zwischen sozialem System und psychischem System, zwischen historischer Einmaligkeit und individueller Einzigartigkeit, zwischen Verstehen als Erkennen einer kommunikativen Differenz und Verstehen als Erraten einer individuellen Abhebung vom Allgemeinen, zwischen der Vernetzung der Gesellschaft durch Anschlußkommunikationen und dem Fließen des Sinns in der Geschichte verläuft die Linie, an der sich die Geister scheiden.

Literatur

de Berg, Henk (1996): Schwierigkeiten mit Ricoeurs Hermeneutik, in: *Neophilologus 80 (4)*, S. 1-15.

de Berg, Henk/Prangel, Matthias (1997): Noch einmal: Systemtheoretisches Textverstehen. Eine Antwort auf Lutz Kramaschkis Kritik am 'Leidener Modell', in: *Systemtheorie und Hermeneutik*, hg. von H.d.B. und M.P., Tübingen/Basel, S. 117-141.

Frank, Manfred (1977): *Das Individuelle Allgemeine. Textstrukturierung und -interpretation nach Schleiermacher,* Frankfurt/M.

Frank, Manfred (1990): *Das Sagbare und das Unsagbare. Studien zur deutsch-französischen Hermeneutik und Texttheorie,* erweiterte Neuausgabe Frankfurt/M.

Kneer, Georg/Nassehi, Armin (1991): Verstehen des Verstehens. Eine systemtheoretische Revision der Hermeneutik, in: *Zeitschrift für Soziologie 20 (5)*, S. 341-356.

Kramaschki, Lutz (1993): Das einmalige Aufleuchten der Literatur. Zu einigen Problemen im 'Leidener Modell' systemtheoretischen Textverstehens, in: *Differenzen. Systemtheorie zwischen Dekonstruktion und Konstruktivismus*, hg. von Henk de Berg und Matthias Prangel, Tübingen/Basel, S. 275-301.

Luhmann, Niklas (1984): *Soziale Systeme. Grundriß einer allgemeinen Theorie*, Frankfurt/M.

Luhmann, Niklas (1990): *Die Wissenschaft der Gesellschaft*. Frankfurt/M.

Luhmann, Niklas (1995a): Dekonstruktion als Beobachtung zweiter Ordnung, in: *Differenzen. Systemtheorie zwischen Dekonstruktion und Konstruktivismus*, hg. von Henk de Berg und Matthias Prangel, Tübingen/Basel, S. 9-35

Luhmann, Niklas (1995b): *Die Kunst der Gesellschaft*, Frankfurt/M.

Schleiermacher, Friedrich Daniel Ernst (1977): *Hermeneutik und Kritik*. Hg. v. Manfred Frank, Frankfurt/M.

Scholtz, Gunter (1995): *Ethik und Hermeneutik. Schleiermachers Grundlegung der Geisteswissenschaften,* Frankfurt/M.

Willim, Bernd (1983): *Urbild und Rekonstruktion. Zur Bedeutung von Schleiermachers Konzept der Literaturauslegung in der aktuellen Diskussion um eine materiale Hermeneutik*, Frankfurt/M.

HENK DE BERG

Systemtheoretische Interpretation?
Kritische Überlegungen zu Gerhard Plumpes Schlegel-Deutung[1]

Einleitung

Niklas Luhmanns Theorie sozialer Systeme hat Konjunktur. Das gilt nicht nur für die Soziologie, sondern auch für die allgemeine und germanistische Literaturwissenschaft, in der Luhmann zu einer unverzichtbaren Zitatenquelle aufgestiegen (oder herabgekommen?) zu sein scheint. Neben dem unvermeidlichen *name dropping* findet sich freilich auch eine stattliche Zahl literaturwissenschaftlicher Arbeiten, die Luhmanns Ansatz produktiv weiterzudenken und für Fragestellungen der eigenen Disziplin fruchtbar zu machen versuchen. Vor dem Hintergrund der gegenwärtig virulenten Literatur- und Interpretationskonzepte erscheint die Systemtheorie in der Tat besonders attraktiv. Anders als dekonstruktionistische Positionen etwa, die mit ihrer einseitigen Orientierung an Text und Sprache historisch-gesellschaftliche Prozesse entweder ausblenden oder in einer endlosen Semiosis (die Welt als *le texte général*) verschwinden lassen, betont Luhmanns soziologischer Ansatz, der "von Sprache auf Kommunikation umstellt und unter Kommunikation eine stets faktisch stattfindende, empirisch beobachtbare Operation versteht" (Luhmann 1990: 14), die soziale Dimension der Literatur. Und im Gegensatz zum New Historicism zum Beispiel unterstreicht die Systemtheorie die funktionale Differenzierung der modernen Gesellschaft und setzt so dem monolithisierenden Postulat einer *cultural poetics* die Autonomie gesellschaftlicher Teilsyteme (einschließlich des

---

[1] Dieser Beitrag ist - mit Ausnahme der neu geschriebenen Einleitung - die überarbeitete Fassung des vierten und fünften Kapitels meiner Studie *Sinn und Unsinn einer systemtheoretischen Literatur- und Kommunikationswissenschaft*, die im Rahmen einer einmonatigen Gastprofessur (12. Juni - 12. Juli 1997) am Institut für Medien- und Kommunikationswissenschaft der Martin-Luther-Universität Halle-Wittenberg entstand und als interne Institutsveröffentlichung erschienen ist. Für anregende Diskussionen und kritische Kommentare danke ich Reinhold Viehoff und den anderen Institutsmitgliedern.

Kunstsystems) entgegen.² Das Bestreben, auf der Basis von Luhmanns Überlegungen ein theoretisches Konzept zu entwickeln, welches das Spezifikum der Literatur/Kunst wahrt, ohne sie ihres historisch-gesellschaftlichen Charakters zu berauben - mithin der Versuch einer systemtheoretischen Rettung der Literaturgeschichte - erscheint also durchaus vielversprechend.

Wo aber Rettendes ist, so ließe sich in Umkehrung von Hölderlin sagen, wächst die Gefahr auch. Sie besteht bei interdisziplinären Theorieimporten vor allem darin, daß die fachexterne Theorie vorschnell auf das Maß vertrauter fachinterner Fragestellungen und Lösungsvorschläge zurückgeschnitten und so das anvisierte Innovationspotential wieder verspielt wird. Dieser Gefahr ist, wie mir scheint, die literaturwissenschaftliche Luhmann-Adaptation nicht ganz entgangen. Das gilt insbesondere für jene Variante systemtheoretischer Literaturwissenschaft, die heute am weitesten verbreitet ist und die man als genetisch-soziologische Hermeneutik bezeichnen könnte. Dieser Ansatz, deren prominenteste Vertreter Gerhard Plumpe und Niels Werber sind, soll im folgenden kritisch analysiert werden.³ Damit werden keineswegs die wichtigen Diskussionsanregungen geleugnet, die das Modell der Literaturwissenschaft bietet. Doch eben weil diese Variante systemtheoretischer Literaturwissenschaft so beliebt ist, soll hier, sozusagen im Gegenstromprinzip⁴, primär nach den theoretischen Verlusten und Problemen gefragt werden, die sie mit sich bringt und die, soweit ich sehen kann, bislang kaum thematisiert wurden.

Zunächst werden der methodologische Ausgangspunkt und die Argumentationsweise der genetisch-soziologischen Hermeneutik dargestellt und in einem ersten Anlauf kritisiert. Gerhard Plumpes Deutung von Friedrich Schlegels poetologischen Positionen steht dabei im Mittelpunkt (I). In einem zweiten Schritt wird diese Kritik anhand von Luhmanns eigenen historiographischen Überlegungen präzisiert und erweitert (II). Als Leitfaden für die folgenden Gedanken dient die oben aufgeworfene Frage nach der Möglichkeit einer nicht-reduktionistischen Interpretation von Literatur.

---

2   Zur Vermeidung eines verbreiteten Mißverständnisses: Die Autonomiethese impliziert keine Unabhängigkeit der Systeme voneinander. So ist das politische System ebenso durch rechtliche Bestimmungen gebunden, wie umgekehrt das Rechtssystem auf politische Vorgaben angewiesen ist. Autonomie meint den jeweils systemspezifischen Umgang mit Unabhängigkeit *und* Abhängigkeit. - Für eine mögliche Verbindung von kulturwissenschaftlichen und systemtheoretischen Fragestellungen siehe de Berg (im Druck).
3   Vgl. insbes. Plumpe 1993a, 1993b, 1995 und 1997 sowie Werber 1992.
4   Formuliert in Anlehnung an Luhmann 1987: 311.

I

Ziel der genetisch-soziologischen Hermeneutik ist es, literarische Werke zur Struktur und Entwicklung der Gesellschaft in Beziehung zu setzen - dem Anspruch nach mithin ein ähnliches Projekt wie Luhmanns Arbeiten zum Thema *Gesellschaftsstruktur und Semantik* (Luhmann 1980, 1981a, 1989 und 1995). Die Frage, inwieweit das Modell diesem Anspruch gerecht wird, soll uns später beschäftigen. Jedenfalls geht es dieser Variante systemtheoretischer Literaturwissenschaft um die Interpretation von Texten vor dem Hintergrund eines systemtheoretischen Gesellschaftsmodells: Sie versucht, literarische Semantiken als Momente im Prozeß fortschreitender Ausdifferenzierung sozialer Diskurse zu begreifen. *Genetisch-soziologisch* ist der Ansatz also, weil er literarische Texte erklärend mit gesellschaftlichen Entwicklungen verknüpft. *Hermeneutisch* ist er, weil er primär auf die semantische Dimension des Einzelwerks fokussiert - nicht auf die institutionelle Dimension der Literatur[5] und, wie wir sehen werden, trotz gegenteiliger Beteuerung seiner Vertreter eigentlich auch nicht auf ihren kommunikativen Charakter.

Was bedeutet das alles konkret? Ein gutes Beispiel des Ansatzes ist Gerhard Plumpes systemtheoretische Deutung der romantischen Ästhetik, insbesondere von Friedrich Schlegels poetologischen Positionen.[6] Den Ausgangspunkt von Plumpes Überlegungen bildet die Frage nach der Einheit der Romantik bzw. der romantischen Ästhetik - nach einer Einheit, die einerseits auf der Hand zu liegen scheint, andererseits aber durch gravierende Unterschiede fragwürdig wird. Traditionell hat man die Unterschiede, die plakativ auf den Nenner 'promoderne vs. gegenmoderne Romantik' gebracht werden könnten, entweder als Gegensätze verabsolutiert oder durch eine Einteilung in Fraktionen und Phasen eingeebnet. Demgegenüber versucht Plumpe, die vermeintliche Dichotomie von romantischem Modernismus und romantischem Antimodernismus als dialektischen Zusammenhang zu fassen, indem er sie vor dem Hintergrund der damals

---

5 Wie zum Beispiel S.J. Schmidt; vgl. insbes. Schmidt 1989.
6 Siehe Plumpe 1993a: 151-172. Um Mißverständnissen vorzubeugen: Für Plumpe stellen seine metaästhetischen Überlegungen keine Untersuchung des Kunst-, sondern des Wissenschaftssystems dar, denn er betrachtet die Ästhetik als Teil des philosophischen (und damit wissenschaftssystemischen) Diskurses. Die (Un-)Richtigkeit dieser Position sowie die von ihr provozierten Fragen (etwa hinsichtlich der Anschlußfähigkeit und Grenzziehung kunstsystemischer Kommunikation; vgl. Plumpe 1993a: 20-21 sowie 1993b: 292-304) können hier unberücksichtigt bleiben; im vorliegenden Zusammenhang kommt es nur auf das genetisch-soziologische Argumentationsmuster an.

gerade entstandenen funktional differenzierten Sozialordnung interpretiert. Er geht davon aus,

> "daß die romantische Doktrin eine Reaktion auf vollzogene soziale Differenzierung in spezifische Systeme und Diskurse darstellt, die die Konsequenzen solcher Differenzierung einerseits luzide wie nie zuvor durchdenkt und daraus revolutionäre ästhetische Konsequenzen zieht; andererseits aber von dem Projekt getragen ist, die soziale Differenzierung insgesamt wieder aufzuheben und durch integrative, totalisierende Konzepte zu ersetzen" (Plumpe 1993a: 152).

Es kommt ihm mit anderen Worten darauf an,

> "die offensichtliche und z.T. verwirrende Ambivalenz der romantischen Position als typisch moderne ästhetische Kommunikation zu analysieren, die sich einerseits mit einer Schärfe und Prägnanz ohnegleichen als differenziertes System in einer Umwelt reflektiert und daraus immensen poetologischen Gewinn zieht, die aber andererseits von dem Bestreben motiviert ist, das Teilsystem 'Kunst' so zu expandieren, daß es idealiter mit seiner Umwelt, mit Gesellschaft im ganzen, ja noch mit Natur zusammenfällt" (ebda.).

So gesehen verbietet es sich nach Plumpe, eine ('früh')romantische Progressivität gegen einen ('spät')romantischen Konservatismus auszuspielen, insofern beide in einer identischen, eminent modernen gesellschaftlichen Entwicklung gründen.

Nach Plumpe kommt die Dialektik der romantischen Doktrin, die er also als eine Dialektik der Moderne auffaßt, im Werk Friedrich Schlegels repräsentativ zum Ausdruck. Die moderne Dimension zeigt sich Plumpe zufolge bereits in der 1795 geschriebenen und dann 1797 als Buch veröffentlichten Abhandlung *Über das Studium der griechischen Poesie*, Schlegels erster ausführlicher Gegenwartsdiagnostik. Plumpe argumentiert wie folgt:[7] Zwar geht Schlegel im Studium-Aufsatz noch vom paradigmatischen Charakter der klassisch-antiken Kultur aus, neben der sich die moderne Kunst als Verfallserscheinung ausnimmt. Der Norm des harmonisch-geschlossenen Kunstwerkes als Ausdruck einer harmonischen Welt wird universale Gültigkeit zugesprochen, und infolgedessen gilt die Kunst der Gegenwart als häßlich. Doch Schlegel ist schon hier derart von der Moderne fasziniert, daß sich - gleichsam hinter seinem Rücken[8] - die moderne Kunst nicht bloß als 'nicht mehr schön' darstellt, sondern eigenes Profil gewinnt: Moderne Kunst wird ihm *interessante* Kunst.

---

[7] Ich behalte in diesem Abschnitt (S. 140-143) den Indikativ bei, referiere aber durchweg die Argumentation Plumpes.
[8] Plumpe spricht von "Schlegels klassizistischem Manifest mit 'subversiver' Gegenströmung" (a.a.O.: 159).

Die antike Kultur verfügte nach Schlegel über eine allgemein verbindliche Mythologie, die als überindividuell gültiger Weltsinn "alle Kunst trug und sie der Notwendigkeit enthob, selbst Sinn zu setzen" (a.a.O.: 157). Der Moderne ist diese Mythologie verlorengegangen, und moderne Kunst ist deshalb zu individueller Sinnsetzung verurteilt. Sinn ist nicht mehr allgemein geltend, sondern selektiv, subjektiv, individuell. Solche individuelle Sinnsetzung, die zwangsläufig perspektivisch, fragmentarisch bleibt, aber dennoch über sich selbst hinaus auf etwas nicht bloß Subjektives verweist, macht das Interessante der modernen Kunst aus - und begründet außerdem ihre Innovationsorientierung, da eine individuelle Perspektive immer negiert und ersetzt werden kann.[9] Im Studium-Aufsatz, so immer noch Plumpe, sieht Schlegel dieses Kennzeichen moderner Kunst noch als etwas Negatives, als ein endloses Überbieten, ein forciertes Noch-eins-draufsetzen, das unweigerlich in die Ästhetik des Schocks, des Bösen, des Häßlichen mündet, der nur eine zukünftige Rückkehr zum Objektiven, zum Schönen ein Ende setzen könnte. Aber als die Abhandlung 1797, zwei Jahre nach ihrer Niederschrift, erschien, "hatte sich Schlegel inhaltlich bereits von der klassizistischen Griechenbegeisterung [...] freigemacht und auf die Modernität der Moderne vorurteilslos eingelassen" (a.a.O.: 160). Er umarmt nun die Polyperspektivität der modernen Welt und wertet die von ihr erzwungene Haltung positiv, nämlich als *Ironie*: als relativierendes Wissen um die Kontingenz der eigenen Akte (Handlungen, Äußerungen, Gedanken etc.). Ironisch ist aber nicht nur die Haltung des modernen Individuums; 'Ironie' ist Plumpe zufolge für Schlegel auch und primär ein systemisches Phänomen: eine "Folge der Selbstbeobachtung von Kunst als System in einer Umwelt, die alles mögliche sein mag, eines aber nicht: Kunst" (a.a.O.: 161). Die moderne Kunst ist sich in Schlegels Augen ihres "systemreferentiellen Konstruktcharakter[s]" (ebda.) bewußt - sie weiß, daß sie die Welt nicht abbilden oder nachahmen, sondern immer nur ästhetische Weltansichten produzieren kann -, und insofern sie diese Reflexion auf die Bedingung ihrer Möglichkeit im Text der Werke zum Ausdruck bringt (was Schlegel als 'transzendentale Buffonerie' bezeichnet), ist sie ironische Kunst.

Neben dem Gedanken der ironischen Kunst entwickelt Schlegel zwei weitere ästhetische Konzepte, die von Plumpe ebenfalls genetisch-soziologisch mit der

---

9 Zur Verdeutlichung: "*Interessant* nämlich ist jedes originelle Individuum, welches ein größeres Quantum von intellektuellem Gehalt oder ästhetischer Energie enthält. Ich sagte mit Bedacht: ein *größeres*. Ein größeres nämlich als das empfangende Individuum bereits besitzt: denn das Interessante verlangt eine individuelle Empfänglichkeit [...]. Da alle Größen ins Unendliche vermehrt werden können, so ist klar, warum auf diesem Wege nie eine vollständige Befriedigung erreicht werden kann; warum es kein *höchstes Interessantes* gibt" (Schlegel 1979: 252/253; auch zit. a.a.O.: 157).

funktional differenzierten Gesellschaftsordnung des ausgehenden 18. Jahrhunderts verknüpft werden. Da ist zunächst das berühmte Konzept der 'progressiven Universalpoesie'. Sie ist, schreibt Plumpe, der Versuch "einer ästhetischen Retotalisierung, die die soziale Differenzierung in Funktionssysteme und spezifische Diskurse auf dem Boden der Poesie wieder rückgängig" machen soll (a.a.O.: 166/167), indem sie sowohl die Trennung der Literatur in Gattungen wie die Trennung zwischen der Kunst und den anderen sozialen Kommunikationen aufzuheben und so Kunst und Leben zu integrieren versucht. Diese Superkunst, die alle sozialen Diskurse übergreifen und mithin 'universal' sein soll, wird von Schlegel aber zugleich als 'progressiv' gekennzeichnet: als unendlich supplementierbare Bewegung, als endloses Sich-annähern, das wie die Arbeit des Sisyphus immer wieder zum Scheitern verurteilt ist. Die progressive Universalpoesie läßt sich deshalb nach Plumpe als eine Radikalisierung der Dynamik der ironischen Kunst verstehen: Sie "weiß, daß System und Umwelt nur für Gott zur Identität gebracht werden könnten" (a.a.O.: 169).

Anders verhält es sich nach Plumpe mit dem zweiten Konzept: Schlegels Projekt einer 'neuen Mythologie', das er im *Gespräch über die Poesie* (1799) entwickelt. Dieses Konzept der neuen Mythologie, das von Schlegel im Gegensatz zur natur- oder gottgegebenen Mythologie der Antike als ästhetisches Konstrukt konzeptualisiert wird, stellt nach Plumpe den radikalen Versuch einer "integrative[n] Entdifferenzierung" dar (a.a.O.: 170): Sie hat die Funktion, alle literarischen Gattungen, alle sozialen Diskurse und "über die Systemgrenze des Sozialen hinaus" (ebda.) auch noch die natürliche Umwelt als einheitliches sowie als einheitlich erfahrbares Sinnganzes zu reintegrieren. Obwohl, so Plumpe, undeutlich bleibt, wie solche Kunst, die Schlegel mit dem Begriff des 'poetischen Realismus' belegt, konkret auszusehen hätte,[10] darf nicht übersehen werden, daß auch dieses gänzlich unironische Projekt eminent modern ist. Das Verlangen nach ästhetischer Totalität und die damit einhergehende Negierung moderner, zum Beispiel wissenschaftlicher Diskurse zugunsten von Mystik, Astrologie, Magie und anderen sog. reaktionären Lebensformen müssen nach Plumpe aus der Modernität sozialer Differenzierung heraus verstanden werden: "Die Moderne kann ästhetisch 'nein' zu sich sagen, eben weil dies ein ästhetisches 'Nein' bleibt und nicht wie in vormodernen Gesellschaften zugleich

---

10 Als Imaginations- und Vergleichshilfe sei hier auf Georg Lukács' Totalitäts- und Realismuskonzept verwiesen, wie es zum Beispiel in der *Eigenart des Ästhetischen* (1963) entwickelt wird und das man, wenn man wollte, ebenfalls in Plumpescher Manier vor dem Hintergrund von gesellschaftlicher Ausdifferenzierung, Entfremdung, Verdinglichung etc. (und insofern auch ursprungsgeschichtlich mit Hinweis auf den - bei Lukács zudem noch einmal biographisch revitalisierten - Zusammenhang von Marxismus und romantischem Idealismus) deuten könnte.

etwa ein politisches oder religiöses 'Nein' impliziert, das viel riskanter und für den Bestand der Gesellschaft sehr viel folgenreicher gewesen wäre" (a.a.O.: 153).

Wenn Plumpes Überlegungen auch keine radikale Neuinterpretation der romantisch-ästhetischen Positionen darstellen, so rücken sie diese doch in ein anderes Licht. Der Einsatz des systemtheoretischen Referenzrahmens gewährt eine neue Perspektive auf den romantischen Diskurs und auf seine bisherige historiographische Konzeptualisierung. Aber Plumpes genetisch-soziologischer Blickwinkel provoziert auch eine Reihe gewichtiger Fragen und Einwände. Zunächst: Die romantischen Texte und ihr Verhältnis werden zwar zur neuen, funktional differenzierten Gesellschaftsordnung des späten 18. Jahrhunderts in Beziehung gesetzt, aber die Bedingungen der damit implizierten Abhängigkeiten bleiben im dunkeln. Die Spezifik des Konstitutionsverhältnisses, die Frage, *warum* und *in welchem Sinn* die ästhetische Kommunikation als Korrelat gesellschaftlicher Entwicklungen zu verstehen sei, wird nicht reflektiert. Das solchermaßen in methodologischer Hinsicht unkontrolliert bleibende Interpretationskonzept stellt sich dann in der Praxis als einseitiger Genetismus, als eine Art Widerspiegelungstheorie heraus.

Dieses fundamentale Problem des Konzepts resultiert m.E. daraus, daß es keine Kommunikationstheorie einschließt. Obwohl Plumpe immer wieder von ästhetischer oder literarischer *Kommunikation* spricht, betrachtet er die damit angesprochenen Texte de facto als semantisch in sich geschlossene Größen. Konkret bedeutet das: Die Texte werden zunächst mit Hilfe eines traditionell-hermeneutischen *close reading* interpretiert, und die so ermittelten Bedeutungen werden dann, in einem zweiten Schritt, auf gesellschaftsstrukturelle Entwicklungen bezogen. Bei solchem Verfahren bleibt jedoch die von Luhmann postulierte Sinnhaftigkeit der Kommunikation außerhalb des Blickfeldes. Es bleibt unberücksichtigt, daß sich Kommunikationen in ihrer Bedeutung erst über die Negation anderer kommunikativer Optionen konstituieren und daß man sie also erst verstehen kann, wenn man die ausgeschlossenen Möglichkeiten mitsieht (vgl. Luhmann 1986a: 100, Anm. 46). Ihre spezifische semantische Identität erhalten Texte erst als Positionen innerhalb eines sinndifferentiellen Spannungsverhältnisses kommunikativer Zusammenhänge, das heißt in der Differenz zu spezifischen gleichzeitigen Positionen.[11] Indem Plumpe immanent interpretiert und die interpretierten Texte darüber hinaus allesamt mit ein und derselben gesellschaftlichen Makroentwicklung verknüpft, verlieren die unterschiedlichen

---

11 Zu dieser Interpretation der Luhmannschen Kommunikationstheorie vgl. insbes. de Berg 1995, de Berg/Hoogeveen 1995 und de Berg/Prangel 1997.

romantischen Positionen und Gegenpositionen ihre kommunikativ-differentiell bedingte Spezifizität.[12]

Nun ließe sich natürlich einwenden, daß es Plumpe darum geht, einen dialektischen Zusammenhang und mithin eine Einheit romantischer Texte herauszuarbeiten. Doch eben hier liegt die Problematik seines Projekts. Denn solche Einheit ist grundsätzlich nur um den Preis zu haben, daß man reduktiv die Abhängigkeit der ästhetischen Kommunikationen vom Prozeß funktionaler Differenzierung betont, weil sich nur so die innersystemischen Differenzen einebnen lassen. Der genetisch-soziologische Ansatz, jedenfalls in Plumpes Anwendung, ist denn auch durch eine merkwürdige Brüchigkeit gekennzeichnet: Die von ihm erzwungene Kausalisierung des Verhältnisses von makrosoziologischer Entwicklung und systemischer Kommunikation widerspricht der Annahme der selbstreferentiellen Geschlossenheit, ohne die diese Entwicklung nicht gedacht werden kann. Damit verspielt der Ansatz einen wichtigen Teil des literaturwissenschaftlichen Potentials der Systemtheorie: die Möglichkeit einer nicht-reduktionistischen Interpretation von Literatur.

Anders gewendet, die unmittelbare Verknüpfung der romantischen Ästhetik mit dem systemtheoretischen Konzept der funktionalen Differenzierung nimmt den untersuchten Kommunikationen ihre autopoietisch - also sinndifferentiell - bedingte Historizität. Konkreter formuliert: Plumpe bietet weniger eine systemtheoretisch geleitete Analyse historischer Kommunikationen als vielmehr eine anachronisierende Umformulierung dieser Kommunikationen in ein systemtheoretisches Vokabular. Am extremsten zeigt sich das an jenen Stellen, wo Plumpe Schlegel zitiert, um dann via Überleitungen des Typs "Streicht man die subjektphilosophische Perspektive und schaltet auf das Paradigma 'System' um" (a.a.O.: 161; vgl. auch 165 und 167) 'dasselbe' nochmals in systemtheoretischer Terminologie zu sagen. Die entstehungsdistinktive Brisanz damaliger Kommunikationen wird damit radikal entschärft, was sich auch etwa an Plumpes Kritik an Hegel ablesen läßt, dem vorgeworfen wird, Schlegels Reflexion von Kunst als ausdifferenziertem System und damit die Tatsache, daß Künstler "als Personen [...] ja keine Elemente des Kunstsystems [sind], sondern [...] in seine Umwelt [gehören]", übersehen zu haben (a.a.O.: 163).

Kurz, die genetisch-soziologische Hermeneutik neutralisiert die Heterochronizität des ästhetischen Diskurses - die Ungleichzeitigkeit gleichzeitiger inner- und intersystemischer Entwicklungen - in einem monolithisierend eingesetzten Konzept funktionaler Differenzierung. Die ästhetischen Kommunikationen sind immer nur Steine im von Plumpe errichteten Differenzierungsgebäude. Solchermaßen zementiert jedoch verlieren sie ihren kontingenten

---

12 Vgl. dazu auch oben, Anm. 10.

Charakter. Plumpes systemtheoretischen Ausgangspunkten zum Trotz stellen sich Friedrich Schlegels Texte letztendlich weniger als spezifische Positionen innerhalb eines ausdifferenzierten Diskurses denn als Ausdruck eines 'Zeitgeistes' dar.[13]

II

Ist damit das Urteil über die systemtheoretische Korrelierung von Gesellschaftsstrukturen und Semantiken gesprochen? Läßt sich Plumpes Projekt tatsächlich nicht verwirklichen? Diese Fragen sollen hier nicht beantwortet werden. Statt dessen sei ein Blick auf Luhmanns eigene Arbeiten zum Verhältnis von *Gesellschaftsstruktur und Semantik* geworfen (Luhmann 1980-1995). Damit soll erstens gezeigt werden, daß und inwieweit sich Luhmanns Ansatz von Plumpes genetisch-soziologischer Hermeneutik unterscheidet, und zweitens in welcher Richtung nach einer möglichen Lösung für die oben angesprochenen Probleme gesucht werden könnte.

Greifen wir aus Luhmanns Semantik-Arbeiten eine repräsentative Studie heraus: den Beitrag "Interaktion in Oberschichten. Zur Transformation ihrer Semantik im 17. und 18. Jahrhundert".[14] Unter Semantik versteht Luhmann einen kommunikativ generierten, "höherstufig generalisierten, relativ situationsabhängig verfügbaren Sinn" (Luhmann 1980: 19), dessen Zweck die Erleichterung der Kommunikation durch Einschränkung von Beliebigkeit ist: Die Kommunikation generiert Themen, Tabuisierungen von Themen und spezifische Möglichkeiten der Verarbeitung von Themen, die die Möglichkeit bieten, kommunikative Selektionen im Rahmen des Erwartbaren zu halten. Solche Kommunikationserleichterungsformen bzw. Semantiken emergieren bereits im Alltagsbereich, können darüber hinaus aber auch bewußt auf Dauer gestellt, aufbewahrt und 'gepflegt' werden. Diesen gepflegten Semantiken, die "in Begriffen, kulturellen Bedeutungen und Symbolen, in Allgemein-, Fach- und Szenesprachen, im gesamten Fundus kultureller Deutungsmöglichkeiten usw. aufbewahrt" werden (Kneer/Nassehi 1993: 120), gilt Luhmanns Aufmerksamkeit. Seine These lautet: Da Veränderungen in der gesellschaftlichen Struktur (im Sinne einer spezifischen Phase gesellschaftlicher Ausdifferenzie-

---

13 Ausführlicher zum Anachronismus-Problem de Berg 1995 (anhand einer Analyse der Goethe-Rezeption des Jungen Deutschland); speziell zum Verhältnis von Konstruktion, Rekonstruktion und Objektivität in der Literaturgeschichtsschreibung de Berg/Hoogeveen 1995 und de Berg/Prangel 1997.
14 Kapitel 2 (S. 72-161) in Luhmann 1980.

rung) immer Veränderungen der Kommunikationsbedingungen darstellen, ist anzunehmen, daß sich mit der Evolution der Gesellschaftsstruktur auch die Kommunikationserleichterungsformen, d.h. die Semantiken ändern. Die Frage ist dann, wie diese "Kovariation" (Luhmann 1980: 15) konkret aussieht.

In "Interaktion in Oberschichten" stellt sich das Problem der Kovariation als Frage nach dem Verhältnis von beginnender funktionaler Differenzierung und oberschichtinteraktionsbezogener Semantik. Die vorneuzeitliche, noch nicht funktional differenzierte westeuropäische Gesellschaft beruhte auf Stratifikation: Sie gliederte sich in höhere und niedere Schichten (Strata), wobei jede Schicht ein selbständiges gesellschaftliches Subsystem darstellte, innerhalb dessen die Interaktion als Interaktion unter Gleichen erleichtert war. Innerhalb dieser hierarchischen Sozialordnung nahm die Oberschicht insofern eine Sonderstellung ein, als ihr die Aufgabe zufiel, die grundlegenden Strukturprobleme der Gesellschaft zu lösen. "Dabei handelt es sich zunächst um diejenigen Probleme, die sich aus der Schichtung selbst ergeben, vor allem also um Erhaltung der Ungleichverteilung, der Konzentration und der Disponibilität von Ressourcen; später aber zunehmend auch um Probleme der sich entwickelnden funktionalen Differenzierung, besonders der Differenzierung von Religion und Politik, Priestertum und Militär, religiösem Gebot und Herrschaftskalkül" (a.a.O.: 74). Diese Rolle der Oberschicht gerät jedoch bei zunehmender funktionaler Differenzierung immer mehr unter Druck. In der noch wesentlich durch Stratifikation geprägten Gesellschaft war die Interaktion (Kommunikation) der Oberschicht von zentraler gesellschaftlicher Bedeutung. Hier wurde mehr und folgenreicher entschieden als in den anderen Schichten. In dem Maße aber, in dem sich Politik, Wirtschaft, Erziehung, Wissenschaft und Religion zu eigenständigen Funktionssystemen entwickeln, schwindet die Bedeutung oberschichtspezifischer Kommunikation. Die Ausdifferenzierung gesellschaftlicher Funktionssysteme erfolgt ja gerade nicht auf der Basis symmetrischer Kommunikation (Kommunikation zwischen Gleichen), sondern asymmetrischer Kommunikation: auf der Basis "der Differenz von Obrigkeit und Untertan; von Produzent und Konsument bzw. Verkäufer und Käufer; von Lehrer und Schüler; von Richter und Parteien; von Forscher und Empfänger von Wissen. Mit dem Übergang zu funktionaler Differenzierung beginnt deshalb die asymmetrische Interaktion der symmetrischen den Rang abzulaufen, und zwar mit Hilfe von Asymmetrien, die von Schichtdifferenzen ebenfalls unabhängig sind" (a.a.O.: 139). Dieser gesellschaftsstrukturelle Wandel verändert den Rahmen für die Oberschichtinteraktion bzw. -kommunikation, womit auch deren Erleichterungsformen tangiert sind.

Die Frage, die Luhmann nun stellt - und genau hier ist der theoretische Dreh- und Angelpunkt seiner Argumentation -, lautet *nicht*: Wie reagiert die der Oberschichtinteraktion zugeordnete Semantik auf diesen Prozeß funktionaler Differenzierung? Mit einer solchen Fragestellung würde man sich von vornherein die Möglichkeit einer geschichtsadäquaten Erkenntnis verbauen, da sie die beobachtungsleitenden Unterscheidungen der Theorie mit dem Objektbereich verwechselt:

> "Rückblickend kann man heute wissen, daß die europäische Gesellschaft des 17. und 18. Jahrhunderts sich auf eine neue Ordnung einzulassen begann, in der nicht mehr die Einteilung nach Schichten, sondern die Einteilung nach Funktionssystemen die Primärdifferenzierung der Gesellschaft bestimmt (was ein Kontinuieren von Schichtung und Segmentierung nicht ausschließt). Für die Oberschichten des 17. und 18. Jahrhunderts war diese Entwicklung nicht als solche erkennbar" (a.a.O.: 82/83).

Die Oberschichtkommunikation wird bedroht von Umweltentwicklungen, die ihre gesellschaftliche Relevanz unterhöhlen und damit ihre Existenz als selbständiges Subsystem gefährden und schließlich aufheben. Aber das ist eine Erkenntnis von heute, nicht Erfahrung von damals. Nicht-proleptisch[15] formuliert läßt sich nur sagen: Die Kommunikation der Oberschicht wird langwieriger, schwieriger, ja immer aussichtsloser, weil angesichts der anstehenden gesellschaftlichen Probleme immer erfolgloser. Deshalb generiert sie spezifische Semantiken, die es ihr leichter machen, trotzdem weiterzuprozessieren, die jedoch nicht auf 'den Prozeß funktionaler Differenzierung' reagieren, sondern auf Veränderungen, die sie - aus heutiger Sicht - nicht adäquat begreifen. Ein sachgerechtes Studium dieser "*Übergangssemantik*" kommt um die Berücksichtigung ihrer "faktische[n] Begrenzung der Sichtweise" (a.a.O.: 83) nicht herum. Ist doch die Funktion einer solchen Semantik gerade "dadurch bedingt [...], daß sie noch nicht alles weiß" (ebd.). Im differentiellen Rückgriff auf vorhergehende semantische Positionen "sucht und ermöglicht [die Semantik] Traditionsanschlüsse" (ebd.), welche den registrierten, aber nicht verstandenen Kommunikationsschwierigkeiten begegnen sollen. "Das ermöglicht es, Neuerungen schrittweise zu prozessieren und die Traditionszusammenhänge so zu variieren, daß schließlich eine sehr tiefgreifende Änderung der Bewußtseinslage von Oberschichten entsteht" (ebd.). Eben diese rekursiv-geschlossene Operationsweise verleiht der semantischen Evolution ihre autonome, d.h. nicht linear aus den gesellschaftlichen (Umwelt)-Entwicklungen erklärbare Dynamik.

Die Oberschichtinteraktionssemantik reagiert auf von der funktionalen Differenzierung generierte Probleme, nicht auf das Problem funktionaler Differenzierung. Zur semantischen Bearbeitung stehen damalige, ganz konkrete (aus damaliger Sicht: Einzel-)Probleme an: die Nobilitierung (als Ermöglichung einer vertikalen Mobilität und damit eines natürlichen Spannungsausgleichs des

---

15 Im Sinne Quentin Skinners; siehe dazu de Berg 1995, insbes. S. 25-32.

Stratifikationssystems), die Auswüchse des Duells (das als Verteidigung der Ehre Interaktionsfähigkeit garantierte und bei abnehmender Selbstverständlichkeit und Bedeutung der Oberschichtinteraktion zur (Quasi-)Lösung der Interaktionsschwierigkeiten und so de facto vom Mittel zum Selbstzweck geriet), das richtige Verhalten und die Etikette (als Ausdruck von Rangunterschieden in der Interaktion) usw. Und diese Bearbeitung ist kontingent: Sie reagiert mit unterschiedlichen semantischen Mitteln und auf unterschiedliche Probleme sowie auf identische, aber unterschiedlich wahrgenommene Probleme und hat deshalb unterschiedliche, oft auch gegensätzliche und in sich widersprüchliche Kommunikationserleichterungsformen zum Ergebnis.

Schon diese relativ abstrakte Skizze läßt die Unterschiede zwischen Plumpes genetisch-soziologischer Hermeneutik und dem Luhmannschen Ansatz klar erkennen. Während Plumpe die ästhetische Kommunikation unmittelbar mit dem Prozeß funktionaler Differenzierung verknüpft und sie als Widerspiegelung eines erst im soziologischen Rückblick erkennbaren Gesellschaftsumbaus sowohl entkontingenziert als auch anachronisiert, betrachtet Luhmann die von ihm untersuchten Kommunikationsverhältnisse als kontingente Antworten auf damalige - und in ihrer Damaligkeit grundsätzlich offene[16] - Kommunikationsprobleme. Bildlich ließe sich diese Differenz etwa folgendermaßen darstellen:

---

16 Wie Hermann Lübbe immer wieder betont hat: Geschichten haben kein Ziel, sondern allenfalls ein Ende; s. etwa Lübbe 1977. Vgl. außerdem Luhmann 1980: 108, Anm. 89.

G. Plumpe:

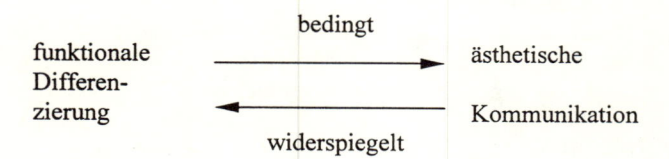

```
                    bedingt
   funktionale   ──────────────▶   ästhetische
   Differen-     ◀──────────────
   zierung          widerspiegelt    Kommunikation
```

N. Luhmann:

```
                  generiert                bearbeiten
                                           kontingent
   funktionale                (damalige!)  ┄┄┄┄┄
   Differen-   ──────────▶   Kommunika-   ┄┄┄┄┄   Seman-
   zierung                   tionsprobleme ┄┄┄┄┄  tiken
```

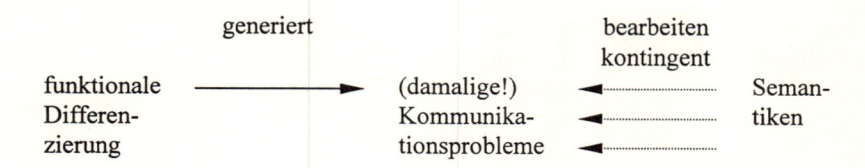

Allerdings ist diese Skizze des Luhmannschen Projekts noch zu linear angelegt, da sie die Vielfältigkeit und Ungleichzeitigkeit gleichzeitiger semantischer Positionen unterschlägt. "Das kulturgeschichtliche Material, das wir hier Semantik nennen, ist als äußerst komplexer Befund gegeben - mit sachlich breiter Differenzierung, mit historischen Überlagerungen, mit laufender Reaktion auf sich selbst, mit hoher Sensibilität für Nuancen, mit führenden Gedanken und mit repetitivem Tradiergut und mit einem unberechenbaren Potential für individuell eingeführte Neuerungen, die teils Resonanz finden, teils unbeachtet bleiben" (a.a.O.: 7). Unter dieser Perspektive stellt sich die Wirklichkeit semantischer Verhältnisse als außerordentlich heterogene, brüchige und häufig auch irgendwo im Nichts versandende heterochrone Abfolge von Anschlußkommunikationen dar, so daß "man den Details Gewalt antun müßte, wollte man zum Konzept der Geschichte als eines linearen Prozesses zurückkehren" (a.a.O.: 8). Eine Skizze, die auch dieses heterochrone Neben- und Durcheinander semantischer Entwicklungen berücksichtigt, hätte etwa so auszusehen:

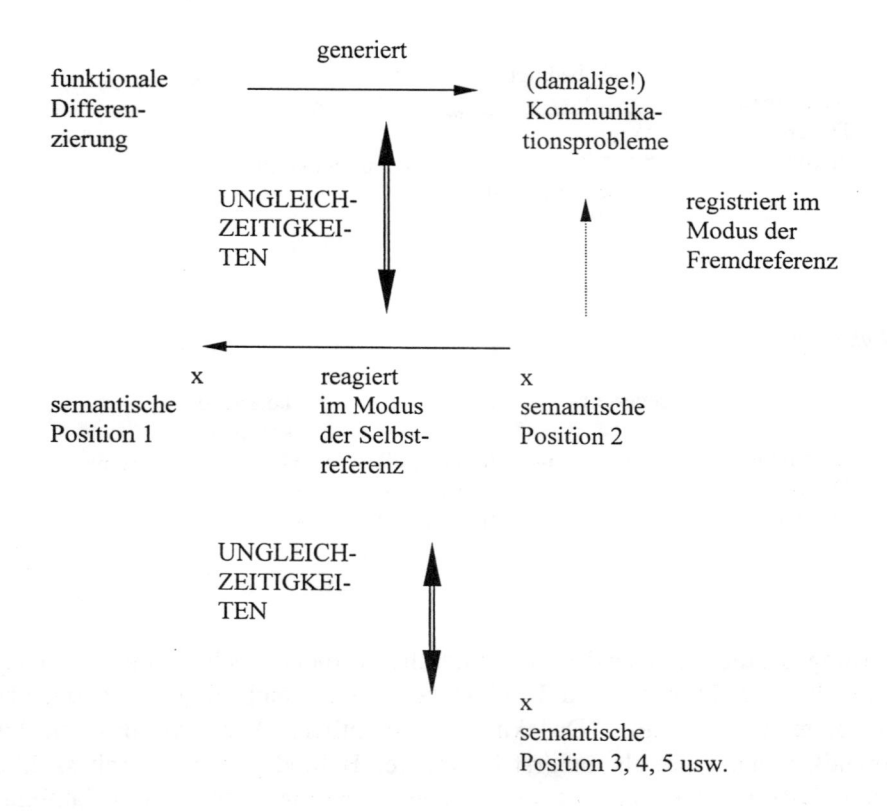

```
funktionale      generiert      (damalige!)
Differen-    ─────────────▶    Kommunika-
zierung                         tionsprobleme
                   ▲
                   │                          registrert im
        UNGLEICH-  │                          Modus der
        ZEITIGKEI- ▼                          Fremdreferenz
        TEN                ▲
                           │
                   ◀───────┼──────
    x              reagiert         x
semantische        im Modus      semantische
Position 1         der Selbst-   Position 2
                   referenz

        UNGLEICH-   ▲
        ZEITIGKEI-  │
        TEN         ▼

                                 x
                              semantische
                              Position 3, 4, 5 usw.
```

Es soll freilich nicht geleugnet werden, daß die forschungspraktischen Konsequenzen der Divergenz von Plumpes genetisch-soziologischer Hermeneutik und Luhmanns historischer Soziologie eher gering sind. Auch Luhmann tendiert bei der konkreten Applikation seiner theoretischen Überlegungen dazu, das kontingent-differentielle Relief ein- und damaliger kommunikativer Positionen durch Zusammenschlüsse und Vergleiche von Texten aus zeitlich und räumlich sehr unterschiedlich situierten Diskursen einzuebnen.[17] Es sei deshalb darauf verzichtet, dieser Applikation hier weiter nachzugehen. Statt dessen soll abschließend kurz nach den Implikationen der angestellten Überlegungen für das Problem der Interpretation gefragt werden, wobei die folgende Skizze allerdings nicht mehr sein kann als ein eher impressionistisches Forschungsprogramm. Es soll lediglich die Richtung angedeutet werden, in der nach einer Lösung für die in diesem Beitrag diskutierten Probleme gesucht werden könnte.

Die angestellten Überlegungen implizieren m.E. die Notwendigkeit einer *kontingenten Verkopplung* literarischer mit gesellschaftlichen Entwicklungen. Literarische Entwicklungen ließen sich danach weder im unmittelbaren Rückgriff auf gesamtgesellschaftliche Strukturveränderungen noch system-immanent - etwa, wie im Russischen Formalismus, als Ablösung abgenutzter durch neue Darstellungsformen -, sondern nur im Rekurs auf historisch-konkrete Kommunikationsprobleme in der sozialen Umwelt des Literatursystems begreifen.[18] Als autonomer Teilbereich einer funktional differenzierten Gesellschaft kann das Literatursystem nur fortbestehen, indem es gesellschaftliche und damit kommunikative Probleme auf eine ihm - und nur ihm - spezifische Weise bearbeitet. Literatur bzw. Kunst allgemein beliefert die Gesellschaft unausgesetzt mit - politischer, wirtschaftlicher, wissenschaftlicher etc. Überzeugungszwänge enthobenen - Alternativversionen von Wirklichkeit.[19] Die Frage, der man nachzugehen hätte, wäre dann, wie diese literatur-/kunstsystemspezifische Komplexitätsreduktion mit spezifischen sozialen Kommunikationsproblemen kovariiert. 'Kovariiert', denn die Beziehung literarischer zu gesellschaftlicher Kommunikation hat ebenso wie die Gesellschaftsstruktur/Semantik-Relation als *dreifach indirekt* zu gelten. Erstens vermag sich das Literatursystem ausschließlich fremdreferentiell auf außersystemische Kommunikation zu beziehen, was bedeutet, daß literarische Kommunikation nur an andere literarische Kommunikation anschließen kann, wodurch Außerliterarisches automatisch in etwas anderes (nämlich Literarisches) transformiert wird. Zweitens ist die Art literarischer Verarbeitung grundsätzlich offen, das heißt kontingent. Drittens besitzt die Literatur eine systemeigene Zeit, so daß immer mit mehr oder minder radikalen Ungleichzeitigkeiten zwischen Literatur und Umwelt zu rechnen ist. Nimmt

---

17 Vgl. dazu auch Luhmanns Ausführungen zur Romantik (Luhmann 1996), die sich von denjenigen Plumpes nicht wesentlich unterscheiden.
18 Vgl. hierzu und zum folgenden auch E. Manns Konzeptualisierung der Konkreten Poesie Gomringers, Heißenbüttels u.a. als "Lösungen für generations- und gruppenspezifische Kommunikationsprobleme (Protest, Individuation, Entwürfe für eine neue Gesellschaft, Bedarf an Reflexions- und damit Formalternativen)" (Mann 1997; das Zitat auf S. 274).
19 Siehe insbes. Luhmann 1981b, 1986b und 1995.

man außerdem noch die Dominostruktur von Kommunikation[20] und die damit implizierte Heterochronizität *inner*literatursystemischer Entwicklungen hinzu, dann wird in etwa deutlich, wie komplex eine nicht-reduktionistische Interpretation von Literatur zu sein hat.

Literatur

de Berg, Henk (1995): *Kontext und Kontingenz. Kommunikationstheoretische Überlegungen zur Literaturhistoriographie. Mit einer Fallstudie zur Goethe-Rezeption des Jungen Deutschland*, Opladen: Westdeutscher Verlag.

de Berg, Henk (im Druck): Systemtheorie, in: *Handbuch Interkulturelle Germanistik*, hg. von Alois Wierlacher, München: Fink.

de Berg, Henk/Hoogeveen, Jos (1995): Die Andersartigkeit der Vergangenheit. Eine kritische Auseinandersetzung mit der radikal-konstruktivistischen Literaturhistoriographie, in: *Differenzen. Systemtheorie zwischen Dekonstruktion und Konstruktivismus*, hg. von H.d.B. und Matthias Prangel, Tübingen/Basel: Francke, S. 187-212.

de Berg, Henk/Prangel, Matthias (1997): Noch einmal: Systemtheoretisches Textverstehen. Eine Antwort auf Lutz Kramaschkis Kritik am 'Leidener Modell', in: *Systemtheorie und Hermeneutik*, hg. von H.d.B. und M.P., Tübingen/Basel: Francke, S. 117-141.

Kneer, Georg/Nassehi, Armin (1993): *Niklas Luhmanns Theorie sozialer Systeme. Eine Einführung*, München: Fink.

Lübbe, Hermann (1977): *Geschichtsbegriff und Geschichtsinteresse. Analytik und Pragmatik der Historie*, Basel/Stuttgart: Schwabe.

Luhmann, Niklas (1980, 1981a, 1989, 1995): *Gesellschaftsstruktur und Semantik. Studien zur Wissenssoziologie der modernen Gesellschaft 1-4*, Frankfurt/M.: Suhrkamp.

Luhmann, Niklas (1981b): Ist Kunst codierbar?, in: N.L.: *Soziologische Aufklärung 3. Soziales System, Gesellschaft, Organisation*, Opladen: Westdeutscher Verlag, S. 245-266.

Luhmann, Niklas (1986a): Systeme verstehen Systeme, in: *Zwischen Intransparenz und Verstehen. Fragen an die Pädagogik*, hg. von N.L. und Karl Eberhard Schorr, Frankfurt/M.: Suhrkamp, S. 72-117.

Luhmann, Niklas (1986b): Das Kunstwerk und die Selbstreproduktion der Kunst, in: *Stil. Geschichten und Funktionen eines kulturwissenschaftlichen Diskurselements*, hg. von Hans Ulrich Gumbrecht und K. Ludwig Pfeiffer, Frankfurt/M.: Suhrkamp, S. 620-672.

Luhmann, Niklas (1987): Autopoiesis als soziologischer Begriff, in: *Sinn, Kommunikation und soziale Differenzierung. Beiträge zu Luhmanns Theorie sozialer Systeme*, hg. von Hans Haferkamp und Michael Schmid, Frankfurt/M.: Suhrkamp, S. 307-324.

Luhmann, Niklas (1990): *Die Wissenschaft der Gesellschaft*, Frankfurt/M.: Suhrkamp.

Luhmann, Niklas (1995): *Die Kunst der Gesellschaft*, Frankfurt/M.: Suhrkamp.

Luhmann, Niklas (1996): Eine Redeskription 'romantischer' Kunst, in: *Systemtheorie der Literatur*, hg. von Jürgen Fohrmann und Harro Müller, München: Fink, S. 325-344.

---

20 Siehe dazu die in Anm. 11 erwähnten Beiträge.

Mann, Ekkehard (1997): Das Verstehen des Unverständlichen. Weshalb 'experimentelle' Literatur manchmal Erfolg hat, in: *Systemtheorie und Hermeneutik*, hg. von Henk de Berg und Matthias Prangel, Tübingen/Basel: Francke, S. 263-287.

Plumpe, Gerhard (1993a): *Ästhetische Kommunikation der Moderne. Band 1: Von Kant bis Hegel*, Opladen: Westdeutscher Verlag.

Plumpe, Gerhard (1993b): *Ästhetische Kommunikation der Moderne. Band 2: Von Nietzsche bis zur Gegenwart*, Opladen: Westdeutscher Verlag.

Plumpe, Gerhard (1995): *Epochen moderner Literatur. Ein systemtheoretischer Entwurf*, Opladen: Westdeutscher Verlag.

Plumpe, Gerhard (1997): Kein Mitleid mit Werther, in: *Systemtheorie und Hermeneutik*, hg. von Henk de Berg und Matthias Prangel, Tübingen/Basel: Francke, S. 215-231.

Schlegel, Friedrich (1979): *Studien des klassischen Altertums*, Paderborn/München/Wien: Schöningh (= Kritische Friedrich-Schlegel-Ausgabe 1).

Schmidt, Siegfried J. (1989): *Die Selbstorganisation des Sozialsystems Literatur im 18. Jahrhundert*, Frankfurt/M.: Suhrkamp.

Werber, Niels (1992): *Literatur als System. Zur Ausdifferenzierung literarischer Kommunikation*, Opladen: Westdeutscher Verlag.

ALOIS WIERLACHER

Interkulturalität

Zur Konzeptualisierung eines Leitbegriffs interkultureller Literaturwissenschaft

Vorbemerkungen

Der vorliegende Beitrag[1] versucht, im Interesse einer allgemeinen Grundlagentheorie der Kulturwissenschaften, der besonderen Aufgabenstellung interkultureller Germanistik[2] und der immer wichtiger werdenden Theorie wissenschaftlicher Weiterbildung[3] ein differenziertes Grundlagenkonzept von Interkulturalität zu erarbeiten. Der Beitrag vermag schon aus kulturhermeneutischen Gründen jedoch, das möchte ich nachdrücklich betonen, nur Verfeinerungen und Schärfungen bisheriger Begriffskonturierungen und Forschungsansätze vorzunehmen, keinesfall schon Antworten zu geben, die transkulturell definitiv klären. Vor allem können die folgenden Bemerkungen noch nicht die mancherseits geforderte 'Methodologie der Interkulturalität' liefern, weil auch im vorliegenden Problemzusammenhang das gilt, was man über die Situation der Literaturwissenschaft im allgemeinen gesagt hat: "Die Literaturwissenschaft [befindet] sich noch immer in einer 'informellen Phase der Theorieaneignung', so daß schon sehr allgemeine theoretische Überlegungen [...] einen forschungsprak-tisch kaum mehr einlösbaren Zuwachs an (unstrukturierter) Komplexität zu ver-ursachen scheinen" (Ort 1992: 410).

---

1 Der Text geht auf meinen Vortrag über *Interkulturalität* auf dem Internationalen Germanistenkongreß im August 1995 in Vancouver zurück (vgl. Michael Batts (Hg.): *Alte Welten - neue Welten*, Band 3, Tübingen 1996, S. 127); er übernimmt Gedanken und Passagen aus Veröffentlichungen, die ich inzwischen an anderen Stellen vorgelegt habe, vgl. insbesondere Wierlacher 1995 und Wierlacher/Wiedemann 1996.
2 Vgl. außer den in Anm. 1 genannten Beiträgen Wierlacher 1980, 1987 und 1992.
3 Vgl.Hochschulrektorenkonferenz (Hg.): *Die wissenschaftliche Weiterbildung an den Hochschulen. Dokumente zur Hochschulreform 84*, Bonn 1993; Wissenschaftsrat: *Empfehlungen zur Weiterbildung an den Hochschulen*, Bonn 1983 und *Empfehlungen zur berufsbezogenen wissenschaftlichen Weiterbildung*, Köln/Berlin 1997 (Drucksache 3253/97); Wierlacher 1996; Herzog 1996.

Horst Steinmetz hat seit 1980 an fast allen einschlägigen Publikationen zur Konzeptbildung interkultureller Germanistik mitgearbeitet. Er ist auch Gründungsmitglied der neuen Weiterbildungs-Akademie für interkulturelle Studien. Wie der Leser unschwer bemerken wird, sind die folgenden Überlegungen, die ich als Thesen verstehe, seinen Anregungen vielfältig verpflichtet.

1. Interkulturalität als Relationsbegriff und Wechselspiel kulturdifferenter Wahrnehmungen

Im Gründungsprospekt der 'Gesellschaft für interkulturelle Germanistik' (1984) wird die leitende Auffassung von Interkulturalität mit folgenden Programmworten erläutert:

"Soweit sich die Geschichte der Kulturen überblicken läßt, lernt eine Kultur von der anderen und grenzt sich zugleich von ihr ab. Das Fremde wird so zum Ferment der Kulturentwicklung. Dieses produktive Wechselverhältnis von Fremdem und Eigenem vermag auch die Germanistik zu nutzen, wenn sie sich mehr als bisher auf die kulturelle Vielfalt ihrer Bedingungen, Fragestellungen und Erkenntnismöglichkeiten besinnt. Außerdem kann interkulturelle Germanistik ethnozentrische Isolierung überwinden helfen, indem sie das Bewußtsein von der hermeneutischen Funktion dieser Vielfalt fördert. Sie lehrt kulturelle Unterschiede zu respektieren und ihre Erkenntnis zum besseren Verstehen der eigenen und der fremden Kultur zu nutzen."

Ein Jahr später (1985) hat Albrecht Schöne in seiner Eigenschaft als Präsident der Internationalen Germanistenvereinigung diese Auffassung nachdrücklich bekräftigt:

"Und anders als die Internationalität einer naturwissenschaftlichen Disziplin meint die der Germanistik doch, daß sie nicht allein in verschiedenen Ländern, sondern dort auch auf je verschiedene Weise betrieben wird. Selbst die theoretischen Prämissen, methodologischen Grundsätze und wissenschaftlichen Verfahrensregeln, auf die man sich allgemein verständigt hat, werden durch unterschiedliche Voraussetzungen, Erfahrungen und Interessen in Wahrheit wohl stärker modifiziert, als man wahrzunehmen geneigt ist; gar die Auswahl von Untersuchungsobjekten und das Vergleichsmaterial, wissenschaftliche Fragestellungen und Bewertungsmaßstäbe, Kanonbildungen und Rezeptionsprozesse erscheinen wesentlich mitbestimmt durch jeweils andersartige Ausgangskenntnisse und Grundeinstellungen, abweichende Bedürfnisse und Aufgaben, unterschiedliche muttersprachliche, geschichtliche und kulturelle Vorgaben, politische und soziale Verhältnisse. Damit wir aber viel voneinander lernen können im 'Wechseltausch', müßten wir die produktiven Kräfte eines solchen Perspektivenreichtums beleben, statt uns etwa durch untaugliche Uniformierungsversuche ärmer nur zu machen, als wir sind. Aus der Blickrichtung eines deutschen Germanisten gesprochen: Wie er die Universitäts-Departments für deutsche Sprache, Literatur und Landeskunde in den nichtdeutschsprachigen Ländern nicht mehr als kulturelle Missionsstationen oder

Volkstumskonsulate versteht, kann er im eigenen Interesse unmöglich doch sich wünschen, daß man dort nur mit kleiner Flamme aufwärmte, was bei uns daheim vorgekocht wurde an mehr oder minder genießbaren Speisen."[4]

Gestützt wird diese Konzeptualisierung der Interkulturalität durch GIG und IVG von mehreren Seiten, nicht zuletzt von der anthropologischen Annahme einer in der Kindheit erworbenen, sich im historischen Prozeß nicht gänzlich wandelnden oder auflösenden kulturalen Dimension menschlicher Existenz (Bausinger 1977), von der Entdeckung unserer Zugehörigkeit zu kollektiven und kulturellen Gedächtnissen[5], von der Einsicht, daß viele unserer üblichen Begriffe wie 'Literatur', 'Text' und 'Kultur' wahrscheinlich als spezifisch westliche Begriffe zu gelten haben, deren kulturelle Reichweite begrenzt ist (Ruttkowski 1989). Sie wird auch von der nicht erst dem Poststrukturalismus, sondern schon Nietzsche und Max Scheler zu verdankenden Einsicht untermauert, daß sich das menschliche Subjekt wahrscheinlich weit mehr als bislang angenommen in den sozialen und kulturellen Auseinandersetzungen konstituiert, so daß schon deshalb sowohl mit individuellen als auch mit kollektiven Unterschieden der Leser und ihrer Generationen gerechnet werden muß.

Wir wissen heute, daß diese Erkenntnis für die Konstitution aller Gegenstände gilt; wir wissen ferner, daß diese Gegenstände nicht nur nicht gegeben sind, sondern durch Problemstellungen und theoretische Annahmen konstituiert und in einem vorgegebenem Verstehensrahmen (Blickwinkel, frameworks) entwickelt werden; Theorie und Gegenstand einer Kulturwissenschaft sind Resultat individueller Auffassungen und "Produkt einer kulturellen Kategorisierung der Realität" (Titzmann 1989: 51), mithin "Bestandteile von Kulturen" (Zima 1996: 532). Ein Dialog zwischen Geistes- und Sozialwissenschaftlern aus verschiedenen Kulturen ist darum auch aus der Sicht der allgemeinen und vergleichenden Literaturwissenschaft grundsätzlich "nur möglich, wenn sich die Teilnehmer nicht abstrakt-dezisionistisch über die kulturellen und ideologischen Hindernisse hinwegsetzen, die ihrer Verständigung im Wege stehen, sondern versuchen, diese Hindernisse zum Gegenstand ihres Gesprächs zu machen" (ebd.).

Die Überlegungen des vorliegenden Beitrags wurzeln in jenem kulturellen Bedingungsfeld, das man der heutigen internationalen Sozial- und Kulturwissenschaft überhaupt attestiert hat: sie sei "in ihren grundlegenden An-

---

4 Albrecht Schöne: Eröffnungsrede des Präsidenten der IVG zum VII. Internationalen Germanisten-Kongreß Göttingen 1985, in: *Kontroversen, alte und neue*, Band 1, hrsg. von Albrecht Schöne, Tübingen 1986, S. 9.
5 Vgl. außer Halbwachs 1985 und Assmann/Hölscher 1988 auch Krusche 1991 und Schmidt 1991.

nahmen und Denkfiguren, ihren Begriffen und Methoden zutiefst jener westlichen Kultur verpflichtet, aus der sie herausgewachsen ist" (Matthes 1991: 438f.). Aus dieser Verpflichtung helfen auch keine apodiktisch-präskriptiven Sätze aus Deutschland wie: "Germanistik in nicht-deutschsprachigen Ländern ist per definitionem interkulturell" (Fischer-Lichte 1992: 210) oder "Fremdsprachenlernen war als solches immer ein 'interkulturelles Lernen'" (Bleyhl 1994: 9). Karl Mannheim zufolge ist auch der vorliegende Beitrag schon deshalb als Ausdruck eines "kulturkreishaft seinsverbundenen Wissens" einzuschätzen, weil kein "einmaliges System der überschwebenden Wahrheiten" angenommen werden könne (Mannheim 1964: 356). Schütz/Luckmann weisen im Kontext des Erlebens der "Sozialwelt als Ordnungssystem mit bestimmten Verhältniskonstanten" ebenfalls auf die Abhängigkeit der jeweiligen Auffassungsperspektiven und subjektiven Auslegungen der gesellschaftlichen Ordnungen vom Standort des Betrachters hin (Schütz/Luckmann 1994: Bd.1: 41).

Ich gebe jedoch zu bedenken, daß Umfang und Qualität der tatsächlichen Kulturgebundenheit der Wissenschaften in Forschung und Lehre bis heute unbekannt sind. Die Geschichtswissenschaft, für die das Nachdenken über die eigenkulturelle Erkenntnisgebundenheit und deren Konsequenzen für die Erkenntnismöglichkeit längst zur Selbstreflexion des Faches gehört[6], hat deutlich gemacht, daß unsere kulturelle Standortgebundenheit zwar das Zustandekommen kultureller Optiken und Blickwinkel von begrenzter Reichweite, also den Prozeß der Entstehung und Perspektivierung von Argumentationen prägt, daß sie aber nicht ihren Plausibilitäts- und Wahrheitsgehalt determiniert oder gar verbürgt. Wissenschaft ist eo ipso Kritik und Selbstkritik (vgl. Bolten 1990); wir "sind Mitglieder der Kommunität der Forscher, das ist eine Bedingung für die Forschung, in dieser Kommunität wird diskutiert und kritisiert" (Nipperdey 1986: 270f.). Viele Fächer besitzen nur deshalb ein wissenschaftliches Profil, weil einzelne Wissenschaftler und Wissenschaftlergruppen dieses Profil erarbeitet haben; Wissenschaft ist immer auch ein Produkt einzelner Forscher und spiegelt wie die Kunst persönliche Leistungen. Die grundlegenden Annahmen einer kulturellen Gebundenheit von Wissenschaft sind also weniger zu dramatisieren als zu präzisieren.

Als Theorie der Interpretation fragt alle Hermeneutik, folgen wir Peter Szondis Traktat "Über philologische Erkenntnis", weniger nach dem Gegenstand wissenschaftlichen Lesens als danach, wie Literaturwissenschaft "zur Er-

---

6 Vgl. Wittram 1958: 25, 33f.; Fürnrohr 1978: 9; gleichfalls von Wartenburg 1991: 116, der den veränderten Perspektiven eine bewußtseinserweiternde Wirkung zuweist: "Es ist immer eine andere Stellung zur Welt, welche ein neues Stadium der Bewußtseinsentwicklung zur Folge hat".

kenntnis ihres Gegenstandes gelangt" (Szondi 1970: 10). Die Konzeptualisierung des Begriffs der Interkulturalität durch GIG und IVG gibt auf diese Frage eine erste Antwort; diese Antwort korreliert auch mit den Erkenntnissen kulturwissenschaftlicher Fremdheitsforschung oder Xenologie (vgl. Wierlacher 1993 und Albrecht 1997), der es um die Erforschung der Rolle und Konstitution kultureller Fremde und ihrer Erfahrung im Aufbau der Kulturen und in einer zusammenwachsenden Welt geht (vgl. Mishima 1993). Diese kulturwissenschaftliche Xenologie definiert das Fremde als das aufgefaßte Andere (Wierlacher 1985 und 1993), also als Relationsbegriff und Interpretament von Andersheit und Differenz (vgl. Krusche 1985 und Weinrich 1993) und betont entsprechend, daß sich von kulturell Fremdem nur unter der Bedingung sprechen lasse, daß auch der Blickwinkel in die Analyse einbezogen werde, unter dem man Alteritäten in ihrer Andersheit als Fremdes interpretiert, so daß Erkenntnisse über Alteritäten ohne Rückblick des Erkennenden auf sich selber gar nicht gewonnen werden können, weil wir im Umgang mit Alteritäten nicht umhin können, unsere eigene Sicht auf Anderes und Fremdes zu überprüfen. Infolgedessen setzt alle interkulturelle Germanistik und ihre 'Methodologie der anderen Augen' die Verstehensleistungen der Kritik und Selbstkritik immer schon voraus (vgl. Bolten 1990).

Aus der Konzeptualisierung von Interkulturalität als einem Wechselverhältnis und Wechseltausch folgt als grundlegende Aufgabenstellung wissenschaftlicher Arbeit zwanglos und zwingend die Verpflichtung, die globale Vielfalt kultureller Andersheiten in Perspektivik und Gegenstandskonstitution zu erkennen, anzuerkennen und im Lehr- und Forschungsgespräch produktiv zu Wort kommen zu lassen. In diesem Sinne hat Walter Veit (1985) den Terminus 'Interkulturelle Literaturwissenschaft' geprägt, zugleich als Ausdruck eines neuen Paradigmas vorgestellt und auf diese Weise die Forderung nach einem Paradigmawechsel der Germanistik als Fremdsprachenphilologie eingelöst, der 1980 vom Herausgeber der beiden UTB-Bände Fremdsprache Deutsch erhoben worden war (Wierlacher 1980). Mit kulturanthropologisch gerichtetem Interesse hat 1987 auch Doris Bachmann-Medick den Ausdruck 'interkulturelle Literaturwissenschaft' (Bachmann-Medick 1987) genutzt. Insgesamt weist der bisherige Diskurs einen breiten Grundkonsens auf, der sich mit einem Wort des Theologen Sundermeier etwa so beschreiben läßt: "Die Hermeneutik einer interkulturellen Begegnung [ist] nicht auf Harmonie aus. Sie ist Begegnung mit dem Fremden [...]. Es ist falsch, das Fremde im Verstehen vorschnell zu sich hin interpretieren zu wollen, es in das eigene Selbstverständnis zu inkorporieren und damit aus dem Gegenüber ein je Eigenes zu machen, wie es in verschiedener Form in der bisherigen Hermeneutik der Fall war" (Sundermeier 1991: 27).

Die Bildung eines an diesen Bedingungen seiner selbst orientierten Konzepts der Interkulturalität kann weder die Auflösung kultureller Verschiedenheiten in ein Allgemeines, noch dessen Liquidierung in der Differenz des Besonderen gutheißen und betreiben. Sie sieht sich vielmehr vor die doppelte Aufgabe gestellt, sowohl universell gültige Konzepte als auch Regulativen zu erarbeiten, die in Wahrung historischer Besonderheiten nur für einzelne Kulturregionen gelten; sie hat die Möglichkeit eigenständiger Theoriegrundlagen für Kulturregionen und -bereiche offenzuhalten; sie setzt weder auf Annexion noch auf Isolation, sondern ungeachtet aller realen machtpolitischen und ökonomischen Asymmetrien der Kulturen und Regionen auf Interaktion. Das epistemologische Mitdenken kultureller Pluralität im formulierten Verständnis globaler Wissenschaft versteht sie als Grundbedingung ihrer Möglichkeit und verstellt auch die Einsicht nicht, daß alle Forschung letztlich beim einzelnen Forscher zusammenlaufen und von ihm verantwortet werden muß.

Im Interesse und in Wahrung dieser Vorgaben versucht die nähere Konzeptualisierung von Interkulturalität einen wissenschaftlichen Föderalismus globaler Forschungspositionen aufzubauen, der mit Gadamer annimmt, daß Verstehen stets 'anders verstehen' heißt und der im Unterschied zu Gadamer die in der Geschichte der modernen Hermeneutik von Georg Friedrich Meier bis Donald Davidson geläufige Vorstellung überprüft wissen will, Verstehen setze immer ein tragendes Einverständnis voraus. Diese Aufgabe kann mit Wolf Lepenies oder Günter Grass auch als Konstitution einer Neubesinnung über die Interdependenz von Lehr- und Lernkultur (Lepenies 1996) aufgefaßt werden: "Lernen wir endlich, das Ja und Nein im produktiven Wechselspiel zu verstehen: Kritik soll auch Fürsprache sein; und Fürsprache ist der schwierigste Teil der Kritik" (Grass 1987: 326). Die Dringlichkeit dieser Aufgabe hat Dietrich Krusche schon 1989 deutlich gemacht (vgl. Krusche 1989: 140). Ihr entspricht in der Theorie interkultureller Germanistik die gleichfalls schon 1989 vorgenommene Festigung des Formativs *inter* in 'interkulturell' als *zwischen*, *reziprok* und *miteinander* (vgl. Wierlacher 1989).

Die so bestimmte Präposition repräsentiert für eine interkulturelle Germanistik grundsätzlich Relationalität, wird aber nicht als Bezeichnung eines Netzwerkes aufgefaßt, das über die Kulturen gelegt wird, um sie in einer westlich-wissenschaftlichen Universalsprache 'greifbar' (Fischer-Lichte 1992) zu machen. Sie wird vielmehr aus ihrer alltäglichen Trivialbedeutung bloßer Globalität gelöst und in den angeführten drei Bedeutungen wörtlich genommen, so daß unter Interkulturalität im Sinne von Schönes Konzept des 'Wechseltausches' immer auch der Prozeß der Überwindung von Ethnozentrismus durch eine wechselseitige "Abhebung" (Scheiffele 1985: 38) der kulturdifferenten Verstehenspositionen begriffen wird, die befähigt, Alteritäten und Alternativen stärker als bislang mitdenken, bis zu einem gewissen Grade Anderes mit anderen Augen zu sehen und Voraussetzungen für einen Dialog zu schaffen, der sich zu einem Polylog über den Text weitet (vgl. Wimmer 1990: 177f.), bei dem niemand das letzte Wort hat.

Eine vergleichbare Bestimmung zeichnet sich in den gegenwärtigen Konstitutionstheorien der interkulturellen Pädagogik, der interkulturellen Theologie und interkulturellen Philosophie ab; in deren Selbstdefinitionsprozessen wird der Begriff der 'Interkulturalität' als Korrelatbegriff wechselseitiger Wahrnehmung und entsprechender Horizontveränderung konzeptualisiert. Die interkulturelle Pädagogik umschreibt mit dem Wort 'interkulturell' das Achten auf den "Denk-Vergleich, das Bewußtwerden der eigenen Befangenheit im jeweils Kulturellen" und intendiert einen "Paradigmawechsel: Fremdheit und Kultur werden in den Vordergrund pädagogischer Axiomatik gerückt" (Borrelli (Hg.) 1986: 27). Entsprechend kennzeichnet die interkulturelle Philosophie mit dem Ausdruck 'interkulturell' den programmatischen Einbezug kulturell differenter Interpretationen europäischer Philosophen, etwa Kants, in die Philosophiegeschichte (vgl. Wimmer 1990 und Mall 1992). Auch die interkulturelle Theologie zielt auf "die Durchbrechung des Monozentrismus europäischer Theologie und deren perspektivische Anreicherung" und akzentuiert die Reziprozität dieses Prozesses: "Die Theologen arbeiten nicht nur im Bewußtsein, daß kulturell anders bestimmte Theologen ihren Blick auf sie gerichtet haben, sondern sie blicken selber auch auf deren Arbeit" (Siller 1991: 20; vgl. auch Hollenweger 1979-1988).

Indem interkulturelle Forschungspraxis den reziproken Rückblick auf kulturelle Sehweisen zum Modus ihrer Erkenntnisarbeit macht, löst sie die Selbstsicherheit kultureller Optik und ihrer Anspruchspositionen zugunsten einer interkulturellen Gegenstandskonstitution auf (Wierlacher/Stötzel 1996). Insofern läßt sich im forschungsleitenden Prinzip des Wechsels der angestammten Blickrichtung durchaus ein Element des 'Konstruktivismus' erkennen (vgl. Flacke 1994). Bedingung der Möglichkeit des Blickwechsels ist ein offener, d.h. anschlußfähiger Kulturbegriff, der das historische Wissen einschließt, daß es im Verkehr der Kulturen stets zu Entlehnungen und Entleihungen, zu Annexionen und Abstoßungen, zu wechselseitigen Nachahmungen und Anpassungen kommt und gekommen ist, Kulturen also als historisch dynamische Einheiten verstanden werden müssen, die auf Austausch angelegt sind; die Isolation einer Kultur von anderen Kulturen hat sich in der Geschichte nie durchhalten lassen.

Da internationale Wissenschaftskommunikation im Bereich der Kulturwissenschaften immer auch mit kulturellen Andersheiten zu tun hat, liegt es im Interesse dieser Kommunikation, eine kulturwissenschaftliche Xenologie zu entwickeln, um die wissenschaftliche Arbeit in den größeren Problemhorizont interkultureller Kommunikation einzubetten; erste Ansätze einer ausdifferenzierten xenologischen Literaturwissenschaft im Rahmen einer kulturwissenschaftlichen Xenologie liegen vor (Krusche 1985; Wierlacher 1985b; Hinderer 1993). Es fehlen aber immer noch Untersuchungen der kategorialen Voraussetzungen des Kulturvergleichs (vgl. Matthes 1992) mit der Folge, daß wir von den Bedingungen der Erweiterung kulturhermeneutischer Reichweiten unserer Begriffe in kulturanalytischer Hinsicht nach wie vor noch wenig wissen.

Wollte eine Literaturwissenschaft im konkreten Sinne *weltoffen* operieren, müßte sie die kulturelle Vielfalt zur conditio sine qua non ihrer Forschung und Lehre machen. Doch die entsprechende Aufgabe, kulturelle Differenzen in Perspektivik und Gegenstandskonstitution der Wissenschaften zu erkennen, anzuerkennen und im Forschungsgespräch produktiv zu Wort kommen zu lassen, ist bislang noch kaum als Obligo von Forschung und Lehre verstanden und ergriffen worden. Statt dessen wird selbst da, wo man sich öffentlich die Frage stellt: Wozu noch Germanistik? (vgl. Förster/Neuland/Rupp 1989) in aller Regel von der Kulturalität der eigenen wissenschaftlichen Tätigkeit abgesehen und ein Universalismus praktiziert (vgl. Böhme/Scherpe 1996), der seine kulturelle Egozentrik nicht bemerkt oder nicht bemerken will (vgl. Harth 1996), obgleich neuere Forschungen im Perspektivismus Nietzsches (vgl. Hofmann 1994: 54) eine affirmative Verpflichtung zur Bewahrung von Pluralität erkennen und die begrenzte kulturelle Reichweite unserer wissenschaftlichen Begriffe betonen (vgl. Ruttkowski 1989), obwohl auch Fritz Medicus bereits die perspektivische Bildung aller Erkenntnis als anthropologische Grundkategorie verdeutlicht (Medicus 1943; Medicus 1954: 261, 264) und obwohl im interpretationstheoretischen Diskurs von Chladenius über Helmuth Plessner bis zur Begründung interkultureller Germanistik die "Blickbedingtheit der geisteswissenschaftlichen Begriffsbildung" (Plessner 1983: 91) und mit ihr die kulturperspektivische Begrenzung der Philologien betont wurde und es eine individuelle Aufgabe des einzelnen Forschers ist, "die Sensibilität für andere Konzeptualisierungen von Mensch und Welt als die, die in unsere eigene Wissenschaft kulturell immer schon eingelassen sind, ständig zu schärfen und dies dann auch in die Praxis der Forschung umzusetzen" (Matthes 1991: 438f.).

Oskar Negt hat das zentristische Weltverhältnis der Muttersprachengermanistik als Wirklichkeitsverlust charakterisiert (vgl. Negt 1992: 29). In der Tat spricht außer solchem Verlust auch nichts für die Behauptung, die Konzeption einer interkulturellen Hermeneutik im allgemeinen und einer interkulturellen Germanistik im besonderen sei von vornherein zum Scheitern verurteilt, weil Menschen hinter die Voraussetzungen und Grenzen ihrer eigenen Kultur nicht zurückzugehen vermöchten (vgl. Brenner 1989). Es gibt im Gegenteil allen Grund für die Annahme, daß Anstrengungen, ein tragfähiges Konzept von

Interkulturalität zu entwickeln, keineswegs überflüssig oder gar Zeitverlust, sondern unverzichtbar sind, und deshalb komme ich zu meiner zweiten Konzeptualisierungsthese:

2. Interkulturalität als Prinzip kooperativer Selbstaufklärung

Aleida und Jan Assmann haben mehrfach dargelegt, daß sich alle Selbstaufklärung erst als Selbstdistanzierung im Prozeß selbstbewußter Kenntnisnahme des Anderen begründen läßt. Das Verstehen des Anderen ist mithin grundsätzlich als Tätigkeit zu begreifen, die auf Akten der Selbstaufklärung aufruht, diese immer verstanden als prüfende Selbst*auslegung* (Schütz 1974: 156). Da unser Selbstverstehen zugleich ein Produkt personaler und kollektiver Kommunikation ist, gilt auch der Umkehrschluß: Selbstverstehen ruht auf Akten des Fremdverstehens auf (vgl. Turk 1993).

Kulturen werden von einer sich interkulturell öffnenden Germanistik als komplexe und sich wandelnde Systeme handlungsleitender Wissens- und Orientierungsmuster verstanden, die im 'kulturellen Gedächtnis' aufbewahrt werden (vgl. Assmann 1992). Dieses Gedächtnis kann nicht von einer einzigen wissenschaftlichen Disziplin transparent und verständlich gemacht werden. Schon darum setzt alle Interkulturalität die Zusammenarbeit der Disziplinen in der Konstruktion einer "Transdisziplinarität" (Mittelstraß) voraus. Der Begriff meint weder die Sicherung des Status quo unserer Disziplinen noch die Einebnung ihrer Verschiedenheiten. Gemeint ist vielmehr das Zusammensein der Disziplinen mit und zwischen allen anderen in der übergreifenden Einheit wissenschaftlicher Forschung; denn ohne im Sinne von Jürgen Habermas auf dem Gelingen eines 'wahren Konsenses' zu beharren, ist deutlich, daß in der scientific community durch Vertauschung der Hörer- und Sprecherrollen die Verständigung pragmatisch gefördert (vgl. Ungeheuer 1987, Loenhoff 1990) und eine plurale Einheit der Wissenschaft geschaffen werden kann, die wir im Sinne des oben erwähnten Föderalismus mit dem Ausdruck 'interkulturelle Identität' im Sinne Barloewens (1993) als gemeinsamer Ausdrucksform der Wissenschaften kennzeichnen dürfen. In Rücksicht auf die reale zeitgenössische Struktur wissenschaftlicher Disziplinen und auf den Umstand, daß Kommunikation die Welt nicht nur mitteilt, sondern auch einteilt, wie Luhmann/Fuchs (1987) betonen, muß zugleich vom *Bedarf* der Wissenschaften an solch interkultureller Identität gesprochen werden. Internationalität und Interkulturalität wandeln sich mithin zu reziproken Korrelatbegriffen, die ein Miteinanderverstehen im Sinne eines "Gemeinschaftshandelns" schaffen, das Max Weber als fundamentale Kategorie aller Soziologie des Verstehens charakterisiert hat (Weber 1964: 112).

Webers Bestimmung birgt mehrere Herausforderungen, die sich aus den Ungleichzeitigkeiten und Ungleichgewichten der wissenschaftlichen Entwicklung ergeben. Menschen leben in der globalisierten Industriewelt in mehreren Wirklichkeiten und bilden im Laufe ihres Lebens oft mehrere Identitäten aus; Kommunikation mit anderen ist eine Weise und eine Chance, deren Leben mitzuleben. Schon für das Eigen-Interesse des Menschen und der Wissenschaften ist darum, wie auch eine kulturkonservative Perspektive Marquards betont, "gerade die Vielheit - die bunte Verschiedenartigkeit - dieser Mitmenschen wichtig. Sie darf durch die Kommunikation mit ihnen nicht getilgt, sondern sie muß kultiviert werden. Dazu reicht der universalistisch konsenszielige Diskurs nicht aus; bei ihm ist Vielfalt (der Meinungen) nur als defiziente Ausgangslage gestattet, Bewegung des Diskurses nur als Vielfaltsabbau; und sein Endzustand - der universalistische Konsens - ist einer, bei dem niemand mehr anders denkt als die anderen, so daß dort die Vielheit der Teilnehmer gerade überflüssig wird. Demgegenüber muß die Kommunikation, die uns mehrere Leben zu leben und dadurch mehr zu sehen ermöglicht, die universalistische Optik - die dadurch nicht verschwindet, sondern nur eine unter mehreren Optiken wird - durch die pluralistische Optik berichtigen" (Marquard 1993: 451).

Begreift man die verschiedenen Kulturen als sich wandelnde Systeme kollektiver Selbstauslegung menschlicher Existenz und geht man bei diesem Verständnis von der weiterführenden Annahme aus, daß kulturelle Selbstauslegungsysteme unsere Auffassung der verschiedenen Sozialsysteme, zum Beispiel der Sprachen und Literaturen, mitbestimmen (vgl. Michel 1991), dann darf mit Grund angenommen werden, daß es eine kulturdifferente Optik nicht nur bei der Textkonstitution gibt, sondern auch als Lektüre eigenkultureller und fremdkultureller Texte (vgl. Wierlacher/ Eichheim 1992)[7]. Die Frage nach den besonderen Bauformen und Funktionen kulturspezifischer Lektüren ist bislang jedoch noch kaum gestellt worden, obwohl diese Differenz sowohl ein Ergebnis und Produkt interkultureller Literaturforschung ist als auch ihr Forschungsgegenstand sein müßte[8]. Zu den wenigen Ausnahmen gehören Krusche 1981, Steinmetz 1992 oder Eßer 1997. Mit Zehra Ipsiroglu und Norbert Mecklenburg (1992) bleibt bündig festzustellen: "Einfluß kultureller Differenz auf Lektüre

---

7 Den Neologismus 'kulturdifferente' Lektüren nutze ich weniger mit theoretischem Blick auf Derrida als in der Annahme, daß jede kulturspezifische Lektüre, die sich als solche zu konstituieren sucht, dies nur als kulturdifferente Lektüre zu tun vermag, wie immer die imaginative Konkretisation der Interdependenz zwischen dem 'Eigenen' und dem 'Fremden' erfolgt.

8 Vgl. die Differenzierung der zwei "Arten" der Literaturwissenschaft in Freundlieb 1995.

literarischer Texte wird von uns ebenso selbstverständlich angenommen, wie er wenig erforscht ist".

Das handlungsleitende Prinzip der Interkulturalität setzt als Modus eines noch genauer zu klärenden Miteinanderverstehens ein geschärftes Kulturbewußtsein (cultural awareness) voraus und verlangt vom Interpreten im Sinne von Horst Steinmetz (1992), die zu analysierenden Texte an den eigenen Referanzrahmen anzuschließen und diesen zugleich in seiner bedeutungskonstitutiven Leistung und Qualität transparent zu machen. Der je eigene Anteil an *inter*kultureller Praxis verlangt folglich zugleich nach *intra*kultureller Arbeit; interkulturelle Tätigkeit beginnt damit, daß wir unseren je eigenen Blick so auf die eigene Lektüreposition richten, daß mit dem Text zugleich die Erklärungsbedürftigkeit unserer Wahrnehmungs- und Handlungsposition erzeugt wird.

Interkulturelle Literaturwissenschaft ist mithin als Ausdruck kooperativer Selbstaufklärung der Interpreten eo ipso ein Stück außenbetrachtender Analyse eigenkultureller Praxis und gewinnt somit als Institution eine besondere selbstreflexive und bildungspolitische Bedeutung für das jeweilige Land, in dem sie eingerichtet wird (vgl. Orlowski 1987). Nähere Analysen entsprechender Funktionsbestimmungen - sieht man von Dietrich Krusches frühen Analysen des interkulturellen Lesergespräch (1981) und von jüngsten Erwägungen zu multikultureller Interpretation ab (Gunew/Longley 1992) - gibt es trotzdem noch kaum; auch die bekannten Überlegungen zu literaturwissenschaftlichen Modellanalysen leisten sie nicht (vgl. etwa Wellbery 1985).

Beim Kennenlernen und Studieren fremdkultureller Verhältnisse kommt es in der Regel nicht zu einem Vergleich, wie Dietrich Krusche schon erkannt hat: "Vielmehr ist es so, daß fremde Sprache und Kultur von der *Position* des Besitzes des Eigenen aus begriffen und 'angeeignet' werden. Diese Aneignung geschieht allmählich, schrittweise, unter beträchtlichen Spannungen im jeweiligen Lerner. Die Spannungen ergeben sich daraus, daß das jeweilige Fremde nicht nur eigene Sprach- und Kulturmöglichkeiten eröffnet, sondern auch eine Infragestellung, ja Bedrohung eigener Sprach- und Kulturerfahrung bedeutet" (Krusche 1983: 365), weil das Fremde und das Eigene interdependente Größen sind, so daß eine kritische Veränderung des Eigenen immer auch einen Erscheinungswandel des aufgefaßten Anderen mit sich bringt. Mit dem Begriff der *Aneignung* des Fremden erfaßt kulturwissenschaftliche Xenologie darum als begreifendes Erkennen der Alterität nicht deren Unterwerfung, Annexion oder Auflösung in einer 'Horizontverschmelzung', sondern den Prozeß einer partiellen, distanzwahrenden, assimilativen und reziproken Integration im Sinne eines Vertrautwerdens in der Distanz. Ich stimme Franz Wimmer zu, wenn er betont, in dieser partiellen Integration liege "das ganze Risiko und die ganze Chance einer Aneignung fremden Kulturguts" (Wimmer 1990: 40).

Diese partielle Integration geschieht im Umgang mit Literatur durch die Bedeutungszuweisung, in der sich Text und Leser partiell wechselseitig neu konstituieren. Anzueignendes hat man insoweit zurecht "ein Reservoir zur Bereicherung und zur Korrektur beschränkter eigener Vorstellungen" genannt (Hijiya- Kirschnereit 1990: 25) und den so strukturierten Aneignungsprozeß als guten "Einstieg in das Verstehen einer fremden Kultur" bewertet (Ihekweazu 1984: 59). Jede wissenschaftliche Lektüre wird demnach als sozialer Vorgang gedacht, aus dem keine der beteiligten Seiten unverändert hervorgeht (vgl. Matthes 1992). Wissenschaftliche Lektüre eines literarischen Textes heißt infolgedessen als Bedeutungszuweisung und Selbstverständigung des Lesers immer auch Selbständerung des Lesers. Insofern ist die Rückkoppelung von Fremdheitsreflexionen an die eigene Person und deren Konstitution des Fremden und des Eigenen kein fragwürdiger Reflex einer neuen Innerlichkeit oder eines bloßen Kulturrelativismus, sondern ein Bestandteil einer Dialektik, die die relationalen Größen *fremd* und *eigen* immer wieder auswechselt und von der anderen Seite mitbetrachtet (Bausinger 1987).

Als kooperative Selbstaufklärung der Kommunizierenden wird Interkulturalität geschaffen, indem das dem einen Auffällige zu einer Quelle der Fragen des anderen wird. Gelingt diese kooperative Erkenntnisarbeit (Lämmert 1991: 10) über kulturelle Asymmetrien, Grenzen und Barrieren hinweg, kommt zugleich eine Abstandsänderung zwischen den Erkennenden zustande, die kulturelle Distanzstandards einschließt. Es entsteht eine besondere Verstehenssituation, die in der Austauschforschung und in der Theorie der interkulturellen Kommunikation als 'kulturelle Überschneidungssituation' bekannt ist. Als solche ist auch die Verstehenssituation eines wissenschaftlichen Lesers zu kennzeichnen (vgl. Wierlacher 1993 und Steinmetz 1996); ihrer näheren Bestimmung dient die folgende Konzeptualisierung.

3. Interkulturalität als Ausdruck und Modus wissenschaftlicher Partnerschaft

Der Prozeß der Internationalisierung unserer Kontakte und der Globalisierung der Märkte nach dem Ende der simplistischen Aufteilung der Welt verlangt auch von der Wissenschaftskommunikation, daß "im anderen ein viel weitergehender Partner gesucht werden [muß], der unter weltumspannenden Veränderungen notwendig gleiches erleidet oder gewinnt wie der nächste Angehörige" (Lämmert 1992: 118). Lämmerts entsprechender Appell zu kooperativer Erkenntnisarbeit führt zugleich zur Forderung, kulturelle Grenzen nicht mehr als Abwehrlinien und limes, sondern als logische Voraussetzungen von Fragestellungen und Kooperationen der Kulturen bei Problemstellungen zu verstehen und die auf fremdkulturelle Texte gerichtete Literaturwissenschaft entsprechend zu einer Disziplinvariante zu entwickeln, die kulturdifferente Optik nicht nur nicht unterdrückt, sondern zu einer besonderen Erkenntnisquelle ihrer Arbeit macht.

Indem so vorgegangen wird, fallen wir weder in verdeckte Hierarchien noch in harmonistische Symmetriewünsche zurück, sondern lösen uns aus der postmodernen Verabsolutierung der Differenz und dem immer noch vorherrschenden binären Verständnis des Verhältnisses von Eigenem und Fremdem und befähigen uns, Verbindungen aufzubauen, von denen auch nach Edward W. Said (1994) unser Überleben in einer internationalisierten Welt abhängt.

Nietzsche zufolge ist "gar kein Leben, wenn nicht auf dem Grund perspektivischer Schätzungen und Scheinbarkeiten" möglich, und Sinnkonstitutionen sind für ihn nur als Konstruktion von Beziehungssinn denkbar (Nietzsche 1980: 53). Die entsprechend fundierte Konzeptualisierung von 'Interkulturalität' als partnerschaftlicher Erkenntnisarbeit setzt als Kooperationsbedingung einen Verständigungswillen voraus, der in Wirtschaft, Verwaltung und Politik gleichermaßen als 'Vertragstreue' bekannt ist und auf der Wahrung und 'Anerkennung' der Gleichursprünglichkeit und Gleichberechtigung der unterschiedlichen Positionen und dem Aushandeln der Interessen der Partner beruht.

Der zugrundeliegende Begriff der 'Anerkennung' schließt in der politologischen Anerknnnungstheorie (vgl. Siep 1979; Honneth 1992; Taylor 1993) das Wissen um wechselseitige Bedingtheiten des Einen durch den Anderen ein. In der interkulturellen Germanistik wird in eben diesem Sinne von der "Anerkennung der Fremde" geprochen (vgl. Krusche 1983). Im Englischen heißt 'Anerkennung' *recognition*; das Wort verweist auf die grundlegende Bedeutung des Erkennens, das aller Anerkennung vorausgeht und den Anerkennungsbegriff zu einem kritischen Begriff macht. Mit dem Einbezug des Anerkennungsbegriffs in die Theorie der Interkulturalität ist darum kein Versuch verbunden, Dominanzen aufzubauen oder Ungleichgewichtigkeiten und Ungleichzeitigkeiten zu verdrängen oder aufzuheben; gemeint ist die Anerkennung der *Legitimität* des anderen in seiner Andersartigkeit [...]. Anerkennung verlangt ja nicht die Übernahme des Glaubens, der Lebensform, der kulturellen Eigenart des anderen, sondern nur ihre Respektierung als gleichberechtigt" (Fetscher 1990:12;11).

In der deutschen Literatur hat dieser Auffassung bereits Goethe mit literarischen Mitteln vor allem in *Iphigenie auf Tauris* das Wort geredet (vgl. Wierlacher 1983). Das Drama verweist zugleich auf einen in der Kulturforschung vernachlässigten, aber für alle Theorie der Interkulturalität wahrscheinlich grundlegenden Begriff der Hermeneutik; seiner Erörterung sind die beiden letzten Überlegungen gewidmet.

4. Interkulturalität als Theorie und Konstitution einer kulturellen Zwischenposition

Als Beziehungskategorie, die Partnerschaft zu konstituieren sucht und zu diesem Zweck kulturelle Pluralität als Grundverfassung der mitmenschlichen Wirklichkeit erkennt und anerkennt, ist Interkulturalität eo ipso eine Denk- und Handlungsnorm, die als solche nie auf seiten nur einer Kultur, sondern stets *zwischen* den Kulturen steht und an der Konstitution eines kritischen Konsenses der Kulturen mitarbeitet. Demzufolge hat die in aller Welt nach wie vor weitverbreitete Praxis der Sprachenpaar-Forschung, der kontrastiven Linguistik oder kontrastiven Landeskunde genau genommen kaum etwas mit Interkulturalität zu tun. Auch deren Auffassung als 'Kulturauseinandersetzung' (vgl. Bohnen 1987) vermag darum zur Begründung der hier konzeptualisierten Interkulturalität kaum etwas beizutragen. Solange wir uns 'auseinandersetzen', also Distanz und Kontrast suchen, erfüllen wir wahrscheinlich nur das uns vertraute Muster, nehmen wir uns selber zum Maßstab, mit dem wir Anderes als Fremdes, also auch die fremden Sprachen, messen (vgl. Matthes 1992: 95).

Eine kulturelle Überschneidungssituation stiftet dagegen Interdependenzen zwischen den agierenden Identitäten als Alteritäten, die für beide eine Veränderung ihrer selbst mit sich bringen. Diese Veränderung kann sich als Konstitution einer partiellen Gemeinschaft vollziehen[9], deren Zustandekommen kein schicksalshafter Vorgang, sondern Folge aktiver Reziprozität der kooperativen Selbstaufklärung ist, die sich auf der Bedeutungsebene der Interaktion und Interpretation als ein wechselseitiges Gesicht-Geben kennzeichnen läßt (Matthes 1991). Diese wechselseitige Figuration und die mit ihr verbundenen Veränderungen machen in der Sicht interkultureller Germanistik (vgl. Wierlacher 1996) und der Soziologie des Kulturvergleichs (vgl. Matthes 1990) aus der kulturellen Überschneidungssituation eine kulturelle Zwischenposition.

Mit diesem Begriff ist nicht die fundamentale Entfremdung einer Entwurzelung gemeint, die Autoren wie Salman Rushdie in "imaginary homelands" zwischen den Kulturen treibt (vgl. Rushdie 1992: 456ff.). Der Begriff steht auch nicht für kompensatorische Ortlosigkeit; er gewinnt seine Bedeutung vielmehr im Spannungsfeld wechselseitiger Abhebungen unserer durchaus inhomogenen kulturellen Annahmemixturen, die Übergänge und Zwischenräume schaffen, welche den Handelnden Möglichkeiten eröffnen, zu teilnehmenden Beobachtern und zu Mitspielern zu werden, die sich in ihren Sehgewohnheiten

---

9 Vgl. Ehlich 1993: 45f.: "Interkulturelle Kommunikation ist also die Erarbeitung von Gemeinsamkeit über Grenzen solcher Welten hinaus."

und ihrem Weltwissen wechselseitig stimulieren und korrigieren. Indem im Konzept der Zwischenposition der Begriff der Identität mit dem Begriff der Pluralität verknüpft wird, wird eine im Prozeß der Modernisierung und Internationalisierung aufgegebene Anerkennungs-Verpflichtung eingelöst und andererseits das besondere Quale und die besondere Aufgabe der kulturellen Zwischenposition ins Wort gefaßt: Es geht, um mit dem koreanischen Universitätspräsidenten und Literaturwissenschaftler Ilhi Synn zu sprechen, um die Konstitution eines *tragfähigen* Zwischen (Synn 1996).

Es war der Heidelberger Ethnologe Wilhelm Mühlmann, der 1956 in der kulturellen Zwischenposition den grundsätzlichen hermeutischen Ort der Ethnologie bestimmte; vier Jahre später hat sein Heidelberger Kollege Hans-Georg Gadamer dieses "Zwischen" als "den wahren Ort der Hermeneutik" qualifiziert (Gadamer 1960: 279).

Es ist auch der wahre Ort aller Interkulturalität. Er läßt sich genauer bestimmen, wenn man ihn mit den Literaturwissenschaftlern Klaus Bohnen (1985), Michael Böhler (1985) und Anton Madl (1985) als 'Spannungsfeld', mit dem Philosophen Oskar Negt (1992) und den Soziologen Andrea Hettlage-Vargas und Robert Hettlage (1984) als 'Zwischenwelt', mit dem Phänomenologen Bernhard Waldenfels (1971) als 'Zwischenreich des Dialogs' und mit dem Anthropologen Helmut Plessner als eine Verstehenssituation auffaßt, die ein "Vertrautwerden in der Distanz" und mit ihm eine wechselseitige Erhellung der Handlungspositionen ermöglicht, indem sie "das Andere als das Andere und Fremde zugleich sehen läßt" (Plessner 1983: 91). Im Rückgriff auf Überlegungen von Fred L. Casmir spricht man mittlerweile auch in der Wirtschaftswissenschaft von der Überschneidungssituation als einem 'Dazwischen', bewertet diese Auffassung als "wichtigen Wandel in der interkulturellen Forschung" und verlangt: "Dieses 'Dazwischen' sollte der Kern [...] interkultureller Forschung sein" (Mauritz 1996: 84f.).

Verstanden wird dieses 'Dazwischen' nicht als Vakuum oder als bloßer Überlappungsbereich, sondern als Beziehungsfeld besonderer Art. "Die entstehende oder bereits entstandene Beziehung ist eine Welt für sich, innerhalb derer Individuen ihre Trennung überwinden und eine für sie gemeinsame Umwelt schaffen" (Mauritz 1996: 85). Diese Umwelt wird gedacht als 'dritte Ordnung' (a.a.O.: 84) von Zwischenpositionen und Zwischentönen, die wie alle Beziehungskultur als Situation und als Prozeß zu begreifen sind.

Die Erfasssung der so konzipierten kulturellen Zwischenposition wird von einer Theorie der interkulturellen Kommunikation verfehlt, die weniger auf das besondere Quale der Beziehungssituation als auf die kulturellen Differenzen und die Fähigkeit achtet, mit deren Folgen umzugehen. Auch die Denkfigur des internationalen oder interkulturellen 'Austauschs' oder 'Wechseltauschs', die als erste Konzeptualisierung angeführt wurde, ist nun zu überholen; sie ist eine notwendige, aber keine hinreichende Bedingung für eine Theorie der Interkulturalität und bedarf gleichfalls der Erweiterung.

Mit der Qualifizierung der kulturellen Überschneidungssituation als einer Welt für sich begreifen wir kulturelle Differenzen weder als Gegensätze eines Entweder-Oder noch als Gräben, die es zu überbrücken oder zuzuschütten gilt, sondern als Möglichkeiten der Vernetzung und Voraussetzungen einer Kooperation, die den erwähnten Polylog zugunsten eines kulturellen Pluralismus möglich macht. Es sei ganz deutlich gesagt, daß dieser Polylog eine wissenschaftsrelevante Mehrsprachigkeit der globalen scientific community einschließt, auch wenn heute über 70 Prozent aller wissenschaftlichen Publikationen bereits auf Englisch vorgelegt werden.

Das Abstandnehmen von allem selbstbezogenen Messen beginnt erst da, wo ein Drittes ins Spiel kommt und diesem Dritten ein Spielraum eröffnet wird. Levinas konkretisiert dieses Dritte als die gesellschaftliche Welt, in der Menschen leben (vgl. Bernasconi 1998). Mit vergleichbarem Blick auf unsere Lebensumstände entstand bereits in den sechziger Jahren im Kontext der Theorie interkultureller Kommunikation die Idee einer dritten 'Kultur' zwischen den Kulturen (Useem 1963). Zehn Jahre später hat Fred L. Casmir diese Auffassung einer Zwischenwelt als einer Third Realm oder Third Culture erneuert (Casmir 1978). In Deutschland kommt Hartmut Mauritz das Verdienst zu, an diese erneuerten Überlegungen angeknüpft und betont zu haben: "Falls sich aus den Kontakten eine Beziehung entwickelt, tritt eine weitere, 'dritte' symbolische Ordnung zwischen die Kulturen der Beteiligten" (Mauritz 1996: 92).

Die Konzeptualisierung der Interkulturalität als einer dritten Ordnung, die Neues konstituiert, läßt sowohl den Begriff des interkulturellen Lernens als auch den Begriff der interkulturellen Kompetenz schärfer fassen als bisher: Interkulturelles Lernen findet dann statt, "wenn alle Beteiligten in der kulturellen Überscheidungssituation die Standards der jeweils anderen lernen, um daraus eine gemeinsame Orientierung zu schaffen" (Mauritz 1996: 88); die Fähigkeit, diese neue Beziehungsordnung zwischen Menschen verschiedener Kulturen zu stiften, nenne ich entsprechend 'interkulturelle Kompetenz'.

In der deutschen Gegenwartsliteratur hat vor allem Günter Grass (vgl. *Über das Ja und Nein*) eine vergleichbare Position gesucht und in *Der Butt* narrativ aufgewertet. "Gelobt ist, wer in denkmalhafter Pose, einem Luther gleich, aufs Ja und Nein besteht und, damit es auch recht dröhnt, sein 'Hier stehe ich, ich kann nicht anders!' dem Mikrophon anvertraut" klagt Grass über das in Deutschland weit verbreitete Block-Denken. "Verdächtig bleibt das Ja-aber, anrüchig ist der Kompromiß; Zwischentöne bedeuten Verrat. Denn wer sich dem Lager der Ja- oder der Neinsager nicht anzuschließen vermag, gehört zur minderen Kaste der Jeinsager" (Grass 1987: 321). Für den Herausgeber des Bandes *Das Fremde und das Eigene* (Wierlacher 1985) war die copula *und* immer das wichtigste Wort des Titels, während man in der Öffentlichkeit, auch im Kontext der interkulturellen Germanistik, die beiden Substantive vielfach als Oppositionsbegriffe wie 'Mann und Frau', 'hell und dunkel', 'gut und böse', 'alt und jung' las (vgl. Thum 1993: 337). Es mag sein, daß weltpolitische Rahmenkonzepte für diese Praxis mitverantwortlich sind. Doch in der historischen Tiefendimension des Verhaltens ist sie wohl auch ein Relikt einer manichäischen Weltauffassung. Von deren verborgener Wirkungsgeschichte nimmt das Prinzip der Interkulturalität als kooperativer Erkenntnisarbeit Abschied und faßt im Sinne von Günter Grass und Ulrich Beck die Konstitution von Zwischenpositionen generell als Bedingung der Möglichkeit von Politik auf (Beck 1993).

Wie das Fremde ein dreistelliger Begriff ist und auch das Fremdverstehen zureichend nicht nach dem Modell von ego und alter ego, also nicht unter Zugrundelegung einer einzigen Systemreferenz zu erklären ist (Turk 1993), wie Bedeutung nur als mindestens dreistelliger Begriff relativ zu Kommunikationsteilnehmern, Kommunikationssituationen und Zeitpunkten konzipiert werden kann (S.J. Schmidt), wie Partnerschaft erst durch den Ausgriff auf ein Gemeinsames möglich wird und mit jeder kulturellen Überschneidungssituation ein Drittes ins Leben gerufen wird, das als angestrebter Mehrwert aller Kommunikation gelten darf, so wird erst durch ein Drittes das binäre Denken überwunden und auch die Gefahr verringert, daß das Ich ein alter ego zum abkünftigen Modus seiner selbst macht. Semantisiert man dementprechend die Präposition 'inter' im Rückgriff auf ihre ursprüngliche Wortbedeutung als Bezeichnung eines nichtmanichäischen Mitdenkens von Frageinteressen anderer, wie Schleiermacher bereits herausgestellt hatte, daß zu jeder Subjektkonstitution das Mit-gesetztsein eines Anderen gehört (vgl. Schleiermacher 1969 und Mecklenburg 1987) oder Helm Stierlin aus seiner Sicht von der Interdependenz des Tuns des Einen und des Tuns des Anderen spricht, dann läßt sich die Zwischenwelt der Interkulturalität als Feld kooperativen Gemeinschaftshandelns noch etwas genauer konzeptualisieren. Das soll abschließend geschehen.

5. Die 'dritte Ordnung' der Interkulturalität als kreatives Milieu aktiver Toleranz

Im Folgenden wird weder eine Sonntagspredigt geboten noch auf die alte Vorstellung vom 'tertium comparationis' des Kulturvergleichs zurückgegriffen, die oft "unvermittelt als Tertium des Vergleichs angenommen hat, was in theoriebildender Absicht an der einen, der eigenen Größe im Paar-Vergleich schon immer abgelesen worden ist" (Matthes 1992: 16). Es wird auch nicht der Versuch unternommen, die theologische Vorstellung der Trinität für unsere Zwecke heranzuziehen; es wird gleichfalls nicht behauptet, daß zwei Subjekte einen dritten, 'neutralen' Standpunkt benötigten, um überhaupt ein wissenschaftliches Gespräch miteinander führen zu können. In der Beteiligung eines Dritten beim Gespräch sehe ich auch keine Bedingung der Möglichkeit von Verständigung überhaupt (vgl. Holenstein 1996: 93), obwohl die Gegenwart eines Dritten zum Beispiel im Sinne des Interessenausgleichs durch schiedsgerichtliche Mediation die Möglichkeit erleichtert, sich selbst in seiner Andersheit jenseits aller Opposition auch als körperliche Existenz zu erfahren (vgl. Eichberg 1993); unerörtert lasse ich auch die Annahme Oskar Negts (1992), daß jedes Übersetzen, jedes Lernen am Eigenen und Fremden ein Drittes schafft; last but not least komme ich auch nicht auf soziologische Theorien der drei Kulturen zurück oder auf volkskundliche Forschungen über die Zahl Drei als Systemfaktor im Aufbau westlicher Kulturen. Statt dessen soll hier nur versucht werden, in vorgegebener Kürze ein besonderes Quale der 'dritten Ordnung' der kulturellen Zwischenposition künftiger interkultureller Literaturwissenschaft zu bestimmen.

Mit Waldenfels' Dialogtheorie nenne ich als grundlegende inhaltliche Repräsentation- und Konkretisationsmöglichkeit des gesuchten 'tragfähigen Zwischen' zunächst die gemeinschaftliche Beziehung zur Sache, um die es in der Wissenschaft geht, also das "Sachverhältnis" (Waldenfels 1971: 134) des "gemeinsamen Interesses" und "gemeinsamen Tuns" (a.a.O: 136) kooperativer Erkenntnisarbeit unter Anerkennung der Gleichursprünglichkeit kulturdifferenter Positionen. Im Sinne von Grass' Plädoyer für Zwischentöne lassen sich die Zwischenpositionen sodann als Repräsentationen von Zwischenstellungen auf einer Entscheidungsskala begreifen. Hinsichtlich der epistemologischen Relation von Wissenschaft und alltäglicher Erfahrung ließe sich die gesuchte Zwischenposition insofern als Modus eines "mittleren Wegs der Erkenntnis" konkretisieren, wie ihn vor allem die neuere Kognitionswissenschaft favorisiert (vgl. Varela/Thompson/Rosch 1992). Bernhard Waldenfels erkennt ferner im Begriff der Region (als Bezeichnung eines sprachenübergreifenden Kultur- und Lebensraums mittlerer Reichweite) ein Drittes, das im Unterschied zur weltumspannenden Globalität oder zur engen Nationalität als 'Interregionalität' "einen Mittelweg" eröffnet, "der uns vor der Flucht in einen großen oder kleinen Ersatz-Kosmos bewahrt" (Waldenfels 1985: 195).

Als Mitte gilt üblicherweise ein Raumpunkt und Teil von etwas, der von allen Enden oder Begrenzungen gleich weit entfernt ist, die Mitte des Zimmers oder des Kreises; es wird auch als Zeitpunkt gedacht (Mitte des Jahres etc.). Insgesamt verweisen die Metaphern der Mitte oder des mittleren Weges auf die aristotelische Mesotes-Theorie und auf ihre Umsetzung als Kulturform sozialen Handelns, die in der Geschichte Europas außerordentlich wirkungsmächtig geworden ist, noch heute insbesondere in Deutschland das politische Handeln als Prinzip einer 'Politik der Mitte' mit Nebenbedeutungen der goldenen Mitte oder der Dritten Kraft und eines "mittleren Maßes" (vgl. Harth 1993: 148ff.) bestimmt.

Als spezifisch europäische Vorstellung ist die Metaphorik der Mitte für unsere Zwecke indessen nur bedingt hilfreich, zumal sie die abgeleiteten Begriffe der 'Mittler' und 'Vermittlung' ('Mediation') berührt, deren Theorie in der wissenschaftlichen Lehre bis heute unzureichend geblieben ist. So erscheint es angebracht, noch andere Konkretisationsmöglichkeiten des Begriffs der Interkulturalität zu suchen.

Eine solch andere Möglichkeit der Konkretisation des Konzepts der 'dritten Ordnung' bietet Thomas Manns Begriff der Ironie. Für Mann hat Ironie immer auch mit einer Sehweise zu tun, die "in einem weiteren, größeren Sinne als der romantische Subjektivismus" einen verbindenden Blick des Sowohl als auch auf das Eine und das Andere, das Fremde und das Eigene richtet: "Ironie ist immer Ironie nach beiden Seiten hin, etwas Mittleres" (GW XII, 91), das Abstand und Sichtdistanz schafft. "Ironie ist das Pathos der Mitte [...], sie ist auch ihre Moral, ihr Ethos" (GW IX, 171) schreibt Thomas Mann und meint dabei das "Dabei-Dazwischensein, In-der-Mitte-sein, Anteil haben wollen an beiden Seiten, zwischen denen man steht" (vgl. Ulrich Karthaus 1988: 90f.). Mit diesem Ironiebegriff ließe sich die Theorie der Interkulturalität zugleich mit der Theorie der Postmoderne verknüpfen und als Position einer Wissenschaft begreifen, die um die begrenzte kulturelle Reichweite ihrer Begriffe weiß, weil sie selbst "im Bewußtsein der Kontingenz und Hinfälligkeit ihres abschließenden Vokabulars, also auch ihres eigenen Selbst" lebt (Rorty 1989:128).

Kandinsky wählte für seine Kulturtheorie die geometrische Repräsentation des Dritten: "Ein großes spitzes Dreieck in ungleiche Teile geteilt, mit der spitzesten, kleinsten Abteilung nach oben gewendet - ist das geistige Leben schematisch richtig dargestellt", schreibt Kandinsky in seinem bekannten Buch *Über das Geistige in der Kunst* (Kandinsky 1952: 29). Auch die ersten Konzeptualisierungen interkultureller Germanistik bemühten das Denkmodell des Dreiecks, als es darum ging, den Zusammenhang zwischen der Grundsprachengermanistik, Fremdsprachengermanistik und dem jungen Fach Deutsch als Fremdsprache zu klären (Wierlacher 1985: Einleitung). Ein 1927 erschienener Aufsatz Kandinskys trägt dagegen den Titel *Und*. Gefragt wird nach dem Wort, das das Zwanzigste Jahrhundert im Vergleich zum neunzehnten kennzeichnet. Während das 19. Jahrhundert vom Entweder-oder regiert wurde (Kierkegaard), sollte das 20. der Arbeit am *und* gelten, also dem Nebeneinander, der Vielheit, der Ungewißheit und der Frage nach interdependenz und dem Zusammenhang.

Es geht also auch nicht um den Dreischritt von These, Antithese und Synthese. Das *und* indiziert in meiner Sicht bereits im Titel des Bandes *Das Fremde und das Eigene* das Dritte, das die beiden zusammengerückten Begriffe gemeinsam als Neues bilden. Dieses Dritte ist nicht quantitativ, gewissermaßen als arithmetisches Mittel zwischen den Disziplinen oder Kulturen zu bestimmen. Gemeint ist weder eine Mitte zwischen den Extremen noch eine Mitte als Durchschnitt, als Symmetrie (vgl. Wolbert 1986; Hoffman-Axthelm 1984) oder als jenes Zentrum, für das die englische Sprache den Ausdruck "dead center" kennt. Mit Norbert Mecklenburg wird angenommen, daß "dialogisches Fremdverstehen, das von der Verschiedenheit, nicht von einer Gemeinsamkeit ausgeht, das nicht Konsens um jeden Preis, sondern Erweiterung der eigenen Sicht intendiert, bei ungeschwächt gleichzeitigem Bewußtsein des Eigenen und Fremden einen 'höheren Standpunkt' anpeilen (muß), eine *gemeinsame Mitte*, die jedoch nicht einfach als Mengendurchschnitt im Rahmen eines universalen Codes zu denken ist, deren Auffinden vielmehr auch von kontingenten Faktoren eine einmaligen interkulturellen Konfiguration abhängen kann, z.B. von gleichartigen Erfahrungen" (Mecklenburg 1987: 571).

"Inmitten der verschiedensten Standpunkte gewahren wir den geschichtlichen Grund unserer Existenz, nicht als neuen Fixpunkt, sondern als dialektisches Moment in einem sehr komplexen Prozeß [...]. Das Problem liegt in der Mitte, nicht die Wahrheit, die sich vielmehr auf die verschiedensten Standpunkte verteilt [...]. Die Menschen müssen also lernen, nach allen Seiten offen zu sein". Diesen auf Goethe verweisenden Satz lesen wir lange vor der Postmoderne bei Walter Rest (1948: 25). Mit dem *und* bricht demnach keineswegs die allgemeine Harmonie aus, aber es beginnt der kreative Abschied von jeder einsinnig reduktiven, bloß dichotomischen Auslegung des Verhältnisses von Eigenem und Fremdem, von der westlichen Verabsolutierung der Denkfigur der Differenz ebenso wie von der entsprechend simplistischen Aufteilung der Welt, die wir in machtpolitischer Konkretisation vor allem im Ost-West-Konflikt erlebt haben.

Fragt man nach Entstehungsbedingungen der dritten 'Ordnung', so wird man einräumen, daß sie nur dort gedeihen kann, wo die aufgelisteten Stufen von Interkulturalität möglich und angenommen werden, wo die beteiligten Personen also kooperative Erkenntnisarbeit praktizieren und die Anerkennung der Gleichursprünglichkeit ihrer Andersheit die nötige Vertrauensbasis schafft. In gebotener Behutsamkeit darf die Konzeptualisierung des Prinzips der Interkulturalität darum zum Abschluß der Überlegungen mit Hilfe eines Begriffs präzisiert werden, der aus der Geographie stammt: Die 'dritte Ordnung' der

Zwischenwelt der Interkulturalität ist ein (hier nicht mehr näher konturierbares) *kreatives Milieu* (vgl. Frommhold-Eisebith 1995), das Neues ermöglicht, Innovationen gedeihen läßt und im Hinblick auf den stimulierenden Wechseltausch kulturdifferenter Fragestellungen als kooperatives Gemeinschaftshandeln dem Orchester-Spiel vergleichbar ist, in dem jeder möglichst gut sowohl seinen eigenen Part spielen als auch mit allen anderen zusammenspielen muß.

Eine Voraussetzung dieses kreativen Milieus sahen wir in der Anerkennung der Gleichursprünglichkeit kulturdifferenter Positionen. Den *Vollzug* dieser Anerkennung kennzeichnet Karl Jaspers als "Ernstnehmen des Fremden" (Jaspers 1962: 207) und bestimmt es begrifflich als *aktive Toleranz* (Jaspers 1948: 671). Indem wir mit Alexander Mitscherlich in der Toleranz eine fundamentale hermeneutische Bedingung des Verstehens erkennen (Mitscherlich 1974: 9), entdecken wir in der Toleranz zugleich die Grundbedingung und eine Grundbedeutung der konzeptualisierten Interkulturalität (vgl. Wierlacher 1992a, 1994 und 1996a).

Literatur

Albrecht, Corinna (1997): Überlegungen zum Konzept der Interkulturalität, in: *Vom Umgang mit dem Fremden. Hintergrund, Definitionen, Vorschläge*, hg. von Yves Bizeul et al., Weinheim/Basel, S. 116-122.

Assmann, Jan (1992): *Das kulturelle Gedächtnis. Schrift, Erinnerung und politische Identität in frühen Hochkulturen*, München.

Assmann, Jan/Hölscher, Tonio (Hg.) (1988): *Kultur und Gedächtnis*, Frankfurt/M. 1988.

Bachmann-Medick, Doris (1987): Verstehen und Mißverstehen zwischen den Kulturen. Interpretation im Schnittpunkt von Literaturwissenschaft und Kulturanthropologie, in: *Jahrbuch Deutsch als Fremdspache 13*, S. 65-77.

von Barloewen, Constantin (1993): Fremdheit und interkulturelle Identität. Überlegungen aus der Sicht der vergleichenden Kulturforschung, in: Wierlacher (Hg.) 1993: 297-318.

Bausinger, Hermann (1977): Zur kulturalen Dimension von Identität, in: *Zeitschrift für Volkskunde 73*, S. 210-215.

Bausinger, Hermann (1987): Kultur kontrastiv - Exotismus und interkulturelle Kommunikation, in: *Vermittlung fremder Kultur, Theorie, Didaktik, Praxis*, hg. von Armin Wolff und Wolfgang Rug, Regensburg, S. 1-16.

Beck, Ulrich (1993): *Die Erfindung des Politischen*, Frankfurt/M.

Bernasconi, Robert (1998): Wer ist der Dritte? Überkreuzung von Ethik und Politik bei Levinas, in: *Der Anspruch der Anderen. Perspektiven phänomenologischer Ethik*, hg. von Bernhard Waldenfels und Iris Därmann, München, S. 87-110.

Besier, Gerhard/Schreiner, Klaus (1990): Toleranz, in: *Geschichtliche Grundbegriffe. Historisches Lexikon zur politisch-sozialen Sprache in Deutschland Bd. 6*, hg. von Otto Brunner et al., Stuttgart, S. 445-605

Bleyhl, Werner (1994): Das Lernen von Fremdsprachen ist interkulturelles Lernen, in: *Interkulturelles Lernen im Fremdsprachenunterricht*, hg. von Karl Richard Bausch, Herbert Christ und Hans-Jürgen Krumm, Tübingen, S. 9-20

Böhler, Michael (1985): Deutsche Literatur im kulturellen Spannunsfeld zwischen Eigenem und Fremdem in der Schweiz, in: Wierlacher (Hg.) 1985a: 34-261.

Böhme, Hartmut/Scherpe, Klaus R. (Hg.) (1996): *Literatur und Kulturwissenschaften. Positionen, Theorien, Modelle*, Reinbek.

Bohnen, Klaus (1985): Im Spannungsfeld von Adaption und Angrenzung, in: Wierlacher (Hg.) 1985a: 262-271.

Bohnen, Klaus (1987): Interkulturalität als Lernziel. Studienkonzepte einer Reformuniversität, in: Wierlacher (Hg.) 1987: S. 29-41.

Bolten, Jürgen (1990): Vergleich als Kritik. Zum Verstehensbegriff interkultureller Germanistik, in: *Jahrbuch Deutsch als Fremdsprache 16*, S. 76-89.

Borrelli, Michele (Hg.) (1986): *Interkulturelle Pädagogik. Positionen - Kontroversen - Perspektiven*, Baltmannsweiler.

Brenner, Peter J. (1989): Die Erfahrung der Fremde, in: *Der Reisebericht. Zur Entwicklung einer Wahrnehmungsform in der Gechichte des Reiseberichts*, hg. von P.J.B., Frankfurt/M., S. 14-49.

Casmir, Fred L. (1987): A Multicultural Perspective of Human Communication, in: *Intercultural and International Communication*, hg. von F.L.C., Washington, S. 241-257.

Danneberg, Lutz/Vollhardt, Friedrich (Hg. in Zusammenarbeit mit Hartmut Böhme und Jörg Schönert) (1995): *Wie international ist die Literaturwissenschaft? Methoden- und Theoriediskussion in den Literaturwissenschaften: kulturelle Besonderheiten und interkultureller Austausch am Beispiel des Interpretationsproblems (1950-1990)*, Stuttgart/-Weimar.

Ehlich, Konrad (1993): Stichwort 'Interkulturelle Kommunikation', in: *Sprachliche Aufmerksamkeit. Glossen und Marginalien zur Sprache der Gegenwart*, hg. von Wolf Peter Klein und Ingwer Paul, Heidelberg, S. 42-48.

Eichberg, Henning (1993): Der dialogische Körper: Über einen dritten Weg der körperanthropologischen Aufmerksamkeit, in: *Körpersprache. Über Identität und Konflikt*, hg. von Knut Dietrich und Henning Eichberg, Frankfurt/M., S. 257-308.

Eßer, Ruth (1997): "*Etwas ist mir geheim geblieben am deutschen Referat*". Kulturelle Geprägtheit wissenschaftlicher Textproduktion und ihre Konsequenzen für den universitären Unterricht von Deutsch als Fremdsprache, München.

Fetscher, Iring (1990): *Toleranz. Von der Unentbehrlichkeit einer kleinen Tugend für die Demokratie*, Stuttgart.

Fischer-Lichte, Erika (1992): Interdisziplinarität und Interkulturalität: Einrücken in neue Kontexte, in: Mishima/Tsuji (Hg.) 1992: 209-218.

Flacke, Michael (1994): *Verstehen als Konstruktion. Literaturwissenschaft und radikaler Konstruktivismus*, Opladen.

Förster, Jürgen/Neuland, Eva/Rupp, Gerhard (Hg.) (1989): *Wozu noch Germanistik? Wissenschaft, Beruf, kulturelle Praxis*, Stuttgart.

Freundlieb, Dieter (1995): Literarische Interpretation. Angewandte Theorie oder soziale Praxis?, in: Danneberg/Vollhardt (Hg.) 1995: 25-41.

Frommhold-Eisebith, Martina (1995): Das "kreative Milieu" als Motor regionalwirtschaftlicher Entwicklung, in: *Geographische Zeitschrift 8*, S. 30-47.

Fürnrohr, Walter (1978): *Ansätze einer problemorientierten Geschichtsdidaktik. Eine Einführung*, Bamberg.

Gadamer, Hans-Georg (1960): *Wahrheit und Methode. Grundzüge einer philosophischen Hermeneutik*, Tübingen.

Grass, Günter (1987): Über das Ja und Nein. Rede zur Verleihung der Carl von Ossietzky-Medaille, in: G.G.: *Werkausgabe IX*, Darmstadt/Neuwied, S. 320-326.

Gunew, Sneja/Longley, Kateryna O. (Hg.) (1992): *Striking Chords. Multicultural Literary Interpretations*, Sidney.

Habermas, Jürgen (1990): Theorie der Gesellschaft oder Sozialtechnologie? Eine Auseinandersetzung mit Niklas Luhmann, in: J.H./Niklas Luhmann: *Theorie der Gesellschaft oder Sozialtechnologie - Was leistet die Systemforschung?*, 10. Aufl. Frankfurt/M., S. 142-290.

Halbwachs, Maurice (1985): *Das kollektive Gedächtnis*, Frankfurt/M.

Harth, Dietrich (1993): *Gotthold Ephraim Lessing*, München.

Harth, Dietrich (1996): Vom Fetisch bis zum Drama? Anmerkungen zur Renaissance der Kulturwissenschaften, in: *Anglia 114*, S. 340-375.

Hermanns, Fritz (1980): Das ominöse Referat. Forschungsprobleme und Lernschwierigkeiten bei einer deutschen Textsorte, in: Wierlacher 1980 (Hg.): 593-607.

Hettlage-Vargas, Andrea/Hettlage, Robert (1984): Kulturelle Zwischenwelten Fremdarbeiter - Eine Etnie?, in: *Schweizerische Zeitschrift für Soziologie 2*, S. 357-404.

Herzog, Roman (1996): Bildung als Dauerauftrag, in: *Forschung und Lehre 8*, S. 402-405.

Hijiya-Kirschnereit, Irmela (1990): *Was heißt japanische Literatur verstehen? Zur modernen japanischen Literatur und Literaturkritik*, Frankfurt/M.

Hinderer, Walter (1993): Das Phantom des Herrn Kannitverstan. Methodische Überlegungen zu einer interkulturellen Literaturwissenschaft als Fremdheitswissenschaft, in: Wierlacher (Hg.) 1993: 199-217.

Hoffmann-Axthelm, Dieter (1984): *Sinnesarbeit. Nachdenken über Wahrnehmung*, Frankfurt a.M./New York.

Hofmann, Johann Nepomuk (1994): *Wahrheit, Perspektive, Interpretation*, Berlin/New York.

Hollenweger, Walter J. (1979, 1982, 1988): *Interkulturelle Theologie Bd. 1-3*, München.

Honneth, Axel (1992): *Der Kampf um Anerkennung. Zur moralischen Grammatik sozialer Konflikte*, Frankfurt/M.

Holenstein, Elmar (1985): *Menschliches Selbstverständnis. Ichbewußtsein, intersubjektive Verantwortung, interkulturelle Verständigung*, Frankfurt/M.

Holenstein, Elmar (1996): Interkulturelle Verständigung. Bedingungen ihrer Möglichkeit, in: Wierlacher/Stötzel (Hg.) 1996: 81-98.

Ihekweazu, Edith (1984): Erschwerte Verständigung. Deutscher Literaturunterricht in der Dritten Welt, in: *Jahrbuch Deutsch als Fremdsprache 10*, S. 86-106.

Ipsiroglu, Zehra/Mecklenburg, Norbert (1992): "Und wenn er nicht gestorben ist, dann schmollt er auch noch heute". Türkisch-deutsche "Pankraz"-Notate, in: *Jahrbuch Deutsch als Fremdsprache 18*, S. 449-464.

Jaspers, Karl (1948): *Philosophie*, 2. Aufl. Berlin etc.

Jaspers, Karl (1962): *Der philosophische Glaube angesichts der Offenbarung*, München.

Kandinsky, Wassily (1952): *Über das Geistige in der Kunst*, 10. Aufl. Bern.

Karthaus, Ulrich (1988): Zu Thomas Manns Ironie, in: *Thomas Mann-Jahrbuch 1*, S. 80-98.

Krusche, Dietrich (1983): Anerkennung der Fremde, in: *Jahrbuch Deutsch als Fremdsprache 9*, S. 248-258.
Krusche, Dietrich (1985): *Literatur und Fremde*, München.
Krusche, Dietrich (1989): *Reisen. Verabredung mit der Fremde*, Weinheim.
Krusche, Dietrich (1991): Gedächtnis - ein Begriffskomplex im Umbau, in: *Jahrbuch Deutsch als Fremdsprache 17*, S. 121-274.
Krusche, Dietrich/Wierlacher, Alois (Hg.) (1990): *Hermeneutik der Fremde*, München.
Lämmert, Eberhard (1991): Die Herausforderung der Humanwissenschaften in einer industriellen Kultur, in: *Germany and Europe: The Politics of Culture*, hg. von Eitel Timm, Columbia, S. 9-26.
Lämmert, Eberhard (1992): Die aktuelle Situation der Hochschulen in der Bundesrepublik Deutschland, in: *Deutschlandforschung. Koreanische Zeitschrift für deutsche Sprache und Kultur 1*, S. 104-119.
Lepenies, Wolf (1996): Selbstkritische Moderne. Neue Leitbilder im Kontakt der Kulturen, in: *Internationale Politik 51*, S. 3-14.
Loenhoff, Jens (1992a): Modelle interkultureller Kommunikation: Verständigungsbedarf im globalen System, in: *Dialog: Interkulturelle Verständigung in Europa. Ein deutsch-polnisches Gespräch*, hg. von Ernst W.B. Hess-Lüttich und Jan Papior, Saarbrücken/Fort Lauderdale, S. 107-133.
Loenhoff, Jens (1992b): *Interkulturelle Verständigung. Zum Problem grenzüberschreitender Komunikation*, Opladen.
Luhmann, Niklas/Fuchs, Peter (1987): *Reden und Schweigen*, Frankfurt/M.
Madl, Anton: Die ungarische Germanistik im Spannungsfeld von Motivationen und Gegenmotivationen, in: Wierlacher (Hg.) 1985a: 272-284.
Mall, Rham Adar (1992): *Philosophie im Vergleich der Kulturen. Eine Einführung in die interkulturelle Philosophie*, Bremen.
Mannheim, Karl (1964): *Wissenssoziologie*, Frankfurt/M.
Marquard, Odo (1993): Das pluralistische Manifest?, in: *Jahrbuch der Deutschen Schiller-Gesellschaft 37*, S. 447-452.
Matthes, Joachim (1990): Kulturvergleich: Einige methodologische Anmerkungen, in: *Interamerikanische Beziehungen. Einfluß-Transfer-Interkulturalität*, hg. von Helmbrecht Breinig, Frankfurt/M., S. 13-24.
Matthes, Joachim (1991): "Das Gesicht wahren": eine kulturelle Regel im interkulturellen Vergleich, in: *Universitas 5*, S. 429-439.
Matthes, Joachim (Hg.) (1992): *Zwischen den Kulturen? Die Sozialwissenschaften vor dem Problem des Kulturvergleichs*, Göttingen.
Mecklenburg, Norbert (1987): Über kulturelle und poetische Alterität. Kultur- und literaturtheoretische Grundprobleme einer interkulturellen Germanistik, in: Wierlacher 1987 (Hg.): 563-584.
Medicus, Fritz (1943): Von der Objektivität der geschichtlichen Erkenntnis, in: F.M.: *Vom Wahren, Guten und Schönen. Kulturanthropologische Abhandlungen*, Zürich, S. 30-61.
Medicus, Fritz (1954): Die Wissenschaften als Probleme, in: F.M.: *Vom Überzeitlichen in der Zeit. Beiträge zu humanistischer Besinnung*, Zürich, S. 252-268.
Michel, Willy (1991): Die Außensicht der Innensicht. Zur Hermeneutik einer interkulturell ausgerichteten Germanistik, in: *Jahrbuch Deutsch als Fremdsprache 17*, S. 13-33.
Mishima, Kenichi (1993): Fremdheitsphilosophie im Zeitalter der Internationalisierung, in: Wierlacher (Hg.) 1993: 115-127.

Mishima, Kenichi/Tsuji, Hikaru (Hg.) (1992): *Deutschlandstudien international 2. Dokumentation des Symposiums "Interkulturelle Deutschstudien. Methoden, Möglichkeiten und Modelle" in Takayama/Japan*, München.

Mitscherlich, Alexander (1974): *Toleranz - Überprüfung eines Begriffs*, Frankfurt/M.

Mühlmann, Wilhelm E. (1956): Ethnologie als soziologische Theorie der interethnischen Systeme, in: *Kölner Zeitschrift für Soziologie und Sozialpsychologie 8*, S. 186-205.

Negt, Oskar (1992): Germanistik in der Zwischenwelt der Kulturen, in: Mishima/Tsuji (Hg.) 1992: 23-34.

Nietzsche, Friedrich (1980): *Sämtliche Werke. Kritische Studienausgabe in 15 Bänden*, München/Berlin/New York 1980.

Nipperdey, Thomas (1986): Kann Geschichte objektiv sein?, in: Th.N.: *Nachdenken über die deutsche Geschichte. Essays*, München, S. 264-283.

Orlowski, Hubert (1987): Die doppelte Nabelschnur fremdsprachlicher Germanistik, in: Wierlacher (Hg.) 1987: 113-124.

Ort, Claus-Michael (1992): Vom Text zum Wissen. Die literarische Konstruktion sozio-kulturellen Wissens als Gegenstand einer nicht-reduktiven Sozialgeschichte der Literatur, in: *Vom Umgang mit Literatur und Literaturgeschichte. Positionen und Perspektiven nach der 'Theoriedebatte'*, hg. von Lutz Danneberg und Friedrich Vollhardt in Zusammenarbeit mit Hartmut Böhme und Jörg Schönert, Stuttgart, S. 409-441.

Plessner, Helmuth (1983): Mit anderen Augen, in: H.P.: *Gesammelte Schriften VIII: Conditio humana*, Frankfurt/M. 1983, S. 88-104.

Rest, Walter (1948): *Toleranz. Eine Bildungsaufgabe und eine Gewissensfrage*, Warendorf.

Rorty, Richard (1989): *Kontingenz, Ironie und Solidarität*. Frankfurt/M.

Rushdie, Salman (1992): *Heimatländer der Phantasie. Essays und Kritiken 1981-1992*, München.

Ruttkowski, Wolfgang (1989): Der Geltungsbereich unserer literarischen Sachbegriffe, in: *Zur Terminologie der Literaturwissenschaft. Akten des IX. Germanistischen Symposiums der DFG*, hg. von Christian Wagenknecht, Stuttgart, S. 80-104.

Said, Edward W. (1994): *Kultur und Imperialismus. Einbildungskraft und Politik im Zeitalter der Macht*, Frankfurt/M.

Scheiffele, Eberhard (1985): Affinität und Abhebung. Zum Problem der Voraussetzungen interkulturellen Verstehens, in: Wierlacher (Hg.) 1985a: 29-46.

Scheler, Max (1954): *Der Formalismus in der Ethik und die materiale Wertethik*, Bern.

Schleiermacher, Friedrich Daniel Ernst (1969): *Der christliche Glaube Bd. 1*, 7. Aufl. Berlin.

Schleiermacher, Friedrich Daniel Ernst (1977): *Hermeneutik und Kritik*, Frankfurt/M.

Schmidt, Siegfried J. (Hg.) (1991): *Gedächtnis. Probleme und Perspektiven der interdisziplinären Gedächtnisforschung*, Frankfurt.

Schütz, Alfred (1974): Grundzüge einer Theorie des Fremdverstehens, in: A.S.: *Der sinnhafte Aufbau der sozialen Welt. Eine Einleitung in die verstehende Soziologie*, Frankfurt/M., S. 137-197.

Schütz, Alfred/Luckmann, Thomas (1994): *Strukturen der Lebenswelt Bd. 1-2*, 5. Aufl. Frankfurt/M.

Siep, Ludwig (1979): *Anerkennung als Prinzip der praktischen Philosophie. Untersuchungen zu Hegels Jenaer Philosophie des Geistes*, Freiburg/München.

Siller, Hermann Pius (1991): Theologie im interkulturellen Konflikt, in: *Deutschland - Einheit in kultureller Vielfalt*, hg. von Jürgen Miksch, Frankfurt/M., S. 83-92.

Steinmetz, Horst (1992): Kulturspezifische Lektüren. Interpretation und fremdkulturelle Interpretation literarischer Werke, in: *Jahrbuch Deutsch als Fremdsprache 18*, S. 384-401.
Steinmetz, Horst (1996): Aneignung. Eine brauchbare Kategorie für den Umgang mit literarischer Fremdheit?, in: Wierlacher/Stötzel (Hg.) 1996: 443-451.
Sundermeier, Theo (1991): Erwägungen zu einer Hermeneutik interkulturellen Verstehens, in: *Die Begegnung mit dem Anderen. Plädoyers für eine interkulturelle Hemeneutik*, hg. von Th.S., Gütersloh.
Synn, Ilhi (1996): Das tragfähige Zwischen. Über den koreanischen Blickwinkel auf Deutsches im Zeitalter der Internationalisierung, in: Wierlacher/Stötzel (Hg.) 1996: 101-114.
Szondi, Peter (1970): *Hölderlin-Studien. Mit einem Traktat über philolologische Erkenntnis*, Frankfurt/M.
Taylor, Charles (1993): *Multikulturalismus und die Politik der Anerkennung*, Frankfurt/M.
Thum, Bernd/Fink, Gonthier-Louis (Hg.) (1993): *Praxis interkultureller Germanistik. Forschung-Bildung-Politik*, München.
Titzmann, Michael (1989): Kulturelles Wissen-Diskurs-Denksystem. Zu einigen Grundbegriffen der Literaturgeschichtsschreibung, in: *Zeitschrift für französische Sprache und Literatur 99*, S. 47-61.
Turk, Horst (1993): Alienität und Alterität als Schlüsselbegriffe einer Kultursemantik. Zum Fremdheitsbegriff der Übersetzungsforschung, in: Wierlacher (Hg.) 1993: 173-197.
Ungeheuer, G. (1987): *Kommunikationsstheoretische Schriften: Sprechen, Mitteilen, Verstehen*, Aachen.
Useem, J./Donoghue, J.D./Useem, R.H. (1963): Men in the Middle of the Third Culture, in: *Human Organization 22*, S. 129-144.
Varela, Francisco J./Thompson, Evan/Rosch, Eleanor (1992): *Der mittlere Weg der Erkenntnis. Die Beziehung von Ich und Welt in der Kognitionswissenschaft - der Brückenschlag zwischen wissenschaftlicher Theorie und menschlicher Erfahrung*, Bern etc.
Veit, Walter (1985): Überlegungen zur Hermeneutik der Germanistik in Australien. Aspekte eines Paradigmas interkultureller Literaturwissenschaft, in: Wierlacher (Hg.) 1985a: 314-326.
Waldenfels, Bernhard (1971): *Das Zwischenreich des Dialogs. Sozialphilosophische Untersuchungen im Anschluß an Edmund Husserl*, Den Haag.
von Wartenburg, Paul Yorck (1991): *Bewußtseinsstellung und Geschichte. Ein Fragment*, Hamburg.
Weber, Max (1964): *Über einige Kategorien der verstehenden Soziologie. Weltgeschichtliche Analysen. Politik*, Stuttgart.
Weinrich, Harald (1993): Fremdsprachen als fremde Sprachen, in: Wierlacher (Hg.) 1993: 129-151.
Wellbery, David E. (Hg.) (1985): *Positionen der Literaturwissenschaft. Acht Modellanalysen am Beispiel von Kleists "Das Erdbeben in Chili"*, 2. Aufl. München.
Wierlacher, Alois (Hg.) (1980): *Fremdsprache Deutsch. Grundlagen und Verfahren der Germanistik als Fremdsprachenphilologie Bd. 1-2*, München.
Wierlacher, Alois (1983): Ent-fremdete Fremde. "Goethes Iphigenie auf Tauris" als Drama des Völkerrechts, in: *Zeitschrift für deutsche Philologie 102*, S. 161-180.
Wierlacher, Alois (Hg.) (1985a): *Das Fremde und das Eigene. Prolegomena zu einer interkulturellen Germanistik*, München.

Wierlacher, Alois (1985): Mit fremden Augen oder: Fremdheit als Ferment. Überlegungen zur Begründung einer interkulturellen Hermeneutik deutscher Literatur, in: Wierlacher (Hg.) 1985: 3-28.
Wierlacher, Alois (Hg.) (1985b): Literaturforschung als Fremdheitsforschung, in: *Jahrbuch Deutsch als Fremdsprache 11*, S. 83-202.
Wierlacher, Alois (Hg.) (1987): *Perspektiven und Verfahren interkultureller Germanistik*, München.
Wierlacher, Alois (1992a): Toleranzforschung. Zur Forschungsplanung interkultureller Germanistik, in: *Jahrbuch Deutsch als Fremdsprache 18,* S. 13-29.
Wierlacher, Alois (1992): Zur Entwicklungsgeschichte und Systematik interkultureller Germanistik, in: Mishima/Tsuji (Hg.) 1992: 179-194.
Wierlacher, Alois (Hg.) 1993: *Kulturthema Fremdheit. Leitbegriffe und Problemfelder kulturwissenschaftlicher Fremdheitsforschung*, München.
Wierlacher, Alois (1994): Was ist Toleranz? Zur Rehabilitation eines umstrittenen Begriffs, in: *Jahrbuch Deutsch als Fremdsprache 29*, S. 115-137.
Wierlacher, Alois (1995): Internationalität und Interkulturalität. Der kulturelle Pluralismus als Herausforderung der Literaturwissenschaft. Zur Theorie Interkultureller Germanistik, in: Danneberg/Vollhardt (Hg.) 1995: 550-559.
Wierlacher, Alois (Hg.) (1996a): *Kulturthema Toleranz. Zur Grundlegung einer interdisziplinären und interkulturellen Toleranzforschung*, München.
Wierlacher, Alois (Hg.) (1996): *Wissenschaftliche Weiterbildung im Hochschulbereich. Jahrbuch Deutsch als Fremdsprache 22.*
Wierlacher, Alois/Eichheim, Hubert (Hg.) (1992): Der Pluralismus kulturdifferenter Lektüren, in: *Jahrbuch Deutsch als Fremdsprache 18*, S. 373-540.
Wierlacher, Alois/Stötzel, Georg (Hg.) (1996): *Blickwinkel. Kulturelle Optik und interkulturelle Gegenstandskonstitution*, München.
Wierlacher, Alois/Wiedenmann, Ursula (1996): Blickwinkel der Interkulturalität. Zur Standortbestimmung interkultureller Germanistik, in: Wierlacher/Stötzel (Hg.) 1996: 23-64.
Wimmer, Franz (1990): *Interkulturelle Philosophie*, Wien.
Wittram, Reinhard (1958): *Das Interesse an der Geschichte. Zwölf Vorlesungen über Fragen des zeitgenössischen Geschichtsverständnisses*, Göttingen.
Wolbert, Klaus (1986): Symmetrie und Autonomie. Die Sehnsucht nach Mitte oder Seelische Balance und freie Selbstbestimmung als kongruente Denkfiguren in Ästhetik und Kunsttheorie, in: *Symmetrie in Kunst, Natur und Wissenschaft. Katalog der Ausstellung Mathildenhöhe Darmstadt 1986 Bd. 1.*
Zima, Peter V. (1995): Komparatistik als Metatheorie. Zu interkulturellen und interdisziplinären Perspektiven der Vergleichenden Literaturwissenschaft, in: Dannberg/Vollhardt (Hg.) 1995: 532-549.

WILHELM VOSSKAMP

Literaturwissenschaft und Kulturwissenschaften*

In den Geisteswissenschaften hat in den letzten Jahren kein Thema mehr Aufmerksamkeit auf sich gezogen als die Diskussion über Kulturwissenschaft/Kulturwissenschaften/Cultural Studies/Cultural Poetics/Cultural Materialism.[1] Der Grund mag einerseits in der herausgehobenen Rolle liegen, die die öffentliche Diskussion über Kultur heute spielt (Wechsel von der Wortkultur zur Bildkultur, Verhältnis von Hoch- und Populärkultur, Kultur des Individuums und Kultur der Gesellschaft) und andererseits in neuen Problematisierungen der Geisteswissenschaften (theoretische Begründungsfragen, politische Legitimationsprobleme, Funktion in der Mediengesellschaft).

Der *extraordinary cultural turn* in den achtziger und neunziger Jahren, von dem der amerikanische Soziologe Jeffrey C. Alexander - analog zum *linguistic turn* in den sechziger und siebziger Jahren - gesprochen hat (vgl. Schmidt 1994: 202), kann nicht ohne Folgen bleiben für die wissenschaftliche und kritische Beschäftigung mit der Literatur, die zu den Werken der Kultur als einem symbolischen System gehört: "Der Mythos, die Sprache, die Religion, die Dichtung: Das sind die Objekte, die der menschlichen Erkenntnis wahrhaft angemessen sind" (Cassirer 1994: 10; vgl. auch Perpeet 1976). Die relative Unschärfe des Begriffs der Kulturwissenschaft bzw. Kulturwissenschaften ist heute eine der Bedingungen für den kommunikativen Erfolg. Die andauernde Reflexion über eine genauere Gegenstandsbestimmung und institutionelle Zuordnung hat ihren Grund nicht zuletzt in einer Verunsicherung der Gegenstandskonstituierung der geisteswissenschaftlichen Fächer im Blick auf ihre "disziplinäre Identität" (Jörg Schönert).

Für die enge Verbindung von Literaturwissenschaft und Kulturwissenschaft(en) gibt es wissenschaftshistorische und wissenschaftssystematische Gründe.

---

* Der Beitrag erscheint auch in weitgehend identischer Fassung in den Tagungsakten des Kongresses: Zur Geschichte und Problematik der Nationalphilologien in Europa 1846-1996, hg. Von Frank Fürrbeth, Pierre Krügel, Ernst E. Metzner und Olaf Müller im Niemeyer Verlag.
1 Vgl. dazu vor allem Bachmann-Medick (Hg.) 1996 und Böhme/Scherpe (Hg.) 1996. Beide Bände enthalten ausführliche Literaturhinweise.

Ich skizziere deshalb zunächst die wissenschaftsgeschichtlichen Voraussetzungen (I), danach diskutiere ich den systematischen Rahmen, in dem die gegenwärtige Diskussion über Literaturwissenschaft und Kulturwissenschaften ihren Platz findet (II), und schließlich gebe ich am Schluß ein kurzes Beispiel, um den Zusammenhang von literatur- und kulturwissenschaftlichem Arbeiten im Zusammenhang von 'Bildung' - 'Bildungsroman' und 'Bildungsbürgertum' zu exemplifizieren (III). Auf den Begriff 'Kulturwissenschaft' und das Problem von Singular und/oder Plural (Kulturwissenschaften) komme ich im mittleren, systematischen Teil zurück. Grundsätzlich verwende ich den Begriff 'Kulturwissenschaft' als einen integrativen (sowohl die Geistes- als auch die Sozialwissenschaften umfassenden) Begriff im Sinne der von Norbert Elias diskutierten Menschenwissenschaften, den *humanities*, den *sciences humaines*. Alle diese Begriffe enthalten ein theoretisches Herausforderungspotential, das ein perpetuum mobile der Dauerreflexion im Blick auf eine genauere Bestimmung und systematische Ein- und Zuordnung im Kontext der Disziplinen zur Folge hat. Dabei differieren die Diskussionen naheliegenderweise je nach regionalem und nationalem Kontext.

I

Die Annäherung von Literaturwissenschaft und Kulturwissenschaft in Deutschland vollzieht sich in erster Linie als eine Öffnung und Erweiterung der Wissenschaft von deutscher Sprache und Literatur gegenüber den kulturwissenschaftlichen Nachbardisziplinen. Diese Öffnung ist nur verständlich im Horizont eines grundlegenden Wechsels vom philologischen Positivismus zu den 'Geisteswissenschaften' am Beginn dieses Jahrhunderts. Dabei ist allerdings zu bedenken, daß sich die 'Deutsche Philologie' wiederum als *Wissenschaft* aus einer Gemengelage der 'Wissenschaft vom Deutschen' (deutsche Sprache und Literatur, deutsche Mythologie, deutsche Volkspoesie und deutsche Rechtsaltertümer - vgl. Jacob Grimm) entwickelt hat. Die Absage an die Philologie im Sinne der Klassischen und Deutschen Philologie vornehmlich nach dem Ersten Weltkrieg bedeutete einen zentralen Neubeginn der Literaturwissenschaft, der mit einer bis dahin nicht beobachtbaren Erweiterung und Pluralisierung der literaturwissenschaftlichen Richtungen und Methoden einherging.[2] Die Einheit des Fachs konstituierte sich fortan nicht mehr über die Dominanz der positivistischen Philologie, sondern in der Auseinandersetzung unterschiedlicher Richtungen, die weitgehend von den Nachbardisziplinen Philosophie, Psychologie, Ge-

---

2 Vgl. Voßkamp 1995: 30 (auch zum folgenden).

schichte oder Kunstgeschichte bestimmt waren. Oscar Benda hat 1928 in seiner Einführung in die Problemlage zum *Gegenwärtigen Stand der deutschen Literaturwissenschaft* eine Vielzahl von methodischen Richtungen aufgezählt, die - mit Ausnahme von stammes- und rassetheoretischen - das Fach auch heute noch bestimmen. Es sind strukturtypologische, psychoanalytische und formalästhetische ebenso wie sozialgeschichtliche oder ideengeschichtliche (Benda 1928). Im Versuch, eine dem Gegenstand der Literaturwissenschaft angemessene, spezifisch 'geisteswissenschaftliche' Antwort auf den philologischen Positivismus zu finden, war die Hoffnung auf eine transzendentale Grundlegung der Literaturwissenschaft enthalten. Lösungen wurden in nachidealistischen Ganzheitskonzepten erblickt, die vor allem durch Nietzsches und Henri Bergsons Lebensphilosophie geprägt waren.[3]

Von daher liegt es nahe, daß auch kulturphilosophische Konzepte, die in Abgrenzung gegenüber den Einzelwissenschaften formuliert wurden (Heinrich Rickert, Erich Rothacker), für eine geisteswissenschaftlich orientierte Literaturwissenschaft attraktiv waren. Erich Rothackers *Logik und Systematik der Geisteswissenschaften* verstand sich der Sache nach als eine Logik und Systematik der Kulturwissenschaften.[4] Die von Erich Rothacker und Paul Kluckhohn gegründete und jahrzehntelang herausgegebene *Deutsche Viertel-jahrsschrift für Literaturwissenschaft und Geistesgeschichte* dokumentiert dies auf anschauliche Weise. Die vor kurzem ausgeschriebene und von Uwe C. Steiner gewonnene Preisfrage dieser Zeitschrift "Können die Kulturwissenschaften eine neue moralische Funktion beanspruchen?" (Steiner 1997) zeigt zudem eine bemerkenswerte Kontinuität zwischen den zwanziger Jahren und heute auch insofern, als neben der kulturwissenschaftlichen Orientierung die wertphilosophische Tradition aufgerufen wird.

Mit der kulturwissenschaftlichen Erweiterung der Literaturwissenschaft im Zeichen der 'Geisteswissenschaften' am Beginn dieses Jahrhunderts ist die Berücksichtigung der Nachbarfächer (vor allem Psychologie, Anthropologie, Philosophie und Kunstgeschichte) unumgänglich verbunden. Der Wechsel von der Philologie zur Literaturwissenschaft im Horizont der "Herausarbeitung des Sinngehalts der Dichtungen, ihres Gehaltes an Lebensdeutung" (Rudolf Unger) bringt Probleme der Interdisziplinarität mit sich, die bis heute nicht befriedigend gelöst sind. Dazu gehören etwa Fragen von Leitdisziplinen oder das konstitutive Wechselverhältnis von Disziplinarität und Interdisziplinarität (vgl. Voßkamp 1996). Bereits in den zwanziger Jahren kann man auf das genaueste

---

[3] Zur Diskussion über die Einheit des Fachs vgl. Wegmann 1991.
[4] Vgl. *Historisches Wörterbuch der Philosophie* 1976: Sp. 13-14.

beobachten, daß die angestrebten Ganzheits- und Synthesemodelle nicht tragfähig waren.

Die wissenschaftsgeschichtlich zentrale Konsequenz dieser 'Desillusionierung' ist eine Doppelbewegung innerhalb der Literaturwissenschaft. Für die erste Richtung steht (bereits in den zwanziger und dreißiger Jahren dieses Jahrhunderts) eine Diskussion über die 'werkimmanente' *Interpretation*, die - nach der Rezeption des russischen Formalismus, tschechischen Strukturalismus und amerikanischen New Criticism - in die linguistischen, strukturalistischen und poststrukturalistischen Diskussionen der sechziger Jahre mündet. Die Tradition der Diskussion über *Literaturgeschichte* in Deutschland zeigt eine eigentümliche Diskontinuität insofern, als - nach der Selbstdisqualifizierung im Dritten Reich - Literaturgeschichte nach 1945 zunächst verdrängt und dann vornehmlich in Westdeutschland im Zeichen von Rezeptions- und Sozialgeschichte in den sechziger Jahren eine entscheidende Wiederbelebung erfuhr. Am Beginn der siebziger Jahre wird die Doppelgeschichte der Literaturwissenschaft in den *Neuen Ansichten einer künftigen Germanistik* präzise beschrieben: "Gegenwärtig liegen - ohne erkennbaren methodischen Kontakt miteinander - eine sehr unterschiedlich betriebene und motivierte Literatur-Gesellschafts-Wissenschaft und eine sich autonom setzende, auch unterschiedlich betriebene Linguistik an der Spitze germanistischer Progression" (Kolbe 1973: 8; vgl. auch Voßkamp 1995).

Diese in den sechziger und siebziger Jahren zu beobachtende Spannung zwischen einer Literaturwissenschaft, die auf den Kunstcharakter und die genaue Analyse der Texte setzt, also Ästhetik und Poetik favorisiert, und einer Historisierung der Literatur (im Zeichen von Sozial- und Funktionsgeschichte) hat sich heute eher noch verschärft (vgl. Neumann 1997). Hinzu kommt eine dritte Komponente: Die viel deutlichere Wahrnehmung der alltäglichen Mediengesellschaft und die Herausforderung der Literaturwissenschaft durch das 'digitale Zeitalter'. Fragen der Textanalyse, der Rekonstruktion und Konstruktion von Literaturgeschichte und die Analyse von Medien und Medialität spielen deshalb in der aktuellen Literaturwissenschaft der achtziger und neunziger Jahre die Hauptrolle. Alle drei Aktivitäten lassen sich als Äußerungsformen kultureller Praktiken verstehen, die die Anstrengungen der Literaturwissenschaft als Bemühungen um eine die Philologie überschreitende Kulturwissenschaft erkennen lassen.

Ob die von manchen Medienwissenchaftlern angestrebte umfassende Integration geisteswissenschaftlich-hermeneutischer, humanwissenschaftlicher und sozialwissenschaftlicher (einschließlich ökonomischer und juristischer) Konzepte möglich ist, wird die weitere Entwicklung erst noch zeigen müssen (vgl. Bohn 1988). Der Rückgriff auf eine kulturanthropologische Fundierung - vor allem im Zusammenhang der Arbeiten von Clifford Geertz (vgl. Geertz 1973, 1983 und 1987) - bietet ebenfalls noch keine für die Literaturwissenschaft befriedigende Lösung, Literatur zugleich "als Symbolsystem und als Sozialsystem" (Ort 1992: 410) zu analysieren. Wie lassen sich die verknüpfungs- und prozeßtheoretischen Probleme interdisziplinär (also kulturwissenschaftlich) befriedigend lösen?

Von den gegenwärtig diskutierten Lösungsansätzen bieten systemtheoretische und kultursemiotische Konzepte Möglichkeiten, sowohl die text- als auch die kontextspezifischen Eigenarten der Literatur herauszuarbeiten. Eine kulturwissenschaftliche Orientierung der Literaturwissenschaft sollte ihren Platz genau in jener 'Lücke' einnehmen, die zwischen poststrukturalistischen Texttheorien und deren Distanz zur Geschichte einerseits und der (Sozial-)Geschichte und ihren Schwierigkeiten, die Literarizität der Texte als geschichtliche Realität herauszuarbeiten, andererseits liegt (vgl. Voßkamp 1996: 94).

II

Wenn man "unter Kultur" ein von Menschen "selbst gesponnene[s] Be-deutungsgewebe" versteht, sind ihre "Signifikanten keine Symptome oder Syndrome, sondern symbolische Handlungen oder Bündel von symbolischen Handlungen" (Geertz 1987: 9 und 37), deren Interpretation Aufgabe kulturwissenschaftlich ausgerichteter Disziplinen sein muß. Entscheidend ist "der Bedeutungen erzeugende Mensch, der homo significans (Roland Barthes), und mit ihm die Kultur als Ensemble von Codes und Medien, Objekten und Institutionen, durch welche Bedeutungen erzeugt und eliminiert, bewahrt und verändert, durchgesetzt und aufgezwungen, erinnert und vergessen werden" (A. Assmann 1991: 17). Entscheidend sind deshalb die Analyse der Symbol- und Zeichensysteme (und damit die Rolle der Semiotik) und andererseits das Herausarbeiten der Eigenart von Kultur als einer "Illusion des Seins" (Cassirer 1994: 29) bzw. eines "kondensierten Verweisungsüberschusses" (Niklas Luhmann). Gemeint ist damit ihre prinzipielle Mehrdeutigkeit als "Einwand jeglicher Kultur gegen die Strukturen der Gesellschaft [...]. Aus dem Blickwinkel der Kultur sind die Strukturen der Gesellschaft immer eine Spur zu eindeutig, [...] immer eine Spur zu unbeweglich gegenüber alternativen Fassungen ihrer selbst, immer eine Spur zu vergeßlich gegenüber alten Versprechungen und Erwartungen [...]. Wenn man Sinn mit Luhmann und im Anschluß an Husserl, Mead und Schütz als Einheit der Differenz von Aktualität und Potentialität, also als Einheit der Differenz gegenwärtig wahrgenommener Möglichkeiten und jeweils ausgeschlossener Möglichkeiten definiert, dann interessiert sich die Kultur für die jeweils ausgeschlossenen Möglichkeiten. Aber sie kann dies, und darin besteht ihr blinder Fleck, ihrerseits nur höchst selektiv und vor allem nur jeweils aktuell machen. Das heißt, sie muß auswählen und ausschließen. Sie selbst ist je aktuelle Möglichkeit unter Ausschluß potentieller Möglichkeiten" (Baecker 1995: 25). Kulturelle Dynamik entsteht - im Sinne Juri Lotmans - durch das Ermöglichen des "Alternierens zwischen verschiedenen Strukturen" als Prozeß (a.a.O.: 24). Die Literatur hat an diesem "unabschließbaren Prozeß der kulturellen Arbeit" Teil (Neumann 1997: 9).

Unter Gesichtspunkten möglicher Konstellationen und Zusammenhänge von Literaturwissenschaft und Kulturwissenschaft läßt sich heute eine Vielfalt theoretisch-methodischer Richtungen beobachten, die nur in Umrissen darstellbar ist. Tendenzen zur Abgrenzung sind häufiger als Versuche zur Integration:

> "Die vorhandenen Konzepte zur Theorie der Kulturwissenschaft grenzen sich eher voneinander ab, als daß sie eine konstruktive Diskussionskultur hervorbringen. Hermeneutik und Medientheorie, moderne und postmoderne Diskurstheorie, Ethno- und Ikonographie, Makro- und Mikrohistorie treten jeweils mit Exklusivitätsansprüchen auf, die die Chance verfehlen, aus der Vielfalt der methodischen Ansätze ein neues komplexitätsoffenes Verständnis von Kulturwissenschaft hervorgehen zu lassen.
> Es ist verwunderlich, daß eine Kulturwissenschaft, die es eher dem Namen als der Sache und ihrer theoretischen Bestimmung nach gibt, den Rahmen abgeben soll, in welchem sich das Spektrum der geisteswissenschaftlichen Disziplinen überführen ließe. Es scheint eher so, daß die Zauberformel von der 'Kulturwissenschaft' ein postmodernes Balg ist, das substituthaft an die Leerstelle tritt, die durch das Verblassen des Humboldtschen Bildungskonzepts entstanden ist. Es sind überwiegend die Geisteswissenschaftler selbst, die die Überzeugung verloren haben, daß in der Humboldtschen Idee einer aus der Selbstreflexion geschöpften Integrationskraft der Wissenschaften und der Bildung durch Geist noch ein Ansatz zur Überwindung der 'disziplinären Krise der Wissenschaften' (H. Dubiel) liegen könnte" (Böhme 1996: 65).

Diese (auch selbstkritische) Formulierung von Hartmut Böhme macht auf zwei zentrale und die gegenwärtige Diskussion zum Problem der Kulturwissenschaften behandelnde Fragen aufmerksam. Zum einen wird deutlich, worin die eigentliche Opposition der Kulturwissenschaften zu den Geisteswissenschaften besteht. Dem Einheits-, Synthese- und Totalitätsstreben der Geisteswissenschaften wird die diskursive Vielfalt und dissoziierende Struktur der Kulturwissenschaften gegenübergestellt. "Anders als der unifizierende Geist-Begriff, dem es um die Konstanz des Eigenen geht, markiert der der Kultur in der Regel Differenz" (Steiner 1997: 8). Dies ist um so naheliegender bei jenen Vorstellungen und Vorschlägen, die Kultur als "Text" bestimmen und der "Textualisierung" der Kulturwissenschaften komplementär (und folgerichtig) semiotische Verfahren der Lektüre und Enträtselung von Kultur zur Seite stellen. Unter Rückgriff auf Clifford Geertz - der von Kultur als einer "Montage von Texten" spricht (Geertz 1987: 253) - haben vor allem Stephen Greenblatt und die Interpreten des New Historicism die Textualität und Intertextualität als Eigenschaft der gesamten Kultur bestimmt. "Der Background eines Textes ist selbst ein Komplex von Texten, ein Teil dessen, was Derrida 'le texte général' nennt. Der zu analysierende literarische Text, der bei diesem Verfahren zu anderen literarischen oder nicht-literarischen Texten in Beziehung gesetzt wird, erscheint dabei seines traditionellen Privilegs beraubt: qua sprachliches Produkt ist der literarische Text ein Text unter anderen. Diese Deprivilegierung des literarischen Textes ist die notwendige Konsequenz, der Preis sozusagen der Textualisierung der Geschichte, in die der Text eingesenkt wird"[5]. Das Lesen literarischer Texte läßt sich als "Integration in seine symbolische Bedeutungsordnung" charakterisieren; die "Rekonstruktion des literarischen Textes" ist selbst eine "symbolische Handlung" (Braungart 1996: 6 und 17).

Darüber hinaus stellt sich die Funktionsfrage. Kann 'Kulturwissenschaft' das humanistische Bildungskonzept ersetzen? Hier wäre genauer nach der 'ethnologischen Wende' der Kulturwissenschaften im Zeichen von 'Kulturanthropologie' zu fragen. Es ist zu vermuten, daß auch in der kulturanthropologisch begründeten Kulturwissenschaft noch Traditionsbestände jener (ursprünglich theologisch fundierten) säkularisierten Hoffnung auf Einheit und Ganzheit enthalten sind, die offensichtlich die eigentliche Faszination des Konzepts der Kulturanthropologie ausmacht. Eine anthropologisch fundierte Kulturwissenschaft wäre dann ein geisteswissenschaftlich höchst bemerkenswertes Entdifferenzierungskonzept im Zeitalter immer noch zunehmender wissenschaftlicher und gesellschaftlicher Ausdifferenzierung.

Zu bedenken bleibt in diesem Kontext auch der Zusammenhang von Kulturwissenschaft und Gesellschaftsgeschichte. Ohne Zweifel handelt es sich bei den Diskussionen über Fragen der Kulturwissenschaft seit den zwanziger Jahren dieses Jahrhunderts um Selbstvergewisserungsprozesse der bürgerlichen Gesellschaft. "'Kulturwissenschaft' [ist] stets in einem Doppelsinn hermeneutisches Interpretament gewesen und geblieben: Vordergründig ein Erklärungsversuch sozialer Sachverhalte und Gegenstandsbedeutung, hintergründig zugleich ein Deutungsmodell von 'Gesellschaft und Geschichte' mit hohem generalisierendem Anspruch" (Kaschuba 1995: 17). Allgemeiner formuliert: "Kultur und Sozialstruktur sind [...] nur verschiedene Abstraktionen der gleichen Phänomene:

---

5 Kaes 1990: 59. Vgl. auch Greenblatt 1989, 1995, Baßler (Hg.) 1995: 7-28 und außerdem Bachmann-Medick 1996: 7-64 (dort auch weitere wichtige Literaturhinweise). Inwieweit die Literatur "das exemplarische Gebiet kultureller Sinnproduktion und Sinnzirkulation bleibt" und damit Literaturwissenschaft (im Zeichen der Rhetorik oder Hermeneutik) als "'kleine Schlüsselwissenschaft' der Kulturwissenschaft" zu sehen ist (Wägenbaur 1996: 29), wäre im einzelnen zu diskutieren.

Die eine hat mit sozialem Handeln unter dem Aspekt seiner Bedeutung für die Handelnden zu tun, die andere mit eben diesem Handeln unter Gesichtspunkten seines Beitrags zum Funktionieren eines sozialen Systems" (Geertz 1987: 99). Symbolsysteme bleiben deshalb auch noch im einzelnen auf soziale Systeme und Strukturen zu beziehen.

Unter inhaltlich-thematischen Aspekten haben sich für die Literaturwissenschaft drei kulturwissenschaftliche Fragestellungen und Arbeitsfelder herauskristallisiert, die von besonderer Bedeutung sind und hier nur stichwortartig vorgestellt werden können: literarische Texte als Gegenstände kultureller Selbstwahrnehmung; der Zusammenhang von kulturellem Gedächtnis und Literatur; und die Frage der literatur- und kulturwissenschaftlichen Medialität.

1. Literarische Texte in ihrer paradoxalen Struktur von Referenzlosigkeit einerseits und Vieldeutigkeit andererseits sind Gegenstände der kulturellen Selbstwahrnehmung und Selbstthematisierung. In Texten beobachten sich Kulturen gewissermaßen selbst. Ob man dabei eine Differenzierung zwischen *popular culture* und Hochkultur im Sinne der Unterscheidung von Aleida Assmann zwischen "Lebenswelt und Monument" oder eine nach verschiedenen Gattungen und Diskursen in unterschiedlichen "Ordnungen" vornimmt, immer sind Texte Formen des individuellen und kollektiven Wahrnehmens von Welt - Aisthesis - (vgl. Böhme 1996: 54) und Reflexion dieser Wahrnehmung - (vgl. Steiner 1997: 10). An künstlerischen Texten mit hoher Komplexität läßt sich das insbesondere ablesen. In dieser Eigenart als Medien der Wahrnehmung und Selbstreflexion nehmen Texte zugleich Teil an der kulturellen Sinnproduktion. Sie "spielen daher für das Funktionieren von Kulturen eine kaum zu überschätzende Rolle" (Böhme 1995: 54). Eine kulturwissenschaftlich orientierte Literaturwissenschaft hat deshalb etwa im Zeichen einer Funktionsgeschichte literarischer Gattungen (Gattungen als 'literarisch-soziale Institutionen') die adressatenspezifische Rolle von Textsorten und den Challenge and Response zwischen historisch unterschiedlichen Leser-Erwartungen und jeweiliger literarischer Produktion zu untersuchen und nach den zugrunde liegenden kognitiven, affektiven oder ethischen Dispositionen zu fragen.[6]

2. Literarische Texte sind ebenso Medien des "kommunikativen" wie des "kulturellen" Gedächtnisses. Sie haben Teil an jener reflexiven Vergegenwärtigung, die als stets "stattfindende Konsistenzprüfung von Operationen, durch die nicht nur die Funktion des Erinnerns, sondern erst recht die des Vergessens besorgt

---

6 Zur Gattungstheorie und Gattungsgeschichte vgl. jetzt Hempfer 1997 und Voßkamp 1997. Zur Mentalitätsforschung vgl. Röcke 1992 und Peters 1985.

wird"[7]. Literatur kann dabei als eine "Reflexionsinstanz" aufgefaßt werden, als "semantisches und vor allem *performatives* Archiv, als Organon des Wissens um die Wirklichkeit symbolischer Welterzeugung" (Steiner 1997: 33). Anselm Haverkamp und Renate Lachmann haben darauf hingewiesen, daß der literarische Text nicht nur der Ort ist, "an dem Konzepte des Gedächtnisses entfaltet oder dem mnemonischen Inventar entnommene imagines entfaltet werden, sondern [...] selbst [ein] kombinatorisches System [ist], Ort einer auf sich selbst verweisenden memoria" (Haverkamp/Lachmann 1991: 21). Die Intertextualität der Literatur kann dabei selbst als ihr Gedächtnis bezeichnet werden.[8]

Literaturwissenschaftliche Analysen sind ohne Berücksichtigung der gesellschaftlichen Rahmenbedingungen kultureller Überlieferungen nicht befriedigend durchführbar. Die Speicherfunktion bildet dabei nur die eine Seite, Selektion (mittels Kanonices, Zensur, Institutionen und Organisationsformen) bilden die andere. Das Gedächtnis der Institutionen (vom Theater bis zur Universität) bewahrt (oder vergißt) kollektives Wissen in bestimmten textuellen Formen und Genres. Deshalb spielt die Frage der Geformtheit eine entscheidende Rolle: "Die Objektivation bzw. Kristallisation kommunizierten Sinns und kollektiv geteilten Wissens ist Vorbedingung seiner Vererbbarkeit im kulturell institutionalisierten Erbgang einer Gesellschaft. 'Haltbare' Formung ist nicht die Sache *eines* Mediums, z.B. der Schrift. Auch Bilder und Riten fungieren in diesem Sinne. Man kann von sprachlicher, bildlicher und ritueller Formung reden [...]. Was die Sprache betrifft, findet Formung lange vor der Schrifterfindung statt" (J. Assmann 1988: 14). Es sollte auch darauf hingewiesen werden, daß Kultur überhaupt nur "über diachrone Komplexität" zu haben ist. Das "Archiv [muß] über eine Strukturbildung" geöffnet werden, "um es zu bewahren *und* zu verändern". Es geht also um "die Gleichzeitigkeit beider Bewegungen" (Fohrmann 1994: 35).

3. Texte in allen Kulturen machen auf unterschiedliche Medien und das Problem von Medialität aufmerksam. "Alles, was über die Welt gewußt, gedacht und gesagt werden kann, ist nur in Abhängigkeit von den Medien wißbar, denkbar und sagbar, die dieses Wissen kommunizieren. [...] Nicht die Sprache, in der wir denken, sondern die Medien, in denen wir kommunizieren, modellieren unsere Welt. Medienrevolutionen sind deshalb Sinnrevolutionen, sie re-modellieren die Wirklichkeit und schaffen eine neue Welt" (A. Assmann/J. Assmann 1990: 2). Die Frage der Medien hat deshalb in einer kulturwissen-

---

7 Steiner 1997: 8. Niklas Luhmann hat deutlich gemacht, daß das Gedächtnis "kein Speicher für vergangene Zustände oder Ereignisse" ist, sondern ein "laufendes Diskriminieren zwischen Vergessen und Erinnern" (Luhmann 1996: 75).
8 Vgl. dazu grundsätzlich Lachmann 1990.

schaftlich ausgerichteten Literaturwissenschaft in den letzten Jahren ein besonderes Interesse gefunden. Dabei läßt sich neben einem technikhistorischen Ansatz häufig auch ein kulturkritischer, gelegentlich apokalyptischer Diskurs beobachten. Demgegenüber sollten Medien als Kulturen der Kommunikation betrachtet werden und eher unter Gesichtspunkten der Transformation als unter solchen der Verbreitung von Informationen. Faßt man Medien als kulturelle Strukturen auf, die die Bedingung der Möglichkeit von Formbildungen bieten (vgl. Niklas Luhmann), dann läßt sich die gegenwärtige - vornehmlich durch die digitalen, elektronischen Medien geführte - Diskussion kultur- und literaturgeschichtlich historisieren: Die Gleichzeitigkeit der ungleichzeitigen Medien (Rede, Schrift, elektronische Medien) verweist einerseits auf die gegenwärtige Medienkonkurrenzsituation und andererseits auf die Notwendigkeit einer mediengeschichtlichen Perspektive. Ziel müßte es sein, einerseits die Rolle der Philologien im Kontext der aktuellen Medienkonkurrenz genauer zu bestimmen und andererseits eine Funktionsgeschichte des Medienwechsels anzustreben.[9] Eine wichtige Rolle wird hierbei die Frage der Interdependenz zwischen den einzelnen Medien spielen, also jene "Schnittstelle", die auf das Problem von Intermedialität verweist. "Intermedialität" ist im Zeichen einer Diskusssion über Medienkultur, die das Wechselverhältnis zwischen den einzelnen Medien untersucht, das zentrale Konzept und Pendant zu dem der Intertextualität. Welche Rolle spielt die Literatur im jeweiligen Medienkontext und in unterschiedlichen Medienkonkurrenzen? Literatur- und Kulturwissenschaften müssen sich dabei durch elektronische Medien nicht blenden lassen; es geht vielmehr um eine neue Bestimmung der Systemstelle unterschiedlicher Medien im kulturellen Haushalt der gegenwärtigen Gesellschaft.

III

Um die Nähe (und einige damit verbundene Probleme) von Literaturwissenschaft und Kulturwissenschaften noch kurz zu verdeutlichen, wähle ich den konstituiven Diskussions- und Forschungszusammenhang von Bildung, Bildungsroman und Bildungsbürgertum.[10]

Der Bildungsroman - als erzählerische Darstellung der konfliktreichen Auseinandersetzung des einzelnen mit gesellschaftlicher Realität - gilt als der

---

9 Vgl. dazu Bleicher 1996, Kittler 1993, Schanze 1996 und Schulte-Sasse 1995. Exemplarisch für mediengeschichtliche Analysen im Mittelalter ist Wenzel 1995.
10 Zum deutschen Bildungsroman vgl. Jacobs 1972 und Selbmann 1984; vgl. zum folgenden auch Voßkamp 1988a, 1988b und 1992.

wichtigste deutsche Beitrag zur europäischen Romanliteratur. Texte wie Christoph Martin Wielands *Geschichte des Agathon*, Goethes *Wilhelm Meisters Lehrjahre*, Novalis' *Heinrich von Ofterdingen* oder Gottfried Kellers *Der grüne Heinrich* und Adalbert Stifters *Der Nachsommer*, aber auch Thomas Manns *Der Zauberberg* oder Botho Strauß' *Der junge Mann* konnten (modellhaft) als Bildungsroman interpretiert werden, weil in ihnen Geschichten von (männlichen) Mittelpunktsfiguren erzählt werden, die verschiedene Stufen der Entwicklung und Selbstvervollkommnung durchlaufen.[11] Entscheidend in all diesen Romanen der literarischen Bildung - alle Protagonisten sind (beginnend mit Cervantes' *Don Quichote*) Leser - ist die Frage, wie die Auseinandersetzung der Hauptfiguren mit der äußeren Wirklichkeit endet. Stößt sich das Subjekt die Hörner ab, wie Hegel ironisch formulierte? Kommt es zu einem Ausgleich zwischen individuellen und gesellschaftlichen Interessen? Muß das Individuum sich anpassen, oder bleibt es bei einer dauernden Obsession gegenüber den gesellschaftlichen Verhältnissen? In der Geschichte des Bildungsromans sind alle Varianten durchgespielt worden. Im 19. Jahrhundert wird die Auseinandersetzung zwischen Subjekt und Gesellschaft häufig im Zeichen von 'Versöhnung' gedeutet, aber schon bei E.T.A. Hoffmann parodiert und bei Gottfried Keller desillusioniert. Im 20. Jahrhundert schwindet diese Hoffnung vollständig (vgl. vor allem Thomas Bernhards *Auslöschung*).

Auffallend ist, daß sich (vornehmlich in der Rezeption von Goethes *Wilhelm Meisters Lehrjahre*) ein Modell herauskristallisiert, in dem sich bestimmte Erwartungen und Bedürfnisse der bildungsbürgerlichen Leserinnen und Leser in Deutschland manifestieren. Die Wiedererkennbarkeit des Modells ist dabei ebenso wichtig, wie dessen Variationsfähigkeit, denn es liefert damit die Bedingung der Möglichkeit für die Konstitutierung der Gattung 'Bildungs-roman'. Das Modell erlaubt zudem (aufgrund seiner Elastizität) Modifika-tionen, um Akzentuierungen und Schwerpunktverlagerungen deutlich zu machen. So kann einmal die gesellschaftliche Komponente des Sozialen stärker betont werden, ein anderes Mal das Autobiographisch-Biographische. Von daher ist es auch nicht verwunderlich, wenn sich andere Romanmodelle wie der historische Roman oder der Zeitroman in Deutschland gegenüber dem "deutschen Normal-Roman" (Theodor Mundt) nicht durchsetzen konnten.

Der kommunikative Erfolg dieses Romantyps (bzw. seines davon abstrahierten, stets wiedererkennbaren Modells) ist aber keineswegs allein auf die Struktur der literarischen Erzählung bzw. der Autopoesis der Gattung zurückzuführen. Die Wirkungsmächtigkeit hat kulturelle Voraussetzungen, die,

---

11 Zur Diskussion des aufklärerischen *perfectibilité*-Konzepts und zur einseitigen Rousseau-Rezeption in Deutschland vgl. Voßkamp 1994a.

wie bereits angedeutet, in den Erwartungen der Leserinnen und Leser begründet sind und im Kontext einer Bildungsdiskussion stehen - und einer Diskussion über den Begriff 'Bildung' seit Herder und Wilhelm von Humboldt -, die die deutsche Bewußtseins- und Sozialgeschichte maßgeblich bestimmen. Die *literatur*wissenschaftliche Frage erweist sich deshalb zugleich als eine *kultur*wissenschaftliche.

Das läßt sich bereits unter begriffsgeschichtlichen Aspekten zeigen, da 'Bildung' (unübersetzbar) als "idéologie allemande" (Louis Dumont) zum Medium der deutschen Selbstverständigung bzw. zu einem Zentralbegriff im deutschen Sprachraum wurde, der in mehrfacher Hinsicht andere Diskurse (in der Pädagogik, Philosophie und Politik) aufnimmt und bestimmt. Man kann generalisierend von einem utopischen Konzept sprechen, weil 'Bildung' zwar einerseits einen bestimmten Grad von gesellschaftlicher Ausdifferenzierung in der entstehenden Moderne (Wechsel von der ständischen zur funktionsorientierten Gesellschaft) voraussetzt, aber andererseits die Funktion eines Entdifferenzierungsangebots gegenüber den Modernisierungsprozessen übernimmt. Gegenüber der Vielheit etwa des Sach- und Erfahrungswissens formulierte 'Bildung' jenes integrierende Identitätswissen, das der sozialen Differenzierung entgegengestellt werden konnte. 'Bildung' vermag (vermochte?) die Rolle einer säkularisierten Nachfolgeinstitution der Religion in Deutschland zu übernehmen, weil sie ein Angebot darstellt, das Einheit und Identität versprach. Den theologischen Hintergrund charakterisierend, hat Reinhart Koselleck von der Doppelheit von "Erlösungshoffnung und Erziehungsanspruch" gesprochen (Koselleck 1990).

Indem ein Zusammenhang zwischen der individuellen Entwicklung des einzelnen und der Entwicklung der menschlichen Gattung hergestellt wird, bot das deutsche Bildungskonzept eine Lösung, die auch gesellschaftstheoretisch interpretiert werden konnte. Der Zusammenhang von Individuum und menschlicher Gattung weist ebenso auf die Verbindung von Individuum und Gesellschaft hin. Gegen die noch bestehenden Standesgrenzen gewendet, schuf sich der "Mensch [...] mittels seiner Bildung einen eigenen gesellschaftlichen Stand" (Jeismann 1987: 2). Die Verbindung der Wörter 'Bildung' und 'Bürgertum' macht im 19. Jahrhundert darauf aufmerksam, daß es sich hier um einen "epochalen Emanzipationsvorgang" handelt, "in und mit dem sich der 'Bürgerstand' erfolgreich gegen Privilegien und Prärogativen des Adels wie gegen die Präponderanz geistlich-kirchlicher Weltdeutung und Lebensführungsbestimmung wandte" (Engelhardt 1986: 30; vgl. auch Voßkamp 1994b). Ein weitgehend unpolitisches deutsches Bürgertum konnte seine soziale Identität im Zeichen von Bildung finden und dadurch ein eigenes Standesbewußtsein entwickeln.

Unter rezeptionsgeschichtlichen Aspekten läßt sich im einzelnen zeigen, daß die harmonisierenden, auf 'Versöhnung' gerichteten Deutungen im Lesepublikum und in der Literaturkritik des 19. Jahrunderts mit bildungsbürgerlichen Erwartungen korrespondieren, die auf eine sinnstiftende 'Moral' zielen, obwohl die einzelnen literarischen Texte dem - seit Jean Pauls *Titan* und E.T.A. Hoffmanns *Kater Murr* - nur sehr bedingt oder gar nicht entsprechen. Zugleich zeigt die Diskussion seit der Frühromantik (vor allem bei Friedrich Schlegel) durchaus Tendenzen zur Ironie und kritischen Selbstreflexion, was insbesondere an der durchgehenden Darstellung der Künstlerproblematik ablesbar ist. Diese Doppelgeschichte der Rezeption findet ihr Pendant im Bewußtsein bürgerlicher Leserinnen und Leser: Selbstbestätigende Homogenisierung und kritische Selbstreflexion gehören zu den Haupttendenzen des deutschen Bildungsbürgertums. Das "Spiel von Affirmation und Dissidenz gehört selbst zum Vollzug bürgerlicher Kultur" (Stanitzek 1988).

Nun wäre es zu vereinfachend, die Geschichte und Rezeption des Bildungsromans allein als 'Dokument' bürgerlicher Mentalität zu interpretieren, gewissermaßen als Inbegriff der deutschen Ideologie (vgl. Bollenbeck 1994 und Dumont 1991). Mittels intertextueller Analysen läßt sich die ästhetische Differenzqualität der einzelnen Romane heute viel genauer herausarbeiten, als das in den fünfziger und sechziger Jahren der Fall war. Dabei zeigt sich dann im Detail jener *Entwurfs*-Charakter von Romanen, der den Doppelsinn jeder Fiktion auszeichnet im Sinne seiner referenzlosen Autonomie und unendlich auslegbaren Vieldeutigkeit. Der Bildungsroman bleibt ein literaturwissenschaftlicher *und* kulturwissenschaftlicher Forschungsgegenstand. Er erweist sich als ein ästhetisches Medium bürgerlicher Selbstwahrnehmung in der Moderne.

Literatur als Phänomen kultureller Selbstwahrnehmung bedarf der wissenschaftlichen Beobachtung. Die Reflexion dieser Beobachtung und die der institutionellen Beobachtungsverhältnisse sollte den Rahmen für eine kulturwissenschaftlich orientierte Literaturwissenschaft bilden. Inwieweit die Literaturwissenschaft *als* Kulturwissenschaft verstanden werden kann, wird hauptsächlich davon abhängen, ob die damit verbundenen interdisziplinären Probleme (vgl. die Beziehung zur Anthropologie, Psychologie, Soziologie, Geschichte und zu anderen Künsten) befriedigend gelöst werden können. Vorerst plädiere ich für das 'und' (Literaturwissenschaft *und* Kulturwissenschaften) - ist doch die Aktualität bzw. Konjunktur der Kulturwissenschaften heute auch ein Ergebnis einzelner Defizite in den geisteswissenschaftlichen Fächern, auch der Literaturwissenschaft.

Literatur

Assmann, Aleida (1991): Kultur als Lebenswelt und Monument, in: *Kultur als Lebenswelt und Monument*, hg. von A.A. und Dietrich Harth, Frankfurt/M.: Fischer, S. 11-25.

Assmann, Aleida/Assmann, Jan (1990): Schrift-Kognition-Evolution, in: *Schriftlichkeit. Das griechische Alphabet als kulturelle Revolution*, hg. von Eric A. Havelock, Weinheim: VCH/Acta Humania, S. 1-35.

Assmann, Jan (1988): Kollektives Gedächtnis und kulturelle Identität, in: *Kultur und Gedächtnis*, hg. von J.A. und Tonio Hölscher, Frankfurt/M.: Suhrkamp, S. 9-19.

Bachmann-Medick, Doris (Hg.) (1996): *Kultur als Text. Die anthropologische Wende in der Literaturwissenschaft*, Frankfurt/M.: Fischer.

Bachmann-Medick, Doris (1996): Einleitung, in: *Kultur als Text. Die anthropologische Wende in der Literaturwissenschaft*, hg. von D.B.-M., Frankfurt/M.: Fischer, S. 7-64.

Baecker, Dirk (1995): Auf dem Rücken des Wals, in: *Lettre International 29*, S. 24-28.

Baßler, Moritz (Hg.) (1995): *New Historicism - Literaturgeschichte als Poetik der Kultur*, Frankfurt/M.: Fischer.

Benda, Oscar (1928): *Der gegenwärtige Stand der deutschen Literaturwissenschaft. Eine erste Einführung in ihre Problemlage*, Wien/Leipzig: Hölder-Pichler-Tempsky.

Bleicher, Joan Kristin (1996): Das Fernsehen am Wendepunkt der medienhistorischen Entwicklung, in: *Literatur und Kulturwissenschaften. Positionen, Theorien, Modelle*, hg. von Hartmut Böhme und Klaus R. Scherpe, Reinbek b. Hamburg: Rowohlt, S. 86-115.

Böhme, Hartmut (1995): Die umstrittene Position der Germanistik im System der Wissenschaften, in: *Germanistik. Disziplinäre Identität und kulturelle Leistung*, hg. von Ludwig Jäger, Weinheim: Beltz/Athenäum, S. 46-55.

Böhme, Hartmut (1996): Vom Cultus zur Kultur(wissenschaft). Zur historischen Semantik des Kulturbegriffs, in: *Literaturwissenschaft - Kulturwissenschaft. Positionen, Themen, Pespektiven*, hg. von Renate Glaser und Matthias Luserke, Opladen: Westdeutscher Verlag, S. 48-68.

Böhme, Hartmut/Scherpe, Klaus R. (Hg.) (1996): *Literatur und Kulturwissenschaften. Positionen, Theorien, Modelle*, Reinbek b. Hamburg: Rowohlt.

Bohn, Rainer (1988): Die Wirklichkeit im Zeitalter ihrer technischen Fingierbarkeit, in: *Ansichten einer künftigen Medienwissenschaft*, hg. von R.B., Egon Müller und Rainer Ruppert, Berlin.

Bollenbeck, Georg (1994): *Bildung und Kultur. Glanz und Elend eines deutschen Deutungsmusters*, Frankfurt/M.: Insel.

Braungart, Wolfgang (1996): *Ritual und Literatur*, Tübingen: Niemeyer.

Cassirer, Ernst (1994): Der Gegenstand der Kulturwissenschaft, in: E.C.: *Zur Logik der Kulturwissenschaften. Fünf Studien*, Darmstadt: 6. Aufl. Wissenschaftliche Buchgesellschaft, S. 1-33.

Dumont, Louis (1994): *Homo aequalis. L'idéologie allemande. France-Allemagne et retour*, Paris: Gallimard.

Engelhardt, Ulrich (1986): *'Bildungsbürgertum'. Begriffs- und Dogmengeschichte eines Etiketts*, Stuttgart: Metzler.

Fohrmann, Jürgen (1994): Der historische Ort der Literaturwissenschaft, in: *Germanistik in der Mediengesellschaft*, hg. von Ludwig Jäger und Bernd Switalla, München: Fink, S. 25-36.

Geertz, Clifford (1973): *The Interpretation of Cultures. Selected Essays*, New York: Basic Books.
Geertz, Clifford (1983): *Local Knowledge. Further Essays in Interpretive Anthropology*, New York: Columbia UP.
Geertz, Clifford (1987): *Dichte Beschreibung. Beiträge zum Verstehen kultureller Systeme*, Frankfurt/M.: Suhrkamp.
Greenblatt, Stephen (1989): Towards a Poetics of Culture, in: *The New Historicism*, hg. von Aram Veeser, New York/London: Routledge, S. 1-14.
Greenblatt, Stephen (1995): Kultur, in: *New Historicism - Literaturgeschichte als Poetik der Kultur*, hg. von Moritz Baßler, Frankfurt/M.: Fischer, S. 48-59.
Haverkamp, Anselm/Lachmann, Renate (1991): Text als Mnemotechnik - Panorama einer Diskussion, in: *Gedächtniskunst. Raum - Bild - Schrift. Studien zur Mnemotechnik*, hg. von H.A. und R.L., Frankfurt/M.: Suhrkamp, S. 9-22.
Hempfer, Klaus W. (1997): Gattung, in: *Reallexikon der deutschen Literaturwissenschaft Bd. 1*, hg. von Klaus Weimar, Berlin/New York: de Gruyter, S. 651-655.
Jacobs, Jürgen (1972): *Wilhelm Meister und seine Brüder. Untersuchungen zum deutschen Bildungsroman*, München: Fink.
Jeismann, Karl-Ernst (1987): Zur Bedeutung der 'Bildung' im 19. Jahrhundert, in: *Handbuch der deutschen Bildungsgeschichte Bd. III: 1800-1870. Von der Neuordnung Deutschlands bis zur Gründung des Deutschen Reichs*, hg. von K.-E.J. und Peter Lundgreen, München: Beck, S. 1-21.
Kaes, Anton (1990): New Historicism. Literaturgeschichte im Zeichen der Postmoderne?, in: *Geschichte als Literatur. Formen und Grenzen der Repräsentation von Vergangenheit*, hg. von Hartmut Eggert, Ulrich Profitlich und Klaus R. Scherpe, Stuttgart: Metzler, S. 55-66.
Kaschuba, Wolfgang (1995): Kulturalismus. Vom Verschwinden des Sozialen im gesellschaftlichen Diskurs, in: *Kulturen - Identitäten - Diskurse. Perspektiven Europäischer Ethnologie*, hg. von W.K., Berlin: Akademie-Verlag, S. 1-18.
Kittler, Friedrich A. (1993): Geschichte der Kommunikationsmedien, in: *Raum und Verfahren*, hg. von Jörg Huber und Alois Martin Müller, Basel/Frankfurt a.M.: Stroemfeld/Roter Stern, S. 169-188.
Kolbe, Jürgen (1973): Wie denn nun weiter? Vorbemerkungen des Herausgebers, in: *Neue Ansichten einer künftigen Germanistik*, hg. von J.K., München: Hanser, S. 7-11.
Koselleck, Reinhart (1990): *Bildungsbürgertum im 19. Jahrhundert. Teil II: Bildungsgüter und Bildungswissen*, Stuttgart: Klett-Cotta.
Lachmann, Renate (1990): *Gedächtnis und Literatur. Intertextualität in der russischen Moderne*, Frankfurt/M.: Suhrkamp.
Luhmann, Niklas (1996): *Die Realität der Massenmedien*, Opladen: Westdeutscher Verlag.
Neumann, Gerhard (1997): Einleitung und Vorbemerkungen des Herausgebers, in: *Poststrukturalismus. Herausforderung an die Literaturwissenschaft*, hg. von G.N., Stuttgart/Weimar: Metzler, S. 1-13.
Ort, Claus-Michael (1992): Vom Text zum Wissen. Die literarische Konstruktion soziokulturellen Wissens als Gegenstand einer nicht-reduktiven Sozialgeschichte der Literatur, in: *Vom Umgang mit der Literatur und Literaturgeschichte. Positionen und Perspektiven nach der Theoriedebatte*, hg. von Lutz Danneberg und Friedrich Vollhardt in Zusammenarbeit mit Hartmut Böhme und Jörg Schönert, Stuttgart: Metzler, S.409-441.

Perpeet, Wilhelm (1976): Kulturphilosophie, in: *Archiv für Begriffsgeschichte XX*, S. 42-99.
Peters, Ursula (1985): Literaturgeschichte als Mentalitätsgeschichte? Überlegungen zur Problematik einer neueren Forschungsrichtung, in: *Germanistik - Forschungsstand und Perspektiven. Vorträge des Deutschen Germanistentages 1984 Bd. 2*, hg. von Georg Stötzel, Berlin/New York: de Gruyter, S. 179-198.
Röcke, Werner (1992): Literaturgeschichte - Mentalitätsgeschichte, in: *Literaturwissenschaft. Ein Grundkurs*, hg. von Helmut Brackert und Jörn Stückrath, Reinbek b. Hamburg: Rowohlt, S. 639-649.
Schanze, Helmut (1995): Literaturgeschichte des digitalen Mediums, in: *Materialität der Kommunikation*, hg. von Hans Ulrich Gumbrecht und K. Ludwig Pfeiffer, Frankfurt/M.: 2. Aufl. Suhrkamp, S. 116-130.
Schmidt, Siegfried J. (1994): *Kognitive Autonomie und soziale Orientierung. Konstruktivistische Bemerkungen zum Zusammenhang von Kognition, Kommunikation, Medien und Kultur*, Frankfurt/M.: Suhrkamp.
Schulte-Sasse, Jochen (1995): Von der schriftlichen zur elektronischen Kultur. Über neuere Wechselbeziehungen zwischen Mediengeschichte und Kulturgeschichte, in: *Materialität der Kommunikation*, hg. von Hans Ulrich Gumbrecht und K. Ludwig Pfeiffer, Frankfurt/M.: 2. Aufl. Suhrkamp, S. 429-453.
Selbmann, Rolf (1984): *Der deutsche Bildungsroman*, Stuttgart: Metzler.
Stanitzek, Georg (1988): Bildung und Roman als Momente bürgerlicher Kultur. Zur Frühgeschichte des 'deutschen Bildungsromans', in: *Deutsche Vierteljahrsschrift 62*, S. 416-450.
Steiner, Uwe C. (1997): Können die Kulturwissenschaften eine neue moralische Funktion beanspruchen? - Eine Bestandsaufnahme, in: *Deutsche Vierteljahrsschrift 71*, S. 5-38.
Voßkamp, Wilhelm (1988a): Der Bildungsroman als literarisch-soziale Institution. Begriffs- und funktionsgeschichtliche Überlegungen zum deutschen Bildungsroman, in: *Zur Terminologie in der Literaturwissenschaft*, hg. von Christian Wagenknecht, Stuttgart: Metzler, S. 337-355.
Voßkamp, Wilhelm (1988b): Der Bildungsroman in Deutschland und die Frühgeschichte seiner Rezeption in England, in: *Bürgertum im 19. Jahrhundert. Bd. 3: Deutschland im europäischen Vergleich*, hg. von Jürgen Kocka, München: Beck, S. 257-286.
Voßkamp, Wilhelm (1992): Bildungsbücher. Zur Entstehung und Funktion des deutschen Bildungsromans, in: *Die Fürstliche Bibliothek Corvey. Ihre Bedeutung für eine neue Sicht der Literatur des frühen 19. Jahrhunderts*, hg. von Rainer Schöwerling und Hartmut Steinecke, München: Fink, S. 134-146.
Voßkamp, Wilhelm (1994a): Un livre paradoxal. J.J. Rousseaus "Emile" in der deutschen Diskussion um 1800, in: *Geschichtlichkeit und Gegenwart. Festschrift für Hans Dietrich Irmscher*, hg. von Hans Esselborn und Werner Keller, Köln/Weimar/Wien: Böhlau, S. 44-54.
Voßkamp, Wilhelm (1994b): 'Bildung' als Synthese, in: *Wissenschaftsgeschichte der Germanistik im 19. Jahrhundert*, hg. von Jürgen Fohrmann und W.V., Stuttgart/Weimar: Metzler, S. 15-24.
Voßkamp, Wilhelm (1995): Einheit in der Differenz. Zur Situation der Literaturwissenschaft in wissenschaftshistorischer Perspektive, in: *Germanistik. Disziplinäre Identität und kulturelle Leistung*, hg. von Ludwig Jäger, Weinheim: Beltz/Athenäum, S. 29-45.

Voßkamp, Wilhelm (1996): Jenseits der Nationalphilologien. Interdisziplinarität in der Literaturwissenschaft, in: *Wie international ist die Literaturwissenschaft?*, hg. von Lutz Danneberg und Friedrich Vollhardt, Stuttgart/Weimar: Metzler, S. 87-98.

Voßkamp, Wilhelm (1997): Gattungsgeschichte, in: *Reallexikon der deutschen Literaturwissenschaft Bd. 1*, hg. von Klaus Weimar, Berlin/New York: de Gruyter, S. 655-658.

Wägenbaur, Thomas (1996): Hybride Hybridität. Der Kulturkonflikt im Text der Kulturtheorie, in: *Arcadia 31*, S. 27-38.

Wegmann, Nikolaus (1991): Philologische Selbstreflexion. Die Frage nach der disziplinären Einheit, in: *Wissenschaft und Nation. Zur Entstehungsgeschichte der deutschen Literaturwissenschaft*, hg. von Jürgen Fohrmann und Wilhelm Voßkamp, München: Fink, S. 113-126.

Wenzel, Horst (1995): *Hören und Sehen. Schrift und Bild. Kultur und Gedächtnis im Mittelalter*, München: Beck.

MANFRED SCHMELING

Interpretation und Kulturvergleich
Überlegungen zu einer komparatistischen Hermeneutik

I. Internationalisierung

In einer kürzlich erschienenen Kritik des Sammelbandes *Wie international ist die Literaturwissenschaft?* (Danneberg/Vollhardt (Hg.) 1996) mokiert sich ein angesehener Romanist über kulturwissenschaftliche Begriffsexpansionen, die den Fremdbezug von und in Literatur wie ein Parteiprogramm feilbieten. Ein an sich sympathisches Erkenntnisinteresse werde für einen "politisch-publizistischen Diskurs" mißbraucht, der nicht zuletzt die institutionelle Konsolidierung universitärer Interessenverbände im Auge habe: Gehandelt würden "'Rela-tionsbegriffe' (Fremdheit, Toleranz, Distanz, Interkulturalität, Aneignung), die so evident und unangreifbar erscheinen, daß sie sich wie die Slogans eines Wahlkampfs jeglicher Opposition entziehen" (Schulz-Buschhaus: 330).

Jenseits aller Ironie erinnert uns diese Auseinandersetzung an eine zur Zeit besonders auffällige Entwicklung. In der Tat tendiert die literaturwissenschaftliche Selbstreflexion schon seit den 70er Jahren dazu, sich verstärkt in internationale und interkulturelle Prozesse einzubinden. Ob aus einer neohumanistischen Aufgeklärtheit heraus, ob mit methodologisch innovatorischer Zielsetzung oder einfach aus fachspezifischen Selbsterhaltungsgründen - darüber wäre in anderen, wissenschaftsgeschichtlichen Zusammenhängen nachzudenken. Für die Sache jedenfalls sollte es kein Schaden sein, daß grenzüberschreitende, internationale Wissenschaftskonzepte in Zeiten von Sparzwängen offenbar besondere Blüten treiben. Nun kann das aber nicht nur mit Opportunismus zu tun haben, denn kaum jemand wird bestreiten, daß im Zuge von kommunikationstechnologischen, wirtschaftlichen oder politischen Globalisierungsprozessen auch das Bewußtsein von der Internationalität und Interkulturalität der Literatur zwangsläufig zunimmt. Man muß es noch genauer sagen: Nicht nur die literaturwissenschaftliche Reflexion - der kritische Diskurs, die Methodologie, die Interpretation - stehen im Blickfeld, sondern immer mehr zwingt auch der Gegenstand selbst, der ja seinerseits das internationale oder interkulturelle Know-how der Autoren spiegelt, den Interpreten zum Ausflug in andere Kulturen, deren Sprachen, Wissensbereiche, literarische Konventionen und Texte. Dieser zweite Sachverhalt mag den Gedanken aufkommen lassen, daß Interpretation, am aktuellen kulturellen Paradigma gemessen, ohnehin nicht anders als vergleichend betrieben werden kann. Und wenn wir an die Internetliteratur von morgen denken, so dürfte der Prozeß der Interaktion zwischen Kulturen trotz Sprachbarrieren unaufhaltsam sein. Aber man muß gar nicht futuristisch argumentieren. Die Fruchtbarkeit vergleichender Betrachtungsweisen läßt sich an Texten erweisen, die Jahrhunderte vor der Erfindung komparatistischer oder interkultureller Theorie entstanden sind. Ja, solche Texte - wie zum Beispiel die mit Hilfe fiktiver Fremdperspektiven realisierten Briefromane von Montesquieu (*Lettres persanes*) oder Goldsmith (*The Citizen of the World*) - werden in Zeiten des neuen internationalen (kosmopolitischen, inter- oder multikulturellen) Bewußtseins reaktiviert. Sei es, daß man sie als Intertext ästhetisch produktiv macht, sei es, daß sie wissenschaftlich-pragmatisch eingesetzt werden, zum Beispiel als Paradigma zur Identifizierung von Vorurteilsstrukturen und nationalen Stereotypen bzw. deren Infragestellung.

Es kann kein Zweifel darüber bestehen, daß diese Art, mit Texten interpretatorisch umzugehen, in einer monolithisch ausgerichteten Nationalphilologie keine Chance hat. Noch in den 70er Jahren wurden *Methodenfragen der deutschen Literaturwissenschaft* in einem Sammelband (Grimm/Hermand (Hg.) 1973) fast ausnahmslos unter der Prämisse der textnahen Auslegung, der immanenten Interpretation, der Einfühlung jenseits historisch-vergleichender oder fremdhermeneutischer Fragestellungen diskutiert.

Bezeichnend ist, daß weltliterarische Prozesse zwar - insbesondere bei Goethe-Kennern - punktuell aufgerufen, aber selten genauer weiterverfolgt wurden. Um ein Beispiel zu nennen: Benno von Wiese thematisiert in seinem Aufsatz zum Thema "Geistesgeschichte oder Interpretation?" (von Wiese 1973) die Forderung internationaler Einbettung von Goethes *Werther* (zum Beispiel in bezug auf Ossian, Rousseau und den Briefroman) lediglich, um sie sogleich wieder fallenzulassen, so als sei die komparatistische Perspektive das heiße Eisen, an dem "der Interpret" germanistischer Prägung sich die Finger verbrennen müsse. "Strenggenommen läßt sich kein einziges dichterisches Werk aus dem weitverzweigten Zusammenhang der Weltliteratur herauslösen. Und dennoch! Genug der Gelehrsamkeit. Das Zuviel von geschichtlichen Bezügen kann auch den unmittelbaren Zugang zum dichterischen Werk zerstören. Das Wissen um die geschichtlichen Voraussetzungen bleibt sekundär, verglichen mit dem Anspruch, den das Kunstwerk als Kunstwerk stellt. Der Interpret sollte auch die Fähigkeit haben, einen dichterischen Text der Vergangenheit so zu lesen, als ob er ihn gleichsam aus erster Hand empfinge, als ob er zum erstenmal zum Leser spräche" (a.a.O: 88/89).

Einerseits möchte man heute eher dazu neigen, diese hier etwas stiefväterlich behandelte Art von "Gelehrsamkeit" als methodisch notwendig zu veranschlagen, andererseits sind historische Pfade dem "Kunstwerk als Kunstwerk" mitnichten abträglich oder sekundär. Ohne die Identifizierung intertextueller oder fremdkultureller Bezüge und Kontexte erscheinen Interpretationen vielfach einseitig oder gar leer. Es ist vielleicht nicht ganz abwegig, wenn man in diesem Zusammenhang auf eine spezifisch deutsche Tradition (19. und 20. Jahrhundert) verweist: Der Begriff der Interpretation als vermittelnder Auslegung von Textsinn war in der hiesigen Literaturwissenschaft mit dem idealistischen Bild von deutscher 'Sprachkunst' fest verwachsen. Bücher wie *Das sprachliche Kunstwerk* (Kayser) und *Die Kunst der Interpretation* (Staiger) sind nicht zuletzt geschichtlicher Ausdruck dieses engeren monolithischen Textbegriffs. Vielleicht ist es ja kein Zufall, daß im Deutschen die aus der Lutherzeit (vgl. Luthers *Sendbrief vom Dolmetschen*) übermittelte Bedeutung des Interpreten als Übersetzers aus einer fremden Sprache verlorengegangen ist. Wenn wir von 'Interpretation' sprechen, so bezieht sich diese interpretatorische Tätigkeit, der Transfer von Sinn in Form neuer sprachlicher Artikulation, im allgemeinen nur noch auf die historische Überlieferung, nicht aber auf die Überbrückung kultureller Differenz. Im französischen Wörtchen *interprète* ist die Doppelbedeutung von Ausleger und Übersetzer dagegen enthalten.

Daß Fremdheitsdimensionen bei der Interpretation von Welten bzw. Texten eine wichtige Rolle spielen, ist wohl generell unumstritten. Aber der Stellenwert von kultureller und nationaler Fremdheit, das deutet sich in diesen ersten Überlegungen an, ist kein statischer, sondern bleibt eingebunden in allgemeine geistige und gesellschaftliche *diachrone* Prozesse sowie in sehr grundsätzliche *methodische* Vorentscheidungen. Beide Aspekte gilt es nun etwas genauer zu betrachten.

II. Kulturelle Fremdheit in historischer und methodischer Hinsicht

Die Selbstverständlichkeit, mit der heute in internationalen Maßstäben gedacht und gehandelt wird, ist eine allmählich gewachsene - gewachsen auch aus dem Erhaltungstrieb der Einzelkulturen und Nationen heraus, die die meisten wirtschaftlichen, politischen, technologischen etc. Probleme nicht mehr allein, sondern nur noch im Dialog zu meistern imstande sind. Davon bleiben literarische Entwicklungen nicht unberührt. Kulturelle Fremdheit durchdringt Texte heute in besonders raumgreifender Weise - was eben auch zu neuen methodischen Überlegungen veranlaßt. Fremdheit hatte vor Beginn der Neuzeit eine andere Bedeutung als danach. Bevor Philosophen wie Montaigne, Rousseau oder Herder ihre kulturrevolutionierenden Konzepte entwickelten (Relativierung europäischer Überlegenheit, Akzeptanz des kulturellen Pluralismus), "pflegte man einen normativen Kulturbetriff, der nicht dem Verständnis, sondern der Ausgrenzung des Fremden oder des sozial Anderen diente. Sicherlich erkannte schon die Antike, daß die Völker verschiedene Lebensstile pflegen, doch indem Griechen und Römer Kultur für sich selbst reservierten, bewerteten sie das Andersartige als Barbarei" (Hansen 1995: 153).

Durch die Entdeckung der 'neuen' Welt kam es einerseits zu kulturellen Ausdifferenzierungen von Fremdheit, andererseits bedurfte es erst der Aufklärung, bis man die kulturelle Bedingtheit europäischer Wertvorstellungen und die damit verbundenen Vorurteile gegenüber Fremdkulturen überhaupt als solche wahrzunehmen begann. Daß es auch danach immer wieder Zeiten und Räume gab, in denen ein in diesem Sinne aufklärerisches Denken keine Chance hatte, gehört zu den dunklen Punkten der Weltgeschichte und bedarf keiner besonderen Betonung. Ebenso gilt es, jene Momente hervorzuheben, in denen nicht nur die Akzeptanz von kultureller Fremde zu verzeichnen ist, sondern die Auseinandersetzung mit ihr als das produktive Moment der eigenen kulturellen Entwicklung betrachtet wird. Eines der klassischen Beispiele hierfür ist Goethe mit seinen Überlegungen zur "Weltliteratur", die nach seinem Modell dann entsteht, wenn die Nationen "manches Fremdes gewahr worden, in sich aufgenommen, bisher unbekannte geistige Bedürfnisse hie und da empfunden" haben und danach trachten, "in den mehr oder weniger freien geistigen Handelsverkehr mit aufgenommen zu werden" (Goethe 1987: 186/187). In seinen zahlreichen Erläuterungen zur Weltliteratur unterstreicht Goethe in der Tat immer wieder den "Nutzen", den "Vorteil" für die eigene Kultur - bis hin zu der berühmten Formulierung, wonach jede Literatur "durch fremde Teilnahme wieder aufgefrischt" werden müsse (Birus 1996: 14).

Heute spricht nicht nur die interkulturelle Germanistik vom Fremden als "Ferment" für das Eigene (Wierlacher 1990), sondern postmodern bzw. postkolonial inspirierte Ansätze feiern geradezu den Innovationswert einer Literaturwissenschaft, die international ausgerichtet ist - und sie beruft sich auf Goethe: "Das Fremdgehen, das Goethe mit diesen Worten [vgl. obiges Zitat zur "fremden Teilnahme" - MS] der lebendigen Literatur zugesteht, hat das nicht auch für ihre Wissenschaft zu gelten?" (Harth 1996: 321).

Was aber bedeuten diese allgemeinen Entwicklungen nun für die Frage der Interpretation? Grundsätzlich gilt: Durch die interkulturelle bzw. kulturvergleichende Perspektive wird Interpretation zu einer anderen Tätigkeit als ohne sie. Sicherlich provoziert nicht jedes literarische Werk in gleicher Weise zu einer solchen Perspektive. Es gibt Texte ohne ersichtlichen Fremdbezug, die eher aus einem typologischen Interesse heraus miteinander verglichen werden. Gattungsspezifische Untersuchungen an *Madame Bovary* und *Effi Briest* sind nicht an die Voraussetzung gegenseitiger Abhängigkeit gebunden. Auf der anderen Seite gibt es gute (textgenetisch relevante) Gründe für komparatistische Vorgehensweisen. Autoren wie Calvino, Semprún, Rushdie oder Nooteboom gehören zu jenen modernen Erzählern, die den Fremdbezug ihrer Werke deutlich signalisieren: durch Intertextualität (internationale Beziehungen), durch Bilder von anderen Ländern und Kulturen, durch fremdsprachige Einschübe u.v.m.

Grundsätzlich sind Lesarten ohne jedes komparatistische Interesse natürlich ebenso legitim wie die vergleichende Gegenüberstellung. Was die zuletzt genannten Beispiele betrifft, so ginge aber eine wichtige hermeneutische Dimension verloren, und man muß die Frage aufwerfen, ob dieser Verzicht methodisch noch vertretbar, dem Gegenstand angemessen wäre. In jedem Fall erweist sich aber der Vergleich als ein Instrument der Differenzierung und der Profilierung, der Erhellung des Einen durch das Andere, des Eigenen durch das Fremde. Solche strukturellen bzw. methodologischen Begründungen finden in den interkulturellen Ansätzen häufig noch eine zusätzliche, quasi ethische Untermauerung, in der Weise, daß die relativierende Funktion des Vergleichs als (kritische) Hinterfragung der eigenen Position oder der Subjektivität des fremdkulturellen Verstehens geltend gemacht wird. Auf diesen Aspekt der methodischen oder perspektivischen Aporie soll später nochmals eingegangen werden.

Der methodisch-pragmatische Aspekt vergleichender Interpretation wird, so hatten wir gesagt, gleichsam unterfüttert durch aktuelle kulturelle Entwicklungen (und vice versa). Dieses wechselseitige Bedingungsverhältnis erinnert einen an kafkaeske Strukturen (ohne daß damit Angst verbunden wäre). Die Methode wird vom Gegenstand "angezogen", wie "das Gericht von der Schuld" in Kafkas *Prozeß*. Die Literatur ist verwickelter, unübersichtlicher, internationaler und interkultureller geworden, wobei dieser historisch bedingte Sachverhalt auch dort gilt, wo Fremdheitsbezüge nicht offen, sondern nur verdeckt transportiert werden. Das literarische Feld - *champ littéraire* in der Definition von Bourdieu (vgl. Schmeling 1992) -, aus dem der Einzeltext herauswächst, ist heute niemals nur ein nationales Feld, sondern Einzugsgebiet vieler Kulturen. Systembedingt ist jeder Text - im kulturellen Sinne - ein Stück weit fremdbestimmt. Dieses Bewußtsein setzt sich in der neueren Literaturwissenschaft immer mehr durch. Textbegriff und Interpretationstätigkeit zielen auf den Text als Hypertext, als Beziehungsgeflecht, 'Vertreter' anderer (fremder) Texte. Handlungen und Texte sind nicht als isolierte Akte oder Formen zu betrachten, sondern - "will der Interpret ihren Sinn verstehen" - als "Knotenpunkte in einem Netz kultureller und/oder literarischer Beziehungen" (Harth 1996: 337).

III. Stufen der Dialogizität

Daß Texte von Texten umstellt, "Knotenpunkte" ganzer Textwelten sind, ist eine strukturelle Erkenntnis, die zunächst einmal unabhängig von kulturübergreifenden Bezügen gilt. Die kulturspezifischen Fremdheitsfaktoren bezeichnen nur eine besondere Qualität der Vernetzung, eine bestimmte, in der Regel nationale Grenzen überschreitende Form der Materialisierung von Intertextualität. Die enge Beziehung zwischen beiden Bereichen resultiert aus dem dialogischen Charakter von Kommunikation überhaupt: "Ich brauche den Anderen als Adressaten, um meinen Diskurs entwickeln zu können; und ich brauche nicht nur die Zustimmung und den Konsens des Gleichartigen, sondern auch den Dissens des Andersartigen, des Fremden" (Zima 1997: 374).

Genauer betrachtet, erscheint die Auseinandersetzung mit dem "Anderen" etwas komplizierter. Man kann die gerade beschriebene kommunikative Situation nämlich bereits als eine zweite Stufe auffassen, die dem Verstehensakt als solchem, der dialektischen Erfahrung von Andersheit schlechthin (Subjekt/Objekt-Beziehung), nachgelagert ist. Solche dialektischen Strukturen präzisieren sich dann ihrerseits in der Auseinandersetzung mit Texten, die dialogische Beziehungen auf eigene Weise nachbilden. Diese Dialogizität als grundsätzliche textuelle Eigenschaft (dritte Stufe) liefert wiederum die Voraussetzung dafür, daß interkulturelle Verflechtungen zwischen Literaturen (vierte Stufe) analytisch dingfest gemacht werden können.

Die interpretationstheoretische Bedeutung von Fremdheitsdimensionen wird in der Literaturwissenschaft verstärkt wahrgenommen, seitdem diese sich gegenüber ethnologischen und kulturwissenschaftlichen Ansätzen geöffnet hat. (Aber schon sehr viel früher verzeichnet man solche Aufgeschlossenheit innerhalb der Komparatistik selbst, die sich im Rahmen ihres speziellen Forschungszweiges, der Imagologie, dem Aspekt der Kulturfremdheit und der damit verbundenen Klischees und Vorurteilsstruktur angenommen hat.) Sowohl die traditionelle literaturwissenschaftliche Hermeneutik als auch die Intertextualitäts- bzw. Dialogizitätskonzepte der formalistischen Schule (Bachtin, Kristeva in der frühen Phase) haben Fremdheitsmomente zunächst nicht als kulturell bedingte Momente betrachtet. Die Hermeneutik von Schleiermacher bis Gadamer interessierte sich vor allem für den Verstehensakt als Dialog zwischen Menschen, als Form textueller Überlieferung, als geschichtlichen Prozeß. Gleichwohl lieferte sie durch ihre methodischen Erkenntnisse wichtige Voraussetzungen für die Entstehung einer interkulturellen Hermeneutik. So gehören die Kategorien der Differenz und der Neuheit in der Begegnung mit dem Fremden (vgl. unsere Anmerkungen zu Goethes Begriff der Weltliteratur) zu den Grundlagen einer

Verstehenstheorie, die durch das Dialogprinzip bestimmt wird: "Verstehen ist dialogisch", so folgert Gadamer, "damit bei einer Kommunikation beide Parteien Vorteile davon haben. Im Dialog zwischen ihnen entstehe das Neue, das vor diesem Dialog weder Subjekt noch Objekt zu eigen war" (Hansen 1995: 184). Auf kulturelle Verhältnisse übertragen bedeutet dies, die eigene Kultur, zum Beispiel eurozentrisch bestimmte Denkmuster, zu relativieren oder, wie man auch gesagt hat, eine echte "Horizonterweiterung" durch "Zurückweisung eigener Standardisierung" zu erreichen (a.a.O.: 192).

Eine andere interessante Frage ist, ob die Erkenntnis kultureller (oder jeder anderen) Fremdheit sich nicht immer wieder als ein vergebliches Desiderat entlarvt. Das Problem wurde unter anderem in der interkulturellen Philosophie erkannt, die der traditionellen Hermeneutik ihren naiven Glauben an die Aufhebbarkeit des Fremden im Verstehensakt vorwirft. Illusorisch sei "der Versuch, im Namen des hermeneutischen Verstehens das zu Verstehende zu verändern mit dem Ziel, so die 'Fremdheit aufzuheben und Aneignung zu ermöglichen'" (Mall 1995: 31).[1]

Gleichwohl kann es auch nicht darum gehen, das Eigene als das Eigene und das Fremde als das Fremde bestehen zu lassen. Dann gäbe es kein Verstehen und keine Kommunikation. "Alle Behauptungen von absoluter Fremdheit und totaler Identität sind Fiktionen" (a.a.O.: 38). Daraus entwickelt die interkulturelle Philosophie - wie in ähnlichen Zusammenhängen übrigens auch die moderne Ethnologie und die moderne Kulturwissenschaft (vgl. Hansen 1995: 184) - so etwas wie einen logischen Kompromiß, der aber letztlich auch ethische oder gar politisch-gesellschaftliche Konsequenzen hat: den Glauben an die partielle Differenz, an das "Phänomen der Überlappung" von Kulturen. "Die interkulturelle Situation ist immer eine Suche nach möglichen Überlappungen gewesen. Sie ist daher auch immer mit partiellen Konflikten beladen. [...] Wenn es gilt, daß Erinnerung, Tradition, Geschichte die Wahrheit bestimmen, dann muß die Verbindlichkeit der Wahrheit weder in dieser noch in jener Tradition, sondern in den Überlappungen gesucht werden. Unsere Überlappungsthese hat zudem noch den Vorteil, daß sie Universalismus und Pluralismus, Einheit und Vielheit, Heimwelt und Fremdwelt nicht als bloße Gegensätze ansieht" (Mall 1995: 46).

Diese Diskussion über das logische Verhältnis zwischen Eigenheit und Fremdheit, Identität und Alterität nimmt innerhalb der Kulturwissenschaft heute eine bestimmte gesellschaftskritische Richtung in der Weise, daß das trennende, differenzierende Moment nicht etwa im Sinne von Feindbildern wie in früheren Zeiten, sondern als das Anregende, auch gesellschaftlich Notwendige betrachtet

---

1 Mall zitiert aus Gadamers *Wahrheit und Methode*; vgl. auch ebda., Anm. 19.

wird. Das "Kulturgemisch einer Großstadt" in einer multikulturellen Gesellschaft (Waldenfels 1994: 13) gilt aus dieser Sicht ebenso als aktuelles Paradigma wie der post-koloniale Roman eines Rushdie, der gegen eurozentrische Einsinnigkeit, gegen die einseitige Vereinnahmung des Fremden anschreibt (vgl. Bachmann-Medick 1996). Damit bestätigt sich zugleich noch einmal unsere eingangs formulierte These, daß die Interpretation von Fremdheit nicht nur aus methodischen Gründen, sondern auch historisch variabel ist, wobei die einfachen Trennungsmodelle heute wissenschaftlich obsolet erscheinen.

IV. Das Problem der Repräsentation von Fremdheit

Nun hat es eine vergleichende *Literatur*wissenschaft nicht mit unvermittelten Fremdheitsmerkmalen, sondern mit literarischen Texten, das bedeutet mit ästhetisch interpretierter und manipulierter Fremdheit zu tun. Daraus resultiert eine zusätzliche Schwierigkeit des Verstehens und der Interpretation, die gleichsam die (ästhetische) Fremdheit der (kulturellen) Fremdheit durchdringen, erkennen will. Es ist bezeichnend, daß die Ethnologie selber heute nicht mehr an die objektive Darstellbarkeit von fremden Kulturen glaubt, sondern sich Erkenntnisse der Hermeneutik zueigen macht und 'Kultur als Text' versteht: Text im allgemeinsten Sinne als interpetierbare symbolische Struktur. Das Andere und Fremde wird betrachtet als eine immer auch subjektzentrierte *Konstruktion*, die von forschenden Ethnologen gleichsam über den zu betrachtenden fremden Gegenstand gelegt wird.[2] Insofern versteht die moderne Ethnologie ihr Geschäft als Interpretation der Interpretation.

Was man in diesem Zusammenhang als die "Krise der ethnographischen Repräsentation" bezeichnet hat (vgl. Berg/Fuchs 1995), muß erst recht für literarische Texte gelten, die Fremdheit nicht nur 'repräsentieren' - also 'rein' nicht darstellen können -, sondern zu ästhetischen Zwecken instrumentalisieren. Um ein Beispiel zu geben: Im literarischen Reisebericht dient die Begegnung mit dem Fremden häufig mindestens ebenso der Selbsterkenntnis wie der Fremderkenntnis. Dabei kann die Erkenntnis des Eigenen individuell oder kulturspezifisch geprägt sein. Montesquieus Perser-Briefe (*Lettres persanes*) zeichnen sich dadurch aus, daß die Perspektive der Briefe schreibenden Perser, die den Okzident mit dem Orient vergleichen, nur fingierte Perspektive, das heißt letztlich dem Europäer Montesquieu und seinen Fremdheitsfiktionen untergeordnet ist. Das, was als "objektive" Differenz zwischen Kulturen ohnehin nicht

---

2 Vgl. hierzu die ausführliche Auseinandersetzung mit dem amerikanischen Ethnologen Clifford Geertz in Berg/Fuchs 1995.

dargestellt werden kann - jede Darstellung von Differenz läuft Gefahr, "durch die eine Stimme des einen Logos monologisch übertönt zu werden" (Waldenfels 1994: 8) -, erscheint hier durch literarische Mittel wie Herausgeberfiktion, perspektivischer Relativismus, Brief etc. zusätzlich verfremdet. In diesem Fall muß man freilich die frühaufklärerische Funktion dieser Verfahren geltend machen, die paradoxerweise gerade dazu dienen, den Absolutheitsanspruch europäischer Denkweise und Perspektive zu relativieren oder gar zu kritisieren. Es ist das Schicksal einer europäischen Aufgeklärtheit, die die Fremdheit zu ihrem "eigenen Recht" kommen lassen möchte, daß sie dieses eben nur nach Maßgabe europäisch gewachsener konzeptueller Bedingungen tun kann. "Sie integriert das Fremde in einen *Sinnhorizont*, der sich vom Eigenen zum Fremden hin ausweitet" (Waldenfels 1994: 15). Sie kann ihr Europäertum zwar transzendieren, aber nicht wirklich objektivieren.

Der amerikanische Ethnologe James Clifford hat die Beziehung zwischen ethnologisch-kulturwissenschaftlicher Interpretation auf der einen Seite und literaturwissenschaftlicher Interpretation auf der anderen auch über das gemeinsame strukturelle Interesse an der Intertextualität hergestellt. Er beruft sich ausdrücklich auf Bachtin: "was Bachtin (1981 [1935]) als Heteroglossie bezeichnete, läßt sich nun auf globale Verhältnisse übertragen. Diese mehrdeutige, vielstimmige Welt macht es zunehmend schwierig, sich die menschliche Vielfältigkeit in abgegrenzte unabhängige Kulturen eingeschrieben vorzustellen. Die Verschiedenheit ist eine Folge des schöpferischen Synkretismus" (Clifford 1995: 111). Und der Autor kommentiert in der Fußnote: "Was auf Sprachen zu-trifft, gilt gleichermaßen für 'Kulturen' und 'Subkulturen'" (ebda., Anm. 2).

Bachtin hat, wie bereits vermerkt, eher an die soziale Verschiedenartigkeit von Diskursen und ihre literarische Wirksamkeit in Form der inneren Redevielfalt des Romans gedacht: "Wir spüren deutlich die verschiedenen Instanzen zwischen dem Autor und verschiedenen Momenten seiner Sprache, die nach fremden sozialen Welten und fremden Horizonten klingen" (Bachtin 1979: 205). Seine Grundidee einer spannungsreichen Beziehung zwischen dem eingeschlossenen "fremden Wort" und dem es umfassenden Kontext (er spricht von "kontextualisierender" bzw. "dialogisierender Einrahmung") (a.a.O.: 227) entspricht gleichwohl dem Verfahren transnational produzierter Sprach- bzw. Textfremdheit - mit dem Unterschied, daß hier die kulturspezifische, dort die soziale Einfärbung jener anderen Stimme gemeint ist. Insofern kulturelle Fremdheit selbst auch eine soziale (ebenso wie eine psychische) Dimension besitzt - man denke zum Beispiel an Karl Rossmanns Erfahrungen mit einer 'neuen Welt' in Kafkas Amerika-Roman -, erscheint die Theorie Bachtins jedoch auch für kulturvergleichende Betrachtungen als sehr brauchbare Grundlage.

V. Was bedeutet 'vergleichen'?

Wir müssen noch einmal auf den Vergleich als Erkenntnismethode zurückkommen. Es war schon die Auffassung von Aristoteles, daß Erkenntnisfortschritt durch Vergleichen zustande kommt: durch Unterscheidung bzw. Identifizierung sowie durch die (induktive) Suche nach Gemeinsamkeit (nach gemeinsamen "Begriffen" für unterschiedliche "Dinge") (Aristoteles 1968).

Moderne Theorien gehen in eine ähnliche Richtung. In der Hermeneutik bezieht man sich u.a. auf das "zwiefache Verfahren" von "Divination" und "Komparation" (Schleiermacher): "Das heißt: das Verstehen als methodisches Vorgehen besteht grundsätzlich aus einer vorläufigen Sinnzuschreibung (Divination) und dem Versuch, diese durch Komparation als zutreffend zu rechtfertigen" (Gerke 1996). Der Vergleich dient also der Sinnvergewisserung.

Das grundsätzliche Vertrauen in den Vergleich begegnet uns auch in der interkulturellen Philosophie: "Verglichen wird immer. [...] Zum Vergleich gehört wesentlich, daß die verglichenen Gegenstände weder bloß identisch noch nur verschieden sind. Ver-gleichen bedeutet also, einen Bezug zwischen den nicht-gleichen Dingen herzustellen" (Mall 1995: 21). Hinter dieser Äußerung steht bereits die moderne (post-koloniale) Vorstellung, daß wir von der Pluralität der Kulturen, vom Anderen und Fremden als zur Kultur schlechthin gehörendem Differential auszugehen haben: Eine vergleichende Aktivität, die - obschon subjektbedingt - universalistische Verallgemeinerungen anstrebt, erscheint aus dieser Sicht fragwürdig.

Man könnte die Liste solcher Aussagen zum Stellenwert des Vergleichs beliebig verlängern - wobei die einschlägigen Selbstdarstellungen der literaturwissenschaftlichen Komparatistik noch nicht einmal herangezogen werden müßten. Von Interesse ist das Thema für uns aber nicht aus statistischen Gründen, sondern wegen der erkenntnistheoretischen, methodischen und funktionalen Bedeutung, die der Vergleich bei der Interpretation fremdhermeneutischer Prozesse gewinnt.

Auch wenn wir nur zwei Kulturen oder Literaturen explizit im Blickfeld haben, ist der Vergleich mindestens dreidimensional ausgerichtet. Denn wie anläßlich der dialogischen Grundsituation schon betont wurde, erscheint das denkende (vergleichende) Subjekt als ein 'Gegenüber', das von der Position des zu erkennenden Gegenstandes unterschieden ist. Selbst wenn nur die eine (andere) Kultur zur Diskussion steht - etwa Madame Bovarys Kleinstadterfahrungen aus der Sicht eines deutschen Interpreten -, werden komparative Denkmuster in

Form eines impliziten bzw. unbewußten 'Vergleichs' zwischen der Erfahrung der interpretierenden Instanz und dem Interpretandum wirksam. Daß dieser erkenntnislogische Vorbehalt alles andere als eine quantité négligeable darstellt, sondern methodisch bewußt sein muß, läßt sich am Beispiel der Erforschung nationaler images nachvollziehen. Gesetzt den Fall, bei der Untersuchung von Deutschlandbildern anhand französischer und englischer Literatur ist der Forscher selbst im deutschen Kulturraum verwurzelt, so wird man das Ergebnis dieser Analyse wegen der Selbstbetroffenheit des Interpretanden anders einzuschätzen haben als die Perspektive des Franzosen oder Engländers bei gleichem Thema.

Es gilt somit, die logischen und funktionalen Möglichkeiten vergleichender Betrachtungsweise zugleich als Begrenzung zu verstehen. Der Vergleich als solcher ist noch kein Garant für Wahrheitsfindung oder Objektivität. Es kommt darauf an, wie und zu welchem Zweck man ihn anwendet. Zumal auf dem Gebiet der Fremdhermeneutik zeigt sich der offene Charakter des komparatistischen Verfahrens: Es legt Unterschiede frei, es relativiert die Gültigkeit kultureller Selbstverständnisse, es instrumentalisiert aber auch Fremdheit als Mittel der Selbstdistanzierung. In manchen Fällen dürfte es schwierig sein zu entscheiden, ob der Vergleich mehr auf das Eigene oder mehr auf das Fremde zielt. Daß Reisen in die Fremde immer auch Reisen zu sich selbst sind, ist nicht nur ein in der Literatur verbreiteter Topos. Daß Selbsterkenntnis unter anderem durch Distanz erreicht wird, weiß man zum Beispiel auch in der Soziologie: "Um einen Habitus verstehen zu können, ist es eine günstige Voraussetzung, wenn man ihm gegenüber eine distanzierte Haltung einzunehmen vermag. Der komparativ verfahrende Soziologe versucht, gerade diese Distanz herzustellen" (Vester 1996: 49). Und der Verfasser solcher Gedanken zitiert Norbert Elias' *Studien über die Deutschen*: "Es ist von vornherein leichter, Gemeinsamkeiten des nationalen Habitus im Falle anderer Völker zu erkennen als im Falle des eigenen. [...] Um die Besonderheiten des eigenen nationalen Habitus wahrzunehmen, bedarf es einer spezifischen Anstrengung der Selbstdistanzierung" (ebda.). Auf literarischer Ebene können wir genau das in Montesquieus Perser-Briefen beobachten: die Distanzierung des eurozentrischen Denkens und Handelns mit Hilfe von - fingierten - Fremdperspektiven.

Jenseits methodischer Wertschätzung ließe sich freilich auch ein gleichsam anthropologisches Bedürfnis nach dem Umgang mit dem Fremden geltend machen: "Der Vergleich setzt schon etwas voraus, das zum Vergleichen herausfordert, indem es den Blick beunruhigt, anzieht und abstößt" (Waldenfels 1994: 20/21). Aus dieser Sicht erscheint die Fremdheit nicht als Instrument, nicht als methodisches Vehikel, sondern in ihrer besonderen Dignität: "also als Aufforderung, Herausforderung, Anreiz, Anruf, Anspruch oder wie immer die

Nuancen heißen mögen" (a.a.O.: 22). Daß diese ein wenig intuitionistisch wirkende Bewertung literarisch-weltanschaulich leichter zu vertreten ist als wissenschaftlich-methodologisch, liegt auf der Hand. So ist es denn auch nicht verwunderlich, daß die großen Kosmopoliten unter unseren modernen Autoren Fremdheitserfahrungen als das Gemüt erregende Momente darstellen: "C'est la différence qui m'attire", sagt André Gide (Gide 1954: 1143), und Thomas Mann beschreibt in der Erzählung *Die vertauschten Köpfe* konkret die psychische Disposition von jungen Menschen, die sich fremd sind, aber nach Austausch streben: "Verschiedenheit schafft Vergleichung, Vergleichung schafft Unruhe" (Mann 1965: 127).

Zu Beginn unserer Überlegungen hatten wir die These vertreten, daß sich die "Kunst der Interpretation" neuen historischen Gegebenheiten - dem Prozeß der Internationalisierung insgesamt - stellen muß. Der neue Stellenwert des Fremden, der sich heute unter anderem in dem reichlich strapazierten Begriff der Interkulturalität niederschlägt, ist nicht nur lebensweltlich greifbar, sondern der einzelne literarische Text ist in seiner Fremdbestimmtheit und kulturellen Hybridität ästhetischer Ausdruck dieser Entwicklung. Auch der mentale und räumlich verwirklichte Kosmopolitismus der Dichter selbst - sei es unter dem Einfluß erzwungenen oder freiwilligen Exils, sei es aufgrund biographisch bedingter Polyglottie oder anderer grenzüberschreitender Aktivitäten (Reisen, internationale Begegnung etc.) - spiegelt sich in den Werken.

Von solchen Formen der Grenzüberschreitung wird erst recht die literarische Entwicklung des nächsten Jahrhunderts profitieren. Gleiches gilt für die analytischen Methoden und Theorien der Textinterpretation, die sich nicht nur untereinander im internationalen Dialog entwickeln, sondern es auch mit einem literarischen Register zu tun haben, das den kulturvergleichenden Blick in besonderer Weise herausfordert. Schon seit der letzten Jahrhundertwende gibt es genügend sprechende Beispiele: Iwan Goll, Vertreter der historischen Avantgarde, Elsässer und Lothringer, Franzose, Deutscher und Jude, bewegt sich als zweisprachiger Schriftsteller ebenso zwischen den Kulturen wie heute ein Jorge Semprún, dessen Roman *La Montagne blanche* die europäische Kulturgeschichte in Form zahlreicher intertextueller und intermedialer Referenzen fortschreibt: "Je ne travaille que sur la réalité des textes", sagt einer seiner Protagonisten. Daß dahinter gelebte Interkulturalität steht, ist im Falle des französisch schreibenden Spaniers, der seine Buchenwald-Erfahrungen verarbeitet, eine ebensowenig widerlegbare Tatsache wie der Einfluß dieser Interkulturalität auf die *écriture*, die ästhetischen Strategien des Romans. Daß auch die Sprachreflexion heute verstärkt durch fremdkulturelle Erfahrung geprägt ist, hat kürzlich Monika Schmitz-Emans in ihrem Buch *Die Sprache der modernen Dich-*

tung (Schmitz-Emans 1997) eindrucksvoll unter Beweis gestellt. Die sprachliche Fremdbestimmtheit des Textes durch Polyglossie (vgl. Schmitz-Emans' Analysen zu Joyce, Celan, Calvino und Jandl) ist nicht nur ein poetisch produktives Verfahren, sondern zugleich Ausdruck des fremdsprachlichen und weltliterarischen Wissens sowie der interkulturellen Verwurzelung vieler Autoren. Diese interkulturelle Wende im Denken, die das Andere, die Differenz markiert, hat im sogenannten post-kolonialen Roman (Rushdie, Soyinka, García Marquéz etc.) deutliche Spuren hinterlassen. Insofern die kulturelle Differenz hier aber nicht mehr nur eine innereuropäisch oder eurozentrisch kontrollierte, sondern auch südamerikanisch, afrikanisch, indisch etc. determiniert ist, drückt sich in ihr zugleich ein ideologiekritisches Bewußtsein aus: die Überwindung europäisch-universalistischer Tradition zugunsten eines neuen differentiellen Denkens, das alle Kulturräume gleichberechtigt einschließt und selber Ausdruck der kulturellen Vielfalt ist.

Literatur

Aristoteles (1968): *Topik (Organon V)*, Hamburg: Meiner (= Reihe Philosophische Bibliothek 12).

Bachmann-Medick, Doris (1996): Texte zwischen den Kulturen: Ein Ausflug in 'postkoloniale Landkarten', in: *Literatur und Kulturwissenschaften*, hg. von Hartmut Böhme und Klaus R. Scherpe, Hamburg: Rowohlt, S. 60-77.

Bachtin, Michail M. (1997): *Die Ästhetik des Wortes*. Herausgegeben von Rainer Grübel, Frankfurt/M.: Suhrkamp.

Berg, Eberhard/Martin Fuchs (1995): Phänomenologie der Differenz, in: *Kultur, soziale Praxis, Text. Die Krise der ethnographischen Repräsentation*, hg. von E.B. und M.F., Frankfurt/M.: 2. Aufl. Suhrkamp, S. 11-108.

Birus, Hendrik (1996): Goethes Idee der Weltliteratur. Eine historische Vergegenwärtigung, in: *Weltliteratur heute. Konzepte und Perspektiven*, hg. von Manfred Schmeling, Würzburg: Königshausen & Neumann, S. 5-28.

Clifford, James (1995): Über ethnographische Allegorie, in: *Kultur, soziale Praxis, Text. Die Krise der ethnographischen Repräsentation*, hg. von Eberhard Berg und Martin Fuchs, Frankfurt/M.: 2. Aufl. Suhrkamp, S. 109-157.

Danneberg, Lutz/Vollhardt, Friedrich (Hg. in Zusammenarbeit mit Hartmut Böhme und Jörg Schönert) (1996): *Wie international ist die Literaturwissenschaft?*, Stuttgart/Weimar: Metzler.

Gerke, Ernst-Otto (1996): 'Verstehen' heißt 'Schlüsse' ziehen. Kritische Überlegungen zur Behandlung der Verstehensproblems in der pragmatischen Sprachanalyse, in: *Wie international ist die Literaturwissenschaft?*, hg. von Lutz Danneberg und Friedrich Vollhardt, Stuttgart/Weimar: Metzler, S. 205-242.

Gide, André (1954): Et nunc manet in te, in: A.G.: *Journal 1939-1949. Souvenirs*, Paris: Gallimard.

Goethe, Johann Wolfgang von (1987): *Werke* (Weimarer Ausgabe). Weimar: Böhlau 1887-1919. Reprint München: dtv.

Grimm, Reinhold/Hermand, Jost (Hg.) (1973): *Methodenfragen der deutschen Literaturwissenschaft*, Darmstadt: Wissenschaftliche Buchgesellschaft.

Hansen, Klaus P. (1995): *Kultur und Kulturwissenschaft*, Tübingen/Basel: Francke.

Harth, Dietrich (1996): Die literarische als kulturelle Tätigkeit: Vorschläge zu ihrer Orientierung, in: *Literatur und Kulturwissenschaften*, hg. von Hartmut Böhme und Klaus R. Scherpe, Hamburg: Rowohlt, S. 320-340

Mall, Ram Adhar (1995): *Philosophie im Vergleich der Kulturen. Interkulturelle Philosophie - eine neuere Orientierung*, Darmstadt: Wissenschaftliche Buchgesellschaft.

Mann, Thomas (1965): *Der Tod in Venedig und andere Erzählungen*, Frankfurt/M.: Fischer.

Schmeling, Manfred (1992): Champ littéraire et internationalité. À propos d'André Gide et de Thomas Mann, in: *Le champ littéraire*, hg. von Pierre Citti und Muriel Détrie, Paris: Vrin, S. 75-82.

Schmitz-Emans, Monika (1997): *Die Sprache der modernen Dichtung*, München: Fink.

Schulz-Buschhaus, Ulrich (1996): Die problemreiche Internationalität der Literaturwissenschaft. Kritische Anmerkungen zu einer verunsicherten Disziplin, in: *Sprachkunst 27 (2)*, S. 315-334.

Vester, Heinz-Günter (1996): *Kollektive Identitäten und Mentalitäten: von der Völkerpsychologie zur kulturvergleichenden Soziologie und interkulturellen Kommunikation*, Frankfurt/M.: IKO-Verlag für Interkulturelle Kommunikation.

Waldenfels, Bernhard (1994): Eigenkultur und Fremdkultur. Das Paradox einer Wissenschaft vom Fremden, in: *Culturologica Studia 3*, S. 9-26.

Wierlacher, Alois (1990): Mit fremden Augen oder Fremheit als Ferment. Überlegungen zur Begründung einer interkulturellen Hermeneutik deutscher Literatur, in: *Hermeneutik der Fremde*, hg. von Dietrich Krusche und A.W., München: iudicium, S. 51-79.

von Wiese, Benno (1973): Geistesgeschichte oder Interpretation?, in: *Methodenfragen der deutschen Literaturwissenschaft*, hg. von Reinhold Grimm und Jost Hermand, Darmstadt: Wissenschaftliche Buchgesellschaft, S. 79-100.

Zima, Peter V. (1997): *Moderne/Postmoderne*, Tübingen/Basel: Francke.

HINRICH C. SEEBA

Deutschtum.
Zur Rhetorik des nationalen Narzißmus beim sogenannten 'Rembrandt-Deutschen' (Julius Langbehn)

Die Drohformel 'Deutschland für die Deutschen', die man seit einigen Jahren wieder an deutsche Hauswände geschmiert sehen kann, ist weder eine Erfindung der ausländerfeindlichen Skinheads noch ihrer Vorbilder unter den Nazis. Sie stammt vielmehr aus dem Jahr 1890 und ist mit einer anderen Formel verbunden, die selbst in der rechten Szene heute kaum mehr Anklang finden dürfte: 'Der Deutsche soll dem Deutschtum dienen'.

Der unfreiwilligen Komik dieser tautologischen Aufforderung kommt die Tatsache entgegen, daß die germanomane Wortbildung 'Deutschtum' von Anfang an im Zeichen ihrer Ironisierung stand: Wer das Deutschtum propagierte, machte sich von vornherein beschränkter Deutschtümelei verdächtig - in der Tradition des Turnvaters Jahn und des bereits von Heine der Lächerlichkeit preisgegebenen germanistischen Turnphilologen Hans Ferdinand Maßmann, der am altdeutschen Rock und den entsprechenden Redensarten festhielt: "er preist noch immer Arminius den Cherusker und Frau Thusnelda, als sei er ihr blonder Enkel" (Heine 1969: 323). Selbst im Jahr 1860, als die Ironie aus dem nationalen Diskurs zu schwinden drohte, konnte Grimms *Deutsches Wörterbuch* vermerken, das "erst in der letzten zeit" aufgekommene Wort werde "meist ironisch gebraucht". Aber für den ironischen Ton kann auch Friedrich Kluges *Etymologisches Wörterbuch* nur einen Brief Goethes vom 28. August 1816 anführen, in dem Goethe meint, er sei "in diesen Tagen veranlaßt einige Blicke in's Deutschthum zu lenken": "Der Angelegenheit selbst will ich auch gerne dienen, nur ist mir das betrübtste daß die Deutschen nicht immer deutlich wissen ob sie volle Waizengarben oder Strohbündel einfahren" (Goethe 1903: 150). Auch die folgenden Überlegungen sind als kulturkritischer Beitrag zu der Frage zu verstehen, ob es sich bei dem 'Dienst am Deutschtum', mit dem Goethe so ironisch kokettiert, nicht doch eher nur um rhetorische Spreu handelt, die von der Zeit Bismarcks an immer entschiedener für echten Weizen ausgegeben wurde.

Die Echtheitsprobe gehört zur ästhetischen Praxis der Bismarck-Zeit wie Luther, Dürer und Faust, wie das mittelalterliche Kostüm und die Neorenaissance in Bau- und Möbelkunst. Sie ist entscheidend geprägt durch das nationale Freund/Feind-Schema, durch die oft ästhetisch legitimierte Sortierung der kaiserlichen Untertanen nach der Gretchenfrage der Zeit: 'Wie hältst du es mit dem Deutschtum?'. Oft im Namen von Faust, dem Inbegriff des Deutschen und der deutschen Frage nach religiöser Legitimation,[1] wurde das für heilig erklärte Deutschtum der Religionsersatz aller, für die die Nation das säkulare Symbol des *summum bonum* und damit ein letzter Halt gegen den Ansturm feindlicher Mächte war. Der Wettkampf darum, welcher Deutsche wohl 'deutscher' als der andere und deshalb besser gewappnet sei, sowohl den vor den neuen Reichsgrenzen lauernden äußeren Feinden als auch den Reichsfeinden im Inneren, den Intellektuellen, Sozialisten und Juden, standzuhalten, führte immer wieder zur zentralen Frage deutscher Selbstprüfung: 'Was ist deutsch?'. Dieser Frage haben sich, stellvertretend für das 1871 vereinigte und um eine neue Selbstdefinition verlegene deutsche Volk, Richard Wagner vor allem in seinem Aufsatz "Was ist deutsch?" (1865/78), Paul de Lagarde in seinen *Deutschen Schriften* (1878) und, am erfolgreichsten von allen, der sogenannte 'Rembrandt-Deutsche' gestellt.

Der zum Inbegriff ästhetischen Deutschtums anonymisierte, meist nur als 'Rembrandt-Deutscher' rezipierte Julius Langbehn (1851-1907) hat seinem romantisierenden Manifest *Rembrandt als Erzieher. Von einem Deutschen* (1890) auch den kommerziellen Erfolg gesichert, als er seinen Lesern den Namen des Verfassers vorenthielt, um gleichsam im Namen aller Deutschen zu sprechen. Der selbsternannte Apostel des gefährdet geglaubten Deutschtums konnte seine 350 Seiten starke Programmschrift, ein oft mit aphoristischem Schwung geschriebenes Konglomerat antimoderner Ressentiments im Gewande hochfliegender Kulturkritik, innerhalb eines Jahres in mehr als dreißig Auflagen verkaufen; 1925, als Hitlers *Mein Kampf* dem von Langbehn reklamierten Deutschtum eine militante Richtung gab, erschien das Erfolgsbuch bereits in

---

[1] Vgl. als ein Beispiel unter vielen im 19. Jahrhundert Ludolf Wienbarg, *Ästhetische Feldzüge*, Hamburg 1834, S. 267f.: "Faust ist der Hiob und das hohe Lied der Deutschen, er ist, wie ich das Wort Heine's schon einmal angeführt, das deutsche Volk selbst, das geplagt und durchgemartert vom Wissen, Glauben und Entsagung an die Rechte des Fleisches appellirt, aus einem Schatten der Geschichte ein lebendiges Wesen, aus einem Träumer ein wachender, genießender Mensch werden will. Faust ... ist der Deutsche, der den Staub des Mittelalters von seinen Füßen schüttelt, um sich im Thau der neuen Zeit zu baden. Faust ist das nach Befreiung ringende Deutschland, ja, das befreite, das sich des Siegs seiner Freiheit im Voraus bewußte Deutschland..." (zit. nach Schwerte 1962: 294, Anm. 66).

der 66. Auflage. Das Echo des prätentiösen Bestsellers, den der Philosoph Rudolf Eucken rückblickend "eine Großmacht des deutschen Lebens" genannt hat[2], war von Anfang an so überwältigend, daß der geheimnisvolle Verfasser die Weihen des eisernen Kanzlers erhielt, der seiner Zeit den Namen geliehen hat. Bismarck war von Kaiser Wilhelm II. gerade erst aus dem Dienst entlassen worden, als er 1890 - durch Vermittlung des Rembrandt-Experten Wilhelm Bode, der in den *Preußischen Jahrbüchern* eine der ersten Rezensionen geschrieben hatte[3] - Langbehn auf seinem Gut in Varzin empfing und zwei Tage lang zu Gast hatte.[4] Bismarck begrüßte Langbehn mit den hellsichtigen Worten: "Sie wollen die Deutschen sammeln, die sich um ihre eigene Achse drehen" (zit. nach Nissen 1926: 135).

Tatsächlich war Langbehn über Nacht zum Führer einer der vielen Sammlungsbewegungen geworden, die den auf der Bühne internationaler Politik zu spät gekommenen Deutschen ein aus Unsicherheit und Überhebung gebasteltes Selbstbewußtsein zu verpassen versuchten. Sich Mut zur Macht zu machen, indem man sich immer um die eigene Achse dreht - das war das von Bismarck erkannte Rezept Langbehns: "Ein Volk, das sich auf sich selbst konzentrirt, wird dadurch unwillkürlich auch mächtig über andere" (Langbehn 1893: 237). Wieder einmal, wie einigemale zuvor und verhängnisvoller danach, versammelten sich um eine charismatische Führergestalt die um sich selbst kreisenden, auf sich selbst konzentrierten und deshalb sich gegenseitig ihr eigenes Deutschtum immer wieder bestätigenden Deutschen. Wenn es sogar der Nationalkonservative Bismarck für nötig fand, sich von solchem nationalen Narzißmus zu distanzieren, so rührt seine leise Ironie an die Abgründe kollektiver Nabelschau, die mythologisch durch den Spiegeltod des Narziß markiert sind; denn Eisläufer, "die sich um ihre eigene Achse drehen", schneiden mit ihrer Pirouette womöglich just die Eisscheibe heraus, die ihr Gewicht trägt. Wenn denn die Identität der Deutschen darin besteht, eine solche Identität immer nur zu

---

2 Das von Benedikt Momme Nissen mitgeteilte Zitat Euckens lautet in vollem Wortlaut: "Ich habe seit dem Erscheinen des Buches seine Wirkungen und seine Geschichte mit vollem Bewußtsein durchlebt. Es waren zuerst amerikanische Freunde, welche mir von seinem gewaltigen Wirken berichteten; seitdem hat es sich immer mehr als eine Großmacht des deutschen Lebens erwiesen" (Nissen 1926: 126).

3 "Das Buch ist eine Streitschrift, aus dem innersten Leben des deutschen Geistes gegriffen und bestimmt, in der Klarlegung unserer heutigen vielfach verkommenen Verhältnisse die Anhaltspunkte für die nothwendige Wiedergeburt der deutschen Bildung und Kunst zu finden" (Bode 1890: 310).

4 Zu Bismarcks späterer Erinnerung an Langbehns Aufenthalt vgl. Bewer 1891: 27-30.

suchen[5], immer nur, wie Narziß, verliebt ins eigene Spiegelbild zu starren, bis sie es, darin ertrinkend, zerstören, kommen sie kaum je bei sich selbst an.[6]

Wofür steht dieses Buch, das Fritz Stern in einer vielgerühmten biographisch-zeitkritischen Studie "this wild book, this breathless tirade, this rhapsody of irrationalism" genannt hat?[7] Langbehn will der krisenhaften Selbstentfremdung der Deutschen, die er der industrialisierten und intellektualisierten Moderne anlastet, gerade dadurch begegnen, daß er ihnen die tautologische Überdosis aller Chauvinisten verschreibt: "Der Deutsche soll dem Deutschthum dienen" (Langbehn 1893: 5). Dieser zirkuläre Eigendienst kann aber nur gelingen, wenn sich ein "Künstler als geistiger Wegführer" findet, der die Deutschen zu sich selbst zurückführt, also ihre Selbstentfremdung ästhetisch aufhebt. Für den 'Rembrandt-Deutschen' ist dieser Kunstführer, in chiastischer Antizipation der eigenen messianischen Rolle, der 'deutsche' Rembrandt, der ungeachtet der Tatsache, daß er ein unbestritten niederländischer Maler ist, deutscher als die Deutschen sei, weil er den geforderten Dienst am Deutschtum dadurch leistet, so folgert Langbehn, daß er als Individualist auch für den Kampf gegen die verteufelte Massengesellschaft reklamiert werden kann: "Wenn die Deutschen das vorzugsweise individuelle Volk sind, so kann auf künstlerischem Gebiet ihnen auch nur der individuellste ihrer Künstler als geistiger Wegführer dienen; denn ein solcher wird sie am ehesten auf sich selbst zurückweisen. Unter allen deutschen Künstlern aber ist der individuellste: *Rembrandt*. Der Deutsche will seinem eigenen Kopfe folgen, und Niemand thut es mehr als Rembrandt; in diesem Sinne muß er geradezu der deutscheste aller deutschen Maler und sogar der deutscheste aller deutschen Künstler genannt werden" (a.a.O.: 9). Wer wie Rembrandt die Deutschen "auf sich selbst zurückweisen" kann, ist, woher er auch kommen mag und wie auch immer er es fertigbringt, ihrem nationalen Narzißmus Genüge zu tun, ein Deutscher und prädestiniert zum Führer der Deutschen. Die seltsame Logik dieser zentripetalen Konstruktion verrät eine solche Gewaltsamkeit in der Einschließung Nicht-Deutscher in das vielbeschworene Deutschtum, daß ihr eine nicht minder gewalttätige Ausschließung von Deutschen entsprechen muß, damit sich Langbehns überraschend modern klingendes Diktum, der deutsche Charakter werde

---

5 Vgl. Weidenfeld 1983, insbes. S. 15: "Der Zweifel an der ausreichenden Gewißheit einer Identität der Deutschen gehört zu den Konstanten der politischen Kultur".

6 Fritz Stern merkt an, daß Langbehn wie Narziß stundenlang vor seinem eigenen Bildnis sitzen und es streicheln konnte (Stern 1961: 104). Wilhelm Leibl hat Langbehn 1877 und Hans Thoma hat ihn 1884 gemalt (vgl. die Abbildungen in Nissen 1926, nach S. 40 und nach S. 72).

7 Stern 1961: 98. Gordon A. Craig ist nur einer von vielen, die Sterns "admirable analysis" ausdrücklich zitiert haben (Craig 1983: 27).

"sich selbst zu *konstruiren*" haben (a.a.O.: 5), an der ästhetischen Praxis deutscher Identitätsbildung bewahrheitet: als deutsche Selbstbestimmung im Medium der Fremdbeherrschung - durch willkürliche 'Eindeutschung' der einen und durch gewalttätige 'Ausdeutschung' der anderen.

Gerade weil der 'Rembrandt-Deutsche' inzwischen Mode gewordene Positionen moderner Kulturtheorie vorwegzunehmen scheint, wenn er den ästhetischen Charakter sogar essentialistischer Aussagen über das Deutschtum eingesteht, wird es notwendig, den Grad der einerseits integrativen und andererseits antithetischen *Konstruktion* der Antwort auf die Frage 'Was ist deutsch?' als rhetorische Strategie zu verstehen.

In einem ersten, 'integrativen' Argumentationsschritt, der den Hauptteil des Buches ausmacht, hat Langbehn eine ästhetische Definition nationaler Identität versucht und dafür mühelos alle diejenigen dem gefeierten Deutschtum zuschlagen können, die seinen ästhetischen Prinzipien entsprachen, so daß Rembrandt deutscher als Dürer und Shakespeare deutscher sogar als Goethe ist. Aber in einem zweiten und mit dem ersten korrespondierenden, 'antithetischen' Argumentationsschritt, der erst in die 37. Auflage des Buches aufgenommen wurde, hat er der implizit rassistischen Begründung des Deutschtums einen explizit antisemitischen Anstrich gegeben. Die Gründe dieser Radikalisierung lassen sich nur aus verstreuten Hinweisen in den Erinnerungen des Langbehn treu ergebenen Dominikaners Benedikt Momme Nissen, *Der Rembrandtdeutsche* (1926), vermuten: Die Tatsache, daß der Anfangserfolg des Buches nach einem Jahr abzuflauen begann und es "plötzlich still davon" wurde, weil "der Neuigkeitsreiz [...] verflogen, das Geheimnis gelüftet" war (Nissen 1926: 123), mag den werbetüchtigen Verfasser, der die Ankündigung und Verbreitung des Buches bis in alle Einzelheiten selbst geplant und geleitet hat (vgl. a.a.O.: 108f.), bewogen haben, "zwei große Einfügungen: die eine über die Judenfrage, die andere über den Katholizismus" vorzunehmen (a.a.O.: 110). Die Ergänzung konnte im Jahr 1891, als sich nach dem Sturz Bismarcks, der im Kulturkampf zum Erzfeind der Katholiken geworden war, der Antisemitismus und der Katholizismus mit Aussicht auf neuen Erfolg besser verkaufen ließen, ihre Wirkung auf das Publikum nicht verfehlen.

Die argumentative Koppelung dieser beiden Einschübe markiert eine Verschiebung des für die Identitätsbildung notwendigen Feindbildes von den Katholiken zu den Juden; die Aufwertung der einen beschleunigte die Ausklammerung der anderen. Die christliche Wende war durch Langbehns seit 1890 vorbereitete und 1900 vollzogene Konversion zum Katholizismus und seinen Eintritt in den Dominikanerorden legitimiert. Die antisemitische Wende aber, die auch von Fritz Stern mit überraschender Schonung konstatiert wird[8], scheint weniger das Ergebnis wirklicher Überzeugung oder der Rücksicht auf den Mentor seiner Konversion, den antisemitischen Tübinger Theologen und späteren Bischof von Rottenburg, Paul Wilhelm von Keppler, gewesen zu sein als ein Geschäftskalkül: Langbehn hat, so ist zu vermuten, auf einen schon vorausgesetzten Publikumsbedarf spekuliert, den er bloß zu bedienen brauchte, um die Verkaufszahlen wieder anzuheben und so den vor allem in den zwanziger Jahren erneuerten Dauererfolg zu sichern. Die antisemitische Rhetorik charakterisiert also sowohl die Skrupellosigkeit seines erfolgsbesessenen Verfassers als auch, mehr noch, die veränderte Zeitlage: als sensationalistische Ausschlachtung eines wachsenden Ressentiments, das bedienen zu müssen glaubte, wer als messianischer Vorkämpfer für die Wiedergeburt Deutschlands Erfolg haben wollte.

So findet sich in Langbehns Buch seit der 37. Auflage die gegen die Juden gerichtete und seit der letzten deutschen Einigung, also genau hundert Jahre nach dem ersten Erscheinen, erneuerte Grundformel des nationalen Narzißmus: "Dem Streben der heutigen Juden nach geistiger wie materieller Herrschaft läßt sich ein einfaches Wort entgegenhalten: Deutschland für die Deutschen". Und als wäre dieser Appell an die deutsche Xenophobie noch nicht deutlich genug, schließt Langbehn unmittelbar daran die rhetorische Ermöglichung der von den Nazis betriebenen Schädlingsbekämpfung an: "Ein Jude kann so wenig zu einem Deutschen werden, wie eine Pflaume zu einem Apfel werden kann; ein Pflaumenzweig auf einen Apfelbaum gepfropft, stört immer das betrachtende Auge; und er wird höchst schädlich, wenn er den Wurmfraß mitbringt. Die Juden im jetzigen Deutschland thun dies" (Langbehn 1893: 348). Der auf die Bekämpfung der Juden gemünzte ominöse Satz "wer nicht durch den Schmutz waten kann, wird nie eine Schlacht gewinnen" (a.a.O.: 352) läßt nichts Gutes erwarten von der herbeigeredeten Heldenzeit des Deutschtums, wenn der "Schmutz" nicht mehr nur metaphorisch sein wird.

Hier reiht sich Langbehn in die abrufbare Tradition der rhetorischen Antizipation des Holocaust ein: Von Wolfgang Menzel und Richard Wagner vorbereitet, über den Gründer des sogenannten wissenschaftlichen Antisemitismus, Wilhelm Marr[9], den Berliner Hofprediger Adolf Stöcker[10], den durch Heinrich

---

8 Vgl. Fritz Stern: "Despite his frequent use of racist rhetoric, Langbehn was not a fullfledged racist - a fact that the otherwise appreciative National Socialists frequently lamented. Racism was probably too 'scientific' for him, and his own brand of partial or intermittent racism was more like a mystical poetry of blood" (Stern 1961: 142).
9 Vgl. Marr 1879.
10 Stöcker hat seine sogenannten Judenreden ("Unsere Forderungen an das moderne Judenthum" und "Nothwehr gegen das moderne Judenthum") ab 19. September 1879 gehalten.

von Treitschke[11], ausgelösten Berliner Antisemitismusstreit[12] und Eugen Dühring[13] bis zu Houston Stewart Chamberlain[14], von dem es dann nur noch ein kleiner Schritt zu Alfred Rosenberg und Hitler war. In dieser Volksgemeinschaft sich um die eigene Achse drehender Deutscher hatte der von Langbehn geforderte ästhetische Dienst am Deutschtum, weil er so vage war, bald keinen anderen Inhalt mehr als die physische Ausklammerung der 'Anderen', die sich dem nationalen Narzißmus nicht integrieren ließen.

Angesichts der historischen Konsequenzen der nationalen Rhetorik und ihrer heute drohenden Erneuerung darf man kaum darauf hoffen, daß die Rede vom Deutschtum den ironischen Unterton wiedergewinnen könnte, der ihr ursprünglich eigen war. Aber es ist eine unfreiwillige Pointe, wenn die um 1990 erneuerte Parole Langbehns 'Deutschland für die Deutschen' an einer Brandmauer um die Ecke von der Berliner Synagoge in der Oranienburger Straße mit der Parole 'Rheinländer raus!' witzig gekontert wird; denn Langbehns wichtigste Gewährsmänner für die deutsche Erneuerung, Rembrandt und Beethoven, sind beide Rheinländer, Holländer gar oder holländischer Abkunft.

Literatur

Bewer, Max (1891): *Bei Bismarck*, Dresden: Glöß.
Bode, Wilhelm (1890): Rembrandt als Erzieher von einem Deutschen, in: *Preußische Jahrbücher 65 (3)*, S. 301-314.
Boehlich, Walter (Hg.) (1988): *Der Berliner Antisemitismusstreit*, Frankfurt/M.: Insel.
Chamberlain, Houston Stewart (1909): *Die Grundlagen des neunzehnten Jahrhunderts Bd. I und II* (1899), München: 9. Aufl. (Volksausgabe) Bruckmann.
Craig, Gordon A. (1983): *The Germans*, New York/Scarborough, Ontario: Meridian.
Dühring, Eugen (1881): *Die Judenfrage als Rassen-, Sitten- und Culturfrage*, Karlsruhe/Leipzig: Reuther.
Goethe, Johann Wolfgang von (1903): Brief an Zelter vom 28. August 1816, in: *Weimarer Ausgabe Bd. IV-27*, Weimar: Hermann Böhlaus Nachfolger (Reprint München: dtv 1987), S. 148-151.
Grimm, Jacob/Grimm, Wilhelm (1860): *Deutsches Wörterbuch Bd. 2*, Leipzig: Hirzel.
Heine, Heinrich (1969): Reisebilder III: Reise von München nach Genua (1830), in: *Heinrich Heine. Sämtliche Schriften Bd. 2*. Hg. von Klaus Briegleb, München: Hanser, S. 313-389.

11 Vgl. Treitschke 1988 (urspr. 1879).
12 Vgl. dazu Boehlich (Hg.) 1988.
13 Vgl. Dühring 1881.
14 Vgl. Chamberlain 1909, insbes. Fünftes Kapitel: "Der Eintritt der Juden in die abendländische Geschichte" (S. 379-546).

Kluge, Friedrich (1963): *Etymologisches Wörterbuch der deutschen Sprache*, Berlin: 19. Aufl. de Gruyter.
[Langbehn, Julius] (1893): *Rembrandt als Erzieher. Von einem Deutschen*, Leipzig: 42. Aufl. Hirschfeld.
Marr, Wilhelm (1879): *Der Sieg des Judenthums über das Germanenthum. Vom nicht confessionellen Standpunkt aus betrachtet*, Bern: Costenoble.
Nissen, Benedikt Momme (1926): *Der Rembrandtdeutsche Julius Langbehn. Von seinem Freunde*, Freiburg i.B.: Herder.
Schwerte, Hans (1962): *Faust und das Faustische. Ein Kapitel deutscher Ideologie*, Stuttgart: Klett.
Stern, Fritz (1961): *The Politics of Cultural Despair. A Study in the Rise of the German Ideology*, Berkeley/Los Angeles/London: University of California Press.
Treitschke, Heinrich von (1988): Unsere Aussichten, in: *Der Berliner Antisemitismusstreit*, hg. von Walter Boehlich, Frankfurt/M.: Insel, S. 7-14 (urspr. in: Preußische Jahrbücher 44, 1879, S. 558-576).
Wagner, Richard (1913): Was ist deutsch? (1865/1878), in: *Richard Wagner. Gesammelte Schriften und Dichtungen in zehn Bänden Bd. 10.* Hg. von Wolfgang Golther, Berlin etc.: Bong & Co., S. 36-53.
Weidenfeld, Werner (1983): *Die Identität der Deutschen. Fragen, Positionen, Perspektiven*, München: Hanser.

SJAAK ONDERDELINDEN

Intention und Rezeption
Die Tragik der hermeneutischen Differenz am Beispiel von Wolfgang Hildesheimers *Mary Stuart*

Die Frage nach der Intention des Autors eines literarischen Textes ('Was will der Dichter uns hier sagen?') ist so unnötig wie unausrottbar. Anstatt daß der Paradigmawechsel von produktions- zu rezeptionsästhetischen Fragestellungen ein Gefühl der Befreiung auf seiten des interpretierenden Lesers hervorgerufen hätte, sieht man ihn oft ratlos angesichts der Aufforderung zu eigener Kreativität. Der Umgang mit moderner Literatur wird zwar als Quelle potentieller Lesefreuden propagiert, aber parallel vergrößert sich mit der Herausforderung auch der Anspruch an den Leser:

> "Lesen ist nicht mehr die Suche nach einer Werkbedeutung, einer Bedeutung, die im Werk gewissermaßen 'verborgen' ist, einer Bedeutung darüber hinaus, die auch für andere akzeptabel sein muß. Das Suchen nach Bedeutung muß durch das Schaffen von Bedeutung ersetzt werden" (Steinmetz 1996: 89).

In einem Zeitalter abnehmender Lesebereitschaft, die auch viele Schriftsteller zu kommerzieller Konzessionsbereitschaft bringt, wird ein solches Kreativität verlangendes Kommunikationsangebot, das außerdem vollkommen konventionalisierte Rezeptionsstrategien durchkreuzt, nicht selten ungehört verhallen, wogegen der verunsicherte Leser, ebenso wie zahllose Betrachter moderner bildender Kunstwerke, sich gerne in skeptisches Fragen nach Sinn und Bedeutung flüchtet.

Nicht jede literaturwissenschaftliche Methode läßt ihn dabei so im Stich wie die rezeptionsästhetische, oder wie auch andere funktionalistisch orientierte Richtungen. So verlangt Jürgen Schutte in seinem Interpretationslehrbuch die pluralistische Summierung von produktionsästhetischer, strukturanalytischer und rezeptionsästhetischer Arbeit. Dabei reserviert er hinsichtlich der Textadäquanz von Interpretationen eine durchaus positive Rolle für die Intention: "Die *Autorintention* bzw. die intendierte Bedeutung des Textes ist sicherlich die wichtigste der Instanzen, auf die sich ein Gültigkeitsanspruch der Lesarten berufen kann" (Schutte 1990: 27).

Nun, solange es sich nicht um den Ausschließlichkeitsanspruch einer Lesart handelt, mag die Frage nach der Intention ihre, wenn auch produktionsästhetische, Legitimität haben. In der Wissenschaft ist naturgemäß jede Information willkommen. Und auch Rezeptionsästhetiker werden solche Informationen schon kontextuell einzuordnen wissen.

Noch um einen Grad gravierender wird die Sache, wenn der Interpret, statt sich einer mühsamen Rekonstruktion der Intention aus seinen kontextuellen Kenntnissen befleißigen zu müssen, eine ausformulierte Intentionserklärung des Autors vorfindet. Auch hier sollte man sich auf den strengen Standpunkt stellen, daß ein solcher Text lediglich kontextuellen Informationswert besitzt. Aber in diesem Falle ist die Lehre viel zu schwach für die kommunikative Praxis. Die Intentionserklärung und die Diskussion um sie entfalten ein prächtiges Eigenleben, das den Anlaß zu vernachlässigen droht. Es entsteht eine textexterne, ja textunabhängige Kommunikationslinie, die unter Umständen die konkrete Arbeit am Text empfindlich stört. Eines wird aus einer solchen Konfrontation von Intentionserklärung und rezeptiver Reaktion besonders klar: die hermeneutische Differenz, die Schutte als den "spezifischen, prinzipiell unaufhebbaren Unterschied zwischen Intention und Verständnis" definiert (Schutte 1990: 22).

Intentional gesehen haben Intentionserklärungen etwas Trauriges. Schiller konnte noch so beredt die Erneuerung des Chors verteidigen, es machte *Die Braut von Messina* nicht zu einem besseren Drama. Bertolt Brecht mochte eindringlich für seine Auffassung vom Volksstück plädieren, damit begründete *Herr Puntila und sein Knecht Matti* keineswegs eine Volkstheater-Renaissance. Und um noch ein weiteres Brecht-Beispiel zu erwähnen, sein Verbot, Mutter Courage als eine Niobe-Nachfolgerin aufzufassen, hat eine solche (für Brecht sicherlich kontraproduktive) Rezeption nie völlig abzustellen vermocht. Intentionserklärungen scheinen sehr geeignet, Widerspruch zu provozieren. Und auch sonst haftet ihnen das Odium an, der zugehörige Primärtext sei nicht stark genug, seine Intentionen selber zu verwirklichen.

Wolfgang Hildesheimer hat zu seinem 1971 uraufgeführten Drama *Mary Stuart* ausführliche "Anmerkungen zu einer historischen Szene" geschrieben (Hildesheimer 1971: 75-78). Soweit im folgenden aus diesem Nachwort zu *Mary Stuart* intentionale Behauptungen zur Steuerung der Rezeption zitiert werden, sollen sie lediglich als Arbeitshypothesen betrachtet werden, die am Text zu prüfen sind. Aber daneben enthält es eine Reihe von brauchbaren sachlichen Hinweisen:

> "Indem dieses Stück sowohl 'historisch' als auch 'absurd' ist, vertritt es die Behauptung, daß Geschichte absurd sei.

[...] meine Darstellung basiert auf der Vermutung, daß Mary selbst weder loyal war, noch Loyalität in anderen gezüchtet hat: die einzige Freiheit der Interpretation in meinem Stück. Selbstverständlich hat Mary nicht mit ihrem Henker gesprochen, sie wurde auch nicht im Saal der Hinrichtung hergerichtet, vielmehr lag sie angezogen betend auf ihrem Bett, aber ich wollte die Einheit des Ortes wahren. Keine meiner Freiheiten kollidiert mit dem Konzept, ein Geschehen in jener brutalen wie dürftigen wie lächerlichen wie absurden Fremdheit erscheinen zu lassen, in der uns ein solches Geschehen zu erscheinen hat, wenn wir uns entschließen, der 'Geschichte' nicht zu glauben und daher nichts aus ihr zu lernen (was übrigens auch niemand jemals getan hat!)" (Hildesheimer 1971: 75 und 78).

Eine Kombination von historischem und absurdem Drama ist eine Neuerscheinung, auch in Hildesheimers Oeuvre. Es liegt denn auch auf der Hand, *Mary Stuart* an Hildesheimers Äußerungen über das absurde Theater zu messen, wie es Norbert Oellers (1971, insbes. 66f.) getan hat. Absurde Dramen sind nach Hildesheimer Parabeln des Lebens, das sich durch Zusammenhanglosigkeit und Unlogik kennzeichne. Deswegen verzichte das absurde Theater auf Darstellung der Realität, wolle keine Geschichte erzählen und Thesen belegen, sondern nur Ohnmacht und Zweifel, die Fremdheit der Welt zeigen, so Hildesheimer noch 1960 in seiner berühmten "Erlanger Rede über das absurde Theater". Mit der historischen Szene von Mary Stuarts letzten Stunden, die die Absurdität der Geschichte zeigen soll, habe sich nach Oellers die Vorstellung Hildesheimers vom Absurden erweitert:

"doch läßt sich das absurde Leben mit der absurden Geschichte leicht in einen Zusammenhang, sogar in einen Kausalzusammenhang bringen. Die Erweiterung bezieht sich nicht auf den Begriff, sondern auf den Darstellungsbereich: Die Realität gewinnt Zutritt zum absurden Theater. An ihr läßt sich wahrscheinlich am eindringlichsten zeigen, 'daß Sinnloses das Sinnlose gebiert und ernährt'. Historische Daten liefern das Material für die 'Parabel des Lebens', die kein Gleichnis für etwas außerhalb des Vorgestellten sein will; l'absurd pour l'absurd" (Oellers 1971: 67).

Festzuhalten für die nachfolgende Strukturanalyse[1] ist tatsächlich die Kombination von Realität und Absurdität, die auch zu einem stilistischen Nebeneinander von Realismus und Absurdismus wird. Hier beschäftigt uns also die Frage nach den spezifischen darstellerischen Mitteln Hildesheimers in *Mary Stuart*.

Im äußeren Aufbau herrschen die realistischen, oder konventionellen, Elemente vor. Nicht nur die Einheit des Orts hat Hildesheimer strikt gewahrt, sondern auch die Einheit der Zeit. Die letzten Stunden Marys werden in ununterbrochener Folge (das Stück besteht aus einer einzigen Szene) linear-sukzessiv chronologisch vorgeführt. Aber bereits der Konfigurationswechsel weicht inno-

---

1 Für die Strukturanalyse wird der Begriffsapparat von Pfister 1977 verwendet.

vierend von der konventionellen Machart ab. Fast alle Figuren, mit Ausnahme der beiden Träger Didier und John, bleiben nach ihrem Auftritt kontinuierlich auf der Bühne, nur in wenigen Fällen durch einen Abtritt kurz unterbrochen. Nur Symmons und Gervais verschwinden im Laufe des Stückes durch ihr Ableben endgültig. Im Ganzen ergibt dies eine ständige Zunahme der Figurenzahl auf der Bühne - dramaturgisch unkonventionell, aber nach Lage der Dinge keineswegs unrealistisch -, was noch absurdistisch gesteigert wird durch das Erscheinen von elf ausgestopften ehemaligen Jagdhunden. Immer mehr Figuren auf der Bühne, immer mehr Stimmen mischen sich ins 'Orchester' - es wird zahlenmäßig und lautlich ("gräßliches, mißtönendes Gedudel" der drei Musikanten am Schluß) ein Crescendo aufgebaut, in etwa vergleichbar mit Ravels *Bolero*.

Die Geschlossenheit der Raum- und Zeitstruktur ist, wie gesagt, konventionell. Die Raumpräsentation erfolgt konkret im Haupttext; gleich am Anfang wird der Leser/Zuschauer mittels sprachlicher Lokalisierungstechniken darüber informiert, in welcher atmosphärischen Umgebung die Handlung ablaufen wird:

"Henker: Kalt hier, wie? Wo ist man hier? Ich habe vergessen, wie das heißt. Ein dunkler Ort [...] Aber kalt [...] Hier stinkts [...] - das ganze Haus ein Gefängnis [...]" (Hildesheimer 1971, 8).

Wem es durch das sich allmählich erhellende Bühnenbild noch nicht klar war, dem wird die Information, wo wir uns befinden, mit schockierender Deutlichkeit vermittelt, als der Henker sich an Mary wendet: "Sie sitzen auf dem Block, auf dem ich Sie alsbald zu enthaupten habe" (9). Die Unheimlichkeit des Ortes wird noch wiederholte Male betont, u.a. von dem Diener Gervais, Mary und dem Arzt Raoul (vgl. 21, 22, 23 und 26). So wird die atmosphärische Beschaffenheit des Ortes ständig im Dialog thematisiert. Dem Nebentext vorbehalten bleiben die Beschreibung des Bühnenbildes als explizitierte Regieanweisung (22 - nur hier fällt übrigens der Name Fotheringhay, der Zuschauer erfährt ihn kein einziges Mal; aber soweit er seinen Schiller kennt, wird er sicher in der Lage sein, den Henker zu informieren, der den Namen ja "vergessen" hat) und die aktionale Raumkonstituierung, indem durch den ganzen Nebentext hindurch die räumlichen Relationen einerseits zwischen den Figuren untereinander und den Figuren und Requisiten andererseits beschrieben werden. - Einbeziehung und Semantisierung des Außenraumes erfolgen durch Botenberichte. Dazu der Autor im Nachwort: "Mehrfach bezeugte Demonstrationen des Hasses und der Verachtung, diabolische Inventionen, erscheinen als Botenbericht, wie Gervais' Beschreibung des aufgehängten katholischen Geistlichen" (78). Ein anderes Beispiel dafür, daß sich das mörderische Chaos auf der Bühne im *off-stage* fortsetzt, wird referiert, als der erste Gast, Kent, sich darüber beschwert, der Westeingang des Schlosses sei unbewacht. Didier weiß darüber zu berichten: "Ich kann das aufklären, Sir! Gervais, der Diener unserer Königin, wurde drunten von Ihren Wachen ausgeraubt [...]. Er hatte allerlei Juwelen bei sich. Dann haben sie ihn ins Feuer geworfen und sind mit den Juwelen geflohen" (68).

Auch die Zeitstruktur ist denkbar einfach, konventionell-realistisch. Bei seinem Auftritt kündigt der Henker an, daß es frühmorgens ist (der Ansager hat davor das Jahr angegeben: "Anno domini mille quatrocentum octanta septum" (7)[2]), danach gibt es nur noch Zeitandeutungen, die den linearen Ablauf betonen, wie etwa "In einer Stunde sind Sie tot", "die Zeit vergeht", "die Zeit drängt" usw. Es gibt keinerlei Hinweise, daß die fiktive Zeitdauer nicht mit der realen Spielzeit identisch wäre. Für den Leser oder Zuschauer ergeben sich keinerlei Schwierigkeiten, die Chronologie der Handlung herzustellen. Ausgesparte Zeiträume mit verdeckter Handlung gibt es nicht, so daß primäre und sekundäre gespielte Zeit deckungsgleich sind. Die Chronologie ergibt sich von selbst im Verlauf des Bühnengeschehens, da von allen möglichen Zeitraffungen, Zeitdehnungen, Zeitsprüngen und Zeitumstellungen - wie man sie in einem absurdistischen Drama durchaus erwarten könnte - völlig abgesehen ist. - Nur im Bereich der tertiären gespielten Zeit ist noch auf die interessante Handhabung der Vorgeschichte hinzuweisen. Auch dazu Hildesheimer im Nachwort:

> "Marys Erinnerungsausbrüche geben Varianten wahrer Episoden aus ihrem Leben wieder. Ihre diversen Verwandlungen erleuchten Facetten ihrer Reaktionsweise, für die es Zeugen gibt. Wer das Theater mit der Frage verläßt, wie Mary denn nun eigentlich gewesen sei, der hat zumindest meine Absicht in ihrer Darstellung erfaßt" (78).

Tatsächlich ist es für den heutigen Rezipienten wohl kaum noch möglich, sich ein Bild davon zu machen, wie die historische Schottenkönigin "eigentlich gewesen" ist - diese Unmöglichkeit kann von einem Theaterstück nur bestätigt werden. Mit der diesbezüglichen Intentionserklärung rennt Hildesheimer offene Türen ein. Jedenfalls ist das Mittel der Erinnerung vorzüglich dazu geeignet, eine Reihe von berühmt-berüchtigten Mary-Anekdoten in dem Stück unterzubringen. Ich begnüge mich mit einem Beispiel aus sehr vielen. In der Regel werden Marys Erinnerungen dadurch hervorgerufen, daß sie etwas sieht oder hört, was bei ihr bestimmte Assoziationen auslöst. In diesem Fall hat sie ihr Leichentuch erblickt:

> "Mary (in ekstatischer Erinnerung): Weiß - ja - weiß, das ist immer meine Farbe gewesen. Die weiße Königin, so hat man mich genannt, la reine blanche. In Weiß habe ich François geheiratet und hab ihn in Weiß begraben, und zum Tod seines Vaters trug

---

[2] Wie der Ansager sich um ein Jahrhundert irrt, so auch sein Schöpfer, der im Nachwort spricht von einem "Vorgang, der vor fünf Jahrhunderten stattfand" (76).

ich Weiß, das einzige Weiß im Schwarz der anderen. Ich habe Henry in Weiß geheiratet und in Weiß begraben. Die Kirchen wurden heller, wenn ich eintrat, das hat man mir oft gesagt, ich habe dunkle Säle zum Glänzen gebracht. Geleuchtet habe ich - vielleicht war das ein Zeichen, daß ich zur Heiligen bestimmt war?
Raoul (beiläufig): Vielleicht, Madame. Aber es ist nicht wahrscheinlich.
Mary: Ich erinnere mich -- was war es noch? - ja, ich erinnere mich, ich war noch ein Kind - da habe ich meine beiden Lieblingshunde Belinda und Bellezza weiß anstreichen lassen. Sie starben daran. Ich habe sie im Park begraben, ich trug Weiß" (32).

So wird die vorgeschichtliche Informationsvergabe funktional eingespannt in den Kontext der aktuell-vergegenwärtigten Darstellung Marys, zu ihrer facettenreichen Charakterisierung.

Die Schlußfolgerung muß sein, daß im Bereich der Raum- und Zeitgestaltung ausschließlich traditionelle Techniken zur Anwendung gekommen sind. Das konsequente Einhalten der beiden Einheiten von Ort und Zeit schafft eine räumliche und zeitliche Kohärenz, die die gewünschte "hinnehmend registrierende" (78) Haltung des Rezipienten optimal ermöglicht. Zumindest in dieser Hinsicht mutet das Stück durchaus realistisch an. Soweit es die Raum- und Zeitkonstituierung betrifft, hat Hildesheimer nicht mit absurdistischen Mitteln gearbeitet, sondern mit denen des traditionellen Illusionstheaters.

Der absurde Charakter des Stückes geht schon eher aus dem Verhältnis von sprachlicher und außersprachlicher Informationsvergabe hervor. Auffällig ist dabei zunächst die Simultaneität beider Codekomplexe, die sich optisch in der Zweispaltigkeit der Typographie des literarischen Textsubstrats ausdrückt. Mit akribischer Detailliertheit gibt die linke Spalte den Nebentext, der sich auf die äußere Charakterisierung der Figuren, ihre Handlungen, auch die Requisiten bezieht, während die rechte Spalte den Haupttext des Dialogs bietet, übrigens auch wieder um nebentextliche Informationen über die Redeweise usw. ergänzt. Bei der zunehmenden Kompliziertheit der vorgeführten Ereignisse weist das literarische Textsubstrat die Tendenz auf, einmal den Nebentext anschwellen zu lassen und zum andern die Simultaneität auch auf die Dialogführung auszudehnen: Immer häufiger reden mehrere Personen gleichzeitig über Verschiedenes - es kommt dann in der Typographie zur Dreispaltigkeit. Haupt- und Nebentext können sich auf verschiedene Weise zueinander verhalten: Der Nebentext kann den Haupttext bestätigend begleiten (Identität); er kann zusätzliche Informationen geben (Komplementarität), die den Haupttext ergänzen, wobei diese Informationen sich sowohl auf den gleichzeitigen Dialog des Haupttextes beziehen als gleichzeitige Aktionen anderer Figuren beschreiben können; und der Nebentext kann den Haupttext dementieren (Kontrastivität), wenn etwa in ihm deutlich gemacht wird, daß Befehle nicht ausgeführt werden, daß zum Beispiel der Sekretär Andrew die ihm von Mary diktierten Briefe nicht einmal aufschreibt, oder daß Aktion und Rede auseinanderklaffen, weil alle egozentrisch mit ihren eigenen Handlungen befaßten Figuren die gleichzeitige Rede überhaupt nicht beachten. Ein Beispiel, das dies veranschaulicht, bezieht sich auf den Augenblick, wo der Henker sich, fast nackt, mit Öl einreiben läßt, welcher Anblick Mary zutiefst empört:

> "Mary: Könnt ihr mir das nicht ersparen? Wollt ihr nicht? (Niemand hört ihr zu) Hört ihr nicht? (Wütend) Hinaus mit ihm! Hinaus!

Aber keiner rührt sich" (37).

Bei der Ausführlichkeit des Nebentextes ist es naheliegend, daß alle drei Möglichkeiten der Relation mit dem Haupttext in großer Zahl vertreten sind. Ebenso selbstverständlich ist es, daß namentlich die Kontrastivität von Haupt- und Nebentext die Absurdität des gezeigten Geschehens sinnfällig demonstriert.

Dabei braucht der Ausgang des Geschehens nicht so sehr im Mittelpunkt des Interesses zu stehen. Allen Beteiligten, im inneren wie im äußeren Kommunikationssystem, also auf der Bühne wie im Parkett, ist von Anfang an klar, daß es um Marys Enthauptung geht, so daß eine Finalspannung kaum gegeben ist. Darin besteht auch keine Diskrepanz zwischen der Figuren- und der Zuschauerinformiertheit. Statt auf das Was richtet sich das Interesse völlig auf das Wie der Handlung, auf die Frage also, wie die letzten Stunden der Königin verlaufen, wie sie selbst und wie ihre Umgebung darauf reagiert. Darin dürfte auch der Reiz des intertextuell-kontrastiven Verhältnisses zu Schiller liegen. Das Stück lebt also von einer Reihe von Detailspannungen, die man im äußeren Kommunikationssystem mit der sich dauernd erneuernden Verblüffung des Lesers/Zuschauers über die Art und Weise, wie Menschen hier miteinander umgehen, beschreiben kann. In diesem Bereich gibt es übrigens sehr wohl eine Diskrepanz zwischen dem Grad der Informiertheit bei Zuschauern und Stückfiguren. Die Art und Weise, wie die Figuren in ihrer Egozentrik befangen sind, ist Ursache dafür, daß sie häufig nicht aufeinander reagieren, oft auch bestimmte Aktionen gar nicht zur Kenntnis nehmen. Der registrierende Zuschauer gewinnt in solchen Fällen einen Informationsvorsprung vor zumindest einem Teil der auf der Bühne anwesenden Figuren. So findet die Ermordung des Apothekers Symmons durch Gervais und den Henkersknecht, die den soeben von Mary mit einem Ring beschenkten und verabschiedeten Apotheker berauben wollen, hinten auf der Bühne statt, während sich simultan die Zofen Jane und Anne weiter um die Herrichtung Marys kümmern, Mary selbst sich vorne auf der Bühne mit John unterhält und Raoul und Andrew zur Seite über die leer gewordene Schmuckkassette diskutieren. Der Nebentext meldet denn auch zum Vorgang der Ermordung:

"All dies geschieht lautlos und unbeobachtet, außer von Didier, der sich den Mord scheinbar teilnahmslos ansieht - er ist dergleichen gewohnt - und auf der Laute einen einzigen Akkord anschlägt, leise, niemand hört ihn" (55).

Das Spiel der Informationsvergabe ist auch ein manipulatives Spiel mit dem Zuschauer, der nie sicher sein kann, ob die Reaktionen auf der Bühne mit seinen eigenen Beobachtungen übereinstimmen. So wird die zunächst reich herausgeputzte Mary gegen Ende des Stückes langsam und heimlich ihrer Schmuckstücke beraubt, ohne daß sie etwas davon zu bemerken scheint - der Zuschauer empört sich über die Schamlosigkeit des Diebstahls, der im Nebentext wie folgt beschrieben wird:

"Anne und Jane lockern vorsichtig Marys Ohrringe. Andrew hat sich hinter Mary geschlichen, um zu sehen, was es dort zu holen gibt [...]. Raoul versucht jetzt beim Pulsfühlen, die Ringe langsam abzustreifen. John huscht um Mary, beginnt Knöpfe zu lockern [...]. Andrew, hinter Mary, zieht ihr langsam und vorsichtig eine Perlnadel aus der Perücke [...]. John, seitlich Marys kniend, dreht ihr Knöpfe ab. Mary wird geplündert wie ein Weihnachtsbaum" (69).

Inzwischen spricht Mary, der die Ermordung des Apothekers Symmons verborgen geblieben ist, über dessen Verdienste mit dem Arzt Raoul, der den Tod des Apothekers inzwischen wie die anderen Diener erfahren hat. (Mary ist also weniger gut informiert als die Zuschauer, Raoul hat seinen Informationsrückstand aufgeholt.) Während sie selbst weiter geplündert wird, befindet Mary, daß sie den Apotheker noch nicht angemessen beschenkt hat:

"Mary: [...] Er soll noch einen Reif haben. Ist er schon fort?
Raoul: Er ist schon fort, Madame. Ich werde ihm den Reif geben, es wird ihn sehr glücklich machen" (69).

Der Zuschauer registriert, wie Raoul sich den Doppelsinn von "Er ist schon fort" zunutze macht und sich mit großer Schamlosigkeit den zweiten Ring selber aneignet. Der nächste Schockeffekt im äußeren Kommunikationssystem besteht in der Entdeckung, daß Mary ihre Beraubung sehr wohl spürt, aber sogar billigt:

"Mary: [...] Ihr anderen - ich sehe euch nicht, aber glaubt ihr, daß ich euch nicht spüre? [...] Aber ihr habt recht. Ihr seid betrogen worden. Und ich brauche das Zeug nicht mehr" (69).

Und eine letzte Steigerung des Schockierenden liegt in der anschließenden Mitteilung des Nebentextes: "Wortlos und nicht im geringsten beschämt plündern die anderen weiter". Die Diskrepanz zwischen Zuschauerinformiertheit und Figureninformiertheit schafft dramatische Ironie, die Diskrepanz zwischen den Reaktionen der Figuren im inneren Kommunikationssystem und den Reaktionen der Zuschauer im äußeren Kommunikationssystem macht dem Zuschauer die

Absurdität der Situation in starkem Maße bewußt. Diese Strategie der Informationsvergabe mit heftigen Schockeffekten für die Zuschauer, wogegen die Figuren des Stückes alles als normale Routine akzeptieren, ist nicht das einzige, wohl aber eines der konstituierenden Elemente des Absurden in diesem Drama.

Verfremdung durch Episierung gehört kaum zu Hildesheimers Mitteln. Verwunderlich ist das nicht, denn das epische Theater ist eine Spielart des realistischen Dramas, noch ganz zu schweigen von der dezidiert politischen Ladung der Brechtschen Verfremdungseffekte, ein Element, das bei Hildesheimer völlig fehlt. Die aristotelische Geschlossenheit der dargestellten Situation konstituiert vielmehr eine illusionistische Atmosphäre, die nicht von einem episch-vermittelnden Kommunikationssystem durchbrochen wird, sondern eher durch die Absurdität der Ereignisse selber, also durch die Informationsvergabe. Als episierende Elemente könnte man lediglich die Verlagerung von Final- zu Detailspannung betrachten, sowie die Rolle des Prolog- und Epilogsprechers. Wo ein solcher Ansager im Brecht-Theater jedoch eine wesentliche Aufgabe für die Informationsvermittlung erfüllt, herrscht bei Hildesheimer das Parodistische vor: Der Ansager spricht "mit einem guten Schuß Schmiere" (7) in seiner Stimme, sein Latein ist nicht gerade von hervorragender Qualität, in Prolog wie Epilog gibt er (wie der Autor im Nachwort!) eine falsche Zeitangabe, und sowohl im Prolog wie im Epilog sinkt er allmählich weg im zögernden Vortragen von völlig sinnlosen Floskeln, schließlich sogar von unzusammenhängenden Flexionsreihen. Mehr als für die einleitende Informationsvermittlung funktionieren seine Ansagen als atmosphärische Einstimmung in die Absurdität des Kommenden im Prolog und als gleichartige zyklische Abrundung im Epilog.

Wenn ich mich nun der spezifischen Eigenart der sprachlichen Kommunikation in diesem Stück zuwende, so ist dabei natürlich zu berücksichtigen, daß das zu einer eigentlich unerlaubten Vernachlässigung des Nebentextes führen muß. Dieser ist in diesem Fall für die Gesamtwirkung des Stückes mit dem Haupttext gleichwertig, sowohl was zum Beispiel die Charakterisierung der Figuren betrifft (die atmosphärisch wie aktional recht bedeutsame Figur des Henkersknechtes kann, weil er stumm ist, ausschließlich im Nebentext beschrieben werden) als auch mit Rücksicht auf die Vielzahl überhaupt nicht sprachlich realisierter Aktionen. Erst die Zusammenschau von Haupt- und Nebentext macht das ganze Geschehen, also auch die Absurdität des Ganzen einsichtig. Dennoch kann die isolierte Betrachtung der sprachlichen Kommunikation interessante Aufschlüsse über konstituierende Merkmale des Absurden in diesem Stück liefern.

Die dramatische Sprache kann im inneren wie im äußeren Kommunikationssystem mehrere Funktionen erfüllen. Referentielle Funktion hat die dramatische Rede in den bereits behandelten Botenberichten, aber auch bei der Raumpräsentation durch den Henker gleich am Anfang des Stückes, sowie in allen Äußerungen, die auf direkte Weise Informationen vermitteln. Der referentielle Charakter funktioniert stärker im äußeren als im inneren Kommunikationssystem, wo dieselbe Äußerung eher eine expressive Funktion wahrnehmen mag, oder auch häufig redundant ist, weil die Information nicht zur Kenntnis genommen wird.

Besonders wichtig in *Mary Stuart* ist die expressive Funktion dramatischer Rede, als Mittel zur Selbstcharakterisierung der Figuren durch ihr sprachliches Verhalten, durch die Wahl ihrer Redegegenstände usw. Die Habgier der Dienerschaft äußert sich in der verbalen (parallel zu der manuellen) Präokkupation mit Marys Schmuckstücken; ihre Verlogenheit drückt sich in der Diskrepanz von sprachlichem Verhalten und tatsächlichem Handeln aus (so meldet sich Andrew bei seiner Herrin mit der heuchlerischen Ausrede "Da bin ich, Madame. Sie haben nach mir gerufen. Ich war beim Beten" (38), wo das Publikum doch weiß, daß Didier ihn eben hat wecken müssen). Im inneren wie im äußeren Kommunikationssystem funktioniert eine Äußerung, wenn aus ihr die Stellungnahme einer Figur dem Geschehen gegenüber deutlich wird. So äußert John seinen Unmut über die Lächerlichkeit der elf von ihm auf die Bühne geschleppten ausgestopften Jagdhunde mit folgender 'hündischen' Rede:

> "John (sehr laut, imitiert Bellen): Wau! Wau! Wau! Wir wollen unsere schöne Herrin sehen. Zum letzten Mal unsere schöne Herrin sehen. Wau! Wau! Wir wollen ihren Kopf noch sehen, bevor er ab ist!" (50).

Die vielen Erinnerungsberichte Marys haben ebenfalls expressive Funktion, indem sie zu ihrer Selbstcharakterisierung beitragen, so daß man für diese Redeform durchaus eine dominante Rolle in diesem Stück feststellen kann.

Auch die appellative Sprachfunktion spielt eine äußerst wichtige Rolle, allerdings in einem negativen Sinn. Sie setzt Intensität des Partnerbezugs voraus und äußert sich in Befehlen und Aufforderungen, die tatsächlich von allen an alle gerichtet werden. Aber es ist nur ein scheinbarer Partnerbezug: Weitaus die meisten Aufforderungen verhallen ungehört, oder doch jedenfalls unausgeführt. Beispiele dafür anzuführen ist wohl kaum nötig, sie sprechen für sich und sind auf fast jeder Seite des Textes anzutreffen. Ebenfalls unnötig zu sagen, daß diese negative Variante der appellativen Redefunktion geradezu konstitutiv für den absurden Charakter des Stückes ist. Wie die expressive Funktion im äußeren Kommunikationssystem dominant ist, so ist es die appellative im inneren.

Die phatische Sprachfunktion bezieht sich auf die Herstellung und Aufrechterhaltung des Kontakts im Partnerbezug des inneren Kommunikationssystems. Die Problematisierung des Kontakts, vorrangiges Thema in vielen modernen Dramen, hätte ein wichtiges Mittel auch dieses absurden Stückes sein können. Es ist jedoch nicht die Thematisierung der Kontaktherstellung, sondern die Unmöglichkeit des Partnerbezugs, also die negative Appellfunktion, die in *Mary Stuart* vorherrscht. Das ist noch erheblich radikaler (absurder), als wenn die versuchte Kontaktherstellung, die immerhin die Bereitschaft zum Partnerbezug voraussetzt, dominieren würde. Ein Beispiel der phatischen Sprachfunktion läßt sich gleichwohl am Anfang des Stückes finden, wo der Henker "mit unerwarteter Routine" in das Gebet Marys einfällt, mit ihr mitbetet, um dadurch wenigstens einen Kommunikationskanal mit ihr freizumachen. Es gelingt ihm tatsächlich, Marys Aufmerksamkeit für eine Weile auf sich zu lenken (10). Bezeichnend ist es, daß ein solcher Kontaktversuch durch phatische Redeform nur am Anfang auftritt: Mit fortschreitender Handlung wird die Aussichtslosigkeit eines wirklichen Partnerbezugs überdeutlich.

Auch metasprachliche Rede, mit der expliziten oder impliziten Thematisierung des Sprachcodes, ist ein typisches Mittel des absurden Theaters. Angesichts des Maßes an historischem Realismus konnte es für *Mary Stuart* jedoch ebenfalls nicht in dominierender Weise zur Anwendung kommen, schon gar nicht in expliziter Form. Implizit und im inneren Kommunikationssystem kann ein metasprachlicher Effekt dadurch zustandekommen, daß sich aus einer Äußerung ein vielsagendes Mißverständnis ergibt:

"Henker faßt Mary mit dem Finger an den Nackenwirbel, sehr sachlich [...]. Henker führt die Hand des Knechts über ein paar Wirbelknochen, sachlich wie ein Klavierstimmer.	Henker: [...] Schön weich. Selten ist es so. (Zu Mary) Noch einen Augenblick, Madame. (Zum Knecht) Hier und da, zwischen diesen beiden Wirbeln. Dahin sollte es treffen. (Zu Mary) Sie haben weiche Knochen, Madame. Mary: Nicht wahr? (Hastig und mitteilsam) Als wir zur Königin von Frankreich gekrönt wurden, da war uns die Krone zu schwer, wir waren ja erst sechzehn. Beim Essen mußte man sie uns abnehmen [...]" (18).

Der Henker bedient sich des Codes seines Fachjargons, Mary faßt die Weichheit ihrer Knochen im Sinne der Hofsprache als ein Kompliment für jugendliche Zartheit auf und flüchtet sich in eine Kindheitserinnerung.

Polyfunktionalität der dialogischen Sprachformen steht also außer Frage, allerdings unter starker Bevorzugung der expressiven und (negativ) appellativen Funktionen. Daraus läßt sich schließen, daß der Text zwar dialogisch strukturiert ist, aber doch hauptsächlich das Dialogische problematisiert. Es scheint die Struktur eines Konversationsstückes vorzuliegen, in Wirklichkeit handelt es sich jedoch immer um gestörte Kommunikation. Aneinandervorbeireden, Ins-Wort-Fallen, Durcheinanderreden (auch optisch im literarischen Textsubstrat zum Ausdruck gebracht) sind denn auch Merkmale eines nicht funktionierenden Dialogs. Daß Mary ihren Gesprächspartnern nicht zuhört, ist denn auch geradezu eine leitmotivische Regieanweisung und wird vom Henker auch einmal thematisiert, als Mary sich längere Zeit mit dem stummen Knecht 'unterhält':

"Mary (zum Knecht): Und wie wirst du angeredet? Wie heißt du?
Henker: Er heißt Hänns.
Mary (zum Knecht): Wir haben gefragt, wie du heißt! Bist du taub?
Henker: Er ist stumm, Madame. Auch das habe ich Ihnen schon gesagt. Sie haben nicht zugehört. Sie hören niemals zu. Vielleicht wären Sie vor mir bewahrt geblieben, wenn Sie gelernt hätten, zuzuhören.
Mary (hört nicht zu, zum Knecht): Wie sind deine Hände so groß! [!]
Henker (beiläufig): Damit er Sie besser halten kann.
Mary (zum Knecht): Wo kommst du her?" (25).

Monologisierung des Dialogs - Anzeichen für die Gestörtheit der Kommunikation und für die Egozentrik der Figuren. Auch das Umgekehrte, Dialogisierung des Monologs, Selbstgespräch mit Aufspaltung in zwei Personen, kommt in einigen Repliken Marys vor und beleuchtet ihre Isoliertheit. Schließlich sei noch auf die häufige Simultaneität von unabhängigen Dialogen und Monologen hingewiesen, wobei sich die Rezipierbarkeit auf die Feststellung einer chaotischen Kommunikationslosigkeit reduziert. Das schönste Beispiel in dieser Hinsicht findet sich gegen Ende des Stückes, wo der Dekan seine wütende Bußpredigt gegen Mary von ihr buchstäblich 'überbetet' hört. Beide steigern sich in ein gegenseitiges Überschreien hinein, wobei Mary den Dekan völlig aus dem Konzept bringt und sie sich schließlich in einem simultan geschrieenen "Amen" 'finden', Mary lauter als der Dekan, das katholische Gebet die protestantische Predigt besiegend - grotesker und gestörter kann Kommunikation kaum sein.

Von den im Nebentext beschriebenen Aktionen war bisher nur am Rande die Rede. Montage und Demontage der Königin, Schlägereien und Mord, Drogenmischerei und Obszönitäten - eine ganze Skala von Handlungen, die vom Menschlichen über Allzumenschliches bis zum Unmenschlichen reicht. Die Reaktionen der Titelfigur sind vielschichtig und unberechenbar. Sie ist exaltiert und würdevoll, hysterisch und mitleiderregend, faszinierend und abstoßend. Bei der Dienerschaft dagegen hat es den Anschein, daß in Marys Todesstunde alle sich dazu entschlossen haben, ihre Masken von Anstand und Sitte fallen zu lassen. Bei dieser Gelegenheit sagen und tun sie, was sie sonst nur denken würden. Die End-Situation des Stückes verursacht bei allen Beteiligten eine Hemmungslosigkeit, die den Realismus ins Groteske und Absurde umschlagen läßt. Das Stück ist eine lange Aneinanderreihung von Unverschämtheiten und Unmenschlichkeiten, den Zuschauer von Szene zu Szene immer mehr darüber in Staunen versetzend, was der Mensch dem Menschen anzutun vermag. Es sei "der Versuch, ein absurdes Geschehen auf die Bühne zu verlagern, das, so unwahrscheinlich es auch sei, stattgefunden haben *muß*" (78), betont die Intentionserklärung des Nachwortes. Nun, *so* hat das Geschehen sicherlich nicht stattgefunden. Als eine realistische historische Rekonstruktion kann *Mary Stuart* wohl kaum betrachtet werden. Was Hildesheimer getan hat, ist das Herausstellen der Unmenschlichkeit einer unmenschlichen Situation. Dabei hat er sowohl realistische als absurdistische Mittel zur Anwendung gebracht. Realistisch ist vor allem die äußere Form, die namentlich in der Raum- und Zeitbehandlung Anleihen macht beim aristotelischen Illusionstheater. In der Figurencharakterisierung, dem Sprachgebrauch, der verbalen und nichtverbalen Informationsvergabe, in dem Nacheinander und Durcheinander der einzelnen Handlungsphasen hat er das Realistische ins Groteske und Absurde verzerrt, so daß die Absurdität des geschichtlichen Vorgangs zum Vorschein kommt. Nach Ursachen und Wirkungen, nach dem Stellenwert der Vorgänge im elisabethanischen England wird dabei kaum gefragt - es wird eben nur die Absurdität der letzten Stunden vor Marys Hinrichtung gezeigt. Das ist zweifellos eine Beschränkung des Stückes, aber intentional doch wohl eine notwendige. Wer es sich zum Anliegen macht, "ein Konzentrat herzustellen, das dem Zweck dienen soll, die Einsicht der Unvorstellbarkeit eines historischen Ereignisses zu fördern" (77), dem kann es nicht darum gehen, durch politisch-gesellschaftliche Einbettung und Erläuterung um Verständnis für die dargestellten Ereignisse zu werben. Die Geschlossenheit der Konstruktion von *Mary Stuart*, die Realistisches hart mit Absurdistischem konfrontiert, wirkt als Versuch, mit der Unerbittlichkeit eines Chirurgen die Mechanismen geschichtlich bezeugter Unmenschlichkeit zu sezieren, als Exempel.

Die Strukturanalyse wurde hier nicht vorgenommen, um eine Interpretation des Stückes vorzubereiten. Sie ist Diskussionsmaterial bei der Beschreibung der tragisch verlaufenen Kommunikationen, die *Mary Stuart* ausgelöst hat. Wenden wir uns also der Kontextualisierung von Hildesheimers Text zu, denn:

> "Erst wenn die Kontexte so ernst genommen werden, daß sie mehr als eine nur funktionale Rolle erfüllen, wenn sie so eingesetzt werden und bewirken, daß die Interpretation des Werkes nicht länger nur um ihrer selbst willen oder um des Zieles einer sogenannten adäquaten Deutung willen erfolgt, ist eine Situation erreicht, in der sowohl traditionelle hermeneutische als auch aktuelle empirische Standpunkte überwunden

werden können. Dann hat man es mit einer Interpretation zu tun, die in einen größeren Untersuchungszusammenhang aufgenommen ist" (Steinmetz 1987: 144).

Das erste kontextuelle Interesse hat sich mit dem Phänomen des Absurden zu beschäftigen. Martin Esslin hat sich in seinem berühmten Standardwerk definitorisch mit Eugène Ionesco solidarisiert:

"In einem Essay über Kafka hat Ionesco definiert, was er unter diesem Terminus versteht: 'Absurd ist etwas, das ohne Ziel ist ... Wird der Mensch losgelöst von seinen religiösen, metaphysischen oder transzendentalen Wurzeln, so ist er verloren, all sein Tun wird sinnlos, absurd, unnütz, erstickt im Keim'" (Esslin 1985: 14).

Ebenso registrierend-zustimmend zitiert Esslin Hildesheimers Erlanger Rede, in der u.a. der parabolische Charakter des absurden Theaters betont wird. Im Unterschied zum biblischen Gleichnis, das mit dem Mittel des Analogieschlusses arbeite, werde das absurde Theaterstück eben durch das absichtliche Fehlen jeglicher Aussage zu einer Parabel des Lebens, wie das Leben selbst ja auch nichts aussage (Esslin 1985: 214 und Hildesheimer 1960: 545). Aber die Erlanger Rede kompliziert die Auffassung Hildesheimers über das Absurde noch in zweierlei Hinsicht. Erstens reserviert sie die "didaktische Tendenz der Parabel", die doch als Moral von der Fragwürdigkeit und Sinnlosigkeit jeglicher menschlichen Existenz schon in jedem einzelnen absurdistischen Theaterstück unschwer auszumachen ist, erst für "das absurde Theater als Ganzes" (Hildesheimer 1960: 546). Natürlich verstärkt die Häufung der Beispiele das Argument, aber darum muß doch nicht dem einzelnen Beispiel alle Argumentationskraft abgehen. Und genauso allzu absolut wendet sich die Erlanger Rede gegen die Darstellung der Realität, das Erzählen einer Geschichte. Das absurde Theater wolle "nicht anhand eines historischen oder fiktiven Einzelfalles etwas Typisches demonstrieren. Es liegt ihm nichts an der Verfechtung eines Prinzips, das durch Helden vertreten oder - schlimmer noch - symbolisiert wird" (a.a.O.: 552). In beiderlei Hinsicht hat sich das Denken des Autors in einem guten Jahrzehnt offenbar so verschoben, daß es *Mary Stuart* ermöglichte.

Dagegen ist natürlich nichts einzuwenden, und auch verständnisvolle und im Sinne Hildesheimers durchaus adäquate Deutungen wurden dadurch auch gewiß nicht verhindert:

"Geschichte ist absurd, und aller Sinn, den wir ihr abzulesen meinen, wird erst von uns in sie hineingetragen. In Wahrheit regiere sie das 'Stegreifspiel von Irrsinn, Niedertracht und Mord', das schon die 'Vergeblichen Aufzeichnungen' in ihr am Werke sahen. Demgemäß wird Mary Stuarts von Schiller idealisiertes Ende bei Hildesheimer desillusionierend zum erbärmlichen Exitus herabgestuft, der nur in der überhitzten Eigendeutung der Sterbenden die Gloriole des Märtyrertodes annimmt" (Puknus 1987: 8).

War es das Wagnis des intertextuellen Spiels, die Klassikliebhaber verstörende Schiller-Kontrafaktur, die Hildesheimer zu einer so ausführlichen Selbstinterpretation zwangsläufig apologetischer Art veranlaßte? Jedenfalls - und damit betreten wir einen weiteren kommunikativ-kontextuellen Kreis um *Mary Stuart* - griffen manche Kritiker der Uraufführung eher Hildesheimers Intentionserklärung als die Aufführung an. Tendenz: Der Autor habe sein eigenes Stück nicht verstanden (Oellers 1971: 69). Interessant sind die Motivierungen. So ist Oellers der Meinung, die Absurdität leuchte nicht ein, das Moralisierend-Gleichnishafte setze sich durch, und er fragt sich, ob hier nicht "aus dem absurden ein höchst moralisches Theater" geworden sei. "Und wird dann nicht Mary unversehens zu einer Heldin, die im Kampf gegen die übermächtige böse Welt den kürzeren gezogen hat?" (a.a.O.: 75). Wie gewagt der intertextuelle Bezug auf Schiller war, zeigt sich an dieser unterstellten Heroisierung Marys bei Hildesheimer. Mit der Argumentation des Nachworts hat das nur scheinbar etwas zu tun, ebenso wie die Premierenkritik von Hans Schwab-Felisch, die zunächst auf Hildesheimers "Anmerkungen" verständnisvoll einzugehen scheint, sich dann aber schleunigst distanziert:

> "Indessen, wir haben es nicht mit dem Geschichtsfatalisten Hildesheimer zu tun, sondern mit dem Stückeschreiber, der sich über seine Theorien schon dadurch souverän hinwegsetzt, daß er eine 'historische Szene' schrieb, die, ganz im Gegensatz zu seiner eigenen Behauptung, weder ohne Deutungen und spezifisch Hildesheimerische Interpretationen auszukommen vermag noch ohne Vorstellungskraft" (Schwab-Felisch 1971: 133).

Hier sinkt das Argumentationsniveau eher in Richtung Unterstellungen ab, was sich, so unterstelle ich Schwab-Felisch meinerseits, hauptsächlich gegen die Intentionserklärung richtet, denn über Stück und Aufführung findet Rezensent im übrigen durchaus positive Worte.

Ganz ähnlich, außerdem den Schiller-Bezug unmittelbar thematisierend, verurteilt Ulrich Schreiber die Intentionen Hildesheimers. Er bleibe "auf die Darstellung eines schönen Todes verhaftet, er ästhetisiert - wenn auch negativ - dieses politische Faktum und bringt dadurch das Theater über Schiller nicht hinaus" (Schreiber 1971: 137). Klassisches allegorisierendes Verdrängungstheater habe auch Hildesheimer geliefert.

Heroisierung, Psychologisierung, Fiktionalisierung, Ästhetisierung, Allegorisierung - wie auch immer die Vorwürfe lauten mögen, sie richten sich, so divers sie sein mögen, alle eher gegen die Intentionserklärung Hildesheimers als gegen seinen Text oder dessen Inszenierung. Die intentionalen "Anmerkungen" haben die Rezeption des Stückes *Mary Stuart* durch die Provokation polemischer Reaktionen nachhaltig beeinflußt, und zwar in einem für Hildesheimer recht negativen Sinn. Wie es auch immer um die Qualität des Nachwortes oder um sein Verhältnis zum Stücktext bestellt sein mag, für die Rezeption hat sich die Intentionserklärung nicht gerade als förderlich erwiesen. Im Gegenteil, sie scheint überall mit geradezu unausweichlicher Notwendigkeit Widerspruch hervorzurufen. Und die unerbittliche Vehemenz, mit der sie (übrigens aus unterschiedlichsten Perspektiven) angegriffen wird, um an ihr eine hermeneutische Differenz auf Rezipientenseite zu demonstrieren, beschert den zweifellos guten Absichten Hildesheimers eine als tragisch erscheinende Wirkung der vergeblichen Anstrengung.

> "Dem von der modernen Literatur zweifellos geforderten intellektuellen Einsatz stehen die große Freiheit und Selbständigkeit gegenüber, die diese Literatur gewährt. Die moderne Literatur wendet sich an einen mündigen Leser, der sich nicht mehr vorgezeichneten Bahnen anpassen muß. Er darf, kann und soll seiner eigenen Individualität folgen. Er darf sich Kunst und Literatur auf seine persönliche Weise zueignen. Er braucht seine Leseresultate nicht an gegebenen gesellschaftlichen oder kulturellen Normen zu messen" (Steinmetz 1996: 90).

Um diese Grundvoraussetzung für den Rezeptionsprozeß moderner Literatur hat Hildesheimer offenbar nicht gewußt. Sie sollte allen Autoren ins Stammbuch geschrieben werden. Schriftsteller sollten sich von Intentionserklärungen fernhalten.

Nach der Tragödie von der Intentionserklärung hat noch ein komisches Nachspiel zu folgen. Schwab-Felisch beschreibt die Anfangsszene von *Mary Stuart* in seiner Rezension wie folgt:

> Dem Scharfrichter "gehören die ersten Worte: 'Kalt hier, wie? Wo ist man hier? Ich habe vergessen, wie das heißt'. Damit will Hildesheimer offenbar die Ubiquität des dramatischen Vorgangs andeuten, ihn als Modell kenntlich machen, was später durch eine Einbeziehung der Zuschauer unterstrichen wird" (Schwab-Felisch 1971: 134).

Im Interview mit Dierk Rodewald reagiert Hildesheimer darauf:

> "Übrigens gab es bei der Anfangsszene ein großes Mißverständnis der Kritik, Ivan Nagel und Hans Schwab-Felisch sprechen davon, daß ich die Szene im Allgemeinen angesiedelt hätte mit der Frage des Henkers 'Kalt hier, wie? - Wo ist man hier?' - Aber das ist absolut falsch. Die Wahrheit und die Bühne vertragen sich vielleicht nicht gut, vielleicht ist das wirklich nicht klar geworden: der Henker wußte nicht, wo er überhaupt sei, der ist mitgenommen worden von London" (Rodewald 1971: 147).

Hermeneutische Differenz, komische Variante.

Literatur

Esslin, Martin (1985): *Das Theater des Absurden. Von Beckett bis Pinter*, Reinbek bei Hamburg: Rowohlt.

Hildesheimer, Wolfgang (1960): Erlanger Rede über das absurde Theater, in: *Akzente. Zeitschrift für Dichtung 6*, S. 543-556.
Hildesheimer, Wolfgang (1971): *Mary Stuart. Eine historische Szene*, Frankfurt/M.: Suhrkamp.
Oellers, Norbert (1971): Bemerkungen über "Mary Stuart". Mit einigen Vorbemerkungen über das Verhältnis Autor-Publikum, in: Rodewald (Hg.) 1971: 60-78.
Pfister, Manfred (1977): *Das Drama. Theorie und Analyse*, München: Fink.
Puknus, Heinz (1987): Wolfgang Hildesheimer, in: *Kritisches Lexikon zur deutschen Gegenwartsliteratur*, hg. von Heinz Ludwig Arnold, München: edition text + kritik [1978ff.].
Rodewald, Dierk (Hg.) (1971): *Über Wolfgang Hildesheimer*, Frankfurt/M.: Suhrkamp.
Rodewald, Dierk (1971): Gespräch mit Wolfgang Hildesheimer, in: Rodewald (Hg.) 1971: 141-161.
Schreiber, Ulrich (1971): Der schöne Tod auf der Bühne, in: Rodewald (Hg.) 1971: 136-137.
Schutte, Jürgen (1990): Einführung in die Literaturinterpretation, Stuttgart: Metzler.
Schwab-Felisch, Hans (1971): Mariechen auf dem Stein, in: Rodewald (Hg.) 1971: 133-136.
Steinmetz, Horst (1987): Literaturwissenschaftliche Interpretation? in: *Rezeptionsforschung zwischen Hermeneutik und Empirik*, hg. von Elrud Ibsch und Dick H. Schram, Amsterdam: Rodopi (= Amsterdamer Beiträge zur neueren Germanistik 23), S. 137-154.
Steinmetz, Horst (1996): *Moderne Literatur lesen. Eine Einführung*, München: Beck.

DIETER HENSING

Rezeption und Interpretation
Zu Christoph Heins Novelle *Der fremde Freund / Drachenblut*

I

Mit der Unterscheidung von 'Rezeption' und 'Interpretation' verbindet sich der Versuch, zwei grundsätzlich verschiedene Arten im Umgang mit literarischen Texten voneinander abzuheben. Horst Steinmetz, dem die Beiträge dieses Bandes gewidmet sind, hat sich wiederholt zu dieser Frage geäußert. Eine seiner früheren Darstellungen erschien 1977 unter dem programmatischen Titel der semantisch "suspensiven Interpretation". Seine Unterscheidung von Rezeption und Interpretation vorbereitend grenzt Steinmetz zunächst einige einschlägige, prägnante Auffassungen, vor allem die von Götz Wienold, Norbert Groeben und Siegfried J. Schmidt, voneinander ab. Ich beschränke mich auf die Gegenüberstellung der beiden letzteren.

Für Groeben ist nach Steinmetz allein die Rezeption auf die Texte selbst bezogen, nur sie ist eine Textverarbeitung: "Die Interpretation sieht nämlich vom literarischen Text selbst ab, läßt ihn außerhalb ihres Untersuchungsfeldes" (Steinmetz 1977: 22). Statt auf ihn richtet sie sich "eindeutig auf die Betrachtung und Analyse von Textverarbeitungen, von Rezeptionen" (ebda.). Problem der Ausgrenzung des Textes aus der Interpretation: Der literarische Text wird "letztlich zu einer unbekannten Größe, auf deren Eigenstruktur nicht eingegangen wird, die unberücksichtigt bleiben kann, weil sie nur auslösendes Moment der zu analysierenden Vorgänge ist" (a.a.O.: 23). Bei Schmidt hingegen gibt es, so Steinmetz, "neben der auf Rezeptionen ausgerichteten Analyse auch die Orientierung des Interpreten an den dem Text selbst zuerkannten Strukturen und Konstituenten" (ebda.). Schmidt denkt an die Möglichkeit, die "dem Text eigenen Strukturen" von den "individuellen Konkretisationsprozessen" abzuheben und zu beschreiben (ebda.). Vorteil einer solchen Textorientierung: "Damit wird der Interpretation ein Objektbereich zurückgewonnen, der bei Wienold und Groeben so gut wie völlig ausgeklammert wurde. Schmidt geht davon aus, daß ein literarischer Text *erkenn- und beschreibbare Strukturen* besitze, an denen die von Rezipienten dem Text zugeordneten Bedeutungskonstitutionen gemessen werden könnten" (a.a.O.: 24; Hervorhebung von mir - DH). Schmidt läßt jedoch, wie Steinmetz einwendet, eine entscheidende Frage offen. Wenn der Text von seinen Verarbeitungen unterscheidbar und für sich beschreibbar ist, bildet der vergleichende Einbezug der Verarbeitungen in die wissenschaftliche Beschäftigung mit dem Text zwar "eine nützliche und sinnvolle Ausweitung", bleibt aber das "eigentliche Kernproblem der Interpretation" ungelöst: Zu erklären wäre nämlich, "wie man die Möglichkeiten und Methoden exakt formulieren" kann, "die zu einer Einsicht in die Textstrukturen führen, denen die Verarbeitungen gegenübergestellt werden können" (ebda.).

Steinmetz schließt sich also insofern Schmidt an, als er - jedenfalls in einer vorläufigen Einschränkung - die Aufgabe der Interpretation ebenfalls als "Analyse von *Textstrukturen*" bestimmt (a.a.O.: 25; Hervorhebung von mir - DH), daß er aber darüber hinaus wegen der Notwendigkeit "einer exakten Abgrenzung von rezeptiver gegenüber interpretatorischer Textverarbeitung" die Beantwortung der Frage nach den spezifischen Möglichkeiten und Methoden einer Strukturanalyse fordert (ebda.). Grundsätzlich allerdings sollen die Analyse von Texten und die Beschreibung von Textstrukturen möglich sein und sollen sie das Anliegen jener Verarbeitung bilden, die 'Interpretation' genannt wird:

> "Wie die Lösung dieses [methodologischen - DH] Problems auch aussehen mag, diejenigen Verfahren, die eine solche Lösung anstreben, die also *auf den Text selbst* gerichtet sind, sollen hier Interpretation genannt werden" (ebda.; Hervorhebung von mir - DH).

Davon ausgehend, daß das für literarische Texte grundlegende strukturelle Kennzeichen ihre 'Unbestimmtheit' ist, hebt Steinmetz anschließend das rezeptive vom interpretativen Verfahren wie folgt ab: In der *Rezeption* überschneiden sich die Akzeptanz einer Verfremdung der eigenen Lebenswelt mit der eine Angleichung anstrebenden 'Normalisierung' des Bedeutungspotentials des Textes. Rezeption ist in diesem zweifachen Bestreben ein durch den jeweiligen und zufälligen 'lebensweltlichen Kontext' geprägtes 'konkretisierendes' Textverstehen. *Interpretation* muß sich von Rezeption darin unterscheiden, daß sie die Unbestimmtheit nicht normalisierend-konkretisierend in eine bestimmte Bedeutung verwandelt, sondern die Unbestimmtheit aufrechterhält und als solche, nämlich als offene Struktur, zu erfassen sucht. Interpretation folgt in ihrer methodischen Grundhaltung einem "semantisch suspensiven Ansatz" (a.a.O.: 49). So kann sie literarische Texte zum Beispiel daraufhin untersuchen, "welche Merkmale an ihnen die jeweils verschiedenen Normalisierungen ermöglichen, warum jede Lektüre zu einer wenigstens partiell sich vollendenden Normalisierung führen kann. Sie muß sich auf die Bedingungen besinnen, unter denen die

Polyrezeptibilität literarischer Texte entsteht" (a.a.O.: 35). Wie aber geht eine solche Untersuchung vor?

Einerseits wird in jedem Text Unbestimmtheit flankiert von "einem gewissen Bestand an Bestimmtheit" (a.a.O.: 44), aber die Identifizierung dieser Bestände wechselt, wenigstens zu einem beträchtlichen Teil, mit den Rezeptionen, insbesondere mit den Kontexten, von denen her rezipiert wird. So machen sich insbesondere durch die Epochen und ihre unterschiedlichen Zeitkontexte hindurch große Unterschiede geltend: "Was für die eine Epoche Bestimmtheit ist, kann einer anderen als Unbestimmtheit erscheinen, und umgekehrt" (a.a.O.: 47).

Läßt sich ein solches Fluidum als *Text*struktur beschreiben, oder gewinnt es seine Konturen überhaupt erst in der Text*verarbeitung*? Und was folgt daraus für die Interpretation, die sich als *Text*analyse versteht?

In seinen späteren Beiträgen modifiziert Steinmetz seine Auffassungen erheblich. Auch die *Interpretation* wird jetzt wie die Rezeption *kontextbezogen* definiert. Sie analysiert und beschreibt den Text also immer nur so, wie er in einem bestimmten Kontext erscheint. Besonders prägnant sind die Ausführungen im Aufsatz "Literaturwissenschaftliche Interpretation?", weil Steinmetz sich dort von anderen Auffassungen deutlich abzugrenzen versucht.[1] Nicht von ungefähr steckt im Titel ein Fragezeichen: Steinmetz widmet sich dem Umstand, daß seit der Rezeptionsästhetik ein Konsens darüber besteht, daß die Textverarbeitung in der Form nichtwissenschaftlicher Rezeptionen eine "kontextuelle Textverarbeitung" ist, da der nichtwissenschaftliche Leser literarische Werke "im Rahmen seiner lebensweltlichen Normen" rezipiert, daß jedoch "die Auseinandersetzungen um die [wissenschaftliche -DH] Interpretation noch immer auf *die* Bedeutung des Textes fixiert sind", obgleich man doch auch hier wissen sollte, "daß *Interpretation wie Rezeption* sich so gut wie nie in einer direkten und ausschließlichen Konfrontation mit dem Text vollziehen" (Steinmetz 1987a: 137/138; Hervorhebung von mir - DH):

> "Kurzum, auch die literaturwissenschaftliche Interpretation ist nicht das Produkt einer kontextfreien Begegnung zwischen Text und Interpret, sie vollzieht sich vielmehr unter Einfluß und Einbeziehung von Faktoren, die nicht immer außerliterarisch sein müssen, die aber doch außerhalb des zu interpretierenden Textes liegen" (a.a.O.: 138).

Immerhin, es gibt gewichtige Unterschiede. Im Vorgang der Rezeption bleibt die Kontextualisierung durchweg naiv und unbewußt. In der Interpretation hingegen wird sie bewußt gemacht, ernst genommen und sogar zweckorientiert

---

1 Steinmetz 1987a. Ich gehe zunächst von diesen Darlegungen aus, füge dann aber Aussagen aus anderen Beiträgen an.

eingesetzt.[2] Der Interpret richtet sich nicht mehr auf den Text allein (womit er den Sachverhalt nach wie vor verkennen würde), sondern auf das Ganze von Text *und* Kontext, und tut das auch aktiv, indem er gezielt Kontextuierungen (explizite Fragestellungen) wählt, so daß der Text in einer bestimmten und gewollten Weise antwortet. Interpretation versteht sich nicht mehr als absolute Aussage, sondern als "Argument" in einem "größeren Untersuchungszusammenhang" (a.a.O.: 143/144). So läßt sich zum Beispiel für den *Vicar of Wakefield* als ganz bestimmter historischer Referenzrahmen das Brüchigwerden bis dahin stabil erachteter Weltanschauungssysteme des 18. Jahrhunderts wählen und läßt sich erörtern, wie die Lektüre des Textes in dieser Kontextualität ausfallen kann, welche Varianten des Textverstehens dabei möglich sind (vgl. a.a.O.: 149-151). Interpretation ist nicht mehr so sehr semantisch suspensive Strukturanalyse, sondern durchaus ein *Textverstehen*, aber als Entwurf von Bedeutung(en) in einer gezielt eingesetzten Kontextualisierung und auf diese beschränkt. Entscheidend ist, daß solches Textverstehen nicht meint, *Text*bedeutungen zu ermitteln oder gar *die* Textbedeutung zu erschließen, sondern Bedeutungen zu schaffen, die das Echo des Textes auf eine explizit gestellte Frage sind (vgl. Steinmetz 1987b: 392/393). Interpretationen sollten sich grundsätzlich

> "in der Form darbieten und in der Form argumentieren, die in Übereinstimmung ist mit dem, was sie sind, nämlich die Formulierung des Verstehens von Texten von bestimmten extratextuellen Standpunkten aus in Kombination mit den Textsemantiken, nicht aber eine Entfaltung der im Text immanent angelegten Bedeutungen" (ebda.).

Es ist nicht ganz deutlich, inwieweit Steinmetz die Möglichkeit, semantisch suspensiv Textstrukturen zu analysieren und zu beschreiben, annulliert. Explizit geschieht das nicht. Wenn jedoch in der neueren Sicht auch Interpretationen grundsätzlich kontextbezogen sind, dann kann auch die semantisch suspensive Strukturanalyse kaum anders als ebenfalls kontextuell spezifisch sein. Sie ist dann nicht allgemein oder objektiv textbezogen, wie es die Ausführungen von 1977 noch nahelegen, sondern kontextabhängig partiell. Interpretatives Textverstehen erstreckt sich dann für eine bestimmte kontextuelle Konstellation auf das ganze Spektrum von den strukturell vorhandenen Bedeutungs*möglichkeiten* (insofern semantisch suspensiv) bis hin zu bestimmten *Bedeutungen*. Es ist das Ausschreiten eines Spielraums.

Die Einsicht, daß textverstehende Aussagen, welcher Art auch immer, nur kontextbezogen zustandekommen, könnte dazu verleiten, in der wissenschaftlichen Diskussion von den literarischen Texten schlechthin abzusehen und sich nur

---

2   Steinmetz spricht explizit vom "Einsatz des Kontextes" (Steinmetz 1992: 484).

noch mit den habbaren Zeugnissen von Textverständnissen auseinanderzusetzen. Eine solche Auffassung referiert Steinmetz bereits 1977 mit dem Hinweis auf Groeben (siehe oben). Er weist dort diese Einstellung ab, weil er in Anlehnung an Schmidt noch der Frage folgt, wie man sich semantisch suspensiv *und* kontextfrei auf die Texte selbst beziehen könnte. Das Problem kehrt jedoch jetzt für die gewandelte Vorstellung von der Interpretation wieder. Steinmetz wehrt aber auch diesmal entsprechende Auffassungen ab, wie sie sich in Thesen von Semiotik, Diskurstheorie, Dekonstruktion, empirischer Literaturwissenschaft artikulieren (vgl. zum Beispiel Steinmetz 1990: 16-18). Auch wenn die 'Zweipoligkeit' des Verstehens, das Zusammenwirken von Text und Kontext, nicht in ihre Pole auflösbar ist (vgl. zum Beispiel Steinmetz 1987b: 391 und 1990: 243), bleibt für Steinmetz der Text im interpretativen Verfahren der gezielten Kontextuierung wichtig. Interpretation ist das Erstellen von Bedeutung oder Bedeutungsmöglichkeiten in der bestimmten Anwendung von Kontexten auf einen Text. Der Text verflüchtigt sich nicht zu einem Ding an sich.[3]

Aber nochmals die Frage: Wie unterscheiden sich, gemäß den veränderten Auffassungen, Interpretation und Rezeption? Das grundsätzlich Andersartige beider Textverarbeitungen, das 1977 noch vorschwebte, ist so nicht mehr vorhanden. Beide Textverarbeitungen sind jetzt kontextuell, und beide sind ein Textverstehen. Steinmetz unterscheidet sie 1992 wie folgt:

> "das Resultat der Privatlektüre ist in den weitaus meisten Fällen eine mehr oder weniger subjektive Deutung, eine jedenfalls nicht systematisch erarbeitete, eine eher spontan entstehende Bedeutung. [Absatz] Nicht spontan in diesem Sinn sind Kontextbildung und -einsatz, die der professionelle Interpret vornimmt. [...] Was an der Deutung des Privatlesers für diesen implizit, unausformuliert oder von selbstverständlicher, darum nicht notwendig zu prüfender Geltung bleiben kann, muß in der professionellen Interpretation explizit gemacht werden. Bereits daraus ergeben sich für die berufsmäßige Interpretation Eigenschaften, die sie von der privat-spontanen Deutung markant abgrenzt" (Steinmetz 1992: 484).

Rezeption und Interpretation sind im Grundsätzlichen jetzt eher gleich. Der Unterschied liegt in der Weise, in der die Kontextualität zur Geltung kommt

---

3 Eine Zwischenstellung, wie Steinmetz sie bei Paul Ricoeur wahrnimmt, nämlich "eine Art Kompromiß zu finden zwischen einer an den Text gebundenen Bedeutung und der Bedeutung, die Leser dem Text verleihen," lehnt er ab (Steinmetz 1990: 17; Zitat aus dem Niederländischen übersetzt). Die Zweipoligkeit ist eben nicht auflösbar. Steinmetz bezieht sich andererseits positiv auf Ricoeurs Thesen zur 'Kontextualisierung' (a.a.O.: 18), ebenso wie er sich auf die entsprechenden Grundvorstellungen z.B. des Dekonstruktivismus beruft (Steinmetz 1992: 481/482).

oder gebracht wird: naiv unbewußt oder bewußt ergriffen und eingesetzt. Die frühere Unterscheidung drastisch relativierend formuliert Steinmetz jetzt:

> "professionelle Interpretation und Privatdeutung - die letzte könnte man vielleicht, um sie von der Interpretation zu unterscheiden, 'Rezeption' nennen" (ebda.).

Doch wie relativ sich die Unterscheidung im Grundsätzlichen auch ausnehmen mag, der Unterschied im Umgang mit der Kontextualität ist in der Praxis wahrlich 'markant' genug, um auch weiterhin beide Verfahren voneinander abzuheben.

II

Ich werde im folgenden Ausführungen zu Christoph Heins Erzählung *Der fremde Freund / Drachenblut* einrücken in den Kontext einer bestimmten Literaturentwicklung der DDR.[4] Ich werde versuchen, den Deutungsspielraum in dieser Kontextuierung anzugeben, das heißt, ich werde versuchen, eine entsprechende Struktur des Textes zu beschreiben, und werde diese Erörterung dann ergänzen mit der Betrachtung einiger früher Rezensionen aus der DDR, Rezensionen, die auch ihrerseits wieder von einem bestimmten Kontext ausgehen.

Vom Ende der 60er Jahre an entwickelte sich in der Prosa der DDR neben dem auktorialen ein ausgesprochen personales Erzählen, das in den 70er und 80er Jahren mehr und mehr an Geltung gewann. In dieser personalen Form, mit der Tendenz, die Protagonisten selber als Erzähler auftreten zu lassen, individualisierte sich das Bild von der Wirklichkeit und fächerte es sich auf. Über Authentizität und Zuverlässigkeit mußte fortan der Leser selbst entscheiden.

Das neue Erzählen bereitete Schwierigkeiten. Gerade in der Zeit, als es sich herausbildete, charakterisierte der bekannte ostdeutsche Literaturkritiker Kurt Batt die entsprechende westdeutsche Variante des Erzählens als Ausdruck des geistigen Debakels der bürgerlichen Gesellschaft, insbesondere ihrer Intellektuellen. Er beschrieb die Subjektivierung des Erzählens als Zeichen der Vereinzelung des Individuums, das seinen Zusammenhang mit der Gesellschaft verloren hatte und nur noch sich selbst zu repräsentieren vermochte. Die Rücknahme des auktorialen Erzählens wertete Batt nicht als Anzeichen kritischer Auseinandersetzung, sondern kurz und bündig als *Exekution des Erzählers*, als Auf-

---

4 Heins Text erschien mit der Gattungsbezeichnung "Novelle" unter dem Titel *Der fremde Freund* 1982 in der DDR und unter dem Titel *Drachenblut* 1983 in der BRD. Ich zitiere nach der westdeutschen Ausgabe von 1983.

kündigung jeder das Individuum übergreifenden Verbindlichkeit.[5] Wenn die DDR selber mit einem personalen Erzählen und der Frage eines sich subjektivierenden Selbst- und Wirklichkeitsverständnisses konfrontiert wurde, kam alles darauf an, inwiefern dabei die als unabdingbar geltende Dialektik des Verhältnisses Individuum - Gesellschaft gewahrt blieb.

Anfang der 70er Jahre erschien auch das maßgebliche Buch von Walter Naumann, Dieter Schlenstedt u.a., das für die folgende Zeit das Paradigma des Literaturverständnisses formuliert.[6] Die Erweiterung der Produktionsästhetik mit der Rezeptionsästhetik führt zu dem großen Thema des Dialogs mit dem Leser, dessen aktiver und selbständiger Anteil am Leseprozeß herausgestellt wird. Allerdings geht man, wie die vorbereitende "Einführung in die theoretischen und methodischen Hauptprobleme" (17-97) unmißverständlich anzeigt, davon aus, daß der Dialog ganz selbstverständlich in das marxistisch-leninistische Selbstverständnis der Gesellschaft der DDR eingebunden bleibt. Das personale Erzählen kann auch nach diesen Maßstäben keine subjektivistische Separierung aus dem Ganzen und seinem dialektischen Bewegungsgesetz betreiben.

Als Christoph Heins Erzählung *Der fremde Freund / Drachenblut*, sein erster größerer Prosatext, erschien, war die Resonanz ungewöhnlich groß. Der Westen bejubelte den Text, im Osten war er umstritten, und dort weckte nicht nur der Text, sondern auch die westliche Reaktion Irritation. Hein schreibt in der Art des neuen, personal-subjektiven Erzählens, das freilich Anfang der 80er Jahre so neu schon nicht mehr war, aber seine Wirkung keineswegs verfehlte. Wie hat Hein das Erzählmuster strukturiert, wenn man es im skizzierten Kontext betrachtet?

Die in der Ich-Rede sprechende, einzige und ausschließliche Erzählfigur des Textes ist die Ärztin Claudia. Sie erzählt ein halbes Jahr nach dem Tod ihres Freundes Henry von dem Jahr dieser Freundschaft. Allerdings wird in diesem Rahmen auch von Begegnungen und Begebenheiten berichtet, die mit Henry nichts oder nur am Rande zu tun haben, die als Erinnertes weiter in die Vergangenheit zurückreichen oder Gegenwärtiges einbeziehen. Der Rückblick auf das Jahr mit Henry als das Verhältnis einer Freundschaft der 'Fremdheit' bietet den Fokus, in dem Claudia all das zusammenfaßt, was es ihr ermöglicht, sich

---

5 Die Ausführungen von Kurt Batt erschienen zunächst in zwei langen Artikeln in der Zeitschrift *Sinn und Form*, 1972 (Heft 6) und 1973 (Heft 2), dann zusammengefügt unter dem Titel *Exekution des Erzählers* in Kurt Batt: *Revolte intern. Betrachtungen zur Literatur in der BRD*, Leipzig 1974, S. 191-273.
6 *Gesellschaft - Literatur - Lesen. Literaturrezeption in theoretischer Sicht*, Berlin/Weimar 1973.

ihrer Lebenseinstellung zu vergewissern und sich diese Lebenseinstellung zu bestätigen. In dieser Ausrichtung sind ihre Ausführungen assoziierend und summierend und bleibt das Erzählen einer 'Geschichte' äußerlich. Wie die Selbstvergewisserung und Selbstbestätigung als Fokus der Punkt sind, auf den hin Claudia erzählt, so ist die Lebenseinstellung, von der sie sich Rechenschaft zu geben versucht, als point of view der Punkt, von dem her sie erzählt. Zwischen diesen Blickpunkten spannt sich das Erzählen aus. Das ist eine sehr einfache und klare Struktur, aber mit einer erstaunlichen Bandbreite an Möglichkeiten des Verstehens: Wenn Claudia sich dessen zu vergewissern bemüht, wovon sie ausgeht, kann das leicht als wenigstens tendenziell zirkelschlüssiges Argumentieren aufgefaßt werden. Immerhin liegt die Gefahr nahe, so läßt sich sagen, daß sie wahrnimmt und hervorhebt, was der Bestätigung entgegenkommt, oder daß sie von ihrer Disposition her und auch wieder auf diese Disposition hin auslegt, was ihr begegnet und widerfährt. Als zirkelschlüssig oder fehlschlüssig erscheinen Claudias Betrachtungen freilich nur dann, wenn der Leser meint feststellen zu können, daß ihre Wahrnehmungen und Schlußfolgerungen nicht stimmen oder voreingenommen selektiv sind, und dabei wird der Leser sein eigenes Wirklichkeitsbild als Referenzrahmen unwillkürlich und in nicht geringem Maße mitsprechen lassen. Es hängt also sehr viel davon ab, wie er das Erzählen und Argumentieren Claudias von seiner eigenen Disposition aus erfährt und beurteilt.

Der beabsichtigten Selbstvergewisserung entsprechend bewegt sich Claudias Erzählen auf den beiden Ebenen des Gegenständlichen und der Reflexion. Irgend etwas Tatsächliches, Faktisches, etwas aus dem Alltag, der Wohn- und Berufswelt, dem Kreis von Personen, die sie kennt und denen sie begegnet, etwas Gesehenes und Erlebtes oder Erinnertes bildet den Ausgangspunkt für Bemerkungen und Kommentare, die sich auf die eigene Lebenseinstellung beziehen, die freilich sachbezogen erscheinen, weil sie ja nur als solche geeignet sind, zu bestätigen oder zu widerlegen. Ein Leser, der sich oder seine soziale Umwelt oder auch eine andere soziale Welt (zum Beispiel der Westleser die DDR) in Claudias Wirklichkeitswahrnehmung und Wirklichkeitsdarstellung (wieder)zuerkennen meint, wird ihre Schilderung als treffend und ihre Kommentare als angemessen erfahren, ohne daß ihm das Problem möglicher Selektivität und Zirkelschlüssigkeit aufzustoßen braucht. Ein solches zustimmendes Urteil schließt nicht unbedingt ein, daß auch Claudias Schlußfolgerungen für ihre Lebensweise überzeugen müssen. Wie Claudia sich ihren Befunden fügt, so könnte der Leser gerade Protest und Auflehnung für nötig halten. Ein Leser hingegen, der sich und seine Umgebung in Claudias Wirklichkeitsbild nicht wiedererkennt oder verkannt fühlt oder sogar verleumdet glaubt, wird dieses Bild verwerfen und mit ihm zugleich auch die Lebenseinstellung, die sich daran spiegelt. Für ein solches negatives Urteil reicht es aus, Claudias Bild für unzutreffend zu halten. Selektivität und Zirkelschlüssigkeit können, aber brauchen nicht als genauerer Grund angeführt zu werden.

Ich will versuchen, diese Struktur am Beispiel des 1. Kapitels auf unterschiedliche Leseentscheidungen hin nachzuzeichnen. Dafür referiere ich zunächst so gut wie möglich das, was Claudia erzählt und wie sie es erzählt.

Claudia beginnt ihren Rückblick in diesem Anfangskapitel mit dem Bericht vom Tag der Beerdigung Henrys. Da die Beerdigung erst am Nachmittag stattfindet, wird vorab von dem erzählt, was vorausgeht. Der Bericht gliedert sich in drei Sequenzen, von denen die erste sich auf den Weg in die Klinik bezieht, die zweite auf den Dienst im Krankenhaus und die dritte auf die Beerdigung. Jede Sequenz summiert und assoziiert einzelnes im Sinne der vorhin genannten Blickpunkte Claudias. Die Leitfrage ist die der 'Fremdheit' der menschlichen Beziehungen.

Beim Verlassen des Hochhauses, in dem sie wohnt, benutzt Claudia den Fahrstuhl. Hier begegnen sich die Hausgenossen, die sich nicht kennen und, wie Claudia meint, an Bekanntschaften auch nicht interessiert sind. Man nickt sich zu, aber bleibt "stumm". Und wenn sich der Fahrstuhl von Etage zu Etage füllt und man zusammenrücken muß, werden die "unbewegten Gesichter" noch "abweisender": "Stumm starrte ich in Gesichter, aus allernächster Nähe, und wurde ebenso stumm und direkt gemustert". Wenngleich diese und ähnliche Formulierungen den Kommentar bereits einschließen, wird er doch noch einmal eigens formuliert: "Ein Sichkennenlernen mit allen Sinnen, unerwünscht, besonders kränkend für den Geruchssinn". (7-8) - Der Gedanke der Fremdheit setzt sich fort in Bemerkungen über den Hausmeister. Das Aufhängen und Wiederabnehmen von Todesanzeigen, das Reparieren von Wasserhähnen, das Öffnen ins Schloß gefallener Türen und ähnliches, "das wird der einzige persönliche Kontakt sein, den er mit den Mietern hat". - Und daran wieder schließt Claudia die Vermutung an, sie glaube nicht, daß die ausgehängte Anzeige von Henrys Tod irgend jemandem "etwas bedeutet" habe. Außer ihr selbst werde auch niemand ihn gekannt haben. (8)

Die zweite Sequenz mit den Mitteilungen und Bemerkungen über die Klinik berichtet nur am Rande von der Arbeit, dafür um so mehr von Personen und dem, was sich zwischen ihnen abspielt: Das Verhältnis ihres Chefs zu ihr selbst bleibt Claudia undeutlich, mehr als ganz Äußerliches vermutet sie nicht. Warum er sie zu einer Besprechung beim Bürgermeister mitnehmen will, weiß sie nicht. Vielleicht meint er, sie sei "noch immer die Sozialbeauftragte der Gewerkschaft". Vielleicht will er aber "auch nur etwas Unterhaltung". Vielleicht ist der Grund, daß er "gern mit Gefolge" auftritt. (8-9) - Die Krankenschwester

Karla gibt immer wieder vor, sie lebe für ihre Kinder. Claudia wertet diese Verbundenheit als Trugschluß. Ihr Kommentar ist besonders scharf und ausführlich:

> "Sie ist dieser Typ Frau, der unbeirrt an der Mutterrolle festhält. Das kuhäugige, warme Glück, das lassen wir uns nicht nehmen, da weiß man doch, wozu man lebt. Für die Kinder, die für die Kinder leben, die für die Kinder. Offenbar ist die Menschheit einem Zirkelschluß aufgesessen. Die Generationsfolge - ein Ergebnis falscher Prämissen. Der Teufel als Meister der Syllogistik. Das könnte ein schönes Erwachen geben. Vorerst aber haben wir einen Lebenssinn". (9)

Ich komme auf diese Stelle anschließend noch einmal zurück, da Claudia hier nicht nur die menschliche Beziehung als eine ganz bestimmte, wirkliche Verbundenheit leugnet, sondern von Zirkelschlüssigkeit und Syllogistik spricht, die sie freilich nicht auf ihre eigenen, sondern die Auffassungen von Menschen wie Karla bezieht. - Es folgen Bemerkungen zu einem der Patienten. Claudia teilt mit, daß der alte Herr Doyé gern über das Sexualleben mit seiner gelähmten Frau erzählt. (10) Mehr scheint er von seiner Ehe nicht zu sagen, mehr jedenfalls wird von Claudia nicht berichtet. - Ähnlich verhält es sich mit Claudias Mitteilungen über die Ehe ihrer Kollegin Anne. Auch hier ist nur vom Sexualverkehr der Ehe die Rede. Anne wird von ihrem Mann "alle zwei Wochen einmal vergewaltigt", obwohl man "sonst regelmäßig und gut" miteinander schläft. Da Anne sich nicht scheiden lassen will, "nimmt sie es halt hin", findet sich "mit ihren Demütigungen ab", wartet darauf, "daß es sich 'bei ihm legt'. Senilität als Hoffnung". (11-12) Folgt man Claudias Optik, könnte man schlußfolgern: Sexualität ist das, was übrig bleibt, wenn alles andere sich erschöpft hat oder wenn nichts anderes vorhanden ist oder sich als Illusion erwiesen hat. Aber der Leser braucht sich an Claudias Optik nicht gebunden zu fühlen.[7]

In der dritten Sequenz schließlich erzählt Claudia von der Beerdigung. Bericht und Kommentar sind hier von vornherein ineinander verwoben. (12-18) Beerdigungen sind für Claudia "atavistische Totenkulte", die eine "Ewigkeit" (als Begründung für die vermeintliche Dauer von Beziehungen) und eine "Zusammengehörigkeit" (als Illusion von Beziehungen) noch über den Tod hinaus vortäuschen, die es nicht gibt. Und sie widerlegen sich selbst in der Förmlichkeit eines "Zeremoniells", in dem die Person gar nicht vorkommt. Die "Feierlichkeit Henry Sommer" ist eben nur die übliche. Und wenn Claudia sich später am Tage an Henry zu erinnern versucht, ist auch das nur ein "sakraler

---

7 Sexualität spielt in der gesamten Novelle, aber auch in anderen Texten Heins, im *Tangospieler* insbesondere, eine signifikante Rolle in der Darstellung brüchiger menschlicher Beziehungen, jedenfalls so, wie sie in der jeweiligen personalen Einschätzung erscheinen.

Akt", von dem sie meint, "ihm dies schuldig zu sein". Dann gibt sie es auf. Auch in den nächsten Tagen (so heißt es ein andermal) denkt sie wieder viel, aber erfolglos über Henry nach: "Ich überlegte, was er für ein Mensch gewesen war, aber ich kam zu keinem Ergebnis". (150)

Das Erzählen der drei Sequenzen setzt sich ausnahmslos aus Partikeln der Wirklichkeitswahrnehmung und Wirklichkeitsbeschreibung zusammen, die Claudias zentrales Interesse der 'Fremdheit' betreffen. Das kann der Leser, allein schon wegen dieses strikten Bezugs, als eine Selektivität auffassen, die als solche fraglich ist. Außerdem sind alle Einzelheiten, so wie sie beschrieben und kommentiert werden, dazu angetan, Claudias Einstellung zu bestätigen, als ob Gegenteiliges nicht vorkäme oder sie anders nicht gesehen und gedeutet werden könnten. Es hängt vom Leser ab, von seinen eigenen Erfahrungen und Referenzen, ob er Claudias Bild von der Wirklichkeit der menschlichen Beziehungen als reduzierter, zerstörter oder gar nicht mehr vorhandener Verbundenheit für authentisch und zutreffend oder für voreingenommen und falsch oder doch wenigstens einseitig hält. Wird Claudias Erzählen und Argumentieren für bedenklich gehalten, liegt der Vorwurf der Fehl- und Zirkelschlüssigkeit, der Voreingenommenheit und Selektivität oder ähnliches mehr auf der Hand. Die ganze Spannweite zwischen völliger Zustimmung und restloser Ablehnung ist offen.

Im Falle Karlas fällt auf, und darauf wollte ich zurückkommen, daß Claudia selber den Vorwurf des "Zirkelschlusses" und einer "Syllogistik des Teufels" (einer fehlgeleiteten Logik der Verknüpfung) äußert, aber eben im Hinblick auf die von Karla repräsentierte Auffassungsweise. Ich greife auf die oben zitierte Stelle zurück: Claudia behauptet, daß die Mutterrolle nur deshalb als Fixum gilt und als "Prämisse" hantiert wird, weil man sie sich nicht nehmen lassen will. Genaugenommen ist das, was man aus ihr ableitet - das "Wozu" eines Lebens für die Kinder, aus dem wieder der weitere "Lebenssinn" der Generationsfolge "der Kinder, die für die Kinder leben, die für die Kinder" folgt -, nur die Begründung, mit der man sich die Mutterrolle bestätigt. Damit aber sind auch die Beweise schief: "Die Generationsfolge - ein Ergebnis falscher Prämissen". Für Claudia ist letztlich das ganze Gedankengebäude Karlas ein Konstrukt, das sich dem Wunsch verdankt, an einer Rolle festzuhalten, die man sich nicht nehmen lassen will. Der Spieß läßt sich aber auch umdrehen: Wer vom Standpunkt Karlas ausgeht, wird Claudias Auffassung, daß es die Mutter-Kind-Beziehung nicht gibt und daß also auch die Mutterrolle und alles, was aus ihr abgeleitet wird, nur Einbildung ist, für eine "falsche Prämisse" halten, so daß gerade Claudias Vorwurf des Zirkelschlusses als Zirkelschluß erscheint, mit dem sie sich ihren eigenen Ausgangspunkt beweist.

Neben der Frage der Schlüssigkeit oder Zirkelschlüssigkeit birgt Claudias Erzählen bzw. seine Beurteilung noch ein zweites Problem: So sehr Claudia von der unaufhebbaren Fremdheit menschlicher Verhältnisse überzeugt ist, so sehr weiß sie andererseits um den unveräußerlichen Anspruch auf echte und unverstellte menschliche Beziehungen.[8] Im Kontext sozialistischen Selbstverständnisses liegt in diesem Anspruch obendrein die allgemeine 'humanistische' Forderung einer insgesamt menschenwürdigeren Gesellschaft beschlossen. Wenn Claudia diesen Anspruch zwar erkennen läßt, ihn aber aufgrund ihrer Erfahrungen für unerfüllbar hält, weil Menschen sich immer wieder fremd werden oder fremd bleiben, dann zeichnet sich damit in ihrer Einstellung das Problem eines unaufhebbaren, das heißt antagonistischen Widerspruchs ab. Claudia resümiert ihre Einstellung im Schlußkapitel 13. Dort zeigt sich auch am schärfsten der hier gemeinte Widerspruch. Der Panzer, in dem sie sich endgültig und unwiderruflich gegen das Verletzende von Beziehungen absichert, ist ebenso ihre schützende "feste Burg" wie die "unverletzbare Hülle", in der sie "krepieren [wird] an Sehnsucht nach Katharina". (154). Auf solchen Widersprüchen ruht für den, dem die dialektische Bewegung als die 'wirkliche Bewegung' allen Denkens und Geschehens gilt, das sogenannte 'Widerspruchsverbot'; sie dürfen nicht als Widersprüche, deren Bewegung im Patt erlischt, die also nicht über die Negation ihrer Negation dialektisch aufhebbar sind, hingenommen werden.[9] Der Leser, der von der dialektischen Lehre ausgeht, wird Claudias Einstellung letztendlich als Fehlhaltung und ihre Schlüsse als falsch verwerfen müssen. Der Leser, der sich an diese Lehre nicht gebunden fühlt und der von seinen eigenen Anschauungen her Widersprüche von der Art Claudias als wirklich existierende Widersprüche ernst nehmen kann, wird anders urteilen. Der Leser, der die Widersprüche nicht anerkennt, kann urteilen, daß sie nur deshalb als unlösbar erscheinen, weil Claudia ihre Erfahrung nicht aufzubrechen vermag, z.B. weil sie sich im Zirkelschluß nur immer wieder bestätigt. Zirkelschlüssigkeit als Gegenbegriff zu dialektischem Denken! Der Leser, der die Widersprüche ernst nimmt, wird auch keine Zirkelschlüssigkeit unterstellen.

---

8 Das ergibt sich unmißverständlich aus anderen Daten des Textes, vor allem aus Claudias Erinnerung an und ihrer Sehnsucht nach der Jugendfreundschaft mit Katharina.
9 Zur dialektischen Logik und zum 'Widerspruchsverbot' vgl. zum Beispiel W. Jaeschke, Lemma "Logik, (spekulativ-)dialektische" in: *Historisches Wörterbuch der Philosophie*, hg. von Joachim Ritter und Karlfried Gründer, Bd. 5, Sp. 389-492. - Es sei erwähnt, daß Hein Logik studiert hat. Vielleicht ist das auch für die vorhin genannte Textstelle, in der Claudia von Karlas Zirkelschluß und Syllogismus spricht, zu veranschlagen, wie auch für Claudias eigenes Erzählen und Argumentieren.

III

Ich setze meine Überlegungen fort am Beispiel einiger Rezensionen. Ich wähle Zeugnisse aus der DDR selbst, und zwar aus der allerersten Phase der Reaktion auf Heins Novelle, Zeugnisse aus dem Jahr 1983. Gerade die erste Phase zeigt die Reaktionen noch verhältnismäßig unverstellt; feste Beurteilungsmuster haben sich noch nicht gebildet. Gemeinsam ist ihnen freilich der Konsens eines bestimmten Gesellschafts- und Geschichtsbildes und die damit gegebene Kontextuierung ihrer Deutung und Wertung. Dieses Gemeinsame läßt dennoch beachtliche Varianten zu.

Kennzeichnend sind u.a. sechs Äußerungen zu Heins Novelle, die 1983 in den *Weimarer Beiträgen* zusammengestellt wurden und sich in ihrer Unterschiedlichkeit offensichtlich als Diskussionsansätze verstehen; verbindende oder ausgleichende Schlußfolgerungen fehlen.[10] Ich hebe einige Beiträge heraus.

Ursula Wilke reagiert sehr einfach und direkt:

> "Die gewählten Details sind zutreffend, die Komposition ist vortrefflich, die Biographie treffend. Aber: Das Ganze stimmt nicht. Die Novelle ist unwahr. [...] Der Fatalismus. Das Fatale, nahezu als das Normale ausgewiesen, das stimmt nicht. [...] Die Novelle hätte eben als Ganzes über die in ihr dargestellte Individualität hinaus ein Quantum mehr Totalität hereinholen müssen, um ein literarischer Wurf zu werden, der uns bereichert und weiterhilft" (1653).

Wilke behauptet von ihrem Gesellschaftsbild her zunächst Selektivität. Das einzelne mag zutreffen, es bleibt in der Summation einseitig: "Nirgends und niemals gerät die Ärztin in Situationen, wo sie am reiferen Gedanken, gütigeren Wesen, besseren Handeln sich hätte reiben, sich hätte in Frage stellen müssen" (1653). Und da die Einseitigkeit im Text durch nichts aufgewogen wird, bewertet Wilke die Darstellung als "unwahr"; die Darstellung hätte, um "ein Quantum mehr Totalität" zu bieten, das bessere Bild der Wirklichkeit wenigstens mitenthalten müssen. Ohne eine solche Ergänzung und Korrektur erscheint die personale Sicht der Wirklichkeit fälschlich zugleich als die objektive:

---

10 *Weimarer Beiträge* 29 (1983) H.9, S. 1635-1655. - Schon 1984 erschienen zusammenfassende Aufarbeitungen: Hans Kaufmann: Christoph Hein in der Debatte, in: *DDR-Literatur '83 im Gespräch*, Berlin/Weimar 1984, S. 41-51; Horst Haase/Walfried Hartinger/Ursula Heukenkamp u.a.: DDR-Literaturentwicklung in der Diskussion. Rundtischgespräche, in: *Weimarer Beiträge* 30 (1984), H.10, S. 1589-1616; Christoph Heins Texte dienen mehrfach als Bezugspunkt. Ebenso bei Karin Hirdina: Soziale Erkundungen in der Literatur der DDR, in: *Positionen 1. Wortmeldungen zur DDR-Literatur*, Halle/Leipzig 1984, S. 78-105.

> "*Diese* Identität von Persönlichkeit und Gesellschaft ist aber das Unstimmige, Unwahre. Die Gesellschaft in ihrer Mannigfaltigkeit ist mehr als die Persönlichkeit, daher doch auch die enorme Entwicklungsmöglichkeit der Menschenindividuen gerade hier und heute. Davon hätte die Novelle mitteilen müssen" (1653/1654).

Wilke kann von ihrer ganz selbstverständlich die Deutung entscheidenden Disposition aus die auffällige Leerstelle des Textes, daß nämlich neben dem personalen Standpunkt der auktoriale wie überhaupt jeder andere Standpunkt ausgespart bleibt, von vornherein nur als Versäumnis verstehen. Jedes genauere Ausleuchten der Leerstelle erübrigt sich und fehlt. Ähnlich verhält es sich mit dem ideologisch schwerwiegenden Vorwurf des Fatalismus. Er qualifiziert von vornherein als unzulässigen Geschichtspessimismus, was zunächst einmal als Widerspruchsproblem hätte aufgegriffen und näher betrachtet werden können. Wilkes schroffe Wertung ohne jedes Abwägen ist ein krasses Beispiel für eine Textverarbeitung, die sich restlos und rücksichtslos auf einen bestimmten, eigenen Standpunkt stellt: "Wie aber, mit wessen Augen, von welcher Position aus? Das ist die Frage" (1654).

Bernd Leistner lehnt Claudias Selbst- und Wirklichkeitsdarstellung ebenfalls ab, urteilt aber über die Art, wie sie sich dem Leser präsentiert, völlig anders. Claudias Selbstdarstellung ist für ihn durchschaubar, und in der Durchschaubarkeit öffnet sich von selbst die Gegenperspektive. Anders gesagt, es gelingt Leistner, die Erzählung von seiner eigenen kontextuierenden Gegenperspektive her so zu deuten, daß der Text selbst diese Gegenperspektive wenigstens implizit zu enthalten scheint. Durchschaubar ist Claudias Selbstdarstellung für Leistner allein schon dadurch, daß sie in seiner Sicht eines anderen Gesellschaftsbildes selektiv und zirkelschlüssig erscheint. Das selektive Moment formuliert er mit dem Hinweis:

> "Claudia nimmt wahr, was sie wahrzunehmen sucht. Sie weiß, wie ekelhaft es bei Fred [einem ihrer Freunde - DH] zuzugehen pflegt, und doch fährt sie wieder und wieder hin" (1643).

Das Zirkelschlüssige betont er gleich anschließend mit dem Satz:

> "Einmal vom Überfremdetsein aller Lebensbeziehungen - vor allem durch fortwirkende Grunderfahrungen - überzeugt, 'verschreibt' sie sich gleichsam ein kontinuierliches Erleben, durch das sie auf die Folgerungen, die sie längst schon zog, immer und immer wieder verwiesen wird" (ebda.).

Das "Unisono" von Claudias Sprechen mag dann zwar ein 'falsches' sein, es präsentiert sich in Leistners Verstehen als gekonntes Maskenspiel des Autors: "der Autor weiß mit der Maske dieses Sprechens [...] so umzugehen, daß seine

Schutz- und Täuschungsfunktion (in bezug auf die sich mitteilende Figur) kenntlich wird" (1644).

Auch Claudias Widerspruch von Lebensanspruch und Wirklichkeitserfahrung ist für Leistner unschwer durchschaubar. Es genügt ihm, diesen Lebensanspruch als "einen undezimiert gebliebenen höchsten Anspruch" wahrzunehmen. Claudia mag den Widerspruch für unlösbar halten, der "Novellist hingegen bezeugt und vergegenständlicht ein humanes Verlangen, das auf nichts weniger als auf die Gestalt einer befriedigenden Ganzheit zielt. Sein Kunst-Stück ist unverlogen - und idealisch zugleich" (1645).

Leistner hat also keine Mühe damit, die vom Kontext her erforderliche Gegenperspektive zu realisieren und traut sie auch anderen Lesern zu. Sie scheint ihm im Text ausreichend markiert zu sein. Die Leseentscheidungen des Textes bilden für ihn kein Problem.

Für Klaus Kändler liegt die Sache so einfach wieder nicht. Die Gegenperspektive scheint ihm durchaus nicht ausreichend vorgegeben zu sein. Gleich anfangs heißt es:

"Sätze wie dieser: 'Ich fürchte mich nicht davor zu sterben. Schlimmer ist es für mich, nicht zu leben', berichtet als Ausspruch des *Fremden Freundes*, Partner der Ärztin Claudia, der Ich-Erzählerin der Novelle, artikulieren den ideellen Anspruch des Werkes. Was dieses Leben aber eigentlich sei, wird kaum in Andeutungen ausgesprochen" (1639).

Claudia als Erzählerin berichtet nämlich nur immer wieder von Erfahrungen des Gegenteils. Daraus folgt für Kändler: "Ein 'Wider' gegen solche Haltung, gegen solche Philosophie, gegen die daraus resultierende Lebensgestaltung zu formulieren, dürfte eigentlich nicht schwer sein" (ebda.), aber im Text meldet sich dieses 'Wider' nicht an. "Keine Gestalt kommt in der Novelle vor, aus der oder mit der Kräfte erkennbar würden zum Widerstand gegen solche Haltungen und gegen solche Lebensführung" (1640). Kändler rührt hier an die perspektivisch ganz in sich geschlossene, deshalb auch als kurz- oder zirkelschlüssig erfahrbare Erzählart Claudias, auch wenn er darauf nicht näher eingeht. Wie also ist die Perspektive, in der erzählt wird, einzuschätzen? Ist sie auch die Perspektive des Autors? Kändler rekurriert auf den Traum, der der eigentlichen Erzählung vorangeht und durch Kursivdruck als besonderer Vorspann kenntlich gemacht ist. Dieser Traum wird von den Interpreten immer wieder als eine möglicherweise vorweggenommene Deutung der Novelle befragt. Auch für Kändler setzt sie "einen Widerspruch zum Erzählten": "Mithin wäre die Novelle zu lesen als ein Einspruch des Autors gegen ein Leben und gegen eine Haltung, wie sie da vor den Leser hingestellt sind. Freilich, einen solchen, nirgends verbal festzumachenden kritischen Impetus für jenes 'Für' zu buchen, ist nicht ganz problemlos" (1641).

Kändler läßt die Frage des Textes, "ob nun in diesem Falle ein 'Für' oder ein 'Wider' stärker zur Geltung gebracht wird", unentschieden, hält die Undeutlichkeit des Textes aber für bedenklich, zumal sich auch andere neuere Autoren eines ähnlichen personalen Erzählens befleißigen (1641/1642). Die Befürchtung ist begreiflich. Problematisch muß das personale Erzählen der neueren Art erscheinen, weil es mit seinem Hang zu subjektiv-subjektivistischer Perspektivität dahin tendieren kann, den produktions- wie rezeptionsästhetisch vorausgesetzten sozialistischen Konsens aufzulockern, zu verlieren oder gar zu konterkarieren. Daran, daß Wilke die Gegenperspektive vermißt, Leistner sie für sehr wohl im Text angelegt hält und Kändler schwankt, wird sehr gut deutlich, daß die personale Erzählstruktur, wie Hein sie angelegt hat, für den Leser eine auffällige Unbestimmtheits- oder Leerstelle ist, eine Leerstelle, die sich dem sicheren, eindeutigen Zugriff entzieht.

Es gehörte zum Leseverständnis in der DDR, daß der Leser sich 'einbringen' können mußte, ganz persönlich. Literaturkritiker sahen sich darüber hinaus genötigt, auch den allgemeinen gesellschaftlichen Maßstäben Geltung zu verschaffen und sie als Rahmenbedingungen hervorzuheben. Gelegentlich verrät sich deshalb bei den Kritikern ihre Doppelleserschaft. Bei Wilke etwa folgendermaßen: In einer ersten, noch unreflektierten Rezeption macht die Erzählung in ihren Details, in der Komposition und als Biographie durchaus Eindruck. Erst in einer zweiten, reflektierten Textverarbeitung, in der sich die Maßstäbe der verbindlichen Gesellschaftsanschauung aufdrängen, ändert sich das Urteil. Deutlicher noch belegen Gabriele Lindners Äußerungen den zweifachen Effekt. Ihre Besprechung des Heinschen Textes beginnt wie folgt:

> "Voran ein Bekenntnis: Ich habe das Buch nahezu fasziniert von Anfang bis Ende gelesen, folglich erst einmal ohne Neigung zu theoretisch-analytischer Reaktion. Ursache für solche Faszination: eine Reihung einzelner genauer Wirklichkeitsstücke, mit enthüllendem Blick betrachtet und mit dem Versuch, dem Enthüllten mit überlegener Distanz zu begegnen als einer Möglichkeit, es zu ertragen. Gleichzeitige spontane Reaktion: Die mir gleichaltrige Frau, die da auf sich und ihre Umwelt blickt, würde ich im Leben links liegenlassen, sie wäre mir ganz und gar uninteressant, unwichtig. Dieser Widerspruch verlangte nun doch nach analytischer Lösung (1645).[11]

---

11 Vgl. auch die ähnliche zweifache Reaktion bei Rüdiger Bernhard: "Beim ersten Lesen beeindruckte mich die Präzision, mit der das Schicksal eines einsamen Menschen [...] geschildert wurde. Und es war vor allem Mitleid mit dieser Frau [...]." Dann wenig später: "Neben dem Mitleid mit einem solchen Schicksal machte sich aber auch eine Unruhe breit, die näher befragt sein wollte" (1635).

Die Erläuterung, die dann folgt, zeigt, daß die zweite Reaktion die allgemeinen gesellschaftlichen Maßstäbe gegen die erste persönliche Faszination einbringt. Lindner hakt ein bei der strukturellen Ambivalenz von Claudias Erzählen, indem sie formuliert: "Wenn sich *einer* über *etwas* äußert, erfährt man immer zweierlei: einiges über die beredete Angelegenheit, einiges über den Redenden" (ebda.). Sie reflektiert dann aber nicht über die Verschränkung von erzählender Person und erzählter Wirklichkeit, sondern richtet sich mit einem merkwürdigen Argument abrupt auf die erzählende Person: "Was die Erzählerin [...] über gegenwärtige Wirklichkeit erzählt, ist in dem Sinne nicht der Rede wert, als man es auf verschiedene andere Weise erfahren könnte oder erlebt [...]. Also muß sich wohl das Interesse auf die zweite Auskunft richten: Wen habe ich da eigentlich vor mir [...] ?" (ebda.).

Lindner widmet sich dann dem Schlußkapitel der Novelle, in dem Claudia ihre Lebenseinstellung nach vollzogener Selbstvergewisserung und Selbstbestätigung resümiert. Auch hier werden Claudias Befunde unverweilt relativiert: "Die Bekenntnisse sind als Auskunft nur bedingt brauchbar, weil sie einander bis zur gegenseitigen Aufhebung widersprechen" (ebda.). Die Widersprüchlichkeit widerlegt von vornherein die Auskünfte.

Das Doppelte und Widerstreitende von Lektüre und Analyse wird erkennbar an der Art, wie Lindner gleich zweimal hintereinander essentielle Lektürewahrnehmungen in der Analyse als nicht relevant ausschaltet. Hätte sie ihre Lektürewahrnehmungen ernst genommen, hätte sie sich mit einem für den sozialistischen Konsens heiklen Problem auseinandersetzen müssen. Aus Claudias Resümee lassen sich nämlich, wenn man es zunächst einmal hinnimmt, wie es sich darbietet, zwei Widersprüche herauslesen: zunächst der Widerspruch zwischen Lebensanspruch und Lebenserfahrung, der nach Claudias Darstellung nicht lösbar erscheint, weil die Erfahrung die Erfüllung des Anspruchs ausschließt. Hieraus folgt die Haltung des Lebensverzichts als die einzige Haltung, welche die Wirklichkeit nach Claudias Urteil zuläßt, und dieser Lebensverzicht bildet dann in zweiter Instanz auch seinerseits einen Widerspruch zum Lebensanspruch. In dieser Staffelung hat man es mit einem musterhaft ausgeprägten nicht-dialektischen Widerspruch und seiner antagonistischen Ausweglosigkeit zu tun. Die Lebenshaltung, die Claudia aus dem Widerspruch von Anspruch und Erfahrung folgert, hebt diesen Widerspruch nicht nur nicht auf (als Negation der Negation), sondern bestätigt und fixiert ihn, indem sie ihn in der anderen Form, als Widerspruch zwischen Anspruch und Verzicht, wiederholt.

Indem Lindner gleich anfangs von den "beredeten Angelegenheiten" absieht, um sich ganz der "redenden Person" zuzuwenden, kommt der erste Widerspruch gar nicht erst zum Tragen; mit den beredeten Angelegenheiten werden die Erfahrungen Claudias der Beachtung entzogen und für die weitere Beurteilung getilgt. Lindner handelt dann hauptsächlich von dem Widerspruch von Lebensanspruch und Claudias Haltung des Lebensverzichts, also vom zweiten der Gegensätze. Da der Lebensverzicht jedoch nicht aus dem ersten Widerspruch resultiert, steht er für sich, und Lindner deutet ihn als Versuch, Ängste und Traumata zu "kaschieren" (1645/1646). In dieser Wertung wird er der Person angelastet und kommt ihm eine weitere Bedeutung nicht zu.

Daß Lindner mit ihrer den ersten Leseeindruck überrundenden zweiten Deutung sehr wohl ein Problem entschärfen will, zeigt sich an folgendem: Das Ärgernis besteht für sie darin, daß Claudias Haltung und Argumentation in der Art, wie sie sich präsentieren, so *schlüssig* erscheinen. Schlüssig auch in der Präsentation der Widersprüche. Lindner befürchtet eine Leserwirkung, in der das "Faszinierende" von der "katastrophalen Stimmigkeit" ausgeht. In aller Schärfe spricht sie von dem "demagogischen Muster" von Claudias Selbstdarstellung, einem Muster, dessen Verfahren darin besteht, "aus der Größe-und-Elend-Dialektik lebendiger Wirklichkeit Halb- und Viertelstücke alltäglichen Elends in bestechender analytischer Schärfe herauszuschneiden" (1647). Es mag Gestalten wie Claudia geben, aber da der Text das demagogische Muster ihrer Selbstdarstellung nicht in einer Gegenperspektive auffängt, erhält es "die Chance, über die eigene Rechtfertigung der Figur hinaus ins Allgemeine zu wirken, in der Sammlung der individuell gesehenen kleinen Miserabilitäten und auch unerledigten existentiellen Probleme die gesellschaftliche Totale zu erblicken" (1648).

Lindner widerfährt mit ihrer zweiten Deutung etwas sehr Merkwürdiges. Indem sie sich der anfänglich wahrgenommenen Widersprüche abrupt entledigt und sich ganz auf die Person Claudias konzentriert, überläßt sie sich der Schlüssigkeit von deren Wahrnehmen und Denken, wie es sich darbietet, wenn man es in sich selbst betrachtet, sie erfährt die narrative Geschlossenheit und Immanenz von Claudias Selbstdarstellung.

Anschließend an die Stellungnahmen von 1983 aus den *Weimarer Beiträgen* und die Frage, wie sich ihre kontextuierenden Lesarten von Heins Novelle realisieren, möchte ich abschließend noch auf Ausführungen von Ursula Heukenkamp hinweisen, ebenfalls von 1983, erschienen in *Sinn und Form*.[12] In einer ganz auf die Textstrukturen gerichteten Analyse macht Heukenkamp deutlich, daß sich bei Hein hinter, über oder in den personalen Horizonten der Figuren

---

12 Heukenkamp bespricht unter dem Titel "Die fremde Form" in der Rubrik "Umschau und Kritik" die Texte Heins, die unter den Titeln *Einladung zum Lever Bourgeois* (Prosa), *Cromwell und andere Stücke* (Dramen) und *Der fremde Freund* (Erzählung) zwischen 1980 und 1982 erschienen waren; s. *Sinn und Form* 35 (1983), H. 3, S. 625-632.

überpersonale, gesellschaftlich und historisch verbindliche Horizonte so gut wie nicht abzeichnen. Es ist dies, was sie (in Anlehnung an den Titel *Der fremde Freund*) die "fremde Form" nennt. Der kontextuelle Rahmen ist dieser: Heukenkamp vertritt eine ganz bestimmte Geschichtsauffassung und interpretiert Heins Texte von diesem Kontext aus. Sie erfährt, daß die Texte auf die mit diesem Kontext gegebene geschichtliche Fragestellung ungenügend antworten und analysiert die Gründe. Heukenkamp tut ziemlich genau das, was Steinmetz den 'Einsatz eines Kontextes' nennt, sie folgt einer gezielten, kontextorientierten Fragestellung.

Heukenkamp führt aus: Heins Stück *Cromwell* läßt den widersprüchlichen Charakter frühbürgerlicher Revolutionen sehen, dazu auch das Moment der Wiederholung solcher Vorgänge in der bürgerlichen Geschichte:

> "Während das Stück das Stocken der englischen Revolution zeigt, behandelt es untergründig die Frage, ob die Geschichte im bürgerlichen Zeitalter wesentlich vorankommt oder nicht vielmehr zwischen den gleichen Widersprüchen in scheinbarer Bewegung verharrt" (626).

Das Problem liegt für Heukenkamp darin, daß Heins Text im "Verhältnis von vordergründig historischem Vorgang und hintergründiger Mißachtung desselben" den dargestellten Vorgang zwar noch "in sich lächerlich" werden läßt, aber nicht in eine größere, umfassendere geschichtliche Perspektive einrückt. In der Beschränkung auf die Negation fehlt dem Ganzen der historische Ernst. Heukenkamp nimmt an, daß Hein von der Idee ausgegangen ist, "die Ironie der Geschichte in ihren Ereignissen selbst zum Vorschein zu bringen" (627). Aber das reicht nicht aus. Die Gefahr, daß der Leser/Zuschauer mit dem Eindruck der Lächerlichkeit geschichtlicher Vorgänge, nicht zuletzt auch wegen ihrer Wiederholung, sitzen bleibt, ist zu groß. Heukenkamp rechnet bei diesem Manko mit einer vom Autor unbeabsichtigten Konsequenz der Form. Darüber spricht sie sich resümierend am Ende ihrer Überlegungen genauer aus. Zunächst sammelt sie Beobachtungen an weiteren Texten.

Für das Stück *Lassalle fragt Herrn Herbert nach Sonja. Die Szene ein Salon* macht sie darauf aufmerksam, daß die Figuren, auch dort, wo sie sich von Lassalle unterscheiden, einen geschlossenen Kreis formen: "Sie bilden die bürgerliche Welt, die im Stück keiner überschreitet" (ebda.). Und ebensowenig werden die Vorgänge in ihrem geschichtlichen Leerlauf überschritten. Was Lassalle anstößt, bringt nichts in Bewegung:

> "Lassalle und seine Welt sind so ganz äußerlich, daß er nichts auslöst als eine Wiederholung der pausenlosen Versuche, sich und den anderen bedeutsame Entscheidungen und große Taten vorzuspielen. Die Folgen sind unwesentlich, obwohl Lassalle kurz danach im Duell stirbt. Nicht einmal die dramatische Welt gerät aus den Fugen, wenn der Kreis um Lassalle auseinandergeht" (ebda.).

Das Manko solcher Darstellung enthüllt sich für Heukenkamp darin, daß sich die Handlung des Stücks in der Unerheblichkeit der Vorgänge "selbst herabsetzt". Man kann bestenfalls sagen: "Die Unerheblichkeit der Vorgänge verweist auf das in ihnen nicht Enthaltene" (ebda.). Das mag den Leser herausfordern, aber es bleibt eine riskante Leerstelle.

> "[Es gibt] im Text keine Ebene über der der Figuren. [...] Insgesamt besteht zwischen der Gehaltlosigkeit der Figurendialoge und dem Dialog, der zwischen Autor und Leser zustande kommen soll, ein Defizit. Eine Aufführung würde sicher zusätzliche Deutung bereitstellen. Der Text widerstrebt aber der Festlegung in einem historisch-perspektivischen Bezugsfeld" (628).

Mit dieser Charakterisierung, vor allem mit den Bemerkungen, es gebe "keine Ebene über der der Figuren" und der Text widerstrebe "der Festlegung in einem historisch-perspektivischen Bezugsfeld", ist die spezifische Struktur des Textes als Problem der kontextuell bestimmten Analyse scharf gekennzeichnet.

Das Unbefriedigende, aber vielleicht auch Brisante solcher Unbestimmtheit erhellt an dem Umstand, daß eine Situation, die Heukenkamp gleich anschließend umschreibt und die als bürgerliche und *nur* bürgerliche erkennbar bleiben müßte, nicht mehr zuverlässig in dieser historisch-perspektivischen Festlegung erscheint und darauf eingegrenzt ist. Der Text zeigt vielzu allgemein,

> "wie ausweglos die Situation in einer Welt ist, der die Überzeugungen abhanden gekommen sind. Sache des Dialogs ist es, darzustellen, wie die Verkümmerung unaufhaltsam fortschreitet und die Fähigkeit zu menschlichen Beziehungen aller Art abstirbt. Vielleicht kann der eine oder andere noch ausbrechen. Aber insgesamt ist das kein Zustand, der in einer Aussicht aufgehoben werden soll" (ebda.).

Das ist im Kontext von Heukenkamp richtig, solange man an die bürgerliche Misere denkt. Es wäre dann aber erforderlich gewesen, daß Heins Text die hier beschriebene Situation unmißverständlich als die der bürgerlichen Stagnation und Ausweglosigkeit erkennbar gemacht und wenigstens mit Hinweisen darüber hinausgeführt hätte. Das aber fehlt. Könnte der Leser also auch an seine eigene Zeit denken? Und wird er überhaupt genötigt, über eine solche Situation hinauszudenken? Sie kann ja als geschichtliche Grundsituation aufgefaßt werden! Heukenkamp formuliert vorsichtig:

> "Es gibt aber nicht genügend Anweisungen, eine ernste Absicht aufzusuchen. Das Dargestellte geht fast spannungslos in der Darstellung auf. Die Vollkommenheit der formalen Ausführung hat die Tendenz, die Bedeutung zu überwuchern" (ebda.).

Die kontextuell bedingte Brisanz erhellt aufs neue und noch aufregender, wenn Heukenkamp (nach einigen weiteren Texten) die Novelle *Der fremde Freund* mit einbezieht. Immerhin geht es hier nicht mehr um einen Stoff aus der bürgerlichen, sondern aus der sozialistischen Zeit. Claudias Situation wird von Heukenkamp folgendermaßen umschrieben:

> "Mit der Perfektion der äußeren Lebensumstände, was Bequemlichkeit und Reibungslosigkeit der Abläufe betrifft, geht bei der Figur der Erzählerin eine Gleichgültigkeit gegenüber anderen und sich selbst einher, die ihr seelisches Leben absterben läßt. Diese Verkümmerung ihrer sozialen Beziehungen zugleich mit der Weigerung, irgendwelche Ansprüche an sich selbst zu stellen, haben Racine [bezieht sich auf einen Text Heins, dessen Ausführungen bei Heukenkamp ich überschlagen habe - DH] und Lassalle mit der Hauptfigur dieser stofflich so verschiedenen Geschichte gemeinsam. Sie sind durch ihren erzwungenen oder freiwilligen Verzicht auf alle seelischen Anstrengungen, auf das Wagnis großer Gefühle und auf die Lust, sich zu behaupten, gezeichnet" (631).

Das Problem der Form, wie es sich bei den Stücken zeigt, indem nichts über die personalen Horizonte und ihre Geschichte hinausweist, wiederholt sich bei der Prosa als das einer Erzählperspektive, die auch hier ganz an Figuren gebunden ist. Im Falle Claudias bindet Hein, so Heukenkamp, die Perspektive "völlig an [diese] Figur, so daß ihre Erfahrungen gebrochen durch ihre Lebenshaltung vor dem Leser erscheinen" (ebda.). Und wie bei den Stücken bilden auch diesmal andere Figuren kein Gegengewicht, zumal sie jetzt überdies nur in der Sicht und Erzählung Claudias auftreten: "Um die Erzählerin herum leben lauter Leute, deren Zusammensein ähnlich leer ist, nur daß sie es sich nicht eingestehen" (ebda.).

Heukenkamp versucht dann, das Bedenkliche der Erzählweise zu entschärfen, indem sie darauf hinweist, daß die Situation, wie sie sich in der Form von Heins Text darstellt, jedenfalls nicht spezifisch die des Sozialismus ist, wenn sie überhaupt als solche angemerkt werden darf. Sie zitiert Paul Valéry, der 1910 ähnliches für die großen städtischen Zentren und als Folge der Urbanisierung hervorgehoben hat. Damit rückt die bei Hein erscheinende Situation in den allgemeineren Rahmen vor allem großstädtischer *Zivilisation*, und Heukenkamp will sie eigentlich nur eine bürgerliche nennen:

> "Um mit seiner Erzählung nicht in die fortgesetzte Reflexion über einen Verkümmerungsprozeß einzumünden, der der des bürgerlichen Menschen ist, hätte [Hein] auch hier die vorgegebene Konstellation durch seine Behandlung brechen müssen. Hein folgt ihr ja nicht allein thematisch, sondern mit der Wahl der Erzählsituation, dem Ausbau des Erzählraums und mit der Bindung der Erzählung an die betroffene Figur. Soviel Distanz er gegenüber der Ich-Erzählerin auch schafft, der Vorgang ihrer Verkümmerung stellt sich doch als unentrinnbar und zwanghaft dar [...]" (632).[13]

---

13 Ebenfalls 1983 hat Brigitte Böttcher in ihrer Besprechung des *Fremden Freundes* (in: *Neue Deutsche Literatur* 31, H. 6, S. 145-149) vom Aspekt der Zivilisation gesprochen: "Heins Novelle fragt nach dem Preis der Zivilisation und nach dem Fortschritt der menschlichen Beziehungen, der den technischen begleiten muß. Zivilisation, Leben 'in Gesellschaft' und

So sehr sich Heukenkamp von Ihrem Geschichtsbegriff her gegen den Bezug auf die sozialistische Gesellschaft sperrt und auf den allgemeineren der Zivilisation verweist, räumt sie die Möglichkeit des Bezugs von der Erzählform her de facto jedoch ein. Sie entschärft das Problem auch nicht mit dem Hilfsgriff, Heins Darstellungen in einem perspektivischen Umkehrspiel als 'Warnung' auszugeben. Das läßt die Form, gerade weil sie sich durch die Texte hin wiederholt, kaum zu. Heukenkamp möchte aber offensichtlich auch nicht annehmen, daß Hein die (in sozialistischer Sicht) vorgegebenen und festliegenden historischen Konturen außer acht läßt. Also muß sich die Form gegen seine Absichten durchgesetzt haben. Heukenkamps Schlußbemerkungen lauten:

> "Ob Hein aber auf eine Warnung hinauswill, muß als unsicher gelten. [Absatz] Das literarische Muster, das der Autor gebraucht, um seine Mitteilung zu machen, steht ihr dann im Wege, wenn man die Wiederholung der Entfremdungs- und Isolationsgeschichten zu lesen meint. Möglicherweise begegnet man hier ein weiteres Mal dem Paradox, daß die fremde Form, statt den Gehalt zu verfremden, gegen die Absicht des Autors die Oberhand gewinnt." (632)

Aus Heukenkamps Analyse ließe sich freilich auch eine andere Schlußfolgerung ziehen, nämlich daß die Konsequenz, mit der Hein die 'fremde Form' verwendet, gerade darauf hinweist, daß die geschichtliche Perspektivierung und Kontextuierung, wenn sie in den Texten unbestimmt gehalten ist, dem Leser als *seine* konkretisierende Stellungnahme zufällt und überantwortet wird (was dann freilich auch einschließt, daß es nicht die des historischen Materialismus zu sein braucht). Es ist für die Frage des kontextuellen Interpretierens sehr lehrreich, daß Heukenkamp von ihrer bestimmten kontextuierenden Fragestellung aus die Struktur der Heinschen Texte gerade als das beschreibt, was sie in diesem Rahmen unbestimmt, semantisch suspensiv erscheinen läßt. Je nach Einschätzung

---

Natur, natürlicher Umgang mit Bedürfnissen, Gefühlen erscheinen in Heins 'Modell' als Gegenpole. Und so fragwürdig die Polarisierung ist, sie hat wohl so lange Wirkung, ihre widersprüchliche und also mobilisierende Kraft, solange nicht die kommunistische Sozietät entfaltet ist" (149). Böttcher nennt also das, was Heukenkamp als 'bürgerlich' bezeichnet, einen vorsozialistischen Rückstand in der noch nicht voll entfalteten Gesellschaft. Das könnte hingenommen werden, wenn Hein den Blickwinkel nicht verkürzte, womit auch Böttcher das perspektivische Moment des Erzählverfahrens aus einer ganz bestimmten Sicht anzweifelt. In dem von Hein gestalteten Blickwinkel findet "Fatalismus" Raum und ein "undialektisches Betrachten der Entwicklungswidersprüche" (ebda.). - Hein hat den Aspekt 'Zivilisationskritik' selbst auch hervorgehoben, hat ihn jedoch anscheinend übernommen; er taucht bei ihm ab 1984 wiederholt auf, und man darf davon ausgehen, daß er inzwischen die Besprechungen von Böttcher und Heukenkamp, die in den so wichtigen Zeitschriften *Neue Deutsche Literatur* und *Sinn und Form* erschienen waren, gelesen hatte. Vgl. Baier (Hg.) 1990: 69 und 77 (Hein spricht hier von den "Kosten der Zivilisation", nachdem Böttcher vom "Preis der Zivilisation" gesprochen hatte).

müßte man hinzufügen, daß im Falle der Heinschen Texte die Suspensivität nicht nur schlechterdings ihr literarisches Kennzeichen zu sein braucht, sondern auch die dieses Kennzeichen nutzende Strategie eines Autors sein kann, der sich vor dem Hintergrund eines verordneten semantischen Konsenses immer wieder ein 'Chronist ohne Botschaft' genannt hat.[14]

Literatur

Baier, Lothar (Hg.) (1990): *Christoph Hein. Texte, Daten, Bilder*, Frankfurt/M.: Luchterhand.
Hammer, Klaus (Hg.) (1992): *Chronist ohne Botschaft. Christoph Hein. Ein Arbeitsbuch. Materialien, Auskünfte, Bibliographie*, Berlin/Weimar: Aufbau-Verlag.
Christoph Hein (1983): *Drachenblut. Novelle*, Darmstadt/Neuwied: Luchterhand.
Steinmetz, Horst (1977): *Suspensive Interpretation. Am Beispiel Franz Kafkas*, Göttingen: Vandenhoeck & Ruprecht.
Steinmetz, Horst (1983): On Neglecting the Social Function of Interpretation in the Study of Literature, in: *Poetics 12*, S. 151-164.
Steinmetz, Horst (1987a): Literaturwissenschaftliche Interpretation?, in: *Amsterdamer Beiträge zur neueren Germanistik 23*, S. 137-154.
Steinmetz, Horst (1987b): Verstehen, Mißverstehen, Nichtverstehen. Zum Problem der Interpretation, vornehmlich am Beispiel von Lessings "Emilia Galotti", in: *Germanisch-Romanische Monatsschrift 37*, S. 387-398.
Steinmetz, Horst (1990): Tekstinterpretatie in de literatuurwetenschap, in: G. Nuchelmans et al.: *Tekstinterpretatie*, Amsterdam: o.V. (= Koninklijke Akademie van Wetenschappen. Mededelingen van de Afd. Letterkunde, Nw. Reeks, 53/6), S. 15-20.
Steinmetz, Horst (1992): Sinnfestlegung und Auslegungsvielfalt, in: *Literaturwissenschaft. Ein Grundkurs*, hg. von Helmut Brackert und Jörn Stückrath, Reinbek: Rowohlt, S. 475-490.
Steinmetz, Horst (1996): *Moderne Literatur lesen. Eine Einführung*, München: Beck.

---

14 Vgl. zum Beispiel die Äußerungen Heins von 1985 und 1986 in Baier (Hg.) 1990: 51-53 und 96-97 und von 1991 in Hammer (Hg.) 1992: 21-23. Hammer hat für das von ihm herausgegebene Arbeitsbuch die Formulierung "Chronist ohne Botschaft" sogar als Titel gewählt.

JAAP GOEDEGEBUURE

Das Modell der Psalmen
Moderne Poesie in biblischer Perspektive

Viele Literaturwissenschaftler teilen die Meinung, beim Interpretieren von Literatur gehe es um die Auffindung einer Bedeutung mittels allerlei Kunstgriffen. Innerhalb dieses Denkschemas ähnelt der Leser einem Detektiv, der mit Hilfe einiger Fingerzeige ein Rätsel löst, oder einem Entdeckungsreisenden, der auf der Grundlage einer vagen Vorahnung und einiger Informationen einen neuen Kontinent erschließt. Mir jedoch scheint es, als würde Bedeutung nicht so sehr gefunden oder entdeckt als wiedererkannt. Nicht das Neue gibt den Anstoß zur Interpretation, sondern das Alte und Vertraute. Es sind die bekannten Elemente, die aus dem Text gelöst werden, um sie danach 'heimzuholen', das heißt um sie neuerlich in den Ecken des Gedächtnisses, in denen die früher gespeicherten Leseerfahrungen und die kulturellen Kenntnisse gelagert sind, zu bergen. Wir können uns bei der Betrachtung des interpretierenden Lesens von Texten auch einer aus der Mathematik entlehnten Metaphorik bedienen. Wer liest, arbeitet an einer Gleichung mit einer Unbekannten, die aufgelöst und dem Bekannten eingegliedert werden muß.

Es ist die Literatur selbst, die es ermöglicht, im scheinbar Neuartigen stets das Altvertraute wiederzuerkennen. Poesie, erzählende Prosa und Drama entstehen stets aufs neue aus einer jahrhundertealten und sich jeweils erneuernden Tradition heraus, in der eine begrenzte Menge an Themen und Formen einer im Prinzip unendlichen Anzahl von Transformationen unterworfen wird. Innerhalb dieser Tradition fungieren manche Texte als Eichmaß und Ausgangspunkt, weil sie die ältesten sind, den größten Respekt genießen oder einen unverrückbaren Platz im Kanon einnehmen.

Neben der antiken Mythologie ist die Bibel in solcher Weise Eichmaß und Ausgangspunkt, nicht nur im moraltheologischen Sinne, sondern auch in literarischer Hinsicht. Seit dem Bestehen dieser Sammlung jüdischer und christlicher Gesetzestexte, Sprüche, Gebete, Betrachtungen, Prophetien und Erzählungen war sie Modell, ein Reservoir, aus dem jeder schöpfen konnte, der die Kunst des Vortragens, Predigens, Erzählens und Schreibens meistern wollte. Jahrhundertelang war die Bibel ein rhetorisches und thematisches Handbuch, das viele Generationen Prediger, Dichter und Dramaturgen auszubilden half. Um nur ein Beispiel aus der populären Kultur der heutigen Zeit anzuführen: Der amerikanische Troubadour Bob Dylan hätte sein Lied *When the Ship Comes in* ohne die Kenntnis der Verse 7 und 8 des 98. *Psalms*, die fordern, "das Meer brause und was darinnen ist, / der Erdkreis und die darauf wohnen" und "die Ströme sollen frohlocken / und die Berge seien fröhlich", nie schreiben können[1]:

> Oh the seas will split
> And the ship will hit
> And the shoreline sands will be shaking
> Then the tide will sound
> And the wind will pound
> And the morning will be breaking
>
> Oh the fishes will laugh
> As they swim out of the path
> And the seagulls they'll be smiling
> And the rocks on the sand
> Will proudly stand
> The hour that the ship comes in.

In unserer westlichen Kultur hat die Bibel nicht nur als Vorbild, sondern ebenso als Startblock, ja selbst als Prellbock gedient. Diese zwei Erscheinungsformen unterstellen einen Wendepunkt, und den hat es auch gegeben. Das Jahrhundert, das die freizügige Beackerung und Neubearbeitung der griechischen Mythen durch James Joyce anschaute, erlebte auch das Alte und Neue Testament als Objekte literarischer Abbruch- und Umbauarbeiten. Überall wurden die Fäden aus dem biblischen Gewebe gezogen und aufs neue in andere Texte eingeflochten.

Immer wenn moderne Dichter zur alttestamentlichen Gefühlslyrik zurückkehren, erweist sich ihre Tributpflichtigkeit, und zwar nicht in erster Linie durch den Gebrauch bestimmter Phrasen, Ausdrücke und Satzwendungen, sondern vor allem durch eine Emotionalität, die sich in zu Konventionen gewordenen Formeln manifestiert. Die hundertfünfzig Gedichte, die im Alten Testament unter dem Titel *Psalmen* gesammelt wurden (das ursprünglich griechische, durch die *Septuaginta*-Übersetzung eingebürgerte Wort für "Gesänge

---

[1] Für die Übersetzung der Bibelstellen wurde folgende Ausgabe benutzt: *Die Bibel. Nach der Übersetzung Martin Luthers*, Berlin und Altenburg: 2. Aufl. Evangelische Haupt-Bibel-Gesellschaft 1989.

zum Saitenspiel"), sind eine wahre Fundgrube solcher konventioneller Formulierungen.

Ursprünglich gehören die *Psalmen* zum Genre der geistlichen Poesie. Sie liehen den religiösen Juden, die unter Gottes Schutz in den Kampf zogen, ihm dankten und ihn lobten oder ihn zum Zeugen ihres Elends machten, ihre Stimme. In ihrer Eigenschaft als Kampfgesang, Lobpreis, Bitte, Demütigung und Klage blieben sie bis zum heutigen Tage nicht nur im Judentum, sondern auch bei den verschiedenen christlichen Strömungen gebräuchlich. Um sie für die diversen Glaubensgemeinschaften singbar zu machen, hat man sie zu gregorianischen Weisen, populären Straßenmelodien und schleppenden Orgel- oder Harmoniumklängen vertont. Seit Bischof Apollinarios im vierten Jahrhundert nach Christus die *Psalmen* in griechische Hexameter umsetzte, wurden sie unaufhörlich übersetzt, bearbeitet und in Rhythmen und Reimschemata gepreßt, die sich weit von den hebräischen Originalen unterschieden. Kein Textkorpus hat seine Gestalt so oft verändert, um gleichzeitig so homogen zu bleiben. Und wie autonom, ästhetizistisch und hermetisch die weltliche Poesie auch immer wurde, die gängige Auffassung von den *Psalmen* blieb von ihrer ursprünglich religiösen und rituellen Funktion bestimmt.

Was für die *Psalmen* gilt, gilt ebenso für die anderen Bücher des Alten Testaments. Selbst wenn alles darauf hindeutet, daß der religiöse Aspekt eigentlich nebensächlich ist, wie im Zyklus der Minne- und Hochzeitslieder, den wir als *Hohelied* kennen, ebnet doch die orthodoxe Exegese - sei sie nun jüdisch oder christlich - durch die Deutung der hier besungenen Liebe zwischen Bräutigam und Braut als Sinnbild für das Verhältnis zwischen Gott und seinem Volk die Widersprüche ein. Eine buchstäbliche Lesung steht ebenso außer Frage wie eine Auslegung, die in der Bibel etwas anderes sieht als die Heilige Schrift, das heißt Gottes Botschaft, seinen Auserwählten verkündigt.

In der Mitte des achtzehnten Jahrhunderts erwuchs am Rande der dominanten Bibelauslegung eine alternative Sichtweise. Bischof Lowth (*Lectures on the Sacred Poetry of the Hebrews*, 1753) und Johann Gottfried Herder (*Vom Geist der ebraischen Poesie*, 1782) lenkten die Aufmerksamkeit auf Texteigenschaften, die alttestamentliche Gedichte wie die *Klagelieder Jeremias* und die *Psalmen* in erster Linie zu Poesie, soll heißen Kunst, machen. Es ging Lowth und Herder vor allem um die ungezügelte Expression heftiger Gemütsbewegungen, die sich in unerwarteten und gewagten Bildern manifestierte. Ihrem Gefühl nach stand die biblische Poesie in scharfem Kontrast zu den polierten Versen der Neoklassizisten wie Racine, Corneille, Pope und Dryden.

M.H. Abrams hat in *The Mirror and the Lamp* gezeigt, wie Lowth mit seinem Plädoyer für die elementare Kraft der alttestamentlichen Dichtkunst auf eine ebenso alte wie vernachlässigte Tradition zurückgreift (Abrams 1953). Im dritten Jahrhundert nach Christus, also etwa fünfhundert Jahre nachdem die *Psalmen* das Stadium ihrer definitiven Redaktion und Kanonisierung erreicht hatten, studierte ein unbekannter Rhetor die *Septuaginta* (die griechische Fassung der ursprünglich hebräischen biblischen Bücher, die zum Behufe der hellenistischen Juden übersetzt worden waren). Unseren Anonymus, der früher zu Unrecht mit Cassius Longinus identifiziert wurde, traf die Passioniertheit, die ihm aus dem Buche *Genesis* entgegenschlug, und er zog Parallelen zur Urkraft des archaischen Epikers Homer, den Leidenschaften der Dichterin Sappho, der Kühnheit des Redners Demosthenes und dem bildnerischen Vermögen des Philosophen Plato. Auf diesem von der manieristischen Literatur, die in seiner Zeit zum *bon ton* gehörte, sehr verschiedenen Privatkanon fundierte er die Kategorie des "Sublimen", die sich schriftlich als "Echo mentaler Größe" niederschlug. Charakter und Gefühl, so behauptete der Pseudo-Longinus in seinem Traktat *Peri hupsous* (*Über das Sublime*), sind für einen Dichter viel wichtiger als antrainierte Technik.

Diese neue poetikale Auffassung ist aus mindestens zwei Gründen mehr als anderthalb Jahrtausende obskur geblieben. In erster Linie widersprach *Peri hupsous* dem offiziellen, von Aristoteles und Horaz kanonisierten Geschmack und kam dadurch bei den Decorum und Stil verpflichteten Klassizisten nicht zum Tragen. Daneben lief der nicht durch jüdische oder christliche Dogmatik beeinflußte Blick auf das Alte Testament den Ansichten der orthodoxen Bibelausleger zuwider. Insgesamt dauerte es bis zum Ende des siebzehnten Jahrhunderts, bis die Literaturauffassung des Pseudo-Longinus beginnen konnte, eine Rolle in der Debatte zu spielen. Sein Einfluß ist während der *querelle des anciens et des modernes* in Frankreich (ein Federkrieg über die Frage, ob man den großen klassischen Vorbildern oder dem eigenen Talent folgen solle) und bei der Profilierung der Romantik als literarischer Bewegung von fundamentaler Bedeutung gewesen.

Ein gutes Beispiel dafür, was Wegbereiter der Romantik wie Lowth und Herder an der hebräischen Poesie schätzten, bietet der achtunddreißigste Psalm, worin krasser Realismus - man denke vor allem an die Anschaulichkeit des Elends, dargestellt in den stinkenden und eiternden Wunden - und tiefes Gottvertrauen um die Oberhand streiten.

> Herr, strafe mich nicht in deinem Zorn
>   und züchtige mich nicht in deinem Grimm!
> Denn deine Pfeile stecken in mir,
>   und deine Hand drückt mich.
> Es ist nichts Gesundes an meinem Leibe wegen deines Drohens
>   und ist nichts Heiles an meinen Gebeinen wegen meiner Sünde.
> Denn meine Sünden gehen über mein Haupt;
>   wie eine schwere Last sind sie mir zu schwer geworden.

Meine Wunden stinken und eitern
  um meiner Torheit willen.
Ich gehe krumm und sehr gebückt;
  den ganzen Tag gehe ich traurig einher.
Denn meine Lenden sind ganz verdorrt;
  es ist nichts Gesundes an meinem Leibe.
Ich bin matt geworden und ganz zerschlagen;
  ich schreie vor Unruhe meines Herzens.
Herr, du kennst all mein Begehren,
  und mein Seufzen ist dir nicht verborgen.
Mein Herz erbebt, meine Kraft hat mich verlassen,
  und das Licht meiner Augen ist auch dahin.
Meine Lieben und Freunde scheuen zurück vor meiner Plage,
  und meine Nächsten halten sich ferne.
Die mir nach dem Leben trachten, stellen mir nach; und die mein Unglück suchen,
  bereden, wie sie mir schaden;
  sie sinnen auf Trug den ganzen Tag.
Ich bin wie taub und höre nicht,
  und wie ein Stummer, der seinen Mund nicht auftut.
Ich muß sein wie einer, der nicht hört
  und keine Widerrede in seinem Munde hat.
Aber ich harre, Herr, auf dich;
  du Herr, mein Gott, wirst erhören.
Denn ich denke: Daß sie sich ja nicht über mich freuen!
  Wenn mein Fuß wankte, würden sie sich hoch rühmen wider mich.
Denn ich bin dem Fallen nahe,
  und mein Schmerz ist immer vor mir.
So bekenne ich denn meine Missetat
  und sorge mich wegen meiner Sünde.
Aber meine Feinde leben und sind mächtig;
  die mich zu Unrecht hassen, derer sind viele.
Die mir Gutes mit Bösem vergelten, feinden mich an,
  weil ich mich an das Gute halte.
Verlaß mich nicht, Herr,
  mein Gott, sei nicht ferne von mir!
Eile, mir beizustehen,
  Herr, du meine Hilfe!

Dichter des zwanzigsten Jahrhunderts wie Georg Trakl, Kurt Heynicke und Paul Celan haben Poemen den Titel "Psalm" gegeben. Es dürfte deutlich sein, daß eine solche Überschrift die Lesart in hohem Maße beeinflußt, auch wenn auf den ersten Blick kein einziges Wort eine Brücke zur Bibel schlägt. Demgegenüber existiert viel Poesie, die sich an den *Psalmen* entzündet hat, ohne daß der Titel daran erinnert. Ein Beispiel ist *Aus meiner Tiefe* des Expressionisten Franz Werfel, dessen erste Strophe hier folgt:

Aus meiner Tiefe rief ich dich an.
Denn siehe, plötzlich war der metallische Geschmack des ganzen Irrtums auf meiner Zunge.
Ich schmeckte über alles Denken Erkenntnis.
Ich fühlte gleiten das böse Öl, womit ich geheizt bin,
Süßliche Müdigkeit spielte in meinen Knochen,
Ich war zur Geige geworden des ganzen Irrtums.
Ich fühlte meine Schwingungen auf einen fernsten Traumkap,
Und wollte auf, mich wehren, mich gewinnen, wahren...
Doch sank ich hin, gespenstisch
Gelähmt in träge pochende Verzweiflung.

Wer obiges Gedicht aus einer biblischen Perspektive heraus liest, wird die am Anfang angesprochene Person wie selbstverständlich mit Gott gleichsetzen. Diese Identifikation wird durch den größten Teil des Textes weder bestätigt noch widerlegt. Das "du" erhält nirgends eine nähere Bestimmung; er/sie fungiert ausschließlich als Objekt des Appells. Möglicherweise ist das lyrische Subjekt ein Agnostiker, der vom Zweifel an der Existenz eines höchsten Wesens oder anderer Glaubenssicherheiten gequält wird. Erst nachdem das *de profundis* zum vierten Male erklungen ist, wird das "du" in der Schlußzeile dazu aufgefordert, ein Wunder zu tun: Wo Wissen und Wille beim Zurückgewinn des himmlischen Paradieses versagen, müssen Kräfte eingreifen, die höher sind als alle Vernunft. Indirekt verweist diese Apostrophe natürlich zurück auf die Zeilen, die auf das bekannte und häufig gelöst von seinem direkten Zusammenhang zitierte *Aus der Tiefe* des hundertdreißigsten Psalms folgen: "Ich harre des Herrn, meine Seele harret, / und ich hoffe auf sein Wort. / Meine Seele wartet auf den Herrn / mehr als die Wächter auf den Morgen; / mehr als die Wächter auf den Morgen / hoffe Israel auf den Herrn! / Denn bei dem Herrn ist die Gnade / und viel Erlösung bei ihm".

In ihrem ursprünglich-religiösen Zusammenhang dienen die alttestamentlichen Psalmen zweierlei Ziel: Lobpreis und Demütigung. Der Dichter, meist David genannt (ihm werden dreiundsiebzig der hundertfünfzig *Psalmen* zugeschrieben), verherrlicht die Majestät Gottes durch den Hinweis auf Zeichen von Macht und Kraft: "Der Herr ist in seinem heiligen Tempel, / des Herrn Thron ist im Himmel" (11:4); "Herzlich lieb habe ich dich, Herr, meine Stärke! / Herr, mein Fels, meine Burg, mein Erretter, / mein Gott, mein Hort, auf den ich traue, / mein Schild und Berg meines Heiles und mein Schutz!" (18: 2-3); "Die Stimme des Herrn sprüht Feuerflammen; / die Stimme des Herrn läßt die Wüste erbeben" (29: 7-8). Der Mensch dagegen ist niedrig und kraftlos. Die Psalmdichter vergleichen ihn mit Gras oder Feldblumen, die des Morgens blühen und sprossen und des Abends welken und verdorren (90: 6 und 103: 15), einem Wurm (22: 7), einem zerbrochenen Gefäß (31: 13) oder einem nichtigen Hauch (39: 6 und 78: 39).

Obwohl Loblieder und Bußpsalmen als zwei verschiedene Gruppen innerhalb des Genres unterscheidbar sind, gehen sie regelmäßig innerhalb ein und desselben Gedichtes ineinander über, wie etwa diese Strophe aus dem neunten Psalm zeigt:

> Lobet den Herrn, der zu Zion wohnt;
>   verkündigt unter den Völkern sein Tun!
> Denn der nach Blutschuld fragt, gedenkt der Elenden
>   und vergißt nicht ihr Schreien.
> Herr, sei mir gnädig; sieh an mein Elend unter meinen Feinden,
>   der du mich erhebst aus den Toren des Todes,
>   daß ich erzähle all deinen Ruhm,
>   in den Toren der Tochter Zion fröhlich sei über deine Hilfe.

Gloria und Kyrie eleison überlagern sich auf vergleichbare Weise in Paul Celans Gedichtsammlung *Die Niemandsrose* (1963).[2]

> Niemand knetet uns wieder aus Erde und Lehm,
> Niemand bespricht unsern Staub.
> Niemand.
>
> Gelobt seist du, Niemand.
> Dir zulieb wollen
> wir blühn.
> Dir
> entgegen.
>
> Ein Nichts
> waren wir, sind wir, werden
> wir bleiben, blühend:
> die Nichts-, die
> Niemandsrose.
>
> Mit
> dem Griffel seelenhell,
> dem Staubfaden himmelwüst,
> der Krone rot
> vom Purpurwort, das wir sangen
> über, o über
> dem Dorn.

---

[2] Es ist unmöglich, in diesem Rahmen eine ausführliche Übersicht über die – für sich genommen schon weitläufige – Interpretationsgeschichte dieses Gedichtes zu geben. Eine Auflistung findet sich in Bohrer 1989.

Es ist in erster Linie der Titel (*Psalm*), der hier bestimmt, welchen Durchmesser der Kreis der Bedeutungszuweisung hat, den der Leser um das Gedicht ziehen kann. Der Kontext umfaßt nicht allein die *Psalmen*, sondern auch die Vorstellungen von Gott und dem Göttlichen, die darin zum Ausdruck kommen. Ist es noch möglich, die ersten drei Zeilen von Celans Text als simple Verneinung zu lesen ("niemand knetet uns wieder..."), der Vokativ in Zeile vier richtet sich an eine Person, die der Kombination von Titel und Lobpreis nach zu urteilen von göttlicher Art sein muß. Es ist nun möglich, die Anfangsstrophe als Bejahung und nicht Verneinung der Möglichkeit aufzufassen, daß der Mensch aufs neue aus Erde und Lehm geformt wird. Einzig verwunderlich bleibt dann noch, daß der Demiurg "Niemand" heißt. Seit jedoch Homer erzählte, wie sein Held Odysseus sich hinter diesem Pseudonym verbarg und es ihm dadurch gelang, dem Zyklopen zu entkommen, sind wir auf derlei Maskeraden vorbereitet. Autoren des zwanzigsten Jahrhunderts wie Menno ter Braak und Walter Benjamin sind Celan übrigens schon im Ausbeuten der doppeldeutigen Möglichkeiten, die das verneinende "niemand" bietet, wenn man aus ihm einen Personennamen macht, vorangegangen.

Mit dem Aufrufen des göttlichen Niemand führt Celan uns auf den Weg der negativen Theologie, eines rhetorischen Spezialismus, der das höchste Wesen in die menschliche Erkenntniskraft übersteigenden Termen beschreibt. Gott ist unerkennbar, unermeßlich, unergründlich und vor allem unnennbar. Alles, was Menschen über ihn (sie?, es?) sagen, verkleinert. Gott ist etwas, was sich per definitionem dem ordnenden Verstand entzieht. Aus diesem Grunde stellte der Gott des Volkes Israel sich Moses auch mittels eines hermetischen Rätsels vor: "Ich werde sein, der ich sein werde" (2. Mose 14).

Celan geht, dazu vielleicht von Heidegger inspiriert, auf dem Pfad der metaphysischen Ver-nicht-ung noch viel weiter als die negative Theologie. In der dritten Strophe macht er das Geschöpf zu etwas, was entsprechend der Gesetzmäßigkeit von Bild und Gleichnis teilhat an der göttlichen Negativität. Der Mensch ist ein "Nichts", noch weniger als der Wurm, das zerbrochene Gefäß oder der nichtige Hauch, womit der biblische Psalmist ihn vergleicht. Zugleich ist die Formulierung so gewählt, daß von einer gewissen Gleichwertigkeit zwischen *Niemand* und *Nichts* gesprochen werden kann. In der Phrase "Ein Nichts / waren wir, sind wir, werden / wir bleiben" schwingt das biblische "der da war, der da ist und der da kommen wird" mit, wie es über Gott heißt.

Und nun entsteht (wie in der indischen Mystik, dem japanischen Zen und der Mystik des mittelalterlichen Europa) aus der Leere Anwesenheit. Aus dem in der Sprache anwesend gemachten Nichts, das die Schöpfung des Gottes Niemand ist, blüht "eine Nichts- und Niemandsrose" himmelwärts. Die doppelte Benennung zeigt bereits, wie diese Blume die Verbindung zwischen Geschöpf (ein "Nichts", das war, ist und sein wird) und Schöpfer herstellt. Im Rot ihrer Blumenkrone reicht die Rose in die Höhe, "seelenhell" und "himmelwüst". In den neugeformten Adjektiven liegt das strahlende Pathos einer Lobpreisung beschlossen, die - in Übereinstimmung mit der Negativität des Ausgangspunktes - aus der durch das Bewußtsein, daß in der aufs neue wüst und leer gemachten Erde der Glaube weniger ist als das sprichwörtliche Senfkorn, hervorgerufenen Demut entsteht.

Das oben Gesagte läßt sich mit Hilfe der philosophischen Auffassungen Emmanuel Levinas' kommentieren. In *L'humanisme de l'autre homme* bespricht Levinas Fragen der Bedeutung und Sinngebung. Eine sinnvolle Orientierung kann nur gefunden werden "que comme un mouvement allant hors de l'identique, vers un Autre qui est absolument autre" (Levinas 1972: 41). Die Beziehung, die das Ich mit dem Anderen verbindet, nennt Levinas die "Idee des Unendlichen", von ihm auf eine Stufe mit dem "Verlangen" gestellt. Was er im folgenden darüber schreibt, schließt an meine bisherige Lesung von Celans *Psalm* an. "Elle consiste, paradoxalement, à penser plus que ce qui est pensé en le conservant, ainsi, dans sa démesure, par rapport à la pensée, à entrer en relation avec l'insaisissable, tout en lui garantissant son statut de l'insaisissable" (a.a.O.: 50).

Abgesehen vom deutlich sichtbaren Einfluß der *Psalmen* auf Celans Gedicht, gibt es noch andere Hinweise auf die Bibel, die Aufmerksamkeit wecken. Eine Rose in diesem Zusammenhang ist nie einfach eine Rose, sondern zuerst und vor allem die Blume, in die die Wüste - nach der niederländischen *Statenvertaling*[3] - umgeschaffen wird, sobald das messianische Reich gekommen ist: "Die Wüste und die dürren Einöden werden darüber fröhlich sein, und die Wildnis wird sich freuen und blühen wie eine Rose". Hier ist die Anspielung sinnvoll: Wüste und Rose verhalten sich zueinander wie das leere und wüste Nichts zum Nichts, das unter dem schöpferischen Impuls des Niemand zum Ausgangspunkt eines neuen Gebetes wird.

Die Rose krönt eine Blumenkrone in der Farbe, die in zahlreichen Stellen des Alten Testaments ein Zeichen hoher Würde - sowohl religiös als auch weltlich - ist. Dieses Zeichen von Macht und Verherrlichung, das diesen neuen Psalm mit den alttestamentlichen Lobgesängen verbindet, steht im Kontrast zur Erde und dem Lehm, mit denen Celan sein Gedicht begann.[4] Im ersten Kapitel des Buches *Genesis*, das von der Schöpfung Adams und Evas berichtet, fehlt

---

3 Die 1637 vollendete, erste vollständig auf den Originalsprachen basierende niederländische Bibelübersetzung.
4 Es gibt auch eine Beziehung zur kabbalistischen Symbolik der Blumenkrone der Rose, die den *Zohar* bedeutet, das ultimative Stadium der göttlichen Emanation, der sich als "ein überwältigendes Nichts" manifestiert. Vgl. Sars 1993: 116-117.

jede Angabe über das Material, aus dem diese ersten Menschen geformt wurden. Erst in biblischen Schriften wie *Hiob*, *Jesaja* und *Jeremia*, die mit den *Psalmen* das Thema der Unterwerfung unter Gott teilen, wird das Verhältnis zwischen Gott und menschlicher Kreatur durch die Metapher des Töpfers und des Lehms, den er bearbeitet, beschrieben. Hiob drückt dies auf eine Weise aus, die wie ein Vorspiel zu den ersten zwei Zeilen von Celans *Psalm* klingt:

> Bedenke doch, daß du mich aus Erde gemacht hast,
>   und läßt mich wieder zum Staub zurückkehren? (Hiob 10: 9)

Die Verbindung zur Geschichte Hiobs steht als Anspielung auf das Leiden nicht allein. Viel deutlicher wird dies bei der Dornenkrone, dem Spottattribut des "Königs der Juden". Celan hat das Symbol verbal fragmentiert in "Krone" und "Dorn", Worte, die Verherrlichung und Passion neben- und gegeneinander stellen. Das Bild von der in die Höhe wachsenden Rose wird von einem anderen Bild, das des leidenden Jesus, durchstrahlt. Es ist sehr wohl möglich, dieses Bild mit dem personifizierten Niemand zu konfrontieren, der allein schon durch die Vokative als anwesend angenommen wird. So gelesen, wird dieser Psalm zur Antwort auf die bedrückenden Fragen an einen abwesenden Gott, der sich im gekreuzigten Mann mit der Dornenkrone vermenschlicht hat.

Celans Gedicht über die Lobpreisung des Gottes Niemand durch die Niemandsrose steht in seiner Eigenschaft als neuer Psalm nicht allein. Vor allem in der expressionistischen Poesie der ersten Jahrzehnte dieses Jahrhunderts (das bereits zitierte Gedicht Franz Werfels liefert ein Beispiel dafür) sind davon noch mehr Vorbilder zu finden. Dies braucht nicht zu überraschen. Die Expressionisten griffen ausdrücklich auf frühromantische Auffassungen und damit auch auf 'volkstümliche', 'primitive', 'pathetische' Poesie zurück. Ihre besondere Vorliebe für die *Psalmen* wurde noch verstärkt durch ihren Glauben an Brüderlichkeit und Weltfrieden unter allen Völkern, ein Glaube, den ihnen Dichter des neunzehnten Jahrhunderts wie Walt Whitman und Emile Verhaeren vorgelebt hatten, deren 'psalmodierende', breit über die Seite ausgreifende Formulierungen sie übernahmen. Aus der expressionistischen Periode stammt auch die erneute Übersetzung der *Psalmen* durch Ferdinand Bruckner (1918).

Der expressionistische Dichter Kurt Heynicke zeigt eine starke Affinität mit Celans Mystik, in der Gott eher eine durch das Verlangen bestimmte Richtung als ein Ziel ist. Ich zitiere seinen Psalm:

> Meine Seele ist ein stiller Garten,
> ich weine,
> umschlossen von den Mauern meines Leibes,
> gelb sitzt die Welt vor meiner Seele Tür.

Meine Seele ist ein Garten,
eine Nachtigall meine Sehnsucht,
Liebeslieder singt die junge Nachtigall,
und mein Herz sehnt sich nach Gott.

Gott ist ein Name,
namenlos ist meine Sehnsucht,
sie hat ein Kind geboren,
Willen,
jung
und von Gewalt durchbrausten Willen,
hin zu ihm.

Ein Garten ist meine Seele.
Ich knie nicht im Garten.
Weit breiten meine Arme in den weiten Teppich blauer Nächte,
ich fliege,
namenloses Weltgesicht,
ich bin dein Bruder,
geboren aus Sternennebeln am ersten Tag.

Mein Willen blüht ein Altar aus Mai und junger Sonne,
vieltausend Blüten flammen auf,
und meine Sehnsucht flattert singend hin zu deinem Munde,
Gott,
oder Mutterschoß,
Herz meines Bruders im Weltall,
ich weine,
denn kein Gedanke schickt einen Namen,
ich singe
meiner Sehnsucht Psalm,
gewiegt von der Harfe unendlicher Liebe.

In diesem und anderen Gedichten der "Menschheitsdämmerung" des frühen zwanzigsten Jahrhunderts labt die Poesie sich mehr als jemals zuvor am alttestamentlichen Quell eines lyrischen Pathos, der auf Anregung des Pseudo-Longinus freigelegt wurde. Von biblischer Inspiration ist im obenstehenden Gedicht Heynickes das große Verlangen nach Einswerdung mit dem Göttlichen, das, anders als in den *Psalmen*, nicht hoch über die Erde erhoben, sondern im menschlichen Subjekt verborgen ist und durch den Willen freigemacht werden kann. Die starke Neigung, Gott und das Göttliche in der Natur zu suchen und sich mit ihm dort zu verschmelzen, ist ein Erbteil der Romantik, steht jedoch sicher der plastischen Naturlyrik nicht fern, die auch im Alten Testament zu finden ist.

Heynicke und andere Expressionisten (darunter der schon genannte Franz Werfel) schließen sich mit ihrer Poesie eng an die zeitgenössischen philosophischen und ethischen Strömungen - wie Unanimismus und Vitalismus - an. Im niederländischen Sprachraum lassen sich dafür bei J.C. van Schagen und Paul van Ostaijen Parallelen finden. *Het sienjaal*, die Sammlung, in der van Ostaijen 1918 auf extatische Weise seine Menschenliebe bekannte, strömt von biblischen Referenzen über, in erster Linie in inhaltlicher Hinsicht, ferner auch die Struktur seiner Versifikation betreffend. Diese basiert, wie in den *Psalmen*, auf Rede und Gegenrede, die einander in Varianten stets dieselbe Botschaft zusingen.

> O ferner Gott, dich zu erschaffen, daran hab ich meine Schwachheit stets gemessen, und weiß nun auch, der einzige Gott, der mir werden kann, ist derjenige, den ich erwecken werde
> aus vierzig Tagen freiem Fasten in der Wüste.
> Der Gott, der auferstehen wird aus dem brennenden Dornbusch der Freude,
> nach dem gottweckenden Leid, Hermaphrodit, der befruchtet und gebiert!
> Mein Gott, das ist die schöne Dornenrose im Wald meiner Einsamkeit, zu wecken, und sie zu führen in das Festgewühl der Stadt, doch durch dies gehend zur Befreiung des Kreuzweges.

Van Ostaijen muß beim Schreiben dieser Zeilen von der Inkantation der *Psalmen* ausgegangen sein, die er aus der römisch-katholischen Liturgie kannte und die in hohem Maße zum beschwörenden Charakter des Ritus beiträgt, der nicht nur auf den Lobpreis Gottes, sondern auch die Schaffung von Gemeinschaft unter den Gläubigen ausgerichtet ist. Bei den humanitären Expressionisten werden die *Psalmen* wieder in einer ihrer ursprünglichen Qualitäten benutzt, nämlich als Kampfgesang. Der Dichter fordert seine Leser dazu auf, die Reihen zu schließen und die Lenden zu gürten, sei es nicht zum Kriege, dann eben zum Aktivismus.

Eine sehr introvertierte Inkantation finden wir in dem auf den ersten Blick areligiösen *Psalm* Georg Trakls, Zeitgenosse und Vorbild vieler Expressionisten, anders als sie jedoch kein aktivistischer Vitalist.

> Es ist ein Licht, das der Wind ausgelöscht hat.
> Es ist ein Heidekrug, den am Nachmittag ein Betrunkener verläßt.
> Es ist ein Weinberg, verbrannt und schwarz mit Löchern voll Spinnen.
> Es ist ein Raum, den sie mit Milch getüncht haben.
> Der Wahnsinnige ist gestorben. Es ist eine Insel der Südsee,
> Den Sonnengott zu empfangen. Man rührt die Trommeln.
> Die Männer führen kriegerische Tänze auf.
> Die Frauen wiegen die Hüften in Schlinggewächsen und Feuerblumen,
> Wenn das Meer singt. O unser verlorenes Paradies.

Das "Psalmodieren" ähnelt hier den pseudo-magischen Riten eines Kindes, das durch Nennung des Gesehenen wie des Gewünschten die Dinge seiner Macht unterwerfen will. Die aufzählende Art und Weise der Formulierung erscheint als typisches Merkmal des ursprünglichen Psalmenvortrags. Ein Beispiel bietet *Psalm* 60:

> Gott, der du uns verstoßen und zerstreut hast
> und zornig warst, tröste uns wieder;
> der du die Erde erschüttert und zerrissen hast,
> heile ihre Risse; denn sie wankt.
> Du ließest deinem Volk Hartes widerfahren,
> du gabst uns einen Wein zu trinken, daß wir taumelten.

Kennzeichnend ist, daß die Grenze zwischen Wahrnehmung und Vision mitten im Gedicht liegt, zwischen dem Tod des Wahnsinnigen und dem Auftauchen der Südseeinsel aus den Traumnebeln. Obwohl die Exotik dieses künstlichen Paradieses stark an den dekadenten Ästhetizismus des neunzehnten Jahrhunderts erinnert (ich denke an *Parfum exotique* von Baudelaire und *A rebours* von Huysmans), besitzt die andere und bessere Welt, die in kontrastierender Weise gemeinsam mit der grauen Wirklichkeit beschworen wird, viele Züge des vom "David" genannten Psalmisten im 23. *Psalm* beschriebenen Arkadien.

Wie groß die gegenseitigen Unterschiede zwischen Dichtern wie Werfel, Heynicke, Trakl und Celan auch sein mögen, eine intertextuelle Lesart ihrer hier angeführten Poesie macht deutlich, daß die biblischen Psalmen bis weit ins zwanzigste Jahrhundert hinein Modell für Klage- und Loblieder standen, in denen das lyrische Ich sich an einen stets unbekannter werdenden Gott richtet. Indem sie nachdrücklich auf ein Genre verweisen, das durch seine zentrale Rolle in der jüdischen und christlichen Liturgie eine deutlich gemeinschaftsstiftende Aufgabe erfüllte, aktualisieren die genannten Dichter die soziale Funktion der Poesie und damit indirekt auch den gesellschaftlichen Auftrag, der der Interpretation eignet (vgl. Steinmetz 1983). Das kann für diejenigen überraschend sein, die meinen, daß die Lyrik im letzten Jahrhundert einen immer hermetischeren und exklusiveren Charakter erhalten hat. Innerhalb dieser Entwicklung wird Paul Celan stets eine Schlüsselrolle zugeschrieben. Und dennoch ist es gerade der Celan des *Psalms*, der zeigt, daß Poesie, allen autonomistischen Tendenzen zum Trotz, in ihrer sinnstiftenden Funktion noch immer von fundamentalem Belang ist. Zugleich bleibt bei aller Sinnstiftung (in der Bedeutung des Wegnehmens des Bewußtseins von Sinnlosigkeit und Absurdität, unter dem das von Weltkriegen und Genozid heimgesuchte zwanzigste

Jahrhundert gebeugt geht) stets ein Residuum übrig, das wir auch durch eine intertextuelle Analyse nicht beseitigen können. Dieser Rest beherbergt das Mysterium, welches wir "Poesie" nennen (vgl. Steinmetz 1977).

Autorisierte deutsche Übersetzung nach dem niederländischen Manuskript von Bettina Hartlieb

Literatur

Abrams, M.H. (1953): *The Mirror and the Lamp. Romantic Theory and Critical Tradition*, London.
Bohrer, Christiane (1989): *Paul Celan. Bibliographie*, Frankfurt/M.
Levinas, Emmanuel (1972): *L'humanisme de l'autre homme*, Paris.
Sars, Paul (1993): *"Ich bin es noch immer". Aufsätze zur Konsistenz in der Lyrik Paul Celans*, Nijmegen.
Steinmetz, Horst (1977): *Suspensive Interpretation. Am Beispiel Franz Kafkas*, Göttingen.
Steinmetz, Horst (1983): On Neglecting the Social Function of Interpretation in the Study of Literature, in: *Poetics 12*, S. 151-164.

KLAUS BOHNEN

Intertextuelle Konkretisierungen
Ingeborg Bachmanns "drei Wege" zu Joseph Roth

I

In Ingeborg Bachmanns *Drei Wege zum See*[1], ihrer letzten veröffentlichten Erzählung aus dem Band *Simultan* (1972), erinnert sich die Protagonistin Elisabeth, auch sie eine ferne Nachfahrin von Joseph Roths *Kapuzinergruft*, an eine für sie entscheidende "Beziehung" (416), die sie "zum Bewußtsein vieler Dinge brachte" (415): Es war Trotta, "der aus jenem sagenhaften Geschlecht kam, wo keiner 'darüber hinwegkam', und auch von seinem Vater wußte sie durch ihn, daß der auch wieder einmal die Zeit nicht mehr verstanden hatte und zuletzt fragte: Wohin soll ich jetzt, ein Trotta, als die Welt wieder unterging, für einen Trotta im Jahr 1938, einer von denen, die noch einmal zur Kapuzinergruft gehen mußten und nur wußten, was 'Gott erhalte' heißt, aber vorher alles getan hatten, um die Dynastie Habsburg zu stürzen" (416).[2] Und dieser Trotta, ihre erste große Liebe - so rekapituliert Elisabeth auf dem Höhenweg Nummer 1 - hatte sie "gezeichnet", "seiner Herkunft wegen, und er, ein wirklich Exilierter und Verlorener, sie, eine Abenteuerin, die sich weiß Gott was für ihr Leben von der Welt erhoffte, in eine Exilierte verwandelte, weil er sie, erst nach seinem Tod, langsam mit sich zog in den Untergang, sie den Wundern entfremdete und ihr die Fremde als Bestimmung erkennen ließ" (415f.).

Wir befinden uns mitten in der Erzählwelt Joseph Roths. Als Zitat-Verweise hinreichend markierte Textsegmente konfrontieren den Leser mit einer fiktiven Textwelt, deren Relationspunkt zunächst uneinsichtig bleibt, die indes - als Zeichen- und Bedeutungselement - zur Aufmerksamkeit aufruft. Der um Einsicht bemühte Interpret wird in ein Beziehungsgeflecht gestellt, das ihn nötigt, beim

---

1 Ingeborg Bachmann: *Sämtliche Erzählungen*, München/Zürich: Piper 1996, S. 394-486 (Zitat-Nachweise im Text).
2 Vgl. zum Zitatcharakter Joseph Roth: *Die Kapuzinergruft*, in: J.R.: *Werke*. Neue erweiterte Ausgabe in vier Bänden. Hg. und eingel. von Hermann Kesten, Köln: Kiepenheuer und Witsch 1975 (urspr. 1956); hier Band 2, S. 982.

Lesen des vorliegenden Textes zugleich eine Textschicht mitzureflektieren, die er zunächst als ebenso bedeutsam wie fremd erfährt. Was Horst Steinmetz in verschärfter Form für Montage und Collage feststellt, gilt ähnlich hier: "Der Leser muß in seiner Konkretisierung die Kontraste und Dissonanzen erhalten und sie doch auch zusammendenken. Er muß versuchen, irgendwie ein 'Ganzes' zu schaffen" (Steinmetz 1996: 230). Aber wie ist dies 'Ganze' herzustellen, wenn sich der Text offenbar in ein intertextuelles Bezugsnetz mit unterschiedlichen Bedeutungskonnotationen auflöst?

Die Frage betrifft das Problem des Verhältnisses zwischen Interpretation und dem Beziehungssystem, das einen Text mit einem anderen (oder mehreren) verbindet und das durch seine Verweisungs- und Bedeutungsvielfalt die geschlossene Konsistenz eines Textes aufbricht und den Interpreten zur 'Spurensuche' zwingt.[3] Seit Julia Kristeva in den sechziger Jahren (vgl. Kristeva 1974) den Bachtinschen Ansatz (vgl. Bachtin 1979) zum kultursemiotischen Befund einer universellen Intertextualität ausweitete und so 'Postmodernismus' wie 'Dekonstruktion' wichtige Argumentationshilfe leistete, hat der Begriff in der Literaturwissenschaft eine wahre Inflation erfahren,[4] damit zugleich aber auch Stimmen der Mahnung und des behutsamen Umgangs mit Intertextualität in der analytischen Praxis provoziert. Einerseits wird (positiv) Intertextualität als ein "konzeptionelles Movens" verstanden, das "in der Literaturwissenschaft eine rege Neuorientierung auf das immer schon Gewußte - die Präsenz eines Textes in einem andern - in Gang" gesetzt habe (Hoesterey 1988: 11), andererseits wird (kritisch) konstatiert, der Begriff sei "in der Folgezeit in einer Weise expandiert, daß es mittlerweile schwerfällt, sich seines begrifflichen Inhalts noch zu vergewissern. Er erfreut sich vor allem in der literaturtheoretischen Diskussion zunehmender Konjunktur, wenngleich er - wohl als einer der schillerndsten Begriffe zeitgenössischer Textforschung - diese zum Teil eher verunsichert als zur Klärung bestimmter Fragestellungen beiträgt" (Holthuis 1993: 1). Dies hatten schon Wolf Schmid und Wolf-Dieter Stempel im Vorwort der 1983 erschienenen Vorträge des Hamburger Kolloquiums zur Intertextualität hervorgehoben[5] und dabei zur Frage, was Intertextualität "vernünftiger

---

3 Vgl. dazu Helbig 1996: 14: "Intertextualität kann im Bereich fiktionaler Literatur generell als ein Störfaktor beschrieben werden, der die Isotopie eines Textes durchbricht und Impulse aussendet, die aus der präsenten fiktionalen Welt hinausweisen, um auf dem Umweg über eine Fremde fiktionale Welt wieder auf den manifesten Text zurückzuweisen".
4 Vgl. dazu die ausführlichen Bibliographien in Holthuis 1993 und Helbig 1996.
5 Ausführlicher heißt es dort: "Dem Begriff 'Intertextualität' ist es, seit er in die Welt gesetzt wurde, nicht viel anders ergangen als ähnlich attraktiven Termini: in einem besonderen theoretischen Argumentationszusammenhang konzipiert, hat er sich in der Folgezeit in

weise" sein solle, gewichtige Ansätze beigetragen. In engem Zusammenhang mit einer Diagnose moderner Fiktionsprosa als "betont konstruiertes Erzählen, das mit einer hochreflektierten Auseinandersetzung mit dem eigenen Material und dessen Funktionsbedingungen zusammenhängt" (Krajenbrink 1996: 2)[6], sieht sich die Literaturtheorie durch die poetische Praxis bestätigt und durchforstet mit dieser Legitimation die breiten Skalen möglicher Intertextualität: von einer 'globalen', die alle Textbereiche umfaßt und geradezu als universelle Orientierungskategorie zu gelten habe, über intertextuelle Epochen-, Gattungs- und Stilbezüge[7] bis hin zum "Leistungspotential einer systematischen Beschreibung der Verfahren intertextueller Markierung" (Helbig 1996: 15)[8] in der detaillierten Textanalyse. Abgrenzungen und Differenzierungen sind gefordert.

Klärendes dazu trugen schon in den Anfängen der Forschung Karlheinz Stierle und Manfred Pfister bei. In Auseinandersetzung mit Kristevas Intertextualitätskonzept, durch das sie die "Chance" gesehen habe, "die Vorstellung von der Identität des Werks sowie von seiner Zurückführbarkeit auf die personale Identität eines Autors wie schließlich auch die Auffassung von der referentiellen Determiniertheit des Werks als literarische Mythen des bürgerlichen Bewußtseins zu entlarven" (Stierle 1983: 12), führt Stierle die Diskussion auf die konkreten Textrelationen zurück: "Der Ausdruck 'Intertextualität' bezeichnet ein Verhältnis, das zwischen einem Text und seinem Bezugstext gesetzt ist. Die Setzung dieses Verhältnisses ist semiotisch eine Verweisung oder beim bloß experimentierenden Bezug die Fiktion einer Verweisung" (a.a.O.: 13). Diesem Verhältnis geht er in der Aufteilung von "semiotischen", "phänomenologischen" und "hermeneutischen oder pragmatischen" Relationen nach und gelangt zu einer Bestimmung von "Werk und Intertextualität", die ihm als eine ästhetische Dialogform untersuchungsbedürftig ist: "Die 'intertextuelle' Relation ist Moment der Identität des Textes selbst und gewinnt nur im Hin-

---

einer Weise verallgemeinert, daß es mittlerweile schwerfällt, sich anhand der heutigen Verwendungsweisen seiner begrifflichen Identität zu vergewissern, ja in manchen Fällen selbst den Gewinn noch zu erkennen, der sich mit ihm verbinden sollte".

6 Dort heißt es weiter: "Zur Herstellung eines literarischen Textes wird nicht im Sinne eines naiven Beschreibungsrealismus 'aus dem vollen Leben' geschöpft, sondern vielmehr aus dem Formenrepertoire, das sich im Fundus anbietet: Literatur aus Literatur".

7 Vgl. etwa Schahadat 1995: 14: "Die Verbindung der intertextuellen Analyse mit einem kultursemiotischen Ansatz, anhand dessen eine epochenspezifische Intertextualitätspoetik erstellt werden soll, macht die Besonderheit der vorliegenden Arbeit aus".

8 Ausführlicher heißt es dort: "Das Leistungspotential einer systematischen Beschreibung der Verfahren intertextueller Markierung weist in zwei Richtungen. Im engeren Sinne stellt eine Markierungstheorie ein heuristisches Hilfsmittel der Textdeskription und -analyse bereit, darüber hinaus liefert sie aber vor allem einen wichtigen Baustein für eine übergreifende Theorie- und Modellbildung intertextueller Schreibweisen".

blick auf diese ihre spezifische Bedeutung. Im Text, im Werk ereignet sich die neue Erfahrung als Reorganisation eines vorgängigen Wissens, das erst durch diese neue Gestalt seine Prägnanz und seine innere Kohärenz erhält" (a.a.O.: 16f.).[9]

Wie solch eine Relation beschaffen sein muß, um als 'intertextuelle' für ein Werkverständnis konstitutiv zu werden, sucht Manfred Pfister durch eine "Skalierung der Intertextualität" (Pfister 1985: 25) zu erfassen. In seinem Bemühen, "das globale Modell des Poststrukturalismus, in dem jeder Text als Teil eines universalen Intertextes erscheint [...], und prägnantere strukturalistische oder hermeneutische Modelle, in denen der Begriff der Intertextualität auf bewußte, intendierte oder markierte Bezüge zwischen einem Text und vorliegenden Texten eingeengt wird" (a.a.O.: 25), zu verbinden, entwickelt er sechs qualitative Kriterien für die "Intensität intertextueller Verweise": Referentialität, Kommunikativität, Autoreflexivität, Strukturalität, Selektivität und Dialogizität (a.a.O.: 26-29). Seine Kriterien - sowie auch der Einbezug von quantitativen Aspekten (vgl. a.a.O.: 30) - "verstehen sich als heuristische Konstrukte zur typologischen Differenzierung unterschiedlicher intertextueller Bezüge", "die sowohl die Einstrukturierung und Markierung der Prätexte im Text selbst als auch das Verhältnis von Text und Prätexten und die kommunikativen Aktivitäten von Autor und Rezipient berücksichtigt" (ebda.). Mit solchen Unterscheidungen sind intertextuelle Konkretisierungen angestrebt, denen es im Blick auf Ingeborg Bachmanns Dialog mit Joseph Roth nachzugehen lohnt.[10]

II

Ingeborg Bachmann schreibt in ihrer Erzählung gewissermaßen (und eingestandenermaßen) die *Kapuzinergruft* fort, indem sie Franz Joseph Eugen Trotta, den nach Frankreich zur Erziehung geschickten Sohn, zum Katalysator der inneren Entwicklung ihrer Protagonistin aufruft, damit ein fiktives Text-Muster

---

9 Vgl. dazu - schärfer formuliert - Geier 1985: 11f.: "Das Intertextuelle braucht zwar ein Vorher und ein Nachher, so wie die Bastelei, die auf eine bereits konstituierte Gesamtheit von Werkzeugen und Materialien zurückgreifen muß, um mit ihr in eine Art Dialog zu treten, der etwas Neues herzustellen vermag. Dieses Vorher/Nachher jedoch schneidet in das Innere der Textäußerungen ein, um in ihnen einen Schnitt zu hinterlassen, an dem sich die Signifikanten *reiben* und so ihre ganz spezifische Wärme erhalten. Die Diachronie des Intertextuellen ist, um im räumlichen Bild zu bleiben, eher 'dazwischen' als chronologisch-hintereinander".

10 Eine ähnliche Zielsetzung verfolgt Susanne Holthuis: "Mit anderen Worten wäre danach zu fragen, welche Funktion eine bestimmte Referenzstrategie und/oder Markierungspraxis im konkreten Text hat und welche Rückschlüsse daraus im Hinblick auf die Textproduktion zu ziehen sind" (Holthuis 1993: 219).

wie die diesem zugehörige historische Welt zum Reflexionsmedium ihrer Gegenwartsanalyse macht.[11] Das Einholen der Vergangenheit in die Gegenwart - und damit die Kontinuität einer Bewußtseinsproblematik im Zwischenfeld von historischem Ort (der Habsburger Monarchie) und aktuellem 'Standort' - erscheint erzähltechnisch verknüpft mit der Leidensgeschichte der Trottas in Joseph Roths Erzählwelt. Ein Beispielfall intertextueller Verknüpfung also, aber damit ist natürlich noch nicht geklärt, in welcher Weise das Erzähluniversum Joseph Roths für Ingeborg Bachmann anregend gewirkt hat und welche produktiven Impulse sie dem Trotta-Schicksal hat abgewinnen können. Trottas "Geistersätze" (429) und "Geisterstimme" (438 und 458) verfolgen Bachmanns Protagonistin, aber es wird zu fragen sein, wie diese 'Geister' des fiktiv aufgerufenen Textes in die Erzählschicht des Bachmannschen Textes hineinragen und dort ihr 'Unwesen' treiben. Welche besondere Bedeutung also - als bloßes intertextuelles Spiel, als gedankliche Kontinuität oder als Auseinandersetzung, gar als Aufruhr - gewinnt Joseph Roth für Ingeborg Bachmanns Erzählung?

"Der Ursprung dieser Geschichte" - so proklamiert die Autorin in einem Vorspann - "liegt im Topographischen, da der Autor dieser Wanderkarte [für das Kreuzberglgebiet - KB] Glauben schenkte" (394). Der äußere Rahmen der Handlung ist damit abgesteckt: Die Zusicherung der Wanderkarte, daß "drei Wege zum See [führen], der Höhenweg 1 und die Wege 7 und 8" (394), wird in der Erzählung zunehmend erschüttert, bis hin zur gefahrvollen Orientierungslosigkeit, wo sich der "Weg ohne Spuren" auflöst und die Protagonistin, "um zu schauen, wo es weiterging", und "so in Gedanken" beinahe "abgestürzt wäre", da ein "Steilhang, den es früher nie gegeben hatte, vor ihr abbrach": "Sie ging an diesem Abgrund auf und ab, suchte nach einem Abstieg, aber wo sie auch ansetzte und versuchte, hinunterzurutschen, gab es keinen Halt, kein Strauchgezweig, keinen Baum, die Erde war überall locker und unbewachsen, und sie wäre sofort hundert Meter abgerutscht" (440). Eine Erzählkonstellation, aufgeladen mit durchschaubarer symbolischer Signifikanz, die die Topographie einer Landschaft mit der 'Seelenlandschaft' der vor dem 'Abgrund' stehenden Protagonistin vernetzt. Elisabeths Hoffnung, "einen Weg mußten sie ja übriggelassen haben" (441), zerschlägt sich, und ihre Wanderschaft wird zum desorientierten Umherirren, zum "Herumstreunen, Pfadesuchen" (464) angesichts eines Ziels, das ihr vorschwebt, zu dem jedoch kein Weg mehr führt. Die Situation der Ankunft, zuhause, in der Heimat ihrer Kindheit, leitet die Erzählung ein, aber dieses Ankommen bei ihrem Vater entwickelt sich zum Ausmessen eines Raums, der ihr einmal vertraut war und der ihr

---

11 Das ist in der Forschung nicht unbeachtet geblieben; Gewinn hat der vorliegende Beitrag vor allem aus Lensing 1985, Mahrdt 1995 und Omelaniuk 1983 gezogen.

nun abhanden gekommen ist. Die Meßkarte, die ihr hätte als Leitlinie dienen können, erweist sich als unzuverlässig; 'Heimat' im Sinne von geordneter Stabilität und sicherer Orientierung löst sich ihr auf: Sie steht wie Kafkas Landvermesser vor dem Ziel, ohne es erreichen zu können. Ihr Suchen gleicht dem verzweifelten und fortwährend sinnloser werdenden Ausmessen der Wegstrecke, dem sie sich schließlich durch übereilte Flucht entzieht. Ankommen und Abreisen geraten zur Lebensform in einer Welt, die ihr keinen Aufenthalt mehr bietet.

Diesem äußeren Handlungsrahmen nun sind die Erinnerungslinien der knapp 50jährigen Protagonistin eingefügt, die ihr Leben Revue passieren läßt und sich dabei über sich selbst klar zu werden versucht. Sie ist inzwischen - nach bescheidenen Anfängen - eine anerkannte und engagierte Fotojournalistin, die Leiden und Krieg aufsucht, um gewissermaßen als Bildberichterstatterin des Todes ihre Leser aufzurütteln gegen die Widersinnigkeiten der Wirklichkeit. Auch diesem selbstgesetzten Ziel hatte sie "Glauben" geschenkt; ihre Identifikation mit dem journalistischen Auftrag erschien ihr als eine Art 'Heimat', als ein auch politisch motivierter 'Standort', auf den alle Fäden ihres Lebens zuliefen, von Zweifeln ungetrübt und von Zukunftshoffnungen getragen. Den Zusammenbruch dieser Wertewelt und damit den Verlust ihres Lebenssinns erzählt Ingeborg Bachmanns Geschichte in immer wieder neu ansetzenden Reflexionsringen der Protagonistin. Es ist zugleich die Topographie der 'Seelenlandschaft' einer Frau, die in ihren unterschiedlichen Rollen - als Opfer, Geliebte, Ehefrau und Beschützerin der "Verlorenen" - ausgemessen wird.

Charakteristisch für diese Erzählung ist nun, daß Reflexionsmedium und Maßstab für den Bewußtwerdungsprozeß der Protagonistin an die Figuren- und Erzählwelt Joseph Roths geknüpft werden und sich so in Zitaten, Anspielungen und verdeckten Hinweisen einem literarischen Modell verpflichten, das gleichermaßen historische Tiefe wie sprachliche Ausdrucksmöglichkeit zur Verfügung stellt. Dabei spielt die Ausmessung des geschichtlichen Raums eine wichtige Rolle. Auf ihren (abgebrochenen) Wegen zum See, dem Hort ihrer Kindheit, öffnet sich der Protagonistin mit Joseph Roth eine historische Perspektive, die den Zerfall der Habsburger Monarchie zum schwermütigen Ballast einer Gegenwartsbestimmung macht. Seit Elisabeth auf dem Weg über die "Radetzkystraße" "endlich" "zuhause" angekommen ist (395), spinnt die Erzählerin diesen Faden einer Parallelität zwischen ihrer Erzählwelt und der Joseph Roths weiter - bis hin zu einer Identifikation: "Warum Elisabeth plötzlich an den Bezirkshauptmann Trotta aus der Monarchie denken mußte, der für sie nur eine Legende war, wußte sie nicht, aber sie dachte, mein Vater und er, die ähneln einander so sehr. Mehr als ein halbes Jahrhundert später gab es wieder jemand, der jemand ähnelte aus einer anderen Welt, einer versunkenen" (467). Mit dieser Evokation des Rothschen Bezirkshauptmanns verbunden ist eine Bestimmung der Vergangenheit Österreichs, wie sie von Joseph Roth vorkonzipiert worden ist: "Elisabeth begriff jetzt, als sie mit ihrem Vater redete, daß Trotta, der doch ein Österreicher gewesen war, in der Verneinung, wie ihr Vater, der nicht verneinte, aber alles mißbilligte, was noch so tat 'als ob', als ob von diesem Geist noch die Rede sein könne, und er beharrte störrisch darauf, daß ein Irrtum der Geschichte nie berichtigt worden sei, daß das Jahr 1938 kein Einschnitt gewesen war, sondern der Riß weit zurücklag, alles danach eine Konsequenz des älteren Risses war, und daß seine Welt, die er doch kaum mehr recht gekannt hatte, 1914 endgültig vernichtet worden sei" (453f.). Und schließlich werden das Trotta-Geschlecht und die Matreis-Familie in einer Untergangsvision miteinander verbunden, bei der Joseph Roth die Feder geführt zu haben scheint: "Denn sie wußte nur und auch genau, warum Familien wie die Matreis aussterben sollten, auch daß dieses Land keine Matreis mehr brauchte, daß schon ihr Vater ein Relikt war [...]. Aber was sie zu Fremden machte überall, war ihre Empfindlichkeit, weil sie von der Peripherie kamen und daher ihr Geist, ihr Fühlen und Handeln hoffnungslos diesem Geisterreich von einer riesigen Ausdehnung gehörten, und es gab nur die richtigen Pässe für sie nicht mehr, weil dieses Land keine Pässe ausstellte" (399).

Wie eng sich Ingeborg Bachmann an die Textwelt Joseph Roths anlehnt, mögen diese - vielleicht ermüdend langen - Hinweise zeigen: Sie sind Markierungen eines intertextuellen Dialogs. Die Rothsche Deutung des Zerfalls der Habsburger Monarchie dient als Spiegel für eine Selbstvergewisserung der von dieser Tradition belasteten Nachkommen. Die Erzählerin schreibt ihre Geschichte in einen Subtext ein, der mit seinen literarischen Versatzstücken einen Verständigungsrahmen abgibt, damit aber auch gleichzeitig eine Rezeptionsvariante wie eine Stellungnahme zu der von Joseph Roth abgesteckten Tradition darstellt. Die Welt der Trottas ist - so suggeriert es die Erzählerin - für die Protagonistin durch Faszination gekennzeichnet. Aber was sie anzieht, ist nicht die Vision einer vergangenen Welt oder gar eine nostalgische Verklärung der Habsburger Monarchie - das Wort fällt nicht in der Erzählung -, sondern eine Erkenntnis- und Existenzform, exemplifiziert an dem für sie nur legendenhaften Schicksal der Trottas aus der Nebenlinie der 'Rebellen'. So herausgenommen aus dem Rothschen historischen Repräsentationskontext kann ein Trotta, dem Geschlecht der "geborenen Verlierer" (426) angehörig, wieder eine Bedeutung gewinnen. Er wird zum Medium einer Einsicht in ihre Befindlichkeit, das sie aus den Bahnen einer unreflektierten Anpassungshaltung herausreißt und sie - trotz aller Schmerzhaftigkeit - zu sich befreit: "erst als sie Trotta in Paris kennenlernte, änderte sie sich [...] vollständig", sie gelangte zum "Bewußtsein vieler Dinge" (415), vor allem dazu: "Das Allerwichtigste war, daß Trotta

Elisabeth unsicher machte in der Arbeit [...] und er sie langsam vergiftete, sie zu zwingen anfing, über ihren Beruf nachzudenken" (416). In gleichem Maße, wie ihr durch Trotta der "Boden unter den Füßen weggezogen" wurde (417), wie er "sie und ihren festen Glauben zu verhöhnen" pflegte (419), "fing sie [...] unmerklich an, ihre Arbeit anders zu sehen" (418). Es ist ein Erkenntnischock, gefolgt von dem "leisen Hohn, der immer in Trotta gewesen war und der erst später in sie eingezogen war" (428), ein Zweifel, der sich durch Trottas "Geistersätze" in sie einnistet und sie aller Naivität beraubt, bis sie "keinem mehr glaubte" (447).

Die Konsequenz ist "Verwirrung", "Verstörung" und die "Unstimmigkeit aller Beziehungen" (450). Das Leben verflüchtigt sich, bodenlos wie es geworden war und ohne "Heimweh" (411), in der Nachfolge Trottas, der "herausgefunden" hatte, "daß ich nirgend mehr hingehöre, mich nirgends hinsehe, aber einmal hatte ich gedacht, ich hätte ein Herz und gehöre nach Österreich. Doch es hört alles einmal auf, es kommt einem das Herz und ein Geist abhanden, und es verblutet nur etwas in mir, ich weiß aber nicht, was es ist" (453). Für Elisabeth sind dies die Merksätze ihres Lebens; sie lösen sich fortschreitend von ihrem realen Urheber ab (vgl. 429) und machen sich als Maximen selbständig. Das noch in der Auseinandersetzung formulierte Wort Trottas "Ich lebe überhaupt nicht, ich habe nie gewußt, was das ist, Leben. Das Leben suche ich bei dir" (420) verfolgt sie als "Geistersatz" weiter und weist ihr die Richtung an: "Verschaff dir nichts, behalt deinen Namen, nimm nicht mich, nimm dir niemand, es lohnt sich nicht" (429).

Das Raffinement von Ingeborg Bachmanns Erzählung besteht nun darin, daß sie die in Roths Figurenarsenal vorgelegten Lebensformen durch ihre Protagonistin auf ihre Tragfähigkeit hin überprüfen läßt, geradezu als 'Wege' zu einem imaginierten Ziel. Eine erzählerisch konstruierte Symmetrie ist dabei unverkennbar: Die "drei Wege", auf denen Elisabeth sich vergeblich bei ihrer Suche abmüht, finden ihre Korrespondenz in den drei Generationen der Trottas, die den Verfall der überstaatlichen Ordnung Österreichs repräsentieren, werden zu persönlichen Orientierungsversuchen in den drei Gestalten aus Joseph Roths Erzähluniversum, mit denen sie in Verbindung tritt: mit Trotta selbst, der ihr die Auswegslosigkeit zeigt und selbst den Freitod wählt, mit Manes, der sie durch eine diabolische Vitalität in den Bann zieht und sie wortlos verläßt, und mit Branco, dessen naive Anhänglichkeit sie - allerdings im Zeichen des Abschieds - kurzzeitig die "Unstimmigkeit aller Beziehungen" vergessen macht. Und schließlich projiziert die Erzählerin diese Dreier-Topik auf ihre 'Heldin', indem sie sie aufspaltet in drei Lebensmöglichkeiten: in die ihrer Schwägerin Liz, die den Weg bürgerlicher Häuslichkeit wählt, die ihrer

Schulkameradin Elisabeth, die bei einem geheimnisumwitterten Kriminalfall, bei dem die 'Untiefen' nur zu erahnen sind, getötet wird, und endlich die Protagonistin Elisabeth selbst, die sich vor beiden Alternativen graut und ihren 'offenen', allerdings auch orientierungslosen Weg wählt.

Es könnte erscheinen, als habe Ingeborg Bachmann bei ihrem intertextuellen Anschluß an Joseph Roths Erzählwelt dessen Figuren als 'Spielmaterial' verwendet und ihnen sozusagen ein neues 'Leben' gegeben, losgelöst von allen historisch-politischen Konnotationen, aber doch im Bewußtsein, daß sie selbst an einen Traditionskontext gebunden ist, in den sie sich einschreibt. Nur gibt sie kein Historiogramm dieser Tradition mehr wie Joseph Roth, sondern das Psychogramm einer Epoche, der sie selbst zugehört. Und dieses Psychogramm ist geprägt vom Bewußtsein, "exterritorial" (475) zu sein, das heißt ohne die Möglichkeit einer topografischen Einordnung: "Es gab überhaupt keine Orte mehr für Elisabeth, die ihr nicht wehtaten" (405). Ihre "Empfindlichkeit" macht sie zur "Fremden" in einem "Geisterreich", in dem es keine Pässe mehr gab, wie es heißt. Diese "Empfindlichkeit", ausgelöst durch Trottas desillusioniertes Insistieren auf Einsicht in den "wahren Zusammenhang der Dinge" und verstärkt durch die Vergeblichkeit, auf alternativen Wegen zu einem Ziel zu gelangen, scheint die Brücke zwischen der Textwelt Joseph Roths und der seiner Rezipientin zu sein. Von der "Peripherie" kommend - geographisch wie gedanklich - und daher nahezu magisch aufs 'Zentrum' bezogen, bleibt nur die leidvolle Erfahrung der Trennung, wenn dieser Mittelpunkt zerfällt, im konkreten wie im übertragenen Sinne.

In Joseph Roths Textuniversum - so sei erinnert - ist der Entfaltungsraum für den einzelnen gebunden an den formalen Rahmen eines übergeordneten Systems - sei es die Habsburger Monarchie, die Katholische Kirche oder das jüdische Gesetz -, das Beweglichkeit, Freiheit gerade dadurch sichert, daß es in seinem überindividuellen Charakter den einzelnen nicht in die Zwangsjacke nationaler oder moralischer Verpflichtungen steckt. Autonomie des Subjekts bindet sich an die Heteronomie von Ordnungsgebilden, innerhalb deren Freiräume und Geborgenheitsnischen ermöglicht werden. Joseph Roths Textwelt zielt auf die Geschlossenheit von überindividuellen und individuellen Begründungszusammenhängen. Und wo sich dieser Kreis auflöst, erscheint ihm der Untergang als ebenso unvermeidlich wie der verzweifelte Gestus des einzelnen, sich an den Insignien, gar Reliquien des verfallenen Ordnungssystems festzuklammern und daran einen (illusorischen) Halt zu suchen.[12]

Bei Ingeborg Bachmann - das macht dieser intertextuelle Dialog deutlich - ist dieser Kreis durchbrochen; das Schicksal der Trottas ist ihr dafür An-

---

12 Vgl. zu diesem Denk- und Argumentationsverfahren bei Joseph Roth Bohnen 1988.

schauungs- und Reflexionsgegenstand zugleich. Dem Untergang bietet sich keine stützende Hülle als Gegenbild oder Klagemauer mehr an. Joseph Roths Habsburger Traum ist ebenso weggewischt wie dessen nostalgischer Blick auf die Naturwüchsigkeit einer noch unverdorbenen "Peripherie", wie sie sich in den Manes und Brancas darstellt. Elisabeths leidenschaftliche Verbindung mit Manes - in all ihrem ekstatischen Höhenflug durchaus doppeldeutig gezeichnet - ist von der unausweichlichen Trennung überschattet, die gerade in ihrer scheinbaren Sinnlosigkeit den Blick auf den Kern des Problems, die Trennung als Lebensform, lenkt. Ingeborg Bachmanns Protagonistin ist ohne Vergangenheitshalt oder Zukunftshoffnung auf sich zurückgeworfen; die Spaltung zwischen ihr und der Welt ist nicht mehr - wie bei Joseph Roth - welthistorisch begründet (und somit auch erklärbar), sondern existentiell.

Aber wie sie sich dieser Situation stellt, macht die grundsätzliche Differenz zwischen Joseph Roth und Ingeborg Bachmann kenntlich und konturiert diesen intertextuellen Dialog als eine scharf abgrenzende Auseinandersetzung mit dem Lösungsangebot des Subtextes. Als die private Welt der Protagonistin endgültig zerbrochen ist und sie weder in der Heimat ihrer Kindheit noch in ihrer Wahlheimat einen Halt zu finden vermag, durchbricht sie die Kette von Selbstmitleid und des Verfügens anderer über sie und stellt sich der Sinnlosigkeit durch eine Tat, die als Trotz auch ihrem intellektuellen Zweifel gegenüber und zugleich als Aufruhr gegen die Trotta-Welt zu werten ist: Sie entschließt sich zum selbstmörderischen Aufbruch in den Vietnam-Krieg, um dort noch einmal Leid, Tod und Untergang im Bild festzuhalten, kaum mehr aus der Überzeugung, dadurch etwas in der Welt zu bewirken, sondern allein aus dem Vorsatz, sich trotz allem zu behaupten. Dieser Behauptungswille ist aber nicht mehr bezogen auf den beklagenswerten Untergang eines Ordnungsrahmens - wie bei Joseph Roth -, sondern auf ihre psychische und private Existenz, auf den 'Innenraum' ihrer selbst. Sie revoltiert gegen die Sinnlosigkeit ihrer Welt durch eine sinnlose Tat. Allerdings: Auch bei Ingeborg Bachmann scheint es so etwas wie ein - uneingelöstes und uneinlösbares - Hoffnungszeichen zu geben, ein Utopiebild geradezu, das allerdings in seiner Sprachlosigkeit und fehlenden Realisierbarkeit ein Mögliches im Mantel des Unmöglichen anbietet: Brancas Geständnis "Ich liebe Sie. Ich habe Sie immer geliebt" (477), als Abschied ihr auf einem Zettel bei der Trennung auf dem Flughafen zugeschoben, begleitet sie in den Schlaf vor dem endgültigen Aufbruch in eine Welt, die sie als durch Blut gekennzeichnet erfährt. Joseph Roths Reliquien, den verdinglichten Zeugnissen einer vergangenen Welt, wird hier eine Kraft gegenübergestellt, die auch im Zeichen der Vergeblichkeit noch ein Ziel anvisiert. Alles Ausmessen der Wege zu diesem Ziel führt zwar nur zu Desorientierung und Trennung, aber damit ist das Ziel als Postulat und Hoffnungsträger nicht aufgegeben. Und auch hier trennen sich die Wege zwischen Joseph Roth und Ingeborg Bachmann.

III

Erkennbar ist, daß Ingeborg Bachmanns intertextueller Bezug auf die Erzählwelt Joseph Roths nicht den Charakter zufälliger Anspielungen hat oder eher spielerisch vorgetragener 'Traditionsmüll' ist, sondern auf den Kern der Erzählung zielt. Eine jede Interpretation wird gut daran tun, die Konturen dieses Dialogs zu umreißen, um so die 'Doppelgleisigkeit' des Textes und seinen ausgeprägten Auseinandersetzungsgestus zu entziffern und auf ein 'Ganzes' hin zu konkretisieren. Einzelne Aspekte dieses Dialogs, sozusagen die "drei Wege" Ingeborg Bachmanns zu Joseph Roth, seien - abschließend und eher übergeordnet - in wenigen Punkten zusammengefaßt:
1. Ingeborg Bachmann schreibt sich in eine Roth-Rezeption ein, die zur Entstehungszeit ihrer Erzählung - nach der Herausgabe von Joseph Roths Werken durch Hermann Kesten - breitere Kreise zog. Als solches ist ihre Roth-Zuwendung auch als eine Art Hommage oder als 'Gedächtnis' zu werten. Allerdings ist diese Erinnerung zugleich mit dem Bild eines Autors verbunden, dem zu dieser Zeit das Signum des konservativen Verteidigers einer Monarchie, ja geradezu eines restaurativen Traumbildes anhing, das mit der gesellschaftspolitischen Skepsis der Rezipientin kaum in Einklang zu bringen war. Eine 'Wende' in ihrem Denken ist damit indes nicht anzunehmen, wohl aber eine Art 'Gegensteuerung' zu den zeitgenössischen Literaturdoktrinen, die auch etwas verrät über ihre Einschätzung der allzu eingliedrig politisierenden Literatur dieser Zeit (was in ihrer Erzählung auch mit der Gestalt des 'nachrevolutionären' Studenten thematisiert wird).
2. Einleuchtendes Motiv für diesen dezidiert gesuchten intertextuellen Dialog mit Joseph Roth ist wohl die Nachfolge-Figur, mit der sich Ingeborg Bachmann in die Tradition der österreichischen Literatur einordnet und damit ihre eigenen Herkunftslinien aufweist. Und es ist dies eine Linie, der das Bewußtsein der Peripherie ebenso zugehört wie die Leugnung des *mainstream*. Joseph Roth ist für sie ein Mann der geographischen Peripherie, der dem Verlust des Zentrums nachtrauert und dabei die Kanten sichtbar macht, die das Bild österreichischer Tradition im Zeichen von Skepsis und Identitätsverunsicherung darstellt - wie dies auf je andere Weise auch Musil, Kerr oder Améry tun (auf die in der Erzählung, wenn auch in geringerem Maße, ebenso angespielt wird). Mit Joseph Roth sucht sie eine österreichische Tradition einzugrenzen und fortzuführen.

3. Das Bild Joseph Roths verliert in ihrer Text-Auseinandersetzung allerdings jeden Charakter des Apologetischen oder Nostalgischen. Interessant ist für sie nicht mehr der 'Geschichtsraum' der Rothschen Erzählwelt, sondern der 'Innenraum' der in dieser Welt Zu-spät-Gekommenen, die sich beim Ausmessen der Wege der Ausweglosigkeit ihrer Sinngebungsbemühungen bewußt werden. Joseph Roth mag dafür einen historischen Begründungskontext aufweisen, aber dieser ist für Ingeborg Bachmann in eine legendenhafte Vorzeit verwiesen, die nur insofern für die Gegenwart taugt, als sie einen Fiktionsrahmen abgibt für die existentiell erfahrene Trennung als Lebensgegebenheit. In der Antwort auf diese Gegebenheit durchbricht Ingeborg Bachmann allerdings den Rothschen Fatalismus des sich an die Relikte des Untergehenden Klammerns, indem sie der Verzweiflung eine verzweifelte Tat entgegensetzt, die nicht Sinn verspricht, aber in der Auflehnung die Möglichkeit des Sinns nicht aufgibt.
4. Was die Erzählung als Thema aufwirft, deutet sie auch als erzählerisches Fiktionsgebilde an: Die Möglichkeit literarischen Sprechens stellt sich her durch die intertextuelle Verzahnung und montagehafte Verknüpfung von literarisch vorgeformten Erzählelementen, die als Ordnungsgebilde erzählerischen Halt geben und als Spiegel funktionieren können, in dem die Auflösung gewissermaßen festgefroren ist. Joseph Roth ist für Ingeborg Bachmann solch ein Medium, aber er ist keineswegs das einzige. Die Erzählung kann sich in für Ingeborg Bachmann ungewöhnlich ruhiger Form dem Erzählfluß dieses Mediums anpassen und gewinnt gerade in dieser Spiegelung ihre reflektorische Kraft, weil sie den aufmerksamen Leser in die Kombinatorik des Zusammenlesens von Joseph Roths und Ingeborg Bachmanns Sprachwelt hineinzwingt. Und dies ist gewiß ein gangbarer Weg, um bei der Interpretation - trotz oder gerade wegen des intertextuellen Dialogs - des 'Ganzen' habhaft zu werden.

Literatur

Ahlers, Michael (1993): *Die Stimme des Menelaos. Intertextualität und Metakommunikation in Texten der Metafiction*, Würzburg: Königshausen & Neumann (= Epistemata. Reihe Literaturwissenschaft 83).

Bachtin, Michael (1979): *Die Ästhetik des Wortes*. Hg. und übers. von Rainer Grübel, Frankfurt/M.: Suhrkamp.

Bohnen, Klaus (1988): Flucht in die 'Heimat'. Zu den Erzählungen Joseph Roths, in: *Joseph Roth. Werk und Wirkung*, hg. von Bern M. Kraske, Bonn: Bouvier (= Sammlung Profile 32), S. 53-69 (zuerst in: Text & Kontext 13, 1985, S. 320-334).

Broich, Ulrich/Pfister, Manfred (Hg.) (1985): *Intertextualität. Formen, Funktionen, anglistische Fallstudien*, Tübingen: Niemeyer (= Konzepte der Sprach- und Literaturwissenschaft 35).

Geier, Manfred (1985): *Die Schrift und die Tradition. Studien zur Intertextualität*, München: Fink.

Helbig, Jörg (1996): *Intertextualität und Markierung. Untersuchung zur Systematik und Funktion der Signalisierung von Intertextualität*, Heidelberg: Winter (= Beiträge zur neueren Literaturgeschichte 3. Folge/141)

Heyl, Tobias (1995): *Zeichen und Dinge, Kunst und Natur. Intertextuelle Bezugnahmen in der Prosa Thomas Bernhards*, Frankfurt/M. etc.: Lang (= Münchener Studien zur literarischen Kultur in Deutschland 24).

Hoesterey, Ingeborg (1988): *Verschlungene Schriftzeichen. Intertextualität von Literatur und Kunst in der Moderne/Postmoderne*, Frankfurt/M.: Athenäum (= Athenäums Monografien Literaturwissenschaft 92).

Holthuis, Susanne (1993): *Intertextualität. Aspekte einer rezeptionsorientierten Konzeption*, Tübingen: Stauffenburg (= Stauffenburg-Colloquium 28).

Krajenbrink, Marieke (1996): *Intertextualität als Konstruktionsprinzip. Transformation des Kriminalromans und des romantischen Romans bei Peter Handke und Botho Strauss*, Amsterdam: Rodopi (= Amsterdamer Publikationen zur Sprache und Literatur 123).

Kristeva, Julia (1974): *La Révolution du langage poétique*, Paris: Seuil.

Lachmann, Renate (1990): *Gedächtnis und Literatur. Intertextualität in der russischen Moderne*, Frankfurt/M.: Suhrkamp.

Lensing, Leo A. (1985): Joseph Roth and the Voices of Bachmann's Trotta: Topography, Autobiography and Literary History in "Drei Wege zum See", in: *Modern Austrian Literature 18 (3/4)*, S. 53-76.

Mahrdt, Helgard (1995): *Öffentlichkeit, 'Gender' und Moral. Von Gotthold E. Lessing zu Ingeborg Bachmann*, Tromsø: Institutt for språk og litteratur.

Omelaniuk, Irena (1983): Ingeborg Bachmann's "Drei Wege zum See": A Legacy of Joseph Roth, in: *Seminar 19*, S. 246-264.

Pfister, Manfred (1985): Konzepte der Intertextualität, in: *Intertextualität. Formen, Funktionen, anglistische Fallstudien*, hg. von Ulrich Broich und M.P., Tübingen: Niemeyer (= Konzepte der Sprach- und Literaturwissenschaft 35), S. 1-30.

Schahadat, Schamma (1995): *Intertextualität und Epochenpoetik in den Dramen Aleksandr Bloks*, Frankfurt/M. etc.: Lang (= Slavische Literaturen 8).

Schmid, Wolf/Stempel, Wolf-Dieter (1983): *Dialog der Texte. Hamburger Kolloquium zur Intertextualtät*, Wien: o.V. (= Wiener Slavistischer Almanach Sonderband 11).

Steinmetz, Horst (1996): *Moderne Literatur lesen. Eine Einführung*, München: Beck.

Stierle, Karlheinz (1983): Werk und Intertextualität, in: *Dialog der Texte. Hamburger Kolloquium zur Intertextualität*, hg. von Wolf Schmid und Wolf-Dieter Stempel, Wien: o.V. (= Wiener Slavistischer Almanach Sonderband 11), S. 7-26.

Die Autoren

Henk de Berg, geb. 1963; Studium der Germanistik, Literaturwissenschaft und Theologie in Leiden und Siegen. Promotion 1994 (bei Horst Steinmetz). Lecturer in German an der University of Sheffield. Buchveröffentlichungen: *Kommunikation und Differenz* (Mhrsg., 1993); *Kontext und Kontingenz* (1995); *Differenzen* (Mhrsg., 1995); *Systemtheorie und Hermeneutik* (Mhrsg., 1997).

Hendrik Birus, geb. 1943; Studium der Germanistik, Vergleichenden Literaturwissenschaft und Philosophie in Hamburg und Heidelberg. Promotion 1977. Professor und Vorstand des Instituts für Allgemeine und Vergleichende Literaturwissenschaft an der Universität München. Gastprofessuren an den Universitäten Wien, Rom, Illinois, Yale, Indiana, Washington und an der Ecole des Hautes Etudes en Sciences Sociales; 1995/1996 Fellow am Wissenschaftskolleg zu Berlin. Veröffentlichungen u.a.: *Poetische Namensgebung* (1978); *Hermeneutische Positionen* (Hrsg., 1982); *Vergleichung. Goethes Einführung in die Schreibweise Jean Pauls* (1986); *Johann Wolfgang Goethe: West-östlicher Divan* (Hrsg., 1994); *Germanistik und Komparatistik* (Hrsg., 1994).

Klaus Bohnen, geb. 1940; Studium der Germanistik, Geschichte und Philosophie in Köln, Wien und Poitiers. Promotion 1970. Professor für Germanistik an der Universität Aalborg und Direktor des Forschungszentrums 'Sprache und Interkulturelle Studien'. Veröffentlichungen u.a.: *Geist und Buchstabe* (1974); *Brechts "Gewehre der Frau Carrar". Materialienband* (1982); *Lessings "Nathan der Weise"* (Hrsg., 1984); *Lessing. Werke und Briefe in 12 Bänden* (Mhrsg., 1985); *Aufklärung, Sturm und Drang, frühe Klassik* (zus. mit S.-A. Jörgensen und P. Öhrgaard, 1990); *Aufklärung als Problem und Aufgabe* (Mhrsg., 1994).

Jaap Goedegebuure, geb. 1947; Studium der Niederlandistik in Leiden und der Allgemeinen Literaturwissenschaft in Utrecht. Professor für Literaturwissenschaft an der Katholieke Universiteit Brabant (Tilburg/Niederlande). Wichtigste Buchveröffentlichungen: *Op zoek naar een bezield verband. De literaire en maatschappelijke opvattingen van H. Marsman in de context van zijn tijd* (1981); *Decadentie en literatuur* (1987); *Nederlandse literatuur 1960-1988* (1989); *Nieuwe zakelijkheid* (1992); speziell zum Zusammenhang von Bibel und moderner Literatur: *De Schrift herschreven* (1993) und *De veelvervige rok* (1997).

Hendrik van Gorp, geb. 1935 in Herentals (Belgien), studierte in Leuven, Bonn und Berlin; Promotion 1968. Professor für Allgemeine und Vergleichende Literaturwissenschaft an der Katholieke Universiteit Leuven. Veröffentlichungen u.a.: *Het optreden van de verteller in de roman* (1970); *Inleiding tot de picareske verhaalkunst* (1979); (gemeinsam mit R. Ghesquiere, D. Delabastita und J. Flamend) *Lexikon van literaire termen* (1980; 6., erw. Aufl. 1998); *Poëzie en onderwijs* (1984); *De Gothic Novel in de Europese literatuur* (1998); (Mit-)Herausgeber mehrerer Sammelbände, u.a. *Dialogeren met Bakhtin* (1986).

Dieter Hensing, geb. 1937; Studium der Germanistik und der evangelischen Theologie in Tübingen und Bonn; Promotion mit einer Arbeit zur mittelalterlichen Bibelepik: *Zur Wiener Genesis* (Amsterdam 1972). Seit 1963 Dozent für Germanistik an der Universiteit van

Amsterdam. Veröffentlichungen u.a. zu Peter Weiss, Hermann Hesse, H.C. Artmann, Tankred Drost, Arthur Schnitzler und Albert Camus.

Elrud Ibsch, Professor für Allgemeine und Vergleichende Literaturwissenschaft an der Vrije Universiteit Amsterdam. Studium der Romanistik, Germanistik, Philosophie und Allgemeinen Literaturwissenschaft in Mainz, Paris und Utrecht. Promotion in Utrecht mit der Dissertation *Die Stellung Nietzsches in der Entwicklung der modernen Literaturwissenschaft* (1972). In Zusammenarbeit mit Douwe Fokkema schrieb sie u.a.: *Theories of Literature in the Twentieth Century* (1977); *Modernist Conjectures* (1988); *Literatuurwetenschap en cultuuroverdracht* (1992). (Mit-)Herausgeber der Sammelbände *Rezeptionsforschung zwischen Hermeneutik und Empirik* (1987); *Literatur und politische Aktualität* (1993); *De lange schaduw van vijftig jaar* (1996).

Gerd Labroisse, geb. 1929 in Berlin; Studium der Germanistik (mit Niederländisch), Philosophie und Geschichte an der Freien Universität Berlin. Promotion 1956. Seit 1969 tätig am Germanistischen Institut der Vrije Universiteit Amsterdam; emiritierter Professor für Neuere deutsche Literatur. Publikationen u.a.: *25 Jahre geteiltes Deutschland* (1970); *Zur Literatur und Literaturwissenschaft der DDR* (Hrsg., 1978); *Facetten. Studien zum 60. Geburtstag Friedrich Dürrenmatts* (Mhrsg., 1981); *Literaturszene Bundesrepublik* (Mhrsg., 1988); *DDR-Lyrik im Kontext* (Mhrsg., 1988); *Frauen-Fragen in der deutschsprachigen Literatur seit 1945* (Mhrsg., 1989); *Günter Grass: ein europäischer Autor?* (Mhrsg., 1992); *Im Blick behalten: Lyrik der DDR* (zus. mit A. Visser, 1994).

Karl Robert Mandelkow, geb. 1926; Studium der Germanistik, Philosophie und Theologie in Hamburg. Seit 1961 Dozent, später Professor in Amsterdam und Leiden; seit 1970 Professor der Literaturwissenschaft in Hamburg; 1991 emiritiert. Buchveröffentlichungen: *Hermann Brochs Romantrilogie "Die Schlafwandler"* (1962, 2. Aufl. mit einem neuen Nachwort 1975); *Orpheus und Maschine* (1976); *Goethe in Deutschland Bd. 1-2* (1980-1989); als Herausgeber: *Goethe im Urteil seiner Kritiker Bd. 1-4* (1975-1984); *Europäische Romantik Bd. 1* (1982); Hamburger Ausgabe: *Goethes Briefe Bd. 1-4* und *Briefe an Goethe Bd. 1-2*.

Sjaak Onderdelinden, geb. 1939; Studium der Germanistik in Amsterdam. Dozent für Neuere deutsche Literatur an der Universität Leiden. Promotion (1974) bei Horst Steinmetz über Conrad Ferdinand Meyers Rahmenerzählungen. Forschungsschwerpunkt: das politisch-historische Drama des 20. Jahrhunderts. Publikationen zu Brecht, Dürrenmatt, Weiss und Hochhuth, zum Dokumentartheater und zum Fernsehdrama sowie zu Theaterskandalen der Weimarer Republik.

Matthias Prangel, geb. 1939 in Berlin; Studium der Germanistik, Geschichte und Psychologie in Marburg, Hamburg und Leiden. Promotion 1986 (bei Horst Steinmetz). Dozent für Allgemeine Literaturwissenschaft an der Universität Leiden. Buchveröffentlichungen: *Alfred Döblin* (1973, 2. Aufl. 1987); *Materialien zu Alfred Döblins "Berlin Alexanderplatz"* (1975); *Die Pragmatizität 'fiktionaler' Literatur* (1986); *Duits(land) in Nederland* (Mhrsg., 1988); *Kommunikation und Differenz* (Mhrsg., 1993); *Differenzen* (Mhrsg., 1995); *Systemtheorie und Hermeneutik* (Mhrsg., 1997).

Manfred Schmeling, geb. 1943; Leiter der Fachrichtung Allgemeine und Vergleichende Literaturwissenschaft an der Universität des Saarlandes in Saarbrücken. Buchveröffentlichungen u.a.: *Das Spiel im Text* (1977); *Vergleichende Literaturwissenschaft* (Hrsg.,

1981); *Métathéâtre et intertexte* (1982); *Der labyrinthische Diskurs* (1987); *Weltliteratur heute* (Hrsg., 1995).

Siegfried J. Schmidt, geb. 1940; Studium der Philosophie, Germanistik, Geschichte, Linguistik und Kunstgeschichte in Freiburg, Göttingen und Münster. Professor für Kommunikationstheorie und Medienkultur an der Universität Münster. Jüngere Publikationen (Auswahl): *Grundriß der Empirischen Literaturwissenschaft. Mit einem Nachwort zur Taschenbuchausgabe* (1991), *Kognitive Autonomie und soziale Orientierung* (1994), *Werbung, Medien und Kultur* (Mhrsg., 1995), *Die Kommerzialisierung der Kommunikation. Fernsehwerbung und sozialer Wandel 1956-1989* (1996; gemeinsam mit Brigitte Spieß), *Die Welten der Medien* (1996), *Die Zähmung des Blicks. Konstruktivismus - Wissenschaft - Empirie* (1998).

Hinrich C. Seeba, geb. 1940 in Hannover; Studium der Germanistik, Gräzistik und Philosophie in Göttingen, Zürich und Tübingen. Promotion 1967. Seit 1968 Professor of German an der University of California in Berkeley; Gastprofessuren an der FU Berlin (1992) und der Stanford University (1994). Buchveröffentlichungen: *Kritik des ästhetischen Menschen. Hermeneutik und Moral in Hofmannsthals "Der Tor und der Tod"* (1970); *Die Liebe zur Sache. Öffentliches und privates Interesse in Lessings Dramen* (1973); Mitherausgeber der Festschriften für Heinz Politzer (1975) und Richard Brinkmann (1981) sowie der Kleist-Ausgabe im Deutschen Klassiker Verlag (Dramen I und II).

Wilhelm Voßkamp, geb. 1936 in Osnabrück; Studium der Germanistik, Philosophie und Geschichte in Münster, München, Göttingen und Kiel. Promotion 1965. Professor für Neuere deutsche Literatur an der Universität zu Köln. Buchveröffentlichungen: *Zeit und Geschichtsauffassung im 17. Jahrhundert bei Gryphius und Lohenstein* (1967); *Romantheorie in Deutschland von Martin Opitz bis Friedrich von Blanckenburg* (1973); *Schäferdichtung* (Hrsg., 1977); *Utopieforschung Bd. 1-3* (Hrsg., 1982/Taschenbuchausgabe 1985); *Historische und aktuelle Konzepte der Literaturgeschichtsschreibung* (Mhrsg., 1986); *Von der gelehrten zur disziplinären Gesellschaft* (Mhrsg., 1987); *Wissenschaft und Nation* (Mhrsg., 1991); *Klassik im Vergleich* (Hrsg., 1993); *Wissenschaftsgeschichte der Germanistik im 19. Jahrhundert* (Mhrsg., 1994).

Dietrich Weber, geb. 1935 in Rathenow; Studium in Innsbruck, München und Hamburg. Promotion 1962 in Hamburg. Seit 1975 Professor für Allgemeine Literaturwissenschaft einschließlich Neuere deutsche Literaturgeschichte in Wuppertal. Veröffentlichungen: *Heimito von Doderer. Studien zu seinem Romanwerk* (1963); *Deutsche Literatur der Gegenwart in Einzeldarstellungen*, 2. Bände (Hrsg., 1968ff.); *Theorie der analytischen Erzählung* (1975); *Heimito von Doderer* (Autorenbuch bei C.H. Beck, 1987); *Der Geschichtenerzählspieler* (1989); *Auctor in fabula und andere literaturwissenschaftliche Unterhaltungen* (1995); *Erzählliteratur* (1998). Ferner Editionen aus Doderers Nachlaß und Aufsätze zu Formen der Literatur sowie über Heine, Fontane, Doderer, Frisch.

Alois Wierlacher, geb. 1936 in Wuppertal. Promotion 1964 in Bonn (bei Richard Alewyn), Assistant Professor and der UCLA, Habilitation in Heidelberg, Berufungen an mehrere Universitäten, seit 1986 Professor für Interkulturelle Germanistik an der Universität Bayreuth. Ehrenprofessor der Universitäten Karlsruhe und Qingdao, mehrjähriges Mitglied u.a. in Beiräten des Goethe-Instituts und der Volkswagen-Stiftung, Lehrtätigkeiten und Gastprofessuren an zahlreichen Hochschulen (u.a. Princeton, Bloomington, Stellenbosch, New Delhi und Tsukuba), Präsident der Akademie für interkulturelle Studien, Hauptherausgeber des Jahrbuchs Deutsch als Fremdsprache. Etwa 100 Publikationen, unter ihnen drei Bände zur Kulturthemenforschung: *Kulturthema Fremdheit* (Hrsg., 1993); *Kulturthema Essen* (Mhrsg., 1993); *Kulturthema Toleranz* (Hrsg., 1996).

Veröffentlichungen von Horst Steinmetz

1. Selbständige Veröffentlichungen

Der Harlekin. Seine Rolle in der deutschen Komödientheorie und -dichtung des 18. Jahrhunderts, Groningen: Wolters 1965. (Auch in: *Neophilologus 50*, 1966, S. 95-106.)

Die Komödie der Aufklärung, Stuttgart: Metzler 1966; 3. Aufl. 1978 (= Sammlung Metzler 47).

Die Trilogie. Entstehung und Struktur einer Großform des deutschen Dramas nach 1800, Heidelberg: Winter 1968 (= Probleme der Dichtung 11).

Lessing - ein unpoetischer Dichter. Dokumente aus drei Jahrhunderten zur Wirkungsgeschichte Lessings in Deutschland, Frankfurt/Bonn: Athenäum 1969 (= Wirkung der Literatur 1).

Eduard Mörikes Erzählungen, Stuttgart: Metzler 1969 (= Metzler Studienausgabe).

"aber" bij Kafka, Leiden: Universitaire Pers 1971.

Max Frisch. Tagebuch, Drama, Roman, Göttingen: Vandenhoeck 1973 (= Kleine Vandenhoeck-Reihe 379 S).

Suspensive Interpretation. Am Beispiel Franz Kafkas, Göttingen: Vandenhoeck 1977 (= Sammlung Vandenhoeck).

Gotthold Ephraim Lessings "Minna von Barnhelm". Dokumente zur Rezeptions- und Interpretationsgeschichte, Königstein/Ts.: Athenäum 1979 (= Athenäum Taschenbücher 2142).

(zus. mit Jan G. Kooij) *Systeem en functie. Aspecten van het onderzoek in taal- en literatuurwetenschap*, Assen: van Gorcum 1983.

Friedrich II., König von Preußen, und die deutsche Literatur des 18. Jahrhunderts. Texte und Dokumente, Stuttgart: Reclam 1985.

Das deutsche Drama von Gottsched bis Lessing, Stuttgart: Metzler 1987.

Van collectieve naar individuele receptie. Of: de historische weg van het 'begrepen' naar het 'onbegrepen' kunstwerk, Amsterdam etc.: Noord-Hollandse 1990 (= Mededelingen van de Afd. Letterkunde, Nieuwe Reeks, deel 53/2).

Literatur und Geschichte. Vier Versuche, München: iudicium 1988.

Moderne Literatur lesen. Eine Einführung, München: Beck 1996; 2. Aufl. 1997 (= Beck'sche Reihe 1152).

2. Texteditionen

Gottsched, Johann Christoph: *Sterbender Cato*. Im Anhang: Auszüge aus der zeitgenössischen Diskussion über Gottscheds Drama, Stuttgart: Reclam 1964; bibl. ergänzte Ausgabe 1984.

Gellert, Christian Fürchtegott: *Die zärtlichen Schwestern*. Im Anhang: Chassirons und Gellerts Abhandlungen über das rührende Lustspiel, Stuttgart: Reclam 1965; bibl. ergänzte Ausgabe 1995.

Gellert, Christian Fürchtegott: *Lustspiele*, Stuttgart: Metzler 1966 (= Deutsche Neudrucke, Reihe 18. Jh.).

Schlegel, Johann Elias: *Canut*. Im Anhang: J.E. Schlegels Gedanken zur Aufnahme des dänischen Theaters, Stuttgart: Reclam 1967.

Gottsched, Johann Christoph: *Die deutsche Schaubühne Bd. 1-6*, Stuttgart: Metzler 1972 (= Deutsche Neudrucke, Reihe 18. Jh.).

Gottsched, Johann Christoph: *Schriften zur Literatur*, Stuttgart: Reclam 1972.

Hagedorn, Friedrich von: *Versuch in poetischen Fabeln und Erzählungen*, Stuttgart: Metzler 1974 (= Deutsche Neudrucke, Reihe 18. Jh.).

3. Aufsätze

Der Kritiker Lessing. Zu Form und Methode der "Hamburgischen Dramaturgie", in: *Neophilologus 52*, 1968, S. 30-48.

Der vergessene Leser. Provokatorische Bemerkungen zum Realismusproblem. In: *Dichter und Leser. Studien zur Literatur*, hg. von Ferdinand van Ingen et al., Groningen: Wolters-Noordhoff 1972 (= Utrechtse Publikaties voor Algemene Literatuurwetenschap 14), S. 113-133.

Der Leser als konstituierendes Element literarischer Texte, in: *Duitse Kroniek 24*, 1972, S. 90-106.

Aufklärung und Tragödie. Lessings Tragödien vor dem Hintergrund des Trauerspielmodells der Aufklärung, in: *Amsterdamer Beiträge zur neueren Germanistik 1*, 1972, S. 3-41.

Max Frisch, in: *Tijd en werkelijkheid in de moderne literatuur*, Wassenaar: Servire 1974, S. 67-89.

Rezeption und Interpretation. Versuch einer Abgrenzung, in: *Amsterdamer Beiträge zur neueren Germanistik 3*, 1974, S. 37-81. (Gekürzte Übersetzung in: *De wetenschap van het lezen*, hg. von Marijke Buursink et al., Assen/Amsterdam: van Gorcum 1978, S. 134-164.)

Die Rolle des Lesers in Otto Ludwigs Konzeption des "Poetischen Realismus", in: *Literatur und Leser*, hg. von Gunter Grimm, Stuttgart: Reclam 1975, S. 223-239 und 411-412.

Franz Kafka. Problemen rond receptie en interpretatie van zijn werken, in: *Forum der Letteren 16*, 1975, S. 81-111.

Tekstverwerkingsprocessen en interpretatie, in: *Handelingen van het 34e Nederlands Filologencongres*, hg. von der "Vereniging 'Het Nederlands Philologencongres'", Amsterdam: Universitaire Pers 1976, S. 144-157.

Minna von Barnhelm oder die Schwierigkeit, ein Lustspiel zu verstehen, in: *Wissen aus Erfahrungen. Festschrift für Herman Meyer*, hg. von Alexander von Bormann et al., Tübingen: Niemeyer 1976, S. 135-153.

Gotthold Ephraim Lessing. Über die Aktualität eines umstrittenen Klassikers, in: *Lessing in heutiger Sicht. Beiträge zur Internationalen Lessing-Konferenz Cincinnati/Ohio 1976*, hg. von Edward P. Harris und Richard E. Schade, Bremen: Jacobi 1977, S. 11-36.

Emotionalität versus Rationalität: Gegensätze zwischen Theorie und Praxis des Dramas bei Lessing, in: *Lessing in heutiger Sicht. Beiträge zur Internationalen Lessing-Konferenz Cincinnati/Ohio 1976*, hg. von Edward P. Harris und Richard E. Schade, Bremen: Jacobi 1977, S. 165-168.

Trivialisierung als Umfunktionalisierung poetischer Texte in Gebrauchstexte. Am Beispiel der Goethe-Rezeption in Ludwig Ganghofers "Der Hohe Schein", in: *Kopenhagener Beiträge zur germanistischen Linguistik 9*, 1977, S. 128-145.

Theater und Literaturwissenschaft. Überlegungen anläßlich zweier Tagungen der Lessings-Akademie, in: *Neophilologus 61*, 1977, S. 321-332.

Auf dem Wege zum Klassiker? Oder wie Verlag und Kollege einem Autor in den Rücken fallen. Zu Uwe Johnsons "Max Frisch. Stich-Worte", in: *Frisch. Kritik - Thesen - Analysen. Beiträge zum 65. Geburtstag*, hg. von Manfred Jurgensen, Bern/München: Francke 1977 (= Queensland Studies 6), S. 181-200.

Textverarbeitung und Interpretation, in: *Jahrbuch Deutsch als Fremdsprache 3*, 1977, S. 81-93.

Gotthold Ephraim Lessing, in: *Deutsche Dichter des 18. Jahrhunderts*, hg. von Benno von Wiese, Berlin: Erich Schmidt 1977, S. 210-248.

Sprachgebrauch, Stilkonventionen und Stilanalyse, in: *Jahrbuch für Internationale Germanistik X (2)*, 1978, S. 16-33.

Literaturgeschichte und Sozialgeschichte in widersprüchlicher Verschränkung. Das Hamburger Nationaltheater, in: *Internationales Archiv für Sozialgeschichte der deutschen Literatur 4*, 1979, S. 24- 36.

Lezen: plezier en inspanning. In: *Forum der Letteren 20*, 1979, S. 249-256.

Literarische (In-)Kompetenz, Persönlichkeit, Philosophie oder Methode? Zur Rezeptionsgeschichte des Kritikers Lessing, in: *Das Bild Lessings in der Geschichte*, hg. von Herbert G. Göpfert, Heidelberg: Lothar Stiehm 1981 (= Wolfenbüttler Studien IX), S. 37-55.

Réception et interprétation, in: *Théorie de la littérature*, hg. von Aron Kibédi Varga, Paris: Picard 1981, S. 193-209.

Rezeptionsästhetik und Interpretation, in: *Literaturwissenschaft. Ein Grundkurs*, hg. von Helmut Brackert und Jörn Stückrath, Reinbek bei Hamburg: Rowohlt 1981, S. 421-435.

Genres and Literary History, in: *The Journal of Comparative Literature of Korea 7*, 1982, S. 223-230.

Historisch-strukturelle Rekurrenz als Gattungs-/Textsortenkriterium, in: *Textsorten und literarische Gattungen*, hg. vom Vorstand der Vereinigung der deutschen Hochschulgermanisten, Berlin: Erich Schmidt 1983, S. 68-88.

On Neglecting the Social Function of Interpretation in the Study of Literature, in: *Poetics 12*, 1983, S. 151-164.

Misvattingen en peines perdues. Over F. Berndsens adapteren en reconstrueren, in: *Forum der Letteren 24*, 1983, S. 224-229.

Waarom geeft lezen plezier?, in: *Spektator 13*, 1983/1984, S. 225-232.

Negation als Spiegel und Appell. Zur Wirkungsbedingung Kafkascher Texte, in: *Was bleibt von Franz Kafka? Positionsbestimmung. Kafka-Symposium Wien 1983*, hg. von Wendelin Schmidt-Dengler, Wien: Braunmüller 1985 (= Schriftenreihe der Franz-Kafka-Gesellschaft 1), S. 155-164.

Weltliteratur. Umriß eines literaturgeschichtlichen Konzepts, in: *Arcadia 20*, 1985, S. 2-19. (Auch in: *Methodologische Vorgangsweisen. Zur gegenwärtigen Situation in der Literaturwissenschaft. Für Zoran Konstantinovic*, hg. von Branislava Milijić, Belgrad 1990, S. 239-257.)

Literarische Wirklichkeitsperspektivierung und relative Identitäten. Bemerkungen aus der Sicht der allgemeinen Literaturwissenschaft, in: *Das Fremde und das Eigene. Prolegomena zu einer interkulturellen Germanistik*, hg. von Alois Wierlacher, München: iudicium 1985 (= Publikationen der Gesellschaft für Interkulturelle Germanistik 1), S. 65-80.

Genres and Literary History. In: *Proceedings of the Xth Congress of the International Comparative Literature Association New York 1982 Vol. 1*, hg. von Douwe W. Fokkema, New York: Garland 1985, S. 251-255.

Historische en literairhistorische verandering tussen struktuur en evenement, in: *Spektator 16*, 1986/87, S. 67-79.

Literaturwissenschaftliche Interpretation?, in: *Rezeptionsforschung zwischen Hermeneutik und Empirik*, hg. von Elrud Ibsch und Dick H. Schram, Amsterdam: Rodopi 1987 (= Amsterdamer Beiträge zur neueren Germanistik 23), S. 137-154.

Emilia Galotti (1772), in: *Interpretationen. Lessings Dramen*, Stuttgart: Reclam 1987, S. 87-137.

Verstehen, Mißverstehen, Nichtverstehen. Zum Problem der Interpretation, vornehmlich am Beispiel von Lessings "Emilia Galotti", in: *Germanisch-romanische Monatsschrift N.F. 37*, 1987, S. 387-398.

Johannes Christian Brandt Corstius. 31 december 1908 - 3 december 1985, in: *Jaarboek 1987 van de Koninklijke Nederlandse Akademie van Wetenschappen*, S. 111-113.

Gegenwart und Geschichtlichkeit des literarischen Werkes, in: *Polyperspektivität in der literarischen Moderne. Studien zu Theorie, Geschichte und*

Wirkung der Literatur. Karl Robert Mandelkow gewidmet, hg. von Jörg Schönert et al., Frankfurt/M. etc.: Lang 1988, S. 21-37.

Response to Claus Clüver's "The Difference of Eight Decades: World Literature and the Demise of National Literature", in: *Yearbook of Comparative and General Literature 37*, 1988, S. 131-133.

Gattungen: Verknüpfungen zwischen Realität und Literatur, in: *Vorm of norm. De literaire genres in discussie*, hg. von Joris Vlaesselaers und Hendrik van Gorp, Antwerpen: Vlaamse Vereniging voor Algemene en Vergelijkende Literatuurwetenschap 1989 (= ALW-Cahier 8), S. 33-52. (Auch in: *Gattungstheorie und Gattungsgeschichte. Ein Symposion*, hg. von Dieter Lamping et al., Wuppertal 1990 (= Wuppertaler Broschüren zur Allgemeinen Literaturwissenschaft 4), S. 45-69.

Geschiedwetenschap en literatuurwetenschap, in: *Geschiedenis buiten de perken. Leidschrift 1989*, S. 99-107.

Die Rückkehr des Erzählers. Seine alte neue Funktion in der modernen Medienwelt, in: *Funktion und Funktionswandel der Literatur im Geistes- und Gesellschaftsleben. Akten des Internationalen Symposiums Saarbrücken 1987. Armand Nivelle zum 65. Geburtstag*, hg. von Manfred Schmeling, Frankfurt/M. etc.: Lang 1989 (= Jahrbuch für Internationale Germanistik, Reihe A, 26), S. 67-82.

Medea. Van Euripides tot Anouilh, in: *Lampas 22*, 1989, S. 296-307.

Aspecten van contingentie in de literatuurgeschiedenis, in: *Forum der Letteren 30*, 1989, S. 290-295.

Impliziter und expliziter sozialer Appell im bürgerlichen Trauerspiel in Frankreich und Deutschland (Diderot und Lessing), in: *Théâtre, Nation & Société en Allemagne au XVIIIe Siècle*, hg. von Roland Krebs et al., Nancy: Presses Universitaires de Nancy 1990, S. 59-72.

Some Aspects of Contingency in Literary History, in: *Proceedings of the First Congress of the Portugues Comparative Literature Association 1989*, hg. von Maria-Alzira Seixo, Lissabon: Associacao de Literatura Comparada 1990, S. 213-218.

Expedities naar een vervagend verleden. Over enkele aktuele problemen van de literatuurgeschiedschrijving, in: *Traditie en progressie. Handelingen van het 40e Nederlands Filologencongres*, hg. von A.G.H. Anbeek van der Meijden, Den Haag: SDU 1990, S. 243-248.

Tekstinterpretatie in de literatuurwetenschap, in: G. Nuchelmans et al.: *Tekstinterpretatie*, Amsterdam etc.: Noord-Hollandse 1990 (= Mededelingen van de Afd. Letterkunde, Nieuwe Reeks, deel 53/6), S. 15-20.

Vergangenheit, Gegenwart und Geschichte bei Kafka, in: *Interbellum und Exil. Liber Amicorum für Hans Würzner*, hg. von Sjaak Onderdelinden, Amsterdam: Rodopi 1991 (= Amsterdamer Publikationen zur Sprache und Literatur 90), S. 12-25.

Interpretation und fremdkulturelle Interpretation literarischer Werke, in: *Jahrbuch Deutsch als Fremdsprache 18, 1992*, S. 384-401. (Auch in: *Praxis interkultureller Germanistik. Beiträge zum II. Internationalen Kongreß der Gesellschaft für Interkulturelle Germanistik*, hg. von Bernd Thum und Gonthier-Louis Fink, München: iudicium 1994, S. 81-94.)

Sinnfestlegung und Auslegungsvielfalt, In: *Literaturwissenschaft. Ein Grundkurs*, hg. von Helmut Brackert und Jörn Stückrath, Reinbek bei Hamburg: Rowohlt 1992; erw. Ausgabe 1995 (= rowohlts enzyklopädie 523), S. 475-490.

Die Sache, die Person und die Verselbständigung des kritischen Diskurses. Offene und verdeckte Antriebe und Ziele in Lessings Streitschriften, in: *Streitkultur. Strategien des Überzeugens im Werk Lessings*, hg. von Wolfram Maurer und Günter Saße, Tübingen: Niemeyer 1993, S. 484-493.

Aufklärung aus dem Halbdunkel der Literaturgeschichte. Voltaires Tragödie "Zaire", in: *Literatur und politische Aktualität*, hg. von Elrud Ibsch und Ferdinand van Ingen, Amsterdam/Atlanta: Rodopi 1994 (= Amsterdamer Beiträge zur neueren Germanistik 36), S. 362-376.

Lessing und Goethe, in: *Aus den Schätzen der Herzog August Bibliothek*, hg. von Paul Raabe, Wiesbaden: Harrassowitz 1994 (= Wolfenbütteler Beiträge 9), S. 153-167.

Het perspectief vanuit het buitenland, in: *De toekomst van het Nederlands als wetenschapstaal*, hg. von T. Koopmans, Amsterdam etc.: Noord-Hollandse 1995 (= Mededelingen van de Afd. Letterkunde, Nieuwe Reeks, deel 58/1), S. 49-53.

History in Fiction - History as Fiction. On the Relations between Literature and History in the Nineteenth and Twentieth Centuries, in: *Narrative Turns and Minor Genres in Postmodernism*, hg. von Theo D'haen und Hans Bertens, Amsterdam/Atlanta: Rodopi 1995 (= Postmodern Studies 11), S. 81-103.

Literarhistorische Fallstudien. Einführung, in: *Germanistik und Komparatistik. DFG-Symposion 1993*, hg. von Hendrik Birus, Stuttgart/Weimar: Metzler 1995 (= Germanistische Symposien Berichtsbände 16), S. 461-465.

Over de moeilijkheid Kafka te begrijpen, in: *Kafka-Cahier 1*, 1995, S. 5-10.

Assimilation. Zur Aufnahme der Rezeptionsästhetik in den Niederlanden. In: *Wie international ist die Literaturwissenschaft? Methoden- und Theoriediskussion in den Literaturwissenschaften: kulturelle Besonderheiten und interkultureller Austausch am Beispiel des Interpretationsproblems (1950-1990)*, hg. von Lutz Danneberg und Friedrich Vollhardt in Zusammenarbeit mit Harmut Böhme und Jörg Schönert, Stuttgart/Weimar: Metzler 1995, S. 337-345. (Gekürzte niederl. Übersetzung: Over de ontvangst van de receptie-esthetica in Nederland, in: Forum der Letteren 34, 1993, S. 273- 280.)

Harry Tuchman Levin, in: *Koninklijke Nederlandse Akademie van Wetenschappen. Levensberichten en herdenkingen 1995*, S. 59-63.

Idee und Wirklichkeit des Nationaltheaters. Enttäuschte Hoffnungen und falsche Erwartungen, in: *Volk - Nation - Vaterland*, hg. von Ulrich Herrmann, Hamburg: Meiner 1996 (= Studien zum 18. Jahrhundert 18), S. 141-150.

Uniqueness and Contingency, in: *The Search for a New Alphabet. In Honor of Douwe Fokkema*, hg. von Harald Hendrix et al., Amsterdam/Philadelphia: Benjamins 1996, S. 219-222.

Lessing. Biographie ohne Lebenslauf, in: *Mitteilungen des Zentrums für interdisziplinäre Forschung der Universität Bielefeld I/97*, S. 6-16.

Aneignung. Eine brauchbare Kategorie für den Umgang mit literarischer Fremdheit?, in: *Blickwinkel*, hg. von Alois Wierlacher und Georg Stötzel, München: iudicium 1996 (= Publikationen der Gesellschaft für Interkulturelle Germanistik 5), S. 443-451.

Hamlet oder die lange Nacht der Intertextualität, in: *Internationales Alfred-Döblin-Kolloquium Leiden 1995*, hg. von Gabriele Sander, Frankfurt/M. etc.: Lang 1997 (= Jahrbuch für Internationale Germanistik, Reihe A. Kongressberichte 43), S. 237-246.

Tabula Gratulatoria

Akker, W.J. van den, Utrecht
Arends-Kailer, Karin, Leiden
Bant-Nöther, Dagmar, Leiden
Bel, J.H.C., Leiden
Berg, Henk de, Sheffield
Berg, Hubert van den, Groningen
Birus, Hendrik, München
Bohnen, Klaus, Aalborg
Borghart, K.H.R., Bilthoven
Bormann, Alexander von, Amsterdam
Burgers, Hetty, Rijswijk
Burton, Philippa, Leiden
Campbell-Rath, Helena, Leiden
Čivikov, Germinal, Den Haag
Cohn-Piltz, Sabine, Leiden
Crespo, Roberto, Leiden
Deemter, Roelof van, Leiden
D'haen, Theo, Leiden
Ester, Hans, Nijmegen
Eversmann, Peter G.F., Amsterdam
Feijter, Anja de, Amsterdam
Fokkema, Douwe, Utrecht
Goedegebuure, Jaap, Tilburg
Gorp, Hendrik van, Leuven
Hambuch, Doris, Edmonton
Hemminga-Trapp, Heide, Leiden
Halsema, Dick van, Amsterdam
Hensing, Dieter, Amsterdam
Heynders, Odile, Tilburg
Hidskes, Maarten, Rijswijk
Hillenaar, Henk, Groningen
Hoogeveen, Jos, Leiden
Ibsch, Elrud, Amsterdam
Idema, Wilt L., Leiden
Ingen, Ferdinand van, Amsterdam

Keilson-Lauritz, Marita, Bussum
Klein, Joachim, Leiden
Kloek, Joost, Utrecht
Kooij, J.G., Leiden
Kusters, Wiel, Maastricht
Labroisse, Gerd, Berlin
Levie, Sophie, Utrecht
Mandelkow, Karl Robert, Hamburg
Mechelen, W.J.M. van, Den Haag
Meer-Kever, Mechthild van der, Leiden
Mounier-Balduhn, Dorothee, Rotterdam
Missine, Lut, Münster
Nünning, Ansgar, Giessen
Onderdelinden, Sjaak, Leiden
Oudshoorn, D.J., Leiden
Peters, Jan, Nijmegen
Ploegmakers, Ruud, Leiden
Prangel, Matthias, Leiden
Motzheim, Peter J., Leiden
Raad, André van, Monster
Range, Corinna, Rotterdam
Rigney, Ann, Utrecht
Raven-Klapproth, Elisabeth, Leiden
Rodríguez, Luz, Leiden
Rodriguez, Sofia, Leiden
Ruyter-Tognotti, Danièle de, Leiden
Sauer, Christoph, Groningen
Schipper, Mineke, Leiden
Schlicher-Gootzen, Agnes, Ool
Schmeling, Manfred, Saarbrücken
Schmidt, Siegfried J., Münster
Schmitz, Peter, Leiden
Schönau, Walter, Groningen
Schönert, Jörg, Hamburg
Schoot-Fenijn, Céline van der, Heemstede
Schram, Dick, Amsterdam
Seeba, Hinrich C., Berkeley
Segers, Rien T., Groningen
Stapele, Peter van, Leiden
Stekelenburg, Dick van, Amsterdam
Thüsen, Joachim von der, Utrecht
Toonder, Jeanette den, Edinburgh

Verdaasdonk, Hugo, Tilburg
Vogel, Marianne, Freiburg
Voßkamp, Wilhelm, Köln
Weber, Dietrich, Wuppertal
Westheide, Henning, Leiden
Wierlacher, Alois, Bayreuth
Winkler, Anjèz, Wassenaar
Würffel, Ilse I., Den Haag
Würzner, Hans, Leiden
Zeeuw-Filemon, Karin van der, Leiden